아리랑과 성경과 민족사의 만남

또 하나의 선민 알이랑 민족

알이랑 고개를 넘어 시붉나라로

유석근 지음

예루살렘

◆ **일러두기** 본서에서는 성경에 계시된 유일신 여호와의 신명(神名)을 '하느님'으로 표기하였습니다. 왜냐하면 '하나님'보다는 '하느님'이 신학적으로나, 문법적으로나, 어원상의 의미로나 타당하기 때문입니다. 본서 31~41쪽에 자세히 설명되어 있습니다.

◆ 알리랑 카페 cafe.maum.net/ALILANG

아리랑과 성경과 민족사의 만남
또 하나의 선민 알이랑 민족

개정판 01쇄 발행 2005. 09. 05.
개정판 19쇄 발행 2019. 06. 01.

지은이   유석근
펴낸이   박성숙
펴낸곳   도서출판 예루살렘
주 소   10252 경기도 고양시 일산동구 고봉로 776-92
전 화   031-976-8972
팩 스   031-976-8974
이메일   jerusalem80@naver.com
창립일   1980년 5월 24일9 (제16-75)
등 록   (제59호) 2010년 1월 18일

ISBN   978-89-7210-423-0 03230
책값은 뒤표지에 있습니다.

도서출판 예루살렘은 말씀과 성령 안에서 기도로 시작하며
영혼이 풍요로워지는 책을 만드는 데 힘쓰고 있으며,
문서선교 사역의 현장에서 하나님나라의 비전을 넓혀가겠습니다.

나의 힘이신 여호와여 내가 주를 사랑하나이다(시 18:1)

추천의 글

마지막 주자로 쓰시기 위한 하나님의 섭리와 경륜

할렐루야! 하나님의 은혜에 감사드립니다. 오랫동안 감추었던 비밀을 시대에 따라 개봉하시어 각성케 하시는 하나님의 섭리와 긍휼하심에 찬양을 드립니다. 겨레의 노래 '아리랑'을 키워드로 삼아 기록된 계시인 성경을 중심으로 한민족이 하나님께 택함 받은 선민(選民)임을 객관적으로 기술하고 소신껏 외치는 유석근 목사에게 격려의 박수를 보냅니다.

우리 겨레는 선민으로서 노아 홍수심판 이후 하나님을 찬양하는 찬송가 '알이랑'을 오늘에 이르기까지 줄기차게 불러온 유일한 민족이며, 앞으로도 인류 최고(最古)의 찬송가 '알이랑'을 세상 끝날까지 계속 부를 것입니다. 우리나라는 세계의 유례없는 하나님께서 하늘 문을 여시고 친히 세우신 개천국(開天國)입니다. 그러기에 '하나님이 보우하사 만세'할 수 밖에 없습니다.

한국인은 아라랏 산에서부터 수많은 산 고개를 '하나님과 함께' (알이랑) 넘으면서 오늘에 이르기까지 끈질기게 살아온 천손민족(天孫民族)입니다. 이는 마지막 주자로 쓰시기 위한 하나님의 섭리와 경륜이었음을 믿어야 합니다.

아무쪼록 본서가 널리 읽혀지어 선민의 주체성과 역사의식을 바로 하여 한국교회가 세계를 사랑으로 품고 지구촌 마지막 대추수의 사명을 감당할 수 있기 바랍니다. 몇몇 동역자들과 가시밭길을 헤치며 50년을 우리 한민족의 선민됨과 민족복음화, 세계선교 사명을 한결같이 외쳐온 지극히 작은 한 사람으로서, 이 책이 해외 디아스포라 한인사회에까지 소망을 기름 붓는 이변이 일어나기를 기원하면서 기꺼이 추천하는 바입니다.

최복규 목사 〈한국중앙교회 원로목사〉

한국인이 또하나의 성민(聖民)임을
'내증'과 '외증'으로 증명한 역저

　선민이란 먼저 성경에서, 성경에 의거한 건전한 신학적 바탕에서, 긴 역사적인 고찰과 영적이고 혈통적인 DNA 연구와 과학적이고 고고학적인 차원에서 검증되어야 할 것이다.

　이 시점에서 나는 누구이며, 우리는 누구인지를 발견하는 자기 정체성을 확인하는 일이 절실히 요청되고 있다. 여기 성경 안에 감추인 보화를 발굴하여 이 시대에 세상을 밝히는 책이 출판되었다. "또 하나의 선민 알이랑 민족"이라는 책자는 한국인은 누구이며, 우리의 사명은 무엇인가를 즉 우리 겨레의 정체성과 구원사적 사명이 무엇인가를 밝혀주고 있다. 성서적, 신학적, 역사적, 지리학적, 고고학적, 과학적이고 DNA의 혈통적인 사실을 연역적이고 귀납적인 방법으로 증거하고 있으며 저자에게 다니엘이나 사도 요한에게 계시의 눈을 열어 주셨던 것처럼 깊고 오묘한 보화를 알게 하셔서 한권의 책으로 저술하였다.

　실로 한민족(韓民族)에게 놀라운 하나님의 섭리를 갖고 계심을 알게 될 것이다. 본서는 한국인의 뿌리와 사명을 '내증'과 '외증'을 갖고 설명하고 있다. 내증으로 셈의 후예로 에벨 자손으로 이어지면서 두 아들 벨렉 계열과 욕단 계열의 선민 중에서 욕단 계열에 속한 한민족을 하나님은 세계선교의 마지막 주자, 곧 다시 오실 주님의 길을 예비할 백성으로 사용하실 것이다. 나중에 쓰시려고 동방의 땅 끝에 감추어 두신 선민 알이랑 민족 코리아다.

　외증으로 위에서 이미 언급한 바대로 역사적, 지리학적, 고고학적, 과학적이고 DNA의 혈통적인 사실을 연역적이고 귀납적인 방법으로 다양한 각도에서 증거하고 있음을 살펴 볼 때 실로 그 기쁨의 감격을 금할 길이 없다. 예컨대 알이랑 민족으로서 지금까지 불러온 민족의 노래 알이랑에 "하나님과 함께"라는 의미가 담겨져 있는 나라 코리아! 의미와 역사성을 알고 부르면 부를수록 민족혼이 살아나고 성민의식을 느끼면서 감격하지 않을 수 없다.

이상의 내증과 외증으로 구성된 이 "또 하나의 선민 알이랑 민족"이라는 저서는 반드시 우리들이 탐독하여 우리는 근본이 우수한 민족이요, 능히 인류의 최고 민족임을 자부하면서 세계의 모범 국민임을 자각하고 민족적 사명과 자긍심을 고취하게 될 것이다.

고래를 춤추게 하는 칭찬처럼 이 책이야 말로 손에 한번 쥐면 단숨에 읽게 하는 충동과 진리를 전달하는 힘과 두둥실 기쁨과 춤을 추게 하는 알이랑의 흥겨운 노래는 전통적 한국 정서의 노래가 아니라 최초의 세계적인 찬송가로 8백만 한인 디아스포라와 남북한의 7천만 동족으로 하여금 하나 되어 어울리는 한민족의 찬가가 될 것이다.

한화영 목사 〈트리니티신학대학교, 대학원 한국대학원장〉
〈작시대 미주지역 총동문회(캐나다, 미국, 중미, 남미) 준경회장〉

한국교회 성도들이라면
누구나 정독해야 할 우선적 필독서

하나님은 각 사람을 향한 목적과 계획이 있습니다. 그리고 그 분의 마음속에는 각 나라와 민족들을 향한 목적과 계획도 있습니다. 물론 각 사람과 나라들을 향한 주님의 계획은 다를 것입니다. 미국을 향한 하나님의 계획과 인도를 향하신 하나님의 계획이 같을 수 없겠지요.

그렇다면 우리나라를 향하신 하나님의 계획은 무엇일까요? 본서는 우리 겨레를 향하신 하나님의 목적이 무엇인지를 '내증'(특별계시인 성경의 증거)과 '외증' (일반계시인 성경 밖의 증거)을 통해 객관적으로 명쾌하게 가르쳐 줍니다. 실로 본서는 한민족 성민론의 결정판과 같은 책으로서 지금까지 이와 같은 책은 없었습니다.

본서는 한국인으로 하여금 스스로를 재발견하고 민족 본연의 모습을 회복하도록 하시기 위해 하나님께서 유석근 목사에게 지혜와 계시의 영을 주시어 심혈을 기울여 집필케 하신 책입니다. 이 책의 독자들은 한민족의 성경상의 기원과 정체성, 그리고 우리 겨레가 부여받은 구원사적 사명이 무엇인지를 깨닫고, 민족복음화와 세계선교의 비전을 감격하며 품게 될 것입니다.

본인은 이 책을 한국교회 성도들이라면 누구나 정독해야 할 우선적 필독서라고 단언할 수 있습니다. 한국교회의 모든 성도들과 신학생, 목회자들에게 본서의 일독을 기쁨으로 적극 추천합니다.

최성규 목사 〈인천순복음교회 담임, 전 한국기독교총연합회 회장〉

한민족 선민론(選民論)의 결정판인 책

본서는 우리 겨레가 마지막 주자로 쓰임 받을 또 하나의 선민이라는 사실을 민요 아리랑과 성경, 그리고 여러 방증 자료와 함께 객관적으로 설명하고 있다. 물론 이전에도 한민족이 제2의 이스라엘, 곧 선택받은 백성이라는 간증과 설교는 많이 있었다. 하지만 그것들은 너무나 추상적이었다. 그러나 본서는 한민족 선민론(選民論)의 결정판이라 할 만한 책으로서 지금까지 나온 어떤 것보다 설득력이 있다.

이 책은 하나님께서 유석근 목사에게 학자의 마음과 계시의 영을 주시어 집필케 하셨고, 마침내 우리 한민족의 정체성과 사명에 관한 비밀이 명쾌하게 풀린 것이다. 저자는 본서를 예언적 사명감을 갖고 기도하며 연구했으며 심혈을 기울여 한 권의 책으로 엮었다. 이 귀한 저서를 한국교회의 성도들은 물론 한국인 모두가 숙독해야 할 책으로 흔쾌히 추천한다.

강갑산 〈한영신학대학교 대학원장〉

우리 속에 내재되어 있는 엄청난 잠재력을 폭발시켜

참으로 놀랍고 획기적인 책이다. 이 책을 처음 대했을 때의 감격을 어떻게 표현할 수 있을 지. 단재 신채호 선생님을 위시한 민족사관 학자들의 한국사를 오랫동안 탐구해 오던 나에게 유석근 목사님의 "또 하나의 선민 알이랑 민족"은 모든 것들을 단번에 정리시켜 주는 봉쾌한 저서였다.

흔히 민족의 비전을 말하지만 우리 민족의 뿌리를 모르고 무슨 비전이 있겠는가? 하나님의 특별한 선민, 이제 이 지상에 하나님의 뜻을 이루어 드릴 유일한 민족으로서 우리의 참 위상을 깨달을 때에야 비로소 우리의 비전이 확립되지 않겠는가?

"미운 오리 새끼" 같았던, 그러나 이제는 그 사명을 깨닫고 세계로 웅비할 위대한 민족의 참 모습, 그리고 내가 한국인이라는 것이 얼마나 자랑스러운가를 일깨워 주고 우리 속에 내재되어 있는 엄청난 잠재력을 폭발시켜 줄 이 놀라운 역작을 한국의 모든 크리스천, 아니 모든 한국인들이 반드시 숙독하고 가슴 깊이 간직해야 할 위대한 도서로서 기쁘게, 또 간절히 추천한다.

김선기 목사 〈전 침례신학대학 원어교수, 페트라 성경원어 연구원장〉

'아리랑이 찬송가' 라는 신학적 해석은...

향후 한국교회의 두 가지 어젠다를 집약하면 기독교의 토착화를 통해 민족문화형성과 분단조국의 통일에의 접근이다. 유석근 목사의 「알이랑민족」은 한국교회의 과제를 풀어주고 있다. 한민족이 살고 있는 지역마다 아리랑은 민족의 뿌리임을 증거 하는 바 '아리랑은 찬송가' 라는 신학적 해석은 기독교가 가졌던 타종교에 대해 문화적 콤플렉스를 근원적으로 해소한 것이다. 더욱이 남북의 동질감형성의 주제가인 아리랑에 대한 신학적 성과는 통일신학을 배양하는 토대가 되고 있다고 하겠다.

안준배 목사 〈문화평론가, 기독교문화예술원장〉

영적 DNA의 출처와 기원을 소상히 밝힌 책

한국인 안에는 하나님이 주신 독특하면서도 놀라운 영적인 DNA가 있습니다. 이 영적 DNA는 마지막 때에 우리 겨레가 세계적인 부흥과 대추수를 위해 크게 쓰임 받는 근본적 요인이 될 것입니다. 본서는 바로 한민족 안에 있는 이 영적인 DNA의 출처와 기원을 소상히 밝힌 책입니다. 한국교회 안에 국가적인 부흥과 열방 모든 나라들의 부흥을 향한 갈망이 크게 일어나고 있는 이즈음, 이 책은 그 어느 것보다도 더 강력하게 부흥의 불을 일으키는 하나님의 특별한 도구가 될 것입니다.

손종태 목사 〈예수촌교회 담임, 뉴와인 발행인〉

이스라엘의 뒤를 이은 제2의 선민이요, 제사장 나라

「또 하나의 선민 알이랑 민족」의 저자 유석근(兪昔根) 목사님이 우리 민족사의 '옛 뿌리를 캐도록 택정된 분' 임을 그 이름 '昔根' (옛 석, 뿌리 근)에서 볼 수 있었던 것은 30여년 '훈민정음이란 옛 것' 을 연구해온 나 김석연(金昔硏)의 눈에 포착되었기 때문이다.

"아리랑 아리랑 아라리요" 를 '겨레의 혼을 실은 가락' 으로 불러오면서 '아리랑' 에 삼음보(三音步)의 여음을 넘어선 깊은 연원이 면면히 흐르고 있는 그 무엇인가를 느낄 수 있었다. 유석근 목사님은 그 뿌리를 캐내어, 하나님-알과 동행한 욱단의 동이사(東移史)를 가시화 하였던 것이다.

"청천 하늘엔 잔별도 많고" 이 한마디면 족하다. 노숙을 하면서 수많은 밤을 별들과 함께 지새우면서 구름에 달 가듯이 이동해온 욱단의 행보를 나는 찌릿하도록 실감할 수 있었다. 동쪽 기슭에 자리한 동이족은 서쪽 기슭 이스라엘의 뒤를 이은 제2의 선민이요 제사장 나라임이 분명하다.

김석연 박사 〈뉴욕주립대학교 명예교수, 누리글선교센타 원장〉

한민족이 선민이라는 증거

한민족이 제2의 이스라엘, 곧 '또 하나의 선민' 이라는 '심증' 은 있었지만 그것을 입증할 만한 '물증' 은 없었다. 그런데 유석근 목사의「또 하나의 선민 알이랑 민족」이라는 책을 접하고 비로소 그 귀중한 '물증' 을 찾았다. 우리 겨레가 선민이라는 증거는 놀랍게도 성경 안에도(내증), 성경 밖에도(외증) 너무 많이 있었다. 본서로 인해 한민족의 오랜 상처들이 치유되고, 마침내 한국인의 의식이 혁신될 것을 확신한다. 민족적 갱신과 회복을 가져올 이 놀라운 책이 출간됨을 인해 하나님께 감사드린다.

주영자 박사 〈이화여자대학교 음악대학 작곡과 교수〉
〈아시아예술학회, 한국야작회 회장〉

선민 한민족의 키워드 '알이랑'

20대 이후 줄곧 가져온 고민과 질문 중 하나는 우리 민족 역사에 관한 것이었습니다. 왜 이 나라는, 이 민족은 고난에 고난을 거듭한 질곡의 역사 과정을 밟아 온 것일까? 저의 오랜 고민과 질문에 대한 하나님의 응답처럼 2002년 말 유석근 목사님의 「또 하나의 선민 알이랑 민족」이라는 책을 만나게 되었고, 그 책의 주요 내용을 20개월에 걸쳐 신앙계에 연재할 수 있었던 것은 큰 축복이었습니다.

오래 전부터 불러온 민족의 노래 아리랑에 '하나님과 함께' 라는 의미가 담겨 있는 나라, 역사의 마지막에 쓰여 지기 위해 하나님께서 고난 가운데 감추어 놓으신 또 하나의 선민, 그 선민으로서의 한민족을 밝혀주는 키워드 '알이랑'. 이 모든 것이 오랜 세월 지녀온 저의 고민과 질문에 대한 하나님의 답변이었습니다.

새롭게 개정, 증보되어 나온 「또 하나의 선민 알이랑 민족」 이 책이 온 세상을 향하신 하나님의 꿈과 그 꿈을 위해 우리 겨레 가운데 두신 하나님의 부르심을 깨닫는 일에 귀한 통로와 도구로 사용되어지기를 기도합니다. 그리고 그 부르심을 향해 전심으로 달려 나가는 일이 우리 세대 안에 일어나기를 소원합니다.

안종숙 기자 〈신앙계 편집장〉

머리말

이 책을 쓰는 까닭

구약성경 잠언 29장 18절에 보면 다음과 같은 말씀이 있다: "묵시가 없으면 백성이 방자히 행하거니와…." 여기서 '묵시'란 선지자를 통해서 하느님의 뜻이 계시된 것을 총칭하는 개념이다. 신정국인 이스라엘에 있어서 묵시의 부재는 큰 혼란을 의미했다. 예컨대, 제사장 엘리 때에는 여호와의 말씀이 희귀하였고(삼상 3:1) 이로 인해 이스라엘은 전반적으로 부패했다(대하 15:3; 28:19).

'묵시'는 곧 '비전'이다. 왜냐하면 선지자가 '묵시'를 선포할 때, 비로소 백성들에게 '비전'이 생기기 때문이다. 야망의 출처는 인간의 사욕이지만 비전의 근원은 주님의 계시이다. 바로 이것이 '야망'과 '비전'의 차이점이다. 그러므로 '묵시의 부재'는 필연 '비전의 부재'를 초래한다. 그것은 실로 빵이 없는 것보다 더 큰 재앙이 아닐 수 없다. 비전이 없는 백성은 망할 것이기 때문이다. 영어 성경은 잠언 29장 18절을 다음과 같이 번역하였다: "환상이 없는 곳에서는 백성이 망한다."(Where there is no vision, the people perish.)

따라서 하느님의 백성이 영적 침체 가운데 있을 때에 무엇보다 먼저 필요한 것은 '묵시'이다. 주님의 백성들에게 꿈과 환상을 줄 위대한 계시가 임하여야 한다. 하느님의 백성을 흔들어 깨우고 회복시킬 크고 놀라운 묵시가 선포되어야 한다. 지금 우리 한국교회는 바로 그와 같은 '말씀'을 간절히 구해야 할 때다. 왜냐하면 아시아 제일의 교회를 자랑하는 한국교회는 90년대 이래 성장이 중단되고 영적 위기에 처해 있기 때문이다.

80년대에는 하루에 여섯 개의 새 교회가 등장한다고 세계에 자랑하였으나, 이제는 하루에 여섯 개의 교회가 문을 닫는 형편이다. 그리고 교인수 증가율이 더 이상 인구 증가율을 따라 가지 못한다. 경제가 성장하면서 교회를 찾는 사람이 줄기 시작한데다가 성도들 또한 영적인 열정이 예전만큼 뜨겁지 않기 때문이다.

그래서 금일 한국교회에 가장 긴급히 요청되는 것은 '묵시'이다! 이제 한국교회 성도들은 주님 앞에 나아가 우리 겨레와 우리나라를 위한 '말씀'을 달라고 전심으로 구해야 한다. 민족의 본질이 변화될 수 있는 '계시'를 달라고 큰 소리로 부르짖어야 한다. 은을 구하는 것 같이 그것을 구하며 감추인 보배를 찾는 것 같이 그것을 찾아야 한다(잠 2:4). 그것만이 한국교회로 깨어 일어나 열방을 향해 큰 빛을 발하도록 이 땅에 '영의 혁명'과 국가적 부흥을 가져올 것이기 때문이다. "저가 그 말씀을 보내어 저희를 고치사 위경에서 건지시는도다"(시 107:20).

기록된 계시인 성경 안에 말세의 한국교회를 위해 하느님께서 이미 예비해 두신 놀라운 '묵시'가 있다. 그것은 '한민족의 정체성'과 '구원사적 사명'에 관한 계시이다. 하느님은 오래 전에 나의 눈을 열어 그것을 보게 하셨다. 그런데 주님께서는 우리 한국교회의 성장이 점차 멈추고 있을 때, 내 안에 있는 그것을 책으로 쓰라고 말씀하셨다. 그것은 분명히 우리나라와 한국교회를 향해 예언적 비전을 풀어놓으라는 분부이셨다. 그리하여 집필된 책이 본서이다.

하느님께서 이 책을 쓸 것을 나에게 명하셨지만 나는 꽤 오래 집필을 지체하고 있었다. 워낙 단필(短筆)이라 책을 저술하는 일이 큰 부담이 되었기 때문이다. 그때에 주님은 나에게 선지자들을 보내어 주셨다. 예언의 말씀이 큰 격려가 되었다. 국제적으로 널리 알려진 미국의 예언자 빌 해몬 목사(Rev. Dr. Bill Hamon)가 1997년 초교파적 연합 성회를 인도하기 위해 샬롬선교회(대표: 오드보라 목사) 초청으로 한국을 방문했을 때, 주님께서는 성회 장소인 88체육관의 강사실에서 그와 개인적으로 대면할 기회를 주셨다.

그때에 빌 해몬 목사는 나에게 이렇게 예언하였다: "내가 능력과 지혜로 말미암아 서판에 쓸 수 있는 기술을 에스겔에게 준 것같이 잘 쓸 수 있는 기술을 너에게 허락하였다. 네 마음에 지혜를 주었고 네 손으로 집필할 수 있게 하였다. 내가 너를 예언적 서기관으로 사용하노라. 내 영으로 네 심령에 준 말을 너는 집필하라. 내가 준 계시가 네 심령에 있다. 너는 그것을 기술하라. 내가 이 교계에 너를 통하여 많은 자원을 공급하려고 한다. 네가 나의 하고자 하는 일을 하면 내가 너의 필요한 일을 행하여 주리라…."

그 후 몇 년 뒤 캐나다의 고든 그리브 목사─수 년 간 한국을 방문, 전국 대도시에서 기름부음이 충만한 성회를 인도한 바 있음─를 샬롬선교회의 사무실에서 만났을 때 주님은 그를 통해 나에게 다시 말씀하셨다. "책을 써라. 아는 대로 써라!" "아는 대로 쓰라"는 예언에 난 그만 충격을 받았다. 아는 대로 쓰라니! 그렇게까지 성령께서 촉구하시는데도 더 집필을 지연했다간 나는 하느님께 매를 맞을 것 같았다.

그 짧은 예언은 나에게 견책과 격려를 동시에 주었다. 성경은 "예언을 멸시치 말라"(살전 5:20)고 말씀하고 있다. 나는 더 이상 주저할 수 없었다. 천학비재(淺學非才)를 무릅쓰고 즉시 아는 대로 쓰기를 시작하여, 마침내 2001년 봄에 이 책의 초판이 출간 되었다. 본서는 1991년에 간행한 「이스라엘의 구원과 예수 그리스도의 재림」을 재구성하여, 보다 상세히 다시 쓴 책이다.

이 책은 오랫동안 나의 마음속에 있었다. 하느님께서는 그것을 때가 되었기 때문에 책으로 쓰라고 명하셨던 것이다. 나는 주님의 말씀에 순종해서 이 책을 집필했다. 그러므로 나는 본서가 누구보다 주님의 마음에 큰 기쁨이 되기를 원한다. 내가 확신하는 바는 이 책이 출간되기를 가장 많이 기다리신 분은 이 책을 쓸 것을 나에게 명하셨던 주님이시기 때문이다. 사랑하는 주 예수님께 이 책을 바친다.

그리고 이런 내용의 책을 쓸 수 있도록 나의 삶 가운데 주께서 사용하신 여러 사람들을 인하여 감사드리지 않을 수 없다. 먼저 언제나 사역의 현장에서 나를 위해 기도하며 풍성한 지원을 그치지 않는 상동중앙교회의 모든 지체들에게 감사드린다. 엘벧엘 교회의 김형표 목사님께 감사드린다. 그의 강력한 권고와 기도가 없었다면 이 책의 집필은 지연되었을 것이다. 본서를 집필하는 동안 줄곧 나를 지켜보며 기도해 주신 예수촌교회의 손종태 목사님께 깊은 감사를 드린다. 신앙계의 제승주 목사님, 안종숙 기자님께 감사드린다. 그들의 요청으로 본서의 주요 내용이 지난 해부터 지금까지 신앙계에 2년째 연재되고 있다.

본서를 한국교회 성도들의 필독서라는 확신을 갖고 심혈을 기울여 편집·출판해주신 도서출판 예루살렘의 윤희구 사장님께 감사드린다. 이 책을 탈고할 수 있도록 힘껏 응원해 준 사랑하는 가족들에게도 감사를 전한다.

나는 본서의 메시지를 통해 한국 백성이 스스로를 자각하고 우리 겨레의 하느님 여호와께로 온전히 돌아오기를 바란다. 그리고 한국교회에 새로운 차원의 영적대각성운동이, 새로운 차원의 기도운동이, 새로운 차원의 민족복음화운동이 일어나기를 원한다. 그리하여 마침내 이 땅 가운데 민족의 본질이 변하는 부흥의 불길이 거세게 타올라 우리 겨레를 향하신 아버지의 뜻이 하늘에서와 같이 이 땅에서도 이루어지길 원한다.

또한 나는 이 책의 메시지가 세계 유일의 분단국가로서 반세기 이상 고난 받고 있는 조국의 동포들에게 참된 소망과 위로를 안겨주는 매개체가 되기를 희망한다. 뿐만 아니라 전 세계로 흩어진 디아스포라 564만 해외동포들과, 160여 나라에서 활동 중인 1만여 한국인 해외 선교사들에게도 격려와 용기를 북돋아 주는 하늘의 소리가 되기를 바란다. 이것이 나의 기도이다.

우리 주 예수의 사랑 안에서
유 석 근

차례

추천의 글 3
머리말 이 책을 쓰는 까닭 11
여는말 성경에는 한국에 대한 특별한 계시가 있다 18

제1장 아리랑의 비밀 23
1. 아리랑의 기원과 유래에 대한 기존의 이론들 · 26
2. 인류 최고(最古)의 찬송가 아리랑 · 31
3. 알이랑 민족 한국인의 성경상의 기원 · 46
4. 선민 한국인의 키워드 올이랑 · 49

제2장 거룩한 선민의 계보 51
1. 셈 · 53
2. 벨렉과 욕단 · 67

제3장 벨렉계 선민 유대 민족 75

제4장 욕단계 선민 알이랑 민족 89

제5장 단군과 욕단 139

제6장 **한국인이 욕단계 선민임을 입증하는 다양한 증거들** 155

1. 땅 끝의 두 선민 · 157
2. 겨레의 꽃 무궁화 · 164
3. 건국 신화의 곰과 호랑이, 그리고 쑥과 마늘 · 185
4. 배달겨레 · 백의민족(白衣民族) · 204
5. 고대 한국인의 산정제사와 제천신앙 · 212
6. 고조선의 8조 금법 · 219
7. 고인돌의 나라 · 226
8. 한우리 문화 · 234
9. 붉돌나라(檀國)의 건국이념 홍익인간 · 238
10. 성경의 하느님과 일치하는 한국 경전(韓國經典)의 유일신 하느님 사상 · 244
11. 성경에 계시된 하느님과 동일한 한국인 고유의 삼위일체 하느님 사상 · 257
12. 성경 계시의 원천이며 결론인 한국인 고유의 삼태극 사상 · 282
13. 동이문자에 간직되어 있는 창세기 1~10장까지의 이야기 · 292
14. 바벨탑 이전의 언어, 한국어 · 356
15. '욕단'의 이름 '작다'라는 뜻과 일치하는 동양의 나라 · 367

제7장 **잃어버린 신앙, 수난의 민족사** 377

제8장 **우리가 마지막 주자이다** 393

제9장 **한국교회, 이렇게 응답하라** 419

맺는말 성민 한국이여, 깨어나라! 432
부록 환단고기는 후세의 위작인가? 439

여는 말

성경에는 한국에 대한 특별한 계시가 있다

 사람은 충격을 받으면 사물을 기억하는 일이 어렵거나 불가능한 상태에 빠질 수 있다. 때로는 자기 자신에 대한 기억조차도 모두 잃어버리는 심각한 기억장애를 갖게 된다. 이와 같은 장애를 '기억 상실증'이라고 한다.

1차 세계대전이 끝났을 때 폭격의 충격으로 수많은 프랑스 군인이 그렇게 기억을 잃은 적이 있었다. 그들은 여러 자료를 통해 자신이 누구인지를 알려고 했지만 혼란만 더했다. 그때 한 사람이 "이 군인들이 가족들과 만날 수 있도록 파리에서 '만남의 광장'을 열자."고 제안했다. 그 제안은 즉시 받아들여져서 프랑스 전역에 공고되었다. 집회가 열리던 날 파리 광장에는 많은 사람들이 몰려들었다. 답답한 군인들은 한 사람씩 높은 단에 올라가서 "제발 내가 누구인지를 알려 주실 수 있는 분 안 계십니까?"라고 애타게 부르짖었다.

이 얼마나 비극적인 일인가? 이 세상에 불행한 사람이 많이 있지만 충격에 의한 것이든 치매로 인한 것이든 자신의 정체성을 몽땅 상실한 사람보다 더 가련한 인간은 없을 것이다. 그런데 우리 한민족의 처지가 꼭 그렇다. 한국인은 자신이 누구인지를 모른다.

한국인은 일찍이 대홍수 후 세계 구속의 여명기에 그들의 직계 선조가 '선택된 백성'의 조상으로 택정 받음으로 인해 이 땅 위에 존재하고 있는 또 하나의 선민(選民)이지만 이 영예로운 사실을 전혀 알지 못한다. 그리하여 너무도 긴 세월을 자신의 정체성을 상실한 채 고난 받으며 자기비하(自己卑下) 속에 살아왔다. 토레이(Reuben Archer Torrey, 예수원 설립자)는 이렇게 말한다.

> "내가 보기엔 한국은 자신의 참모습에 대한 기억을 잃어버린, 흡사 기억상실증 환자와 같은 인상을 준다. 만일 우리가 진정 하느님을 믿는다면 하느님께서 한국 백성에게 공동의 선(善)에 기여할 수 있도록 어떤 특별한 역할을 부여하셨다는 사실을 모를 리 없다. 그러니만큼 한국으로서의 가장 긴급한 과제는 스스로를 재발견하고 본연의 모습을 회복하는 일이다…."(대천덕, '기독교는 오늘을 위한 것', 「생명의 샘터」, 1987, 70쪽)

나는 그가 무엇을 염두에 두고 "한국은 자신의 참모습에 대한 기억을 잃어버린 흡사 기억상실증 환자와 같은 인상을 준다"라는 말을 했는지 모른다. 그러나 내가 아는 것은 그의 말은 분명히 예언적인 말이라는 것이다. 실제로 한국인은 자신의 참모습에 대한 기억을 잃어버렸기 때문이다. 그래서 토레이의 말과 같이 스스로를 재발견하고 본연의 모습을 속히 회복해야 할 백성이 바로 우리 한민족이다. 실로 그것은 새 천년을 맞이한 한국인의 가장 긴급한 과제다.

한국인, 우리는 누구인가? 기록된 계시인 성경에 의하면 한국인은 천손민족, 즉 하느님의 택함 받은 선민(選民)이라는 것이다. 바로 이것이 한국인의 참모습이며, 우리 겨레가 회복해야 할 본연의 모습이다. 선뜻 믿기지 않는 이야기겠지만 성경에 그것이 분명히 계시되어 있다.

성경에는 말세의 한국교회가 재발견하고, 취하며, 주장해야 할 우리나라를 향한 놀라운 계시들이 확실히 있다. '지혜와 계시의 영'(엡 1:17)을 구하며 성경을 상고하는 자, 그리고 주께 부르짖는 자는 그 놀라운 비밀을 깨닫게 될 것이다.

> "너는 내게 부르짖으라 내가 네게 응답하겠고 네가 알지 못하는 크고 비밀한 일을 네게 보이리라"(렘 33:3)

그리하여 밭에 감추인 보화를 발견한 농부처럼 그는 큰 기쁨과 소망을 얻게 될 것이다(마 13:44).

성경을 주의 깊게 관찰해 보면 한국인은 하느님께서 마지막 때에 당신의 특별하신 목적을 위해 사용하시고자 일찍이 택하시고 감추어 놓으신 또 하나의 선민이라는 사실을 분명히 알 수 있다.

사람의 눈에 보이는 겉사람이 있고 눈에 보이지 않는 속사람이 있듯이, 하느님께 택함 받은 선민도 겉으로 드러난 선민이 있고 속으로 감추인 선민이 있다. 겉으로 드러난 선민이 아시아 서쪽의 유대민족이요, 속으로 감춰진 선민이 아시아 동쪽의 한민족이다.

유대민족은 복음의 첫 번째 주자로 사용되었다. 우리 한민족은 복음의 마지막 주자로 쓰임 받을 것이다. 바로 이것이 또 하나의 선민 알이랑 민족에게 부여된 구원사적 사명이다. 이 귀한 진리는 밭에 숨겨진 보물처럼 오랜 세월 동안 덮여져 있었다. 그런데 이제 때가 차므로 드러나게 된 것이다.

이제 기록된 계시인 성경으로 달려가서 한국인이 또 하나의 선민이라는 이 놀라운 사실을 확인해 보자. 그리하여 스스로를 재발견하고 민족 본연의 모습을 회복하자! 나아가 수천 년 동안 우리를 속여 온 자기 비하의 거짓된 자화상을 벗어 던지고, 천손민족 한국인에게 부여된 시대적, 역사적 사명을 능히 감당하자!

> "교회의 우선적 과제가 그리스도를 한국에 소개하는 데 있다는 것은 두 말할 나위가 없다. 그러나 한국에 대한 하느님의 목적이 무엇인지, 한국의 진정한 사명이 무엇인지, 그리고 세계무대에서 한국이 담당할 역할이 무엇인지 깨닫지 못하는 한—다시 말해서 스스로를 자각하지 못하는 한—그런 한국에 그리스도를 소개한다는 것은 무익한 일이다." (대천덕, 「기독교는 오늘을 위한 것」, P. 70)

여호와로 자기 하느님을 삼은 나라
곧 하느님의 기업으로 빼신 바 된 백성은
복이 있도다

시 33:12

제1장

알이랑의 비밀

아리랑 아리랑 아라리요
아리랑 고개를 넘어 간다
나를 버리고 가시는 님은
십리도 못가서 발병난다

행마다 열자씩 4행 40자의 분장(分章) 가요.

이 노래를 우리는 '아리랑'이라고 부른다. 아리랑, 이 노래만큼 우리 민족의 애환을 달래 온 노래도 없으리라. 슬플 때도 아리랑, 기쁠 때도 아리랑…. 아리랑은 우리 겨레의 역사와 함께 민족의 한과 기쁨을 노래해 온 단 하나의 노래이다.

아리랑을 부를 때 한국인은 일체감을 느낀다. 아리랑은 흩어진 겨레의 마음을 하나로 모으는 힘이며, 우리 겨레를 강력하게 결속시켜 주는 한민족 공통의 정서이다. 그래서 오늘처럼 남북이 분단되어 올림픽 단일팀이 하나의 국가(國歌)를 부르기 어려울 때는 '아리랑'을 국가처럼 합창하여 한 민족임을 확인한다. 실로 아리랑은 시대와 지역, 신분과 사상을 초월하여 우리 겨레의 피 속에 끈끈하게 흘러 내려오는 하나의 정서이며, 앞으로도 끊임없이 이어나갈 우리의 정신이다.

한국인은 아리랑을 부를 때 저절로 흥이 난다. 기쁜 자리 슬픈 자리 없이 언제 어디서나 불러서 기쁘고, 들어서 정다운 노래! 무슨 이유로 '아리랑'은 한국인의 마음에 그토록 크게 자리를 잡고 있는 것일까? 아득한 옛날부터 남녀노소 상하귀천 없이 입을 모아 불러 온 노래…. 들어도 들어도 싫지 않은 이 노래는 과연 언제부터 무슨 연유에서 불려지기 시작한 것일까?

현재까지 아리랑의 비밀이 무엇인가라는 문제를 두고 오랫동안 연구가 거듭되어 왔으나 시원한 해답은 찾을 수 없었다.

1. 아리랑의 기원과 유래에 대한 기존의 이론들

아리랑의 비밀이 무엇인지를 살펴보기 전에 먼저 아리랑의 태동 배경에 대한 기존의 이론들을 검토해 보자. 아리랑 노래가 나온 배경으로는 다음 네 가지가 유력한 설로서 알려져 있다. 그러나 이 설들을 자세히 살펴보면 '바로 이것이 정답이다' 라고 수긍할 만한 해석은 단 하나도 없다.

아랑낭자 설

첫 번째는 조선 시대 밀양(密陽)의 한 여인을 애도하는 데서 비롯됐다는 설. 경상도 밀양에서 전해오는 '아랑낭자' 의 설화를 '아리랑' 에 끌어들인 것으로 밀양 사또의 딸 '아랑' 이 중추원 소속 관리의 횡포에 항거하다 죽임을 당했는데, 주변 사람들이 이 여인의 억울한 죽음을 애도하느라 '아랑 아랑' 하던 것이 아리랑으로 변천됐다는 주장이다.

이 설을 수긍할 수 없는 이유는 무엇보다 "나를 버리고 가시는 님은 십리도 못가서 발병난다"는 가사와 조화가 되지 않기 때문이다. 죽은 자는 발병이 나지 않는다. "십리도 못가서 발병난다"는 말은 '발병이 나서라도 떠나가지 못하고 내 곁으로 되돌아오라' 는 뜻으로서 어디까지나 살아있는 사람을 대상으로 하는 말이다. 죽은 자는 다시 돌아올 수 없다. 그래서 죽은 자에게는 다만 '고이 잠드소서' 라고 말할 뿐이다.

뿐만 아니라 '아랑' 이라는 말이 '아리랑' 으로 변했다는 것도 문법적으로 납득할 만한 설명이 아니다. 그렇다면 '아라리요' 라는 가사는 또 무엇이라고 해석할 것인가?

그리고 겨우 이 정도의 사건이 과연 전 민족이 어디서나 부르는 노래의 기원이 될 수 있겠느냐 하는 것이다. 그럴 수는 없다. 세상에는 '아랑' 보다 더 억울하게 죽은 사람도 많이 있다.

대원군의 경복궁 건축에 얽힌 전설

두 번째는 흥선대원군의 경복궁 건축에 얽힌 전설. 대원군 시절 경복궁 중건 때 강제부역에 끌려간 인부들이 집에 두고 온 아내를 그리며 "나는 낭자(부인, 娘)와 헤어졌구료(我離娘)" 라고 노래를 불렀는데, 거기에서 '아리랑' 이 유래했다는 것이다.

이 설도 역시 타당하지 않다. 왜냐하면 "나를 버리고 가시는 님" 이라는 가사와 전혀 부합하지 않기 때문이다. 강제로 징발되어 잡혀 간 처지였다면, 어떻게 집에 있는 자기 아내를 향해 "나를 버리고 가시는 님" 이라고 말할 수 있겠는가? 결코 그렇게 말할 수 없다.

무엇보다 큰 문제는 당시 서당엔 근처도 못 가봤던 상민 계층인 그들이 무슨 한문 실력이 그렇게 대단해서 '나는 아내와 떨어졌다' 는 뜻으로 아(我) 리(離) 랑(娘)이라는 한자말을 즉흥적으로 만들어서 노래를 했겠느냐는 것이다. 당치도 않은 주장이다. 그렇지 않은가? 그리고 만약 그것이 사실이라면 '아라리요' 라는 가사는 또 어떻게 설명할 것인가? 그것도 '아리랑' (我離娘)의 경우처럼 '아라리요' 에 해당하는 똑같은 발음의 한자를 억지로 조합해서, 어떤 의미가 담긴 말을 작위적으로 만들어내야 할 것이다. 이렇게 처음부터 끝까지 터무니없는 이론을 어떻게 수긍할 수 있겠는가?

이와 같이 첫 번째 설과 두 번째 설은 전혀 수긍할 만한 해석이 아닙니다. 그러나 이 두 가지 설들이 타당하지 않은 가장 큰 이유는 다른 데 있다. 이 설들은 모두가 불과 근세 몇 백년을 전후한 시대적 배경이어서 '허리 꼬부라진' 아리랑의 나이로는 너무 어린 나이로 평가된다는 것이다. 즉 가장 원시적인 구전(口傳) 형태로 온 나라 산간벽지며 섬에 이르기까지 일지다엽(一枝多葉)식으로 빠진 곳이 없이 알려진 '지역적 광활성'이라든가, 또 그것이 곳곳마다 그대로 정착하는데 그치지 않고 그 지방색에 맞게 전혀 다른 형태로 변형되고 다듬어지면서 현재까지 이른 '시간적 연속성' 등을 감안할 때 아무리 접어 생각해도 몇 백년 가지고는 어림잡을 수 없다는 것이 일반론이다.

뿐만 아니라 더 중요한 사실은 위에 등장하는 이야기들이 무엇이 그리 특별하고 대단하길래 오늘날까지 전 민족이 어디서나 잊지 않고 애창하는 노래의 유래가 되었겠는가? 참으로 그 정도의 사건이 아리랑의 태동 배경이었다면, 아리랑은 한정된 지역에서 일부 사람들에 의해 잠깐 불려지다가 속히 사라졌을 것이다.

아리랑의 기원은 결코 근세 몇 백 년 전후의 가까운 시대에, 한 특정한 지역에서 한 개인이나 일부 사람이 체험한 것에 있지는 않을 것이다. 아마도 아리랑은 아득히 먼 옛날 우리 겨레가 '함께' 경험했던 어떤 '민족 공통의 체험'에 그 뿌리를 두고 있을 것이다. 그렇지 않고서야 아리랑이 우리 겨레의 가슴 속에 이렇게도 크게 자리 잡고 있는 까닭이 무엇이란 말인가?

알영 왕비 설

세 번째로는 박혁거세의 부인 '알영 왕비' 설이 있다. 신라 시조 박혁거세의 부인으로서 우물로 내려 온 용의 갈비뼈 밑에서 태어난 것으로 전해지는 '알영' 왕비를 추모한 데서 아리랑이 비롯됐다는 것이다.

우물 이름이 '알영정'이고 아이의 이름 또한 '알영'으로 지어 왕비를 삼았는데, 왕을 따라 '알영'이 국내를 순행할 때에 용의 딸이며 왕비인 그녀를 백성들이 숭앙하여 '알영 알영' 하고 환성하던 끝에 '아리랑'으로 음전했다는 것이다. 그리고 '아리랑 고개'는 그 '알영'이 살았을 때 즐겨 노닐던 고갯길이거나 죽어서 넘던 고갯길, 혹은 '알영'과 무슨 사연이 있었을 고개를 '알영 고개', 즉 '알이랑 고개'라고 불렀으리라는 것이다. 이 세 번째 설을 따르면 '아리랑'은 첫 번째와 두 번째 설에 비하여 훨씬 더 오래 된 기원을 갖게 된다. 그러나 이 세 번째 설도 결코 수긍할 수 없는데 다음과 같은 이유 때문이다.

첫째, 용이 갈비뼈 밑으로 여자 아이를 낳았다는 허무맹랑한 기록(삼국유사 1권)을 밑바탕으로 한데다가, 설령 '알영'이라는 여자가 있었다고 해도 그 '알영'이란 말이 '아리랑'으로 음전했다는 것은 어설픈 비약이기 때문이다. 어떻게 '알영'이라는 말이 '아리랑'으로 변할 수 있는가? 뿐만 아니라 '아라리요'라는 가사도 설명이 불가능한 문제로 남는다.

둘째, "나를 버리고 가시는 님은 십리도 못가서 발병난다"는 가사를 '알영 왕비'와 연관해서 타당하게 설명할 수 없기 때문이다. 왜냐하면 '알영'이 살아 있을 때 왕과 백성을 버리고 어딘가로 떠났었다는 기록이 없을 뿐만 아니라, 만약 '알영'이 죽었다고 해도 죽은 그에게

"나를 버리고 가시는 님은 십리도 못가서 발병난다"고 말할 수는 더욱 없기 때문이다. 죽은 자는 발병이 안 난다. 그 가사는 앞서 언급한 바처럼 '발병이 나서라도 더 떠나가지 못하고 내 곁으로 되돌아오라'는 뜻으로서, '살아 있는 사람'에게 호소하는 말인 것이다. 따라서 세 번째 설도 아리랑의 기원에 대한 해답으로는 전혀 수긍할 수 없는 해석이다.

악랑 고개 설

네 번째는 국사학자 이병도 박사의 '악랑(樂浪)'설. 이 악랑 설은 태고적 우리 민족이 북에서 남으로 이동해 올 당시에 넘던 분수령, 즉 악랑(樂浪) 고개(지금의 慈悲嶺)가 '아리랑 고개'라는 것이다.

이 설도 수긍할 수 없는 해석인데, '악랑 고개'가 '아리랑 고개'라는 것은 억측이기 때문이다. 단지 '악랑'이라는 발음이 '아리랑'과 약간 유사하다고 그렇게 단정하는 것은 무리다. 만약 그렇다면 '아라리요'는 무엇인가? 이 경우 역시 다른 모든 설들처럼 '아라리요'라는 가사는 무엇을 뜻하는지 전혀 설명하지 못한다.

'아리랑'이 어떤 뜻이 있는 말이라면, '아라리요' 역시 그러할 것이다! 그것이 온당한 생각이다. 그러나 이제까지 학자들은 '아리랑'에 대해서만 의미를 부여하고, '아리랑'의 뜻만 찾는데 열중해 왔다. 그들은 '아라리요'라는 가사는 아무 뜻이 없는 단순한 '소리'에 불과한 것으로 쉽게 처리해 버렸다. 그럴 수밖에 없다. 왜냐하면 아리랑이 무슨 노래인지를 모르기 때문이다.

이상과 같이 아리랑의 태동 배경에 관한 기존의 이론들은 한결같이 시원한 해답을 주지 못한다. 그러나 네 번째 설인 이병도 박사의 '악랑' 설은 주목할 만한 가치가 있는 탁월한 해석이다. 왜냐하면 그것은 다음 세 가지 측면에서 곧 우리가 확인하게 될 아리랑의 진정한 의미에 가장 근접한 해석이기 때문이다.

첫째, 아리랑이라는 노래를 어떤 '한 개인' 이나 '일부 사람' 의 작은 경험이 아닌 우리 한민족 공동체의 '공통의 체험', 즉 '한민족 이동사' 와 연관해서 거시적으로 이해했다.

둘째, '고개' 를 민족 이동시 넘었던 '산' 과 관련시켜 '지리학적' 의미로 파악했다.

셋째, 시대적 배경을 아득히 먼 옛날, '태고적' 으로 설정했다. 이상 세 가지 관점에서 '악랑 설' 은 그 어떠한 설보다도 뛰어난 해석이다. 이제 아리랑의 참된 의미가 무엇인지 자세히 살펴보자.

2. 인류 최고(最古)의 찬송가 아리랑

아리랑은 매우 단순한 노래다. 그러나 굉장히 큰 비밀을 간직하고 있는 특별한 노래이다. 아리랑은 놀랍게도 우리 한민족의 선조들이 홍수 후 셈계의 일신신앙을 가지고 동방으로 이동할 때, 험한 산과 높은 고개, 그리고 고원들을 넘어 오면서 부른 '찬송가' 였다(창 10:21~30).

아리랑

가장 중요한 것은 '아리랑' 이라는 말의 의미이다. 모든 종류의 아리랑 노래에서 변하지 않고 쓰이고 있는 후렴구가 '아리랑' 이다. 그만큼 한국인에게 '아리랑' 이라는 말은 특별한 뜻과 사연이 배어 있다는 증거다. 사실 한국인은 '아리랑'이라는 말 자체에 친근감을 느끼며 흥분하는 것이다.

그러나 어떤 아리랑 연구가는 '아리랑'은 뜻이 없는 단순한 후렴구에 지나지 않는다고 말한다. 단지 흥을 돋우고 음조를 메워나가는 구실을 하는 말이라는 것이다. 과연 그럴까? 아무 뜻도 없는 말이 한국인의 마음을 그토록 오랜 세월 동안 사로잡아 왔단 말인가? 당치도 않은 소리다. 그가 그렇게 알맹이 없는 결론을 내린 것은 '아리랑'이라는 말의 뜻이 무엇인지 알아내기 위해 아무리 궁구를 해보아도 그 의미를 찾을 수 없었기 때문일 것이다.

만에 하나 그의 주장대로 '아리랑'이 단순히 '흥을 돋우고 음조를 메워나가는 구실을 하는 아무 뜻이 없는 말'이라고 치자. 그럴 경우에도 여전히 의문이 남는다. 왜 하필이면 그것이 '아리랑'이라는 말인가? 꼭 그래야 할 이유가 없다. 차라리 '아리랑'은 끝까지 해명이 필요한 어떤 특별한 뜻이 있는 말로 간주하는 것이 더 타당할 것이다.

더욱이 '아리랑'은 후렴구다. '아리랑'이 노래의 후렴구라는 사실은 오히려 '아리랑'이라는 말이 굉장히 중요한 뜻을 담고 있다는 것을 보여 준다. 왜냐하면 대부분 후렴은 그 노래의 중요 메시지가 들어있기 때문이다. '아리랑'에 담겨 있는 메시지는 무엇일까?

'아리랑'에는 한국인의 원형과 정체가 무엇인지를 알려주는 아주 귀중한 비밀이 감추어져 있다. '아리랑'은 선민 한민족의 키워드(keyword)이다. '아리랑'은 원래 '알이랑'이다(알이랑 → 아리랑).

알이랑 알이랑 알알이요
알이랑 고개를 넘어간다

'알이랑'은 '알'과 '이랑'으로 구분된다. '알'은 '하느님'을 의미한다. '하느님'이라는 신명(神名)은 처음에 '올'이었다. 그런데 '올' 앞에 '한'이라는 관형사를 붙이고, '올' 뒤에 '님'이라는 존칭명사를 붙여서 '한올님'이라고 했다. 그것이 한올님→하놀님→하늘님→하느님으로 바뀐 것이다. 그래서 '올'은 '하느님'이다. 유대인의 '엘(EL)', 아랍인의 '알아(알라)'는 바로 이 '올'에서 파생된 말이다('알라'는 아랍어로 하느님을 지칭하는 말이다. 그래서 그리스도인인 아랍 사람들도 이 단어를 사용한다). 즉 창조주 하느님을 뜻하는 인류 최초의 신명이 '올'이었는데, 노아에 의해 홍수 이후의 세대로 전해졌다.

'이랑'은 '~와 함께'라는 토씨로서(언어학자들은 '토씨'는 6천년 이상 간다고 한다) 영어의 'With'이다(예, 갑돌이랑=갑돌이와 함께, 갑순이랑=갑순이와 함께). 따라서 '올이랑'은 '하느님과 함께'(With God)라는 말이다!

창조주 유일신의 이름 올

왜 '올'이 유일신 하느님을 뜻하는 말이었을까? '올'이 수많은 생명을 낳기 때문이다. 쌀도 볏알(볍씨)에서, 과실도 씨알에서 생기고, 하늘과 땅과 바다의 허다한 생물들이 또한 '알'에서 탄생한다. 그래서 '올'은 '모체(母體)'요, '근원(根源)'이요, '시작(始作)'과 같은 뜻을 갖는다. 따라서 창조주 하느님도 '올'이었다. 왜냐하면 그는 만물의 모체이시고 근원이시며 시작이시기 때문이다.

다만 우리 한국인은 그 '알'이 '큰 모체'이시고 '큰 근원'이시며

'커다란 시원(始原)' 이시기에 '올' 앞에 '한' 이라는 관형사를 붙였다. 또한 그 '올' 이 인격적 존재이심으로 '올' 뒤에 '님' 이라는 존칭명사를 붙였다. 그래서 창조주 유일신을 '한올님' 이라고 부른 것이다. 이 '한올님' 이 한올님→하놀님→하늘님→하느님으로 변한 것이다. 따라서 '올' 은 하느님을 뜻하는 말이다.

더욱이 '하늘' 은 둥글어서 '알' 인데, '하늘' 이라는 말도 처음에는 '한알', 즉, '큰 알(大卵)' 이었다. 한올→하놀→하늘로 변한 것이다. 만물을 내신 한올님(하느님)은 한올(하늘)에 계신다. '큰 알(大卵)', '큰 모체(母體)', '큰 근원(根源)' 같은 뜻으로서의 '한올' 에 '하늘' 이라는 말의 기원이 있는 것이다.

지난 날의 우리 신화·전설에서, 한 시조(始祖)의 탄생이 난생(卵生)으로 이어지던 것을 우리는 기억하고 있다. 신라를 세운 박혁거세(붉불거뉘)는 망아지가 알을 품고 있다가 뛰쳐 나간 그 알에서 태어났다. 그 밖에도 비슷한 이야기는 많다. 짐승이나 사람이 알을 낳는다. 너무도 이상해서 갖다 버린다. 그러면 새와 짐승들이 그 알을 보호하며 노래 부른다. 그렇게 하늘의 뜻에 따라 보호를 받으며 태어난 것이 고주몽(高朱夢)이기도 하고, 금와(金蛙)이기도 하다.

'올' 이라는 것은 우리 조상들에게 있어서 사물(事物)의 핵심이었다. 그리고 '시작' 이기도 했다. 그러므로 '커다란 시원(始原)' 으로서의 '올' 이 곧 한올→하놀→하늘로 된 것이다. 그러한 하늘이었기에 삼라만상(森羅萬象)은 곧 당신의 것이었다. 당신이 낳으시고, 당신이 기르시고, 또 당신이 주재하시는 것이었다. 홍수 전 사람들이 창조주 유일신을 '알' 이라고 불렀던 이유가 여기에 있는 것이다.

하느님을 뜻하는 성경 원어 '엘(EL)'은 바로 이 '알'에서 가지 쳐 나온 말이다. '엘'은 '다스리는 이', '강하신 분'이란 뜻을 가진 신명(神名)으로 셈어(Shemitic)에서 전반적으로 사용된 '하느님' 또는 '신성(Divinity)'에 관한 호칭이다. 이 '엘'은 바로 '알'의 변음이다. 홍수 이전의 사람들은 하느님을 '올'이라고 불렀다. 이 '알'이라는 단어는 창조주 하느님을 뜻하는 일종의 원형 언어로서 노아에 의해 홍수 이후의 세대로 전승되었다.

노아는 홍수 후 방주가 머무른 산의 이름을 '하느님의 산'이라는 뜻으로 '알뫼'(알산)라고 했다. 여기에서 방주가 안착한 지역인 '알뫼니아'(아르메니아)라는 지명이 나왔으며, 그 산은 오늘날까지 '알산', 곧 '아르 산'이라고 불리어진다. 창세기에는 방주가 아라랏 산에 정박했다고 기록되어 있다(창 8:4). 아라랏 산은 터키 동부 고원지대에 위치한 산인데, 터키어로 '아르 다으' 즉 '아르 산'이라고 불린다. 이 '아르'는 원래 '알'에서 나온 말이다. 아라랏 산은 터키에서 가장 높은 해발 5137m의 '대 아르'와 해발 3985m의 '소 아르'로 구성돼 있다. '대 아르'는 일년 내내 흰 눈으로 덮여 있는데, 만년설을 쓰고 있는 이 '대 아르'가 창세기의 아라랏산으로 추정되고 있다.

'올'이란 단어는 고대에 대단히 소중한 말이어서 인명과 지명에 널리 사용되었는데, 노아로부터 일신신앙을 계승한 '셈'은 자신으로부터 일신신앙을 상속한 그의 셋째 아들의 이름을 '올 붉샷'(아르박샷)이라고 했다. 또한 '올 붉샷'의 증손자로서 에벨로부터 셈계의 일신신앙 계승한 욕단은 자신의 맏아들의 이름을 '올모닷'이라고 지었다. 더 나아가 '알아랏', '알뫼니아', '울알', '알타이', '알알해', '알마타',

▲ **아르산** 창세기의 아라랏 산으로 알려진 터키의 동부 고원지대에 위치한 해발 5137m의 아르산은 주위와는 구분되는 우뚝 솟아있는 봉우리가 일년 내내 흰 눈에 덮여 있고 정상은 일년 중 대부분 구름에 가려져 있어서 신비감을 자아내게 하는 산이다.

'알류우산열도', '알라스카'와 같은 지명들은 모두 창조주 하느님의 최초 신명(神名)인 '올'에 근거를 둔 말이다.

홍수 후 '알'은 주로 셈 계통의 민족들에게 그들의 신(神)을 나타내는 말로 쓰여져 지금까지 내려오고 있다. 유대인은 '엘(EL)'이라는 말로 쓰고 있는데, '이스라엘'(하느님과 겨루어 이김)의 '엘'을 비롯하여 '브니엘'(하느님의 얼굴), '엘 엘리온'(지극히 높으신 하나님), '엘 샤다이'(전능하신 하느님), '엘 찌드케누'(의가 되시는 하느님)라는 말이 있고, 아랍인들은 그들이 믿고 있는 신의 이름을 '알'이라고 부르는데 '알아(알라)'가 그것이다. 특히 한국인은 아직도 창조주 하느님을 '올'이라고 부르고 있는데, '하느님'은 사실상 '한올님'이기 때문이다.

'올'이 고대 하느님의 이름이었음을 보여주는 하나의 좋은 사례로서 '메아리'를 들 수 있다. '메아리'는 본래 말이 '뫼알이'이다. 이 말은 '뫼의 알', 즉 '산신'을 말한다. 산에 가서 '야호~' 하고 고함을 치면 '야호~, 야호~, 야호~' 라고 산이 있는 숫자만큼 되돌아오는 소리를 우리 조상들은 산신의 소리로 연상했던 것이다. '엘(EL)', '얼', '일' 과 같은 말들은 바로 이 '알' 의 변음이다.

하느님인가, 하나님인가?

우리 한국인은 아득한 옛날부터 창조주 유일신을 '한알님', 즉 하느님이라고 불렀는데, 이것은 성경에 계시된 유일신 하느님을 표시하는 최고·최적의 단어이다. 왜냐하면 '알' 이라는 말 자체가 노아에 의해 전해진 창조주 하느님을 뜻하는 지상 최초의 원형 언어일 뿐만 아니라, 그 '알' 을 수식하는 '한' 이라는 말 때문이다. 우리 말 '한' 은 그 의미가 매우 다양한데, '한알님' (하느님)의 경우 '한' 은 적어도 다음 세 가지 의미를 지닌다.

1) '하나(一, one)' 라는 의미: '한 개', '한 냥', '한 사람' 의 '한' 은 모두 하나(one)를 뜻한다.

2) '크다(大, great)' 라는 의미: 할아버지는 '한아버지' 에서, 할머니는 '한어머니' 에서 파생된 말로서, 여기서 '한' 은 '크다' (great) 라는 뜻이다. 단군을 '한배검' 이라고 하는데, '한배검' 의 '한' 역시 '크다' (great)를 의미한다.

3) '가운데(中, middle)' 라는 의미: '한가운데', '한복판', '한가위', '한겨울' 등은 '가운데' (middle)를 뜻한다.

따라서 '하느님' (한울님→하늘님→하늘님→하느님)이라는 말은 '한 분 (only one)이신 하느님' 이라는 뜻이고, '크신(great) 하느님' 이라는 뜻이며, '중심(middle)이신 하느님' 이라는 뜻이다. '하느님' 이라는 우리 토박이말은 이 세 가지 의미를 모두 함축한다. 이 얼마나 뛰어난 신명(神名)인가? 유일신관을 나타내는 말로서 이 이상 더 좋은 말은 세상에 다시 없다.

우리 한민족에게 '하느님'은 잡귀신 중의 하나가 아니다. 아주 두드러진 지위를 가진다. '하느님'은 성경 창세기에 계시된 유일신 하느님과 동일한 신인 것이다. 우리 조상은 여호와를 '하느님'으로 부르며 예배했던 것이다. 분명히 '하느님'은 한민족에게는 천지의 주인인 동시에 또한 민족 조상의 하느님이시다(함석헌, 「뜻으로 본 한국역사」, 한길사, 1933년, 105쪽).

'하느님' 즉 '하늘님'은 하늘을 신격화한 명칭이 아니다. 예를 들어 '나랏님을 존경하자'라고 했을 때, 나라를 인격화하여 존경하자는 말이 아닌 것과 같은 이치다. '나랏님'은 '나라를 다스리는 이'를 뜻하는 것으로서 임금을 존경하자는 말인 것이다. 마찬가지로 '하느님을 공경하자'라는 말은 하늘을 공경하자는 말이 아니라, 하늘에 계시는 '하느님 아버지(Heavenly father)'를 공경하자는 뜻이다.

우리 겨레가 기독교를 쉽게 이해하고 받아들인 까닭은 종래 오천 년 동안 내려오며 우리의 마음속에 살아있던 이 '하느님 사상', 즉 유일신 사상이 있었기 때문임을 아무도 부정하지 못한다. 실로 '하느님'은 우리 한민족에게는 잡신과 구별되는 아주 자연스러운 창조주 유일신의 명칭인 것이다. 심지어 무당들까지도 하늘에는 최고의 신이 있음을 인정하고 그 분을 다른 귀신들과 구별했다.

그러나 한글 개역성경은 '하느님' 대신 '하나님'으로 표기했는데, 그것은 매우 어리석고 애석한 일이다. 왜냐하면 '하나님'은 문법적으로 옳지 않은 말인데다가, '하느님' 과는 달리 의미도 빈곤한 말이기 때문이다. '하나님' 은 '하나' + '님' 으로서 단지 '한 분(one)이신 신(神)' 이라는 것만을 나타낼 뿐이다. 그런데 왜 이런 말을 써야 하는가?

한글 개역성경이 '하느님' 대신 '하나님' 을 쓰게 된 것은 여호와는 한 분 뿐이라는 유일신관에 기인하여 '하나+님' 으로 이해했기 때문이다. 그러나 '하나님' 은 의미도 빈곤하지만, 무엇보다도 문법적으로 옳지 않다는데 큰 문제가 있다.

'하나' 라는 수사에다 '님' 이라는 존칭 명사를 붙인다는 것은 어법에 맞지 않는다. '~님' 은 남의 이름이나 또는 다른 명사 위에 붙여 높임의 뜻을 나타낸다. 예를 들면, '선생님' 은 '선생을 높인다' 는 뜻이다. 그런데 하나, 둘, 셋과 같은 수사는 높일 필요가 없다. 그래서 수사에는 '님' 이라는 존칭 명사를 붙이지 않는다. '하나님' 은 문자 그대로 '하나를 높인다' 는 뜻인데, '하나+님', '둘+님', '셋+님' 은 어법에 어긋나는 말이다.

반드시 'one+님' 을 표기하려면, '하나님' 이 아니라 '하나' 의 관형사형인 '한' 을 붙여 '한님' 이라고 해야 하는 것이 문법적으로 원칙이다. 그래야 어법상 무리가 없다. 그러므로 애국가는 '하느님이 보우하사 우리나라 만세…' 로 표기했으며, 공문서와 교과서에도 '하느님' 으로 통일하여 표기했다. 문법적으로 옳지 않은 말을 사용할 수는 없기 때문이다.

한글 학자 최현배는 '하느님' 으로 써야 하는 이유로 다음 세 가지 근거를 들었다.

1) 하늘은 중세어 '하ᄂᆞᆯ'이 변한 것으로 제2음절의 고어⟨ㆍ⟩는 ⟨ㅡ⟩로 바뀌는 것이 우리말의 일반적인 음운 현상이다.

2) 하느님은 '하늘에 계신 님'을 줄여 부르는 말로 보아야 한다.

3) 기독교의 신이 유일신임을 강조하기 위하여 '하나+님'으로 생각한다면 잘못이며, 기독교에서나 한국의 전통 사상에서나 '하늘에 계신 아버지'의 사상을 벗어날 수 없다.

아주 타당한 지적이다. '하나님'은 어법에 맞지 않는 그릇된 말이다. 그것은 분명히 언어의 오용(誤用)이다. '하느님'이 문법적으로 올바른 말이다.

더욱이 그리스도인이 섬기는 창조주 하느님은 '한 분(only one)이신 하느님'이시오, '크신(great) 하느님'이시며, '중심(middle)이신 하느님'이신데, '하느님'은 이 모든 의미를 다 담고 있다. 매우 성경적인 신명(神名)이 '하느님'인 것이다. 왜 이렇게 좋은 말을 버려야 하는가? '하느님'은 우리 겨레의 정서에도 잘 영합하는 아주 훌륭한 말이다. 우리는 이 뛰어난 신명(神名)을 다시 찾아야 한다. 1971년에 나온 공동번역 성경은 '하느님'으로 표기했다. 한글 개역성경도 '하느님'으로 고쳐 써야 할 것이다.

그러나 한글 개역성경이 '하나님'을 '하느님'으로 고쳐 써야 할 더 중요한 이유는 신학적인 문제에 있다. '하나님'은 신학적으로 '삼위일체'(三位一體)를 부정하는 '단일신론', 즉 이단을 옹호하는 이름이 된다는 것이다. 온 세상 만물을 창조하신 여호와 하느님은 유일하신 분이지만 '하나'는 여호와가 될 수 없다. 우리 그리스도인들이 섬기는 하늘에 계신 아버지는 '삼위일체' 이시기 때문이다. 그런데 이름을 '하나' 로 못 박으면 어떤 의미에서든지 '삼위' 라고 할 수 없는 것이다. 논리상 '하나' (one)는 어디까지나 '하나' 이지 '삼위' 가 될 수는 없다. 그래서 유대교나 회교, 그리고 현대의 유니테리안파가 믿는 단일신론에 빠지는 것이다.

여호와 하느님은 '유일신' 이시지 '단일신' 이 아니다. 신학적으로 '유일신' 과 '단일신' 은 낮과 밤이 다른 것처럼 다른 것이다. 성경에 계시된 하느님은 한 분이시지만, 그 분은 삼위일체이신 한 분의 하느님이신 것이다. 따라서 '하나님' 이라는 말은 '삼위일체 유일신' 을 믿는 그리스도인들에게는 적합하지 않다.

실로 어원상의 의미로나 문법적으로나 신학적으로 '하나님' 보다는 '하느님' 이 유일신관을 나타내는 가장 좋은 이름이다. '하느님', 즉 '한알님' 은 무슨 회의를 해서 갑자기 만든 이름이 아니다. 그것은 홍수 이전 사람들이 부르던 창조주 유일신인 '알' 에서 유래된 것으로 역사상 가장 오래된 신명(神名)인 것이다.

'알' 에서 가지 쳐 나온 말 '얼'

'얼' 이라는 토박이말도 '올' 에서 가지 쳐 나온 말로서 역시 '신'(神), 넋 과 같은 의미의 말이다. '정신 나간 사람' 을 두고 '얼간이' (얼이 간 사람) 혹은 '얼 빠진 사람' 이라고 하고, '얼떨떨함' 이나 '얼이둥절' (어리둥절)은 '정신을 가다듬지 못한 상태' 이며, '얼뜨기' 는 '다부지지 못하고 겁이 많은 사람' 을 뜻하며, '얼버무림' 은 '제대로 버무리지 못함' 을 이르는 말이다. 이렇게 '얼' 은 '정신' 을 뜻하는 우리의 훌륭한 토박이 말이다. 이 '얼'이라는 말의 시작이 바로 '올'이었다. 이와 같은 사실은 고대 수메르어에서도 인간의 정신(Human spirit)을 뜻하는 단어가 'A-LA'였다는 것이 뒷받침 해준다*

이 '얼'을 드러내는 곳이 인체에 있어서는 '얼골'(얼골 → 얼굴)이다. '얼골'을 보면 그 사람의 영적인 상태, 즉 '얼'이 어떤 것인가를 대충 알 수 있다. '얼골'에 그것이 나타나기 때문이다. 그러므로 몸 안에서 '얼'이 사라지면 송장이 되고 나중엔 뼈만 남는데, 그것은 더 이상 '얼골'이 아니므로 '해골'이라고 한다.

---

* 수메르인들은 머리털이 검고 곧으며, 후두가 편평하며, 태음력을 사용하였고, 한국어와 어순이 비슷한 교착어를 썼다. 대영백과사전에는 수메르인의 교착어가 한국어와 같다고 지적하고 있다. 수메르어와 한국어는 뜻과 음이 일치하는 단어가 아주 많이 있다. 한국어의 광명을 뜻하는 붉은 BAR-BAR, 금은 GUSH-KIN(KIN은 금, 누런 금속이라는 뜻, 삼국시대까지만 해도 우리 겨레는 금은 '구지'라고 했다), 길은 GIR, 굴(穴)은 GUR, 구릉(산보다 낮은 언덕)은 KUR, 노래는 NAR, 님(높은 분에 대한 존칭어)은 NIM, 달(月)은 DAL, 대갈(머리)은 DAD-DIL, DA-GAL, 독(장독)은 DUG, 밭(田)은 BAD, 빛은 BIR, 어른은 UR, 하늘(한울)은 AN-UR(가장 높다는 뜻), 칼은 KAR, 엄마는 UMMA, 아빠는 ABBA등 유사한 말이 굉장히 많다. 특히 수천 년 동안 거의 변화가 없었던 인칭대명사나 지시대명사는 더욱 일치한다. 나는 NA(나), 너는 NE(네), 그는 GE(게), 지시대명사 이는 I(이)로 각각 발음되고 뜻도 같다. 수메르인은 우리처럼 머리카락을 묶어 상투를 틀었다. 그리고 우리와 똑같은 형태의 씨름을 했으며, 고구려, 가야, 신라 등에서 쓰인 회도를 사용했다. 또한 파미르 고원이 원산지인 파를 즐겨 먹었다. 이 모든 것들은 한국인과 수메르인이 같은 종족이었다는 사실을 입증하는 것이다. 그들은 대홍수 후 동방으로 이동했던 우리 한국인들의 형제 족속들로서, 바이칼호(天海)에서 출발하여 서쪽으로 다시 역이동해 중앙아시아(실크로드)를 거쳐서 메소포타미아 지방에 들어가 문명을 일으킨 것으로 추정된다."History begins at Sumer"의 저자인 S. N. Krammer 박사는 수메르인은 동방에서 왔다고 주장한다. "The Genesis of Civilization"의 저자인 David M. Rohl 박사는 수메르(Sumer)라는 지명은 노아의 아들 셈(Shem)에서 유래했다고 단정한다. 우리 한국인은 셈의 후손이다. 추천 도서: ①새뮤얼 노아 크레이머, 역사는 수메르에서 시작되었다(서울, 가람기획), 2000 ②데이비드 롤, 문명의 창세기(서울, 해냄), 1999 ③문정창, 한국 · 슈메르 이스라엘 역사(서울, 한뿌리) 1979.

한국인의 무덤이 동그란 까닭

한국인의 무덤은 동그란 모양의 봉분인데, 그것은 '큰 알'을 뜻한다. 셈의 후손으로서 하늘에 제사 지내며 삶을 영위했던 한국인의 선조들은 스스로 천손민족(天孫民族), 즉 '한알님'의 백성이라고 알고 있었다. 그리하여 그들에게 죽음이란 '한알'의 품으로 돌아가는 것이었다. 그래서 무덤이 동그란 모양의 '알'인 것이다. 그들은 '한알님'의 백성으로서 '알'에서 왔으니 '알'로 돌아가고자 했다. 실로 한국인은 '알이랑 정신'으로 살고 죽는 '알이랑 민족'이 아닐 수 없다.

이제 우리는 '알'이 원래 무슨 말인지 확실히 깨달았다. 그것은 홍수 이전 최초의 인류 가계로부터 내려온 지상 최초의 낱말 중 하나로서, 고대에 창조주 유일신을 뜻하는 하느님의 이름이었다. 그래서 '알이랑'은 '하느님과 함께(With God)'라는 말이다! 이제까지 '아리랑'에 대해 수긍할 만한 해석이 없었던 이유는 '아리랑'은 본래 '알이랑'이었다는 이 단순한 사실을 몰랐기 때문이다.

고개를 넘어 간다

그러면 '고개를 넘어 간다'는 무슨 뜻일까? 그것은 고대 한민족이 이란 고원을 지나 파미르 고원을 넘어, 천산 산맥과 알타이 산맥을 넘어갔다는 말이다. 실로 많은 고개를 넘은 것이다. '파미르 고원'을 지나(支那) 사람들은 총령(蔥嶺)이라고 하는데, 이는 한국어 파(蔥) 마루(嶺) 그대로 파마루(파미르)이다. 지리학에서도 역시 파미르 고원(蔥嶺)에서는 파(蔥)가 많이 야생한다고 한다. 파미르 고원은 '파마루'로서 파(蔥)가 많이 자생하는 산마루(嶺)이기에 파마루(파머루) 고원인 것이다. '파미르'는 한국어 '파마루'에서 전음된 것이다.

이러한 언어적인 연관성은 고대 한국인이 참으로 '파미르 고원'을 지나 천산 산맥을 넘고 알타이 산맥을 넘어서 동방으로 이동해 왔음을 보여주는 하나의 고고학적 증거이다. 알타이 고개를 넘어서 동쪽으로 조금 더 이동하면 바이칼(붉하알) 호수가 나온다. 한국인의 선조들은 이 바이칼 호수를 거쳐 동쪽으로 계속 이동하다가 마침내 아시아 동녘에서 제일 높고 밝은 산인 한붉산(大白山→白頭山)에 이르러 배달나라를 세웠던 것이다. 백두산 산정에 올라 창조주 한올님께 천제(天祭)를 드린 후에!

알이랑 알이랑 알알이요
알이랑 고개를 넘어간다

따라서 이 노래 가사를 해석하면 다음과 같다.

하느님과 함께 하느님과 함께 하느님과 함께 하느님이요
하느님과 함께 고개를 넘어 간다.
(with God, with God, with God, just God.
accompany with God, I will take over the mountains.)

'아리랑'은 창조주 하느님을 섬기던 고대 한국인이 이 땅에 오기까지 수많은 산과 언덕과 고원들을 넘으면서 부른 '찬송가'였던 것이다. '아리랑'이 우리 겨레의 마음속에 그토록 크게 자리 잡고 있는 까닭이 바로 여기에 있다. 그것은 겨레의 역사와 가장 오랫동안 함께 해온 민족의 숨결이며 역사의 맥박이기 때문이다.

나를 버리고 가시는 님은

그렇다면 '나를 버리고 가시는 님'이란 누구를 뜻할까? 문맥상 그들은 "하느님을 섬기는 나를 버리고 가는 님"이 된다. 왜냐하면 "알이랑 고개를 넘어 간다"는 바로 앞의 가사는 "하느님과 함께(with God) 고개를 넘어 간다"는 뜻으로서, 하느님을 섬기는 자들의 찬송이며 믿음의 고백이기 때문이다. 따라서 그들은 하느님을 불신, 배척하는 무리들을 의미한다.

십리도 못가서 발병 난다

'십리도 못가서 발병 난다'는 것은 나를 버리고 가시는 님에 대한 악담이나 저주가 결코 아니다. 만약 노래 가사가 "나를 버리고 '가는 놈'은 십리도 못가서 발병 난다"고 했다면, 그것은 실제로 발에 병이 나라고 욕하는 것이 될 것이다. 그러나 가사는 '가는 놈'이 아니고 '가시는 님'이다. 따라서 '십리도 못가서 발병 난다'는 것은 발병이 나서라도 더 떠나가지 못하고 나의 품으로 되돌아오라는 회귀원망(回歸願望)의 연정(戀情)을 노래한 것이다.

즉 창조주 하느님에 대한 믿음을 버린 자들을 향해 다시 순수한 하느님 신앙으로 되돌아 올 것을 사랑으로 촉구하는 것이다. 이렇게 겨레의 노래 '알이랑'에는 '하느님을 위한 열정'과 '잃은 자를 위한 연민'이 함께 깊이 배어 있다. 즉 경천애인(敬天愛人)의 얼이 담겨 있는 것이다.

이상 자세히 살펴본 바처럼 아리랑은 '찬송가'이다. 그래서 겨레의 노래 '아리랑'은 우리 한민족의 정체성을 확인할 수 있는 으뜸가는 코드이다. 알이랑 민족 한국인은 하느님을 섬기는 유일신 신앙으로 민족사를 시작한 셈족의 거룩한 백성인 것이다.

3. 알이랑 민족 한국인의 성경상의 기원

우리 겨레의 근본 사상은 '올이랑 정신' 이다. '올이랑' 은 '하느님과 함께' (with God)라는 뜻이다. 따라서 그것은 '하느님 중심 사상' 이요, '신본주의 정신' 이다. 홍수 후에 그렇게 철저한 '일신 신앙' 을 갖고서 동방의 산악 지대(파미르 고원→천산 산맥→알타이 산맥)를 넘어 아시아로 천동(遷動)한 족속은 누구였을까? 그들은 셈의 셋째 아들 아르박삿의 손자 에벨의 둘째 아들 '욕단' 의 가계이다.

셈족의 종가(宗家) 욕단 족속

창세기 10:21에 보면 "셈은 에벨 온 자손의 조상" 이라는 말씀이 있다. '에벨' 은 셈의 셋째 아들 아르박삿의 손자였다. 셈은 아르박삿 외에도 네 아들이 있었고(창 10:22), 따라서 셈은 이 모든 자손들의 조상임에도 틀림이 없다. 그런데도 셋째 아들 아르박삿의 손자 '에벨' 을 먼저 언급하면서, "셈은 에벨 온 자손의 조상" 으로만 구별해 놓았다. 그 의미는 무엇인가? 셈의 후손들 가운데서도 특별히 셈의 셋째 아들 아르박삿의 손자 '에벨의 혈통' 이 선택된 종족이라는 것이다. 즉 셈의 하느님(창 9:26)은 이제 '에벨 자손의 하느님' 이 되신 것이다. 그러면 '에벨의 자손' 이란 누구인가? '벨렉' 과 '욕단' 두 형제뿐이다.

"에벨은 두 아들을 낳고 하나의 이름을 벨렉이라 하였으니 그 때에 세상이 나뉘었음이요 벨렉의 아우의 이름은 욕단이며"(창 10:25)

따라서 신적 선택을 받은 종족인 '에벨의 온 자손' 이란 곧 '벨렉 자손' 과 '욕단 자손' 을 말하는 것이다. "셈은 에벨 온 자손의 조상"이라고 했으니 셈은 곧 그 두 형제의 자손들의 조상이 된다는 말이요, 하느님은 '셈의 하느님' 이라 했으니(창 9:26) 곧 '벨렉 자손의 하느님' 이시요, '욕단 자손의 하느님' 이신 것이다.

여기에서 여호와 하느님은 선택된 백성이 하나가 아닌 둘인 근거를 분명히 예비하셨다! 선택받은 백성은 '벨렉계 선민' 과 '욕단계 선민' 두 계열의 백성이 존재한다!

벨렉의 후손에서는 그의 6대손 아브라함이 하느님의 부름을 받음으로서 '언약 백성' 인 이스라엘이 탄생했다(창 11:10~32). 욕단의 후손은 어디로 갔을까? 성경은 그들이 동방의 산악 지대를 넘어 아시아로 갔다고 말한다.

"그들의 거하는 곳은 메사에서부터 스발로 가는 길의 동쪽 산이었더라"(창 10:30)

여기에서 '산' 이란 히브리어로 '하르(הר)' 라고 하는데, 그 뜻은 '산맥', 혹은 '일정한 지역의 산들' 곧 '산지' 를 가리킨다. 동양에는 큰 산들이 많이 있다. 즉 욕단은 동쪽 산악 지대를 넘어서—파미르 고원 → 천산 산맥 → 알타이 산맥—아시아로 천동했던 것이다.

욕단의 가계는 에벨의 혈통으로서 셈족 중에서도 특별 선택을 받은 셈족의 종가(宗家)였다. 그러므로 그들은 하느님을 아는 지식이 있는 백성이었고, '알이랑 정신', 곧 '하느님 중심 사상 · 신본주의 정신' 이 가장 확고한 족속이었다! 따라서 욕단 족속은 셈족의 정통성을 승계한 백성답게 '하느님과 함께 고개를 넘어 간다', 즉 '알이랑(With God) 고개를 넘어 간다'라고 찬송하면서 동방으로 이동했던 것이다. 그러니까 우리 한국인의 성경 상의 기원은 하느님의 사람 '욕단' 이다.

밝은 땅의 임금 욕단

빛의 근원이신 하느님을 공경하던 욕단 족속은 빛이 시작되는 땅, 곧 광명의 본원지를 찾아가는 것이 꿈이었다. 그래서 아침에 뜨는 해를 따라 알이랑 고개를 넘어 쉬지 않고 동쪽으로 이동하다가, 마침내 동해에 해 떠오르는 '붉의 땅', 동방의 땅 끝에 당도하였다. 그리고 백두산과 그 변두리를 근거지로 배달나라를 세운 우리 붉돌겨레(배달겨레)의 조상이 되었다. '붉돌'의 '달'은 '아사달'의 '달'로서 '땅'이라는 말이다. 그때에 사람들은 욕단을 무엇이라고 불렀을까? 물론 '붉돌 임금'이라고 했을 것이다. 왜냐하면 욕단은 사람들을 '붉의 땅'으로 이끌고 온 '붉돌족'의 우두머리였기 때문이다.

그래서 우리는 '단군'이 '욕단'이라는 사실을 알 수 있다. 왜냐하면 '단군'이란 칭호는 '붉돌 임금'(檀國의 君長: king of Bakdal)의 이두식 표현이기 때문이다. '단군'은 '붉돌 임금' 또는 '배달 임금' 등으로 구전되어 내려오던 우리 동방(조선)의 고유의 호칭을 후세에 한자(韓字)로 의역(意譯)하여, '檀(박달)' '君(임금)' 이라고 표기하여 놓았기 때문에 비로소 '단군'이라는 칭호와 발음이 생겨난 것이다.

한민족의 직계 조상 욕단은 배달나라를 세울 때 먼저 백두산 산정에 올라 창조주 하느님께 천제를 드렸다. 그것은 노아 할아버지의 아라랏 산정의 천제를 답습한 것으로서, 이렇게 '평지'가 아닌 '산정'에서 제사하는 관습은 셈족의 종가(宗家)인 욕단 족속에게는 아주 당연한 제사 방식이었다.

4. 선민 한국인의 키워드 **올이랑**

'아리랑'은 우리 겨레의 영아기 때의 체험을 간직하고 있는 민족의 역사노래인 동시에 현존하는 인류 최고(最古)의 찬송가로서, 한국인이 처음부터 창조주 하느님을 섬긴 욕단의 후손, 즉 이 땅위에 존재하는 또 하나의 선민이라는 사실을 규명해 준다. 그러므로 '알이랑'은 선민 한민족의 키워드(keyword)이다. 바로 이것이 아리랑의 비밀이다.

한국인의 선조인 욕단 족속은 하느님을 섬기는 일신신앙을 갖고서 (올이랑) 동방 산악 지대를 넘어서(고개를) 극동의 이 땅까지 찾아왔다. 그리고 백두산과 그 변두리를 근거지로 배달나라를 세웠다. 이와 같은 역사적 사실이 단군신화에 나오는 태백산 천손강림(天孫降臨)의 모티브가 된 것이다. 그 나라 백성은 하느님의 백성답게 모두가 흰 옷을 입고 살았고, 오직 제천의식을 성대히 거행하여 하느님만을 섬겼다. 그래서 배달나라를 고대에 신시(神市), 곧 '하느님의 도성(City of God)'이라고 했다! 이것이 우리 한민족의 참모습이다!

알이랑! 그것은 우리 배달겨레의 근본 사상이요, 뿌리 정신이다. 그것은 곧 '하느님 중심 사상'이요 '신본주의 정신'이니, '알이랑'은 '하느님과 함께(With God)'라는 뜻이기 때문이다. 즉, 우리는 여호와 하느님을 섬기는 유일신 신앙으로 민족사를 시작한 천손민족이라는 사실이 '알이랑'으로 말미암아 입증되고 있는 것이다.

실로 '알이랑'은 욕단계 선민이 동방의 한국인임을 확인시켜 주는 가장 분명한 '물증'이다. 알이랑! 그것은 우리 한민족의 원형과 정체가 무엇인지를 명확히 알려 준다. 알이랑! 그것은 곧 우리 자신이다. '올이랑'으로 민족사를 시작한 우리는 '올이랑'으로 살아왔으며, 앞으로도 영원히 '올이랑'으로 살아갈 것이다.

알이랑! 그것은 전 세계에서 가장 긴 역사를 가진 '찬송가'이다. 그러므로 '알이랑'은 세계문화유산이다. 우리는 이 귀한 노래 '알이랑'을 시편 삼아 함께 자주 불러야 한다. 우리 겨레에게 이 노래가 있는 한 여호와 하느님은 우리와 영원히 함께 하실 것이다.

동방의 선민 한겨레여! 이제 스스로를 자각하고 다시 일어나라! 알이랑 민족 본연의 모습을 회복하라! 민족의 주로 예수를 믿고 민족의 하느님으로 여호와를 섬기는 복음의 나라를 건설하라! 그래서 이 땅으로 다시 신시(神市), '하느님의 도성(City of God)'이 되게 하라! 우리는 여호와 하느님께서 나중에 쓰시려고 동방의 땅 끝에 감추어 두신 또 하나의 선민 알이랑 민족이다!

본서의 다음 장들에서는 좀더 구체적으로 욕단계 선민 알이랑 민족, 우리 한국인의 성경상의 기원과 정체에 관해 살펴볼 것이다. 그것은 본 단원에서 설명한 사실에 확신을 더하여 줄 것이다.

거룩한 선민의 계보

복과 저주의 갈림길

술 취하여 나체로 잠이 든 노아의 실수에 대한 셈과 야벳 그리고 함의 대조적인 태도를 최성규 목사(인천순복음교회 담임/전 한기총회장)는 효(孝)의 관점에서 다음과 같이 설명한다:

노아는 홍수사건 이후 포도주에 취하여 장막 안에 벌거벗어 자신의 수치를 드러낸 적이 있는데(창 9:20,21), 둘째 아들 함이 이를 보게 되었다. 함이 그 아비의 하체를 "보았다"는 것은, 단순히 "힐끗 지나쳐 보았다"는 뜻이 아니라, "주목했다", "흥미 있게 응시했다"라는 뜻으로, 즉 "만족스럽게 응시했음"을 뜻한다. 함은 그 아비의 하체를 보고 악의적으로 즐겼던 것이다. 이에 그치지 않고 함은 아비의 허물을 두 형제들에게 공개하는, 보다 적극적인 불효를 저질렀다. "고하매"라는 말은 "기쁨으로 말했다"는 것을 뜻한다. 함은 형제들까지도 아비의 수치를 목격하고 쾌감을 느끼도록 충동질했던 것이다.

함은 아버지의 권위와 인격은 안중에도 없이, 아버지의 허물을 형제들에게 떠벌림으로써 아버지의 권위를 실추시키고 가족의 질서를 혼란케 했으며, 나아가 아버지의 권위를 인정하신 하나님께 패역하는 큰 죄를 짓고 말았다. 함의 말을 들은 노아의 다른 두 아들 셈과 야벳은 옷을 취하여 아버지에게 "뒷걸음쳐 들어가서", 아비의 수치를 보지 않고 덮어 주는 조심스럽고도 사려 깊은 행동을 보여주었다.

셈과 야벳은 아버지의 허물을 방관하지 않고 적극 그 허물을 가림으로써 아버지의 명예와 인격이 더 이상 실추되지 않게 했던 것이다. 이는 성경에서 찾아볼 수 있는 최초의 효도의 예로서, 그들이 지닌 아버지에 대한 사랑과 존경은 아버지의 허물을 넉넉히 덮고도 남음이 있었음을 알 수 있다.

이 사건은 부모가 실수를 저질렀을 때에 자녀가 보일 수 있는 두 가지 반응, 즉 효자와 불효자의 모형을 보여준다. 이 세상에 완전한 사람은 없다. 당대의 의인 노아가 술에 취한 사건은 그 좋은 예이다. 제아무리 경건한 부모라 할지라도 인간은 허물이 있기 마련이다. 결국 아버지의 실수를 들추어내고 조롱한 함과 그 아들 가나안은 저주를 받았고, 아버지의 허물을 덮음으로써 부모를 공경한 효자 셈과 야벳은 복을 받았다(창 9:24~27).

- 최성규, 「효신학개론」, 도서출판성산서원, pp.124~125 -

성경 창세기는 모든 역사의 시작과 기원을 기록한 책으로서, 많은 원형질적 사건들과 개념들이 등장하고 또한 전개되고 있다. 실로 창세기는 신구약 계시의 발원지로서 구약의 열쇠임과 동시에 전 성경의 열쇠인 책이다. 그러므로 선택된 백성의 계보가 인류 역사 안에서 누구로부터, 어느 민족에게로, 어떻게 내려왔는가를 알기 위해서는 시작의 책인 창세기를 자세히 상고해야 한다.

한국인이 선민(조선 사람: chosen people)이라는 사실은 창세기에 기록된 선민의 거룩한 계보가 명확히 증거하고 있다. 창세기 9장과 10장에서 우리는 노아의 복된 아들 셈에서부터 그의 4대손 에벨의 자손으로 이어지는 이른바 '천손계보'(天孫系譜), 즉 선민의 거룩한 가계를 발견하게 된다.

1. 셈

노아는 홍수 후에 식물을 가꾸게 되었다. 그 식물들 중에는 포도나무가 있었는데, 어느 날 노아는 포도원에서 생산된 포도주를 마시고 의식을 잃은 채 옷을 벗어버리고 장막 안에서 나체로 자고 있었다. 아마도 노아는 순수했을 것이다. 포도나무에 대한 언급은 성경에서 여기가 처음이다. 그는 발효되어 만들어진 포도주가 인간 두뇌에 어떻게 작용하는지 경험한 바가 없었다. 그때 세 아들 중 둘째 아들인 함이 들어갔다가 아버지의 하체를 보게 되었다.

> "노아가 농업을 시작하여 포도나무를 심었더니 포도주를 마시고 취하여 그 장막 안에서 벌거벗은지라. 가나안의 아비 함이 그 아비의

하체를 보고 밖으로 나가서 고하매"(창 9:20~22)

함은 아버지의 하체를 대단히 흥미롭게 바라보았다. 여기서 함이 '보았다'고 할 때, '보았다'는 단어 '라아흐'(ראה)는 단순히 그가 무의식적으로 보았다기보다는 '그가 주목했다' '그가 응시했다'는 뜻이다. 아마도 노아의 나체를 본 함은 순간적으로 마음에서 깨끗한 생각을 버리고, 불순한 생각을 갖게 되었던 것 같다. 성경 연구가들은 함이 아버지의 하체에서 성적 즐거움—동성애—을 느끼면서 관능적인 눈으로 바라보았을 것이라고 말한다.

뿐만 아니라 함은 형제들에게 자기가 본 아비의 수치를 말하였다. 함은 벗은 몸으로 누워있는 아버지에 대해 수치감과 애통하는 마음이 조금도 없었고 오히려 아버지를 조소했다. 이와 같은 행동은 자기 아버지에 대한 존경심이 결여된 것으로서 알몸이 되어 누워있는 노아의 모습보다 더 추한 함의 인간성을 폭로한 것이었다.

또한 함의 행동은 그에게 '거역의 영'이 있음을 증명했다. 아버지는 하느님이 가정에 세우신 권위이다. 하느님은 당시 노아를 땅 위에서의 우두머리(Headship)로 삼으셨고 노아의 일가를 그의 권위 아래 두셨다. 그러나 함은 하느님이 자기 위에 세우신 권위가 실패한 광경을 보고 좋아했다. 반항의 정신을 가진 사람의 특징은 권위가 실패하는 것을 즐거워한다. 지도자(Leadership)가 실패할 것을 기대하며 그렇게 되었을 때 애통해 하는 대신 비방하며 기뻐한다. 왜냐하면 그렇게 될 때에 자유롭고 다스림을 받지 않기 때문이다. 이 얼마나 비열한 정신인가? 함 안에는 '반(反)권위의 영'이 있었다.

그때 작은 아들 셈과 큰 아들 야벳은 아버지의 벌거벗은 몸을 가리기 위해서 행동을 취했는데, 이는 그들이 의로운 심령을 가졌다는 표시이다. 그들은 옷을 취하여 뒷걸음쳐 아버지에게로 가서 벗은 몸을 가리어 드렸고, 얼굴을 돌이키고 그 아비의 하체를 보지 않았다.

> "셈과 야벳이 옷을 취하여 자기들의 어깨에 메고 뒷걸음쳐 들어가서 아비의 하체에 덮었으며 그들이 얼굴을 돌이키고 그 아비의 하체를 보지 아니 하였더라"(창 9:23)

셈과 야벳은 아버지의 수치를 보지 않으려고 애를 썼다. 그들은 아버지에 대해 최대한의 공경의 태도를 보였다. 그들 안에는 의로운 성품과 위임 권위에 복종하는 경건한 마음이 있었던 것이다. 이들의 행위는 자녀의 아버지에 대한 마땅한 도리였다. 그리고 셈이 본이 되어 형 야벳을 이끌어서 그와 같은 행동을 인도하였을 것이다. 이것은 술이 깬 후 노아가 그의 세 아들에 대하여 축복과 저주를 할 때 셈에게 가장 큰 경의를 표하였음을 보아서 알 수 있다(이러한 성경 해석 방식을 '문맥 주석' 이라고 한다).

노아의 노래

노아는 술에서 깨어 일어난 후 그의 아들들이 자기에게 행한 모든 일을 알게 되었다. 아마도 노아는 자신이 알몸인 채 셈의 것인지 야벳의 것인지도 모를 겉옷이 자신에게 덮여 있는 사실을 발견하고 놀라 어떻게 된 일인지 탐문했을 것이다. 그리하여 그의 작은 아들 셈이 자기에게 행한 의롭고 복된 행실을 알게 되었다.

그때에 하느님께서는 노아를 선지자와 재판장으로 만드셨다. 노아는 함에게 저주를, 셈과 야벳에게는 축복을 내렸는데, 그가 말한 축복과 저주는 후손들의 장래에 대한 예언적 계시였다. 창세기 9:25~27에 노아가 내린 축복과 저주가 기록되어 있다. 이것은 죄를 범한 함의 아들 가나안의 노예 신분을 향한 반복 후렴으로 3분된 7행시(Heptastich)이다.

> 그리고 그가 말했다
> 가나안은 그의 형제들을 위하여
> 종들의 종이 될 것이다
> — 25절
>
> 그리고 그가 말하기를
> 셈의 하느님 여호와를 예배하라
> 가나안은 그를 위하여 종이 될 것이다
> — 26절
>
> 하느님이 야벳을 창대케 할 것이다
> 그리고 그가(하느님) 셈의 장막들 안에 거주할 것이다
> 그리고 가나안은 그를 위해 종이 될 것이다
> — 27절

노아의 예언적 노래는 범죄한 함의 아들 가나안이 종이 되리라는 후렴구를 가진 3연 7행시의 구조로 되어 있다. 그리고 전체 예언의 구상은 첫 절은 가나안에게, 둘째 절은 셈과 가나안에게, 셋째 절은 세 형제 모두에게 돌리는 것이다. 즉 25절은 함의 아들 가나안에게, 26절은 셈과 가나안에게, 그리고 27절은 야벳, 셈, 가나안 세 사람 모두에게 말씀하시는 것이다.

좀 더 자세히 정리해 보자. 25절은 가나안(함)을 상대한 저주이다. 그가 형제들의 종이 되리라는 것이다. 26절은 셈을 상대한 축복이다. 하느님은 '셈의 하느님'이 되시리라는 것이다. 즉 셈이 하느님의 직계 종주손(宗主孫)이라는 것이다. 이로 인하여 셈 족속은 하느님의 특별하신 계시를 소유한 자로서, 구원 계시의 수취자(受取者)요, 전달자(傳達者)가 되었다. 그리고 가나안에 대한 저주가 다시 반복되었다. 가나안이 셈의 종이 되리라는 것이다. 27절은 야벳과 셈 두 사람을 상대한 축복이다. 야벳에 대해선 하느님이 그를 창대케 하리라고 했다. 이는 야벳과 그의 후손이 힘과 부를 가진 민족이 되게 하신다는 뜻이다. 야벳의 복은 지상의 번영이었다. 셈에 대해선 하느님이 셈의 장막에 '거하실' 것이라고 했다. 이는 하느님이 셈과 그의 후손 가운데 특별히 임재하실 것이라는 뜻이다(27절 둘째 행의 주어는 첫째 행의 주어인 하느님이다. 따라서 '하느님이 셈의 장막에 거하시며'로 번역되어야 한다). 그리고 여기에 가나안을 향한 저주가 또 다시 반복되었다. 가나안은 야벳의 종이 되리라는 것이다.

하느님의 거처인 셈의 장막

우리가 여기에서 꼭 주의해야 할 것이 있다. 27절의 '그가 셈의 장막들 안에 거주할 것이다'에서 동사의 주어인 '그'란 야벳이 아니라 하느님이며, 따라서 이 구절은 '야벳을 셈의 장막에 거하게 하시고'가 아니라 '하느님이 셈의 장막에 거하시며'라고 번역되어야 한다는 것이다.

많은 서양의 주석가들이 그리스와 로마가 이스라엘을 비롯한 아시아의 셈족을 침략하여 영토를 확장시킨 것과 연결을 지으면서 27절 둘째 문장의 주어를 야벳으로 보려고 한다. 그리하여 그들은 둘째 문장을 "야벳을 셈의 장막에 거하게 하시고"라고 번역하면서, '거한다' 는 것이 셈의 영토에 대한 야벳의 정복을 의미한다고 해석한다. 즉 '하느님이 야벳을 창대케 하사 야벳이 셈의 영토를 점령케 하소서' 라는 뜻이 된다는 것이다. 아주 정치적인 해석이다.

이러한 해석을 주장하는 대표적인 학자가 보스(Vos)이다. 그는 "야벳을 셈의 장막에 거하게 하시고"에서 '거한다' 는 것이 영적인 동거를 의미하지 않고 실제적인 정복을 의도하는 것으로 본다. 그리고 야벳이 셈의 장막을 정복한 후 거기에서 구속과 계시의 하느님을 발견하게 된다고 한다.

이와 같은 견해가 서양 사람들(야벳)의 아시아 사람(셈)에 대한 영토 침략을 합리화시키는 근거로 이용될 수는 있겠지만, 그것은 문법적으로나 문맥상으로나 전혀 인정될 수 없는 해석이다. 이 잘못된 해석을 따르게 되면 우리는 본문이 실제로 의도하는 바를 완전히 놓칠 수밖에 없다. 27절 둘째 문장의 주어는 첫째 문장의 목적어인 야벳이 아니라 첫째 문장의 주어인 '하느님' 이다. 따라서 "하느님이 셈의 장막에 거하시며"로 번역되어야 한다. 문법적으로나 문맥상으로나 그것이 타당하기 때문이다.

이러한 견해는 옹켈로스 탈굼(Targum of Onkelos), 필로(Philo), 마이모니데스(Maimonides), 라쉬(Rashi), 아벤 에즈라(Aben Ezra), 데오도르트(Theodoret), 바움가르텐(Baumgarten), 그리고 델리취(Delitzsch) 등이 지지했다. 최근에는 현대 구약 신학을 대표하는 학자인 월터 카이저(Walter C. Kaiser, Jr)가 강하게 지지한다. 그는 27절 둘째 행의 주어가 야벳이 아니라

'하느님'으로 간주되어야 할 이유를 다음 네 가지로 설명하고 있다.

첫째, 두 개의 절로 구성된 문장 안에서 후절(後節)의 주어가 표현되지 않았을 때는 전절(前節)의 주어가 그 후절에서도 주어로 간주되는 것이 통례이다. 그러므로 전절의 주어인 하느님의 이름 '엘로힘'이 둘째 절인 "셈의 장막에 거하소서"의 주어로 인정되어야 한다.

둘째, 전절에서 목적어로 사용된 야벳이 후절에서의 주어로 간주될 경우 그렇게 생각해야 할 뚜렷한 문맥상의 이유가 있어야 한다. 그러나 27절에서는 그와 같은 문맥상의 이유가 없다.

셋째, 27절이 속해 있는 9장 이후 계속되는 몇 장(章, Chapter)의 문맥에서 셈이 제일 큰 복을 받은 사람으로 나타난다. 그러나 만약 야벳이 셈의 장막에 거한다고 하여 셈의 영토를 점령하는 것으로 해석하면 9장 이후에 펼쳐지는 셈과 그 후손에게 약속된 복과는 문맥상 조화가 되지 않는다.

넷째, 27절 둘째 문장인 "그리고 그가 셈의 장막들 안에 거하게 하소서"에서 '그'를 야벳으로 이해하는 것은 27절의 문맥상 별로 의미가 없다. 왜냐하면 이미 야벳은 창대케 되는 복을 받았기 때문이다. 오히려 노아의 축복과 저주의 말씀에서 25절은 가나안에게 말씀하신 것이고, 26절은 셈과 가나안에게, 그리고 27절은 야벳과 셈과 가나안 세 사람 모두에게 말씀하신 것으로 볼 때, 27절 둘째 절의 주어를 '하느님(엘로힘)'으로 번역하여 하느님이 셈에게 특별한 복을 약속하시는 것으로 간주되어야 한다(월터 카이저, 「구약성경신학」, 생명의 말씀사, 1989, pp.113~114).

매우 타당한 설명이다. 문법적으로나 문맥상으로나 27절 둘째 절의 주어는 하느님이며, 하느님께서 셈에게 특별한 복을 약속하시는 것이다. 그것은 하느님이 셈의 장막에 거하시리라는 것이다. 즉 셈의 백성 가운데 '하느님의 특별한 임재'가 있을 것임을 약속하신 것이다. 이러한 약속은 26절에 주어진 셈의 복과도 아주 잘 연결된다. 하느님은 '셈의 하느님'이시므로 그는 특별히 셈의 장막에 '내주' 하시는 것이다. 이는 당연한 것이 아닌가? 축복과 내주는 뗄 수 없는 것이며 언제나 연결된다. 진실로 하느님은 셈의 백성들에게 거하실 예정이었던 것이다. 하느님은 그의 거처를 셈의 장막에 두기로 뜻을 정하셨다.

아래는 베이커 성경 주석 「창세기」에서 발췌한 27절 둘째 절에 대한 해석이다. 27절 둘째 절을 셈에게 약속된 복으로 바르게 설명하고 있다.

"셈의 장막에 거하게 하시고: 주요한 유대인의 문헌들은 다른 문헌들과 더불어 엘로힘을 동사의 주어로 삼고 있는데, 그렇게 한 것에는 충분한 이유가 있는 것으로 새로 문법적 주어를 만들 필요가 없기 때문이다. 따라서 이 구절은 하느님의 '두 가지' 행위를 묘사하고 있는 것으로 해석함이 보다 자연스럽다. 즉 그(하느님)는 야벳을 '창대케 하실' 것이지만 셈의 장막에 '거하실' 것이라는 말씀이다. 이러한 견해를 가지고 볼 때, 예언은 보다 영적인 의미를 가지게 된다. 셈은 '하느님의 거처'였다. 단순히 정치적으로만 해석하면, 이 구절이 지니는 그와 같은 숭고한 개념을 충족시켜 주지 못하게 되고 만다."(조셉 S. 엑셀, 이기문 역, 「베이커 성경주석 창세기」, 서울: 기독교문사, 1982, p.353)

그렇다! 하느님은 '셈의 하느님' 이시며, 따라서 하느님은 '셈의 장막'을 당신의 거처로 삼기로 결정하신 것이다. 셈의 장막은 하느님의 거처가 되었다. 노아 언약의 중심은 '셈의 장막' 과 '그 장막에 거하시게 될 하느님' 이다. 장차 하느님의 영광은 그가 거하실 셈의 장막을 통해 나타날 것이었다.

가장 큰 복을 받은 셈

노아의 예언적 노래에서 셈은 가장 큰 복을 받았다. 셈에게는 축복이 두 번 선언되었다(26, 27절). 야벳에게는 축복이 한 번 선언되었다(27절). 함이 받은 축복은 없으며 오직 저주만 세 번 선언되었다(25, 26, 27절). 함은 그의 아들 가나안 안에서 저주를 받았고, 또 함 족속들은 일반적으로 축복을 상실하고 말았다. 왜냐하면 노아가 함의 전 후손을 저주하지는 않았으나 축복하지도 않았기 때문이다.

위임 권위에 대항했던 함이 받은 세 번의 저주는 형제들의 종이 되라는 것이었다. 성경에서 첫 번째 종된 자는 바로 함이었다. 이것은 권위에 순복하지 않는 사람은 계속 권위에 순복해야 하는 종이 되어야 한다는 것을 보여준다. 권위 아래 들어가는 사람만이 위로부터 권위가 주어진다. 반권위의 정신을 가진 자는 승진할 수 없다. 권위에 복종하는 자만이 권위를 얻을 수 있다.

창세기 10장에 보면 노아의 세 아들이 등장하는데, 현대 인류학은 함의 후손이 흑인종, 야벳의 후손이 백인종, 셈의 후손이 황인종의 근간이 되었다고 말한다. 노아의 둘째 아들 함의 족속은 지금의 리비아, 이집트, 에디오피아 등으로 이동해 주로 아프리카인의 조상이 되었고,

첫째 야벳은 그리이스, 인도, 러시아 등으로 이주해 유럽인의 조상이 되었으며, 작은 아들 셈은 서아시아 지역에 거주하는 셈계 민족 및 시베리아를 거쳐 북만주 일대에 산재한 우리 한민족의 원류, 그리고 베링 해협을 건너간 남북미 원주민들의 조상이 되었다. 세계의 역사는 노아의 예언이 일치하고 있음을 입증해 준다.

우리는 노아의 예언적 노래에서 셈이 가장 큰 복을 받았음을 발견하게 된다. 노아는 셈에게 가장 큰 경의를 표시하였다. "셈의 하느님 여호와를 예배하라"(26절). "하느님은 셈의 장막에 거하소서"(27절). 셈은 '명성', '영광' 이라는 뜻이다. 셈은 하느님의 명성이요, 하느님의 영광이다. 여호와는 셈의 하느님이시며, 셈은 자신의 장막에 거하시는 복과 구원의 하느님을 열방 모든 백성에게 선포해야 할 책임을 부여받은 것이다.

장자가 된 작은 아들 셈

대부분의 그리스도인들은 셈을 노아의 장자라고 생각한다. 그것은 사실이 아니다. 성경 독자들이 그렇게 오해하고 있는 이유는 일반적으로 노아의 세 아들이 셈, 함, 야벳의 순으로 일컬어지기 때문이다(창 5:32, 6:10, 7:13, 9:18, 10:1 ; 대상 1:4). 이러한 배열로 인해 그들의 나이 역시 같은 순서라고 알고 있는 것이다. 그러나 과연 노아에게 셈, 함, 야벳의 순서로 아들들이 태어났을까? 전혀 그렇지 않다. 노아의 아들들은 야벳, 함, 셈의 순서로 출생했다.

창세기 5:32을 보면 "노아가 오백세가 '된 후에' 셈과 함과 야벳을 낳았더라"고 기록되어 있다. 여기 '된 후에' 는 한글 개역성경에 작은 글자로 인쇄되어 있는데, 원문에는 없는 말을 문맥을 고려하여 번역문에 삽입한 것이다.

창세기 5:32의 히브리어 원문을 직역하면, "노아가 500세가 되었다. 그리고 그는 셈과 함과 야벳을 낳았다"이다. 이 구절이 의도하는 바는 노아가 500세 되던 해에 첫 아들이 태어나고, 그 다음에 차례대로 다른 두 아들이 태어났다는 뜻이다. 그러나 여기서 '셈과 함과 야벳'이라는 순서가 꼭 나이에 따른 순서여야 할 이유나 증거는 없다.

셈이 야벳보다 더 어리다는 사실은 창세기 11:10을 통하여서 분명히 확인할 수 있다. "셈의 후예는 이러하니라. 셈은 일백 세, 곧 홍수 후 이 년에 아르박삿을 낳았고"라는 기록에 의하면, 셈이 100세가 된 것은 홍수 후 2년이 지나서의 일이었다. 노아가 600세 되던 해 2월 10일에 노아와 그의 가족은 방주로 들어갔고, 그로부터 이레 후 곧 2월 17일에 비가 쏟아지기 시작하여 40일을 내렸으며(창 7:9~12), 그들이 방주 밖으로 나온 것은 노아가 601세 되던 해 2월 27일이었으니(창 8:14~19), 노아 홍수는 햇수로 볼 때 2년이나 지속된 장기간의 대사건이었다.

사람들에게 노아 나이 600세와 601세의 두 해는 홍수 해로 기억되었을 것이고, 그 후 두 해(노아 나이 602세와 603세)가 지나, 노아의 나이가 대략 604세가 되던 해에 셈은 나이 100세가 되어 아르박삿을 낳았을 것이다. 그렇다면 셈은 노아가 504세가 되던 해에 태어난 셈이 된다. 이상 고찰한 바를 창세기 5:32에 기록된 "노아가 오백 세가 되었다. 그리고 그는 셈과 함과 야벳을 낳았다"는 말씀과 묶어서 볼 때, 셈은 결코 노아의 맏아들이 될 수 없음을 알 수 있을 것이다. 노아는 첫 아들을

500세에 낳았기 때문이다.

또 한 가지 증거로서 창세기 9:24을 제시할 수 있다. 그 곳에 기록되기를 "노아가 술이 깨어 그 작은 아들이 자기에게 행한 일을 알고" 라고 하였다. 한글 개역성경에는 '작은' 을 위하여 '둘째' 라는 각주를 덧붙임으로써, 이 아들이 다름 아닌 '함' 임을 시사하고 있다. 그러나 본문에 의하면 직접 저주를 받은 사람은 함이 아니요 그의 아들 가나안이었다. 즉 함에 대한 명시적인 저주가 없음을 고려할 때, 여기서 말하는 그 '작은 아들' 은 함이 아니라 오히려 셈으로 이해하는 것이 더 타당하다. 이렇게 볼 경우, 이 작은 아들이 '행한 일' 은 무슨 저주받을 (25, 27 하반절) 악한 행실이 아니요, 궁극적으로 복을 받아 마땅한(26, 27 상반절) 아름다운 행실을 가리키게 된다.

뿐만 아니라 창세기 9:24의 '작다(하카탄, הקטן)' 라는 형용사가 반드시 최상급으로서 '막내' 를 가리키는 것은 아니지만, 히브리어의 일반적인 어법상 최상급을 표현하는 것으로서 '가장 작은(어린)' 이란 뜻으로 이해하는 것이 바람직하다. 따라서 '막내' 는 셈이 된다.

끝으로 고찰해야 할 구절은 창세기 10:21이다. 우선 우리 말 성경부터 살펴보자. "셈은 에벨 온 자손의 조상이요 야벳의 형이라. 그에게도 자녀가 출생하였으니"라고 번역하였다. 바로 이것이 셈이 작은 아들임에도 불구하고 맏아들로 오인케 하는 가장 큰 문제의 구절이다. 이 구절에 대한 히브리어 본문은 '아히 예페트 하가돌(אחי יפת הגדול)' 이다. 이 히브리어 구절은 두 가지의 직역이 가능하다: ① 야벳의 큰 형제(brother), ② 큰(자) 야벳의 형제. 다시 말해서 '크다(하가돌, הגדול)' 라고 하는 형용사가 '야벳' 과 '형제' 중 어느 것을 수식하느냐에 따라 이 문

구의 해석이 달라진다. '야벳'을 수식할 경우 야벳이 형이 되고, '형제'를 수식하면 셈이 형이 된다. *

그런데 앞에서 상세히 검토했듯이 셈이 '가장 작은 아들'이기 때문에 당연히 '크다'는 야벳을 수식해야 한다. 따라서 야벳을 셈의 형으로 해석하여 창세기 10:21은 다음과 같이 번역하여야 한다: "셈은 에벨 온 자손의 조상이요 형 야벳의 동생이라…." 그러나 불행하게도 한글 개역성경을 비롯하여 거의 대부분의 현대 역본들이 셈을 야벳의 형으로 이해하고 또 그렇게 번역하였다. 이 그릇된 번역이 작은 아들인 셈을 노아의 큰 아들로 오해하도록 막대한 영향을 끼친 것이다. 다만 영어 성경 가운데 KJV, NIV, AB가 야벳을 셈의 "형"으로 올바르게 번역하였다.

· King James Version
"Unto shem also, the father of all the children of Eber, **the brother of Japheth the elder**, even to him were children born."

---

* 맛소라 사본에는 셈이 "큰 자 야벳의 형제", 즉 "맏형 야벳의 형제"(achi yepet haggadol)로 나타나 있다. 맛소라 학자들이 고안해 낸 악센트 부호의 기능 중 가장 중요한 것은 구두점 역할인데, 맛소라 성경의 악센트는 여기서 '크다'(achi)가 '야벳'(yepet)을 수식하고 있음을 명시하고 있기 때문이다. 맛소라 학자들은 야벳을 셈의 형으로 이해했던 것이다. 70인 역(LXX) 역시 맛소라 학자들의 견해들을 지지해 준다. 이 구절에 대한 70인 역의 번역문($\alpha\delta\epsilon\lambda\phi\omega$ $I\alpha\phi\epsilon\theta$ $\tau o \upsilon$ $\mu\epsilon\zeta o \nu o$)에 있어서 명사 '야벳'과 형용사 '크다'는 동일한 2격(소유격)을 취하고, '형제'는 3격으로 되어 있다. 따라서 '큰 자'는 셈이 아니라 야벳이다.

* 노아의 세 아들의 연령별 순서에 대해 더 자세히 알기 원하시는 독자는 다음의 책 81~86쪽을 참조하십시오(책 제목: 구약성경난제1, 저자: 김경래, 출판사: 도서출판 대장간, 출간연도: 1988년).

· New International Version
"Sons were also born to shem, **whose older brother was Japheth**;
shem was the ancestor of all the sons of Eber."

· Amplified Bible
"To Shem also, **the younger brother of Japheth** and the ancestor of
all the children of Eber, children were born."

이상의 모든 고찰을 근거로 가장 안전하게 내릴 수 있는 결론은 야벳은 노아 500세 되던 해에, 함은 노아 502세 되던 해에, 그리고 셈은 노아 504세 되던 해에 태어났을 것이라는 추론이다. 노아의 세 아들은 야벳, 함, 셈의 차례로 태어났던 것이다. 따라서 성경이 셈, 함, 야벳의 순서로 기록한 것을 나이 순서로 배열했다고 오해해서는 안 된다. 그렇지만 셈은 그의 나이에 관계없이 먼저 언급해야 되는데 그것은 그가 택함을 받은 씨이기 때문이다.

아브라함의 아비 데라도 아들이 셋이 있었다. 창세기 11장 27절에 다음과 같이 기록되어 있다: "데라의 후예는 이러하니라 데라는 아브람과 나홀과 하란을 낳았고 하란은 롯을 낳았으며" 여기에 아브라함이 맨 앞에 나오지만 그는 데라의 작은 아들이었다. 나홀이 제일 위이고 하란이 둘째, 아브람이 막내였다. 그런데도 아브람을 맨 앞에 쓴 것은 아브라함이 데라의 계승자이기 때문이다. 아브람은 언약의 계승자로 선택받았다. 그래서 선택된 계승자로서 맨 앞에 위치한 것이다. 셈도 노아의 작은 아들이었지만 형제들 가운데서 하느님의 직계 종주손으로 선택받은 자였기 때문에 맨 앞에 기록된 것이다.

셈은 가장 작은 자였다. 그러나 그는 가장 큰 자가 되었다. "셈의 하느님을 예배하라!" "하느님은 셈의 장막에 거하소서!" 셈은 작은 아들이었지만 하느님이 '셈의 하느님' 이 되시고 또한 셈의 장막이 '하느님의 거처' 가 됨으로서 그는 노아 가문의 진정한 장자가 된 것이다. 이처럼 원래는 장자가 아니었지만 장자권을 획득한 사례는 성경에 많이 나온다.

이삭의 아들 에서가 장자였지만 동생 야곱이 장자권을 얻었고(히 12:16), 야곱의 장자는 르우벤이었지만 열한 번째 아들인 요셉에게 장자의 명분이 돌아갔고(대상 5:1), 요셉의 장자는 므낫세이었지만 작은 아들 에브라임에게 장자권이 전수되었던 것이다(창 48:13~20). 왜 하느님은 이와 같은 방식으로 일하실까? 이 모든 것들은 약한 자를 택하사 강한 자를 부끄럽게 하시는 하느님의 자비하신 성품을 계시하기 위한 것이다(고전 1:27~28).

하느님은 셈의 장막에 거하시는 '셈의 하느님' 이시다! 이렇게 셈에게는 '셈의 하느님' 이라고 했으니 셈은 형제들 가운데서 하느님의 직계 손으로 선택을 받았다. 하느님의 가장 풍성한 은혜가 셈에게 고정된 것이다. 그리하여 거룩한 선민의 가계는 대홍수 후 노아의 작은 아들 셈으로부터 그의 후손에게로 내려오게 되었다. 야벳과 함의 후손은 탈락되었다. 여호와 하느님은 선조 시대부터 셈족과 긴밀한 관계 아래 계시는 것이다.

2. 벨렉과 욕단

셈의 후손 가운데에서 주목해야 할 두 사람이 있다. 그들은 셈의 4대 손 '에벨' 의 두 아들 '벨렉' 과 '욕단' 이다. 형제인 이 두 사람은 셈으로부터 선민의 거룩한 가계를 함께 계승한 특별한 사람들이다. 제3장과 4장에서 자세히 살펴볼 것인데, 바로 이 두 사람의 자손으로부터 두 계열의 천손민족 이스라엘과 알이랑 민족이 탄생하게 된다.

창세기 10장은 흔히 민족장(民族章)이라고 하는 것으로 노아의 후손들에 의해 형성된 세계 제(諸)민족의 기원에 대한 기록이다. 여기에는 노아의 세 아들의 계보가 자세히 명시되어 있다. 제일 먼저 큰 아들 야벳의 계보가 기록되었고(2~5절), 그 다음에 가운데 아들 함의 계보(6~20절)가, 끝으로 작은 아들 셈의 계보가 기록되어 있다(21~31절). 야벳, 함, 셈의 순서로 세 아들의 가계를 소개하고 있는데, 이는 나이 순서대로 배열했기 때문이다.

그런데 이 계보를 자세히 보면, 창세기의 저자는 야벳과 함의 자손들을 소개할 때와 셈의 자손들을 소개할 때의 태도가 서로 다르다. 즉, 야벳의 경우와 함의 경우에는 "야벳의 아들은", "함의 아들은"하고 곧바로 아들 손자를 소개하였는데, 셈의 경우는 "셈은 에벨 온 자손의 조상이요, 형 야벳의 동생이라. 그에게도 자녀가 출생하였으니"(창 10:21·KJV)라는 특별한 서론을 기록하고 있는 것이다.

여기서는 아들과 손자를 건너 뛰어 4대 째의 '에벨'이 먼저 나오고 있다. 더욱이 그 '에벨'은 셈의 맏아들도 아니고 맏아들의 직계손도 아니며, 셋째 아들 아르박샷의 손자였다. 셈은 아르박샷 외에도 네 아들이 있었고 따라서 셈은 이 모든 자손들의 조상임에도 틀림없다. 그런데도 셋째 아들 아르박샷의 손자 '에벨'을 먼저 언급하면서 '셈은 에벨 온 자손의 조상'으로만 구별해 놓았다. 무슨 이유 때문인가?

'셈은 에벨 온 자손의 조상' (Shem was the ancestor of all the sons of Eber) 이라는 21절의 말씀은, 하느님께서 택정하신 거룩한 선민의 가계를 이해하는데 있어서 필수적으로 중요한 계시이다. 하느님은 특별한 목적이 있으셔서 21절을 성경에 기록하셨다.

· **셈의 후손들** (창세기 10:21~31)

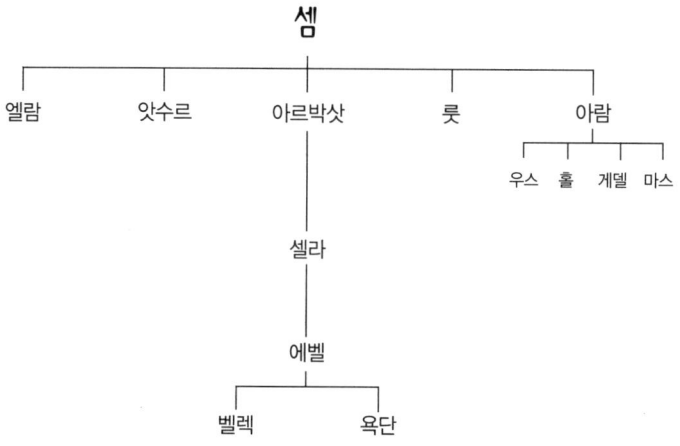

'셈은 에벨 온 자손의 조상' 이라는 말의 의미는 무엇인가? 그것은 셈의 후손들 가운데서도 특별히 셈의 셋째 아들 아르박삿의 손자 '에벨의 혈통' 이 하느님께로부터 선택된 종족이라는 것이다. 셈에게 주신 약속은 '에벨의 자손' 에서 이루어지도록 그 선택의 범위가 제한된 것이다. 이것을 칼빈은 그의 창세기 주석에서 다음과 같이 잘 설명하고 있다.

"셈은 에벨 온 자손의 조상이요: 셈의 아들들에 대하여 말하려는 기회에 모세는 간단하게 서론을 시사하고 있다. 그런 서론은 다른 사건들에 대하여는 하지 않았던 것이다. 그러나 그렇게 한 것은 이유가 있다. 왜냐하면 이 계열은 하느님의 선택을 받은 종족이기 때문에 하느님은 다른 민족들 가운데서 특별한 표로서 이 종족을 격리시키기를 원하고 계셨던 것이다. 그리고 다음과 같은 것이 모세가 특별히 그를 가리켜서 '에벨 자손들의 조상'이라고 묘사하고 있는 이유가 되고 있다. 그것은 셈의 복이 무차별하게 그의 모든 자손들에게 내려오는 것이 아니고 다만 한 가족에게만 그것이 상속되어 남게 되었기 때문이다."(존 칼빈 원저, 「성경주석」, 서울: (주)성서원, 1999, P. 301)

셈을 "에벨 온 자손의 조상"으로만 부각시킨 까닭은 '에벨의 자손'이 선택된 종족이며, 셈의 복이 '에벨의 후손'에게만 승계되었기 때문이라는 것이다. 여기에서 우리는 하느님이 천손민족의 범주를 한 가족 '에벨의 후손'으로 제한하였다는 사실을 알 수 있다. 이 계시를 깨닫는 것은 굉장히 중요하다.

에벨은 24절에 나오며, 24절에 에벨이 나오기 전에 벌써 셈의 후손이 여럿이 나오는데, 다른 사람들은 그냥 이름만 대고 넘어가면서 에벨만은 셈의 후손 꼭대기에다 올려놓은 것은 선민, 즉 '천손민족'이 에벨을 통해서 나오기 때문이다. 바로 이것이 '에벨'이 그렇게 중요한 이유이다. 에벨은 셈의 사대손이지만 "천손민족의 조상"이기 때문에 21절에서 특별히 언급되고 있는 것이다.

그렇다! 셈을 '에벨 온 자손의 조상'으로만 드러낸 것은 에벨의 혈통이 셈의 종통으로서, 선택받은 종족으로 구별되었음을 계시하는 것이다. '에벨의 자손'이 셈의 많은 자손들 가운데에서 하느님께 선택된 종족이 되었다. 그러므로 이제 셈의 하느님은 '에벨 자손의 하느님' 이시다. 그러면 '에벨의 자손'이란 누구인가? 에벨의 자손이라야 '벨렉'과 '욕단' 두 형제뿐이다.

"에벨은 두 아들을 낳고 하나의 이름을 벨렉이라 하였으니 그때에 세상이 나뉘었음이요 벨렉의 아우의 이름은 욕단이며"(창 10:25)

따라서 신적 선택을 받은 종족인 '에벨의 온 자손(All the sons of Eber)'이란 곧 '벨렉 자손'과 '욕단 자손'을 말하는 것이다. '셈은 에벨 온 자손의 조상'이라고 했으니 셈은 곧 그 두 형제의 자손들의 조상이 된다는 말이요, 하느님은 '셈의 하느님'이라 했으니 곧 '벨렉 자손의 하느님'이시요, '욕단 자손의 하느님'이신 것이다. 여기에서 하느님은 선택받은 백성이 하나가 아니라 둘인 근거를 분명히 예비하셨다. 이는 아주 중요한 계시이다.

우리는 여기서 두 사람의 자손이 선택된 종족이 된 사실을 보게 된다. 하느님은 분명히 두 종족을 선택하신 것이다. 왜냐하면 '셈은 에벨 온 자손의 조상'이라고 했기 때문이다. 분명히 '온 자손의 조상'이라 했으니, 에벨의 두 아들 '벨렉 자손'과 '욕단 자손'이 모두 포함된 것이다. 따라서 선택의 계통을 따져보면 셈→아르박삿→셀라→에벨의 하느님으로서, '벨렉 자손'과 '욕단 자손'의 하느님이신 것이다! 이는 곧 '천손 계보'(天孫系譜)라 하겠다. 즉 선민은 '벨렉계 선민'과 '욕단계 선민', 두 계열의 백성이 존재하는 것이다! 그들은 셈족의 현저한 두 가지(Branch)이다.

그리하여 홍수 후 점차 희미해지던 셈계의 일신 신앙은 에벨로부터 벨렉과 욕단 이 두 사람의 자손에게로 계승되었으며, 그들도 세월이 흐름에 따라 점차 일신 신앙을 잊어버리고 하느님을 진정하게 경배하는 데서 물러나게 될지라도, 셈에게 내린 복만은 완전히 소멸되지 않고 이 두 사람의 후손에게 어느 한 때를 기다리며 매장되어 있었다. 바로 이것이 모세가 지금 이 특별히 숭고한 언급을 에벨과 그의 종족에게 돌리고 있는 목적이다. 향후 구원사에서 이 두 계열의 선민은 아주 중요한 위치를 점하게 된다.

그런데 셈은 여기서 '형 야벳의 동생'이라고만 언급하고 있으며, '형 함의 동생'이라고는 부르지 않고 있다. 그 이유는 함이 그들의 형제 계열에서 단절 당했기 때문이며, 그의 권리도 박탈되었기 때문이다. 이제는 형제적인 관계는 다만 셈과 야벳의 사이에만 존속되어 있는 것이다.

"…죄인이 의인의 회중에 들지 못하리로다."(시 1:5)

여호와 하느님은 왜 셈의 맏아들도 아니고, 맏아들의 직계손도 아닌 셋째 아들 아르박샷의 손자 '에벨의 혈통'을 구별하여, 그의 두 아들인 '벨렉 자손'과 '욕단 자손' 두 종족을 셈족의 현저한 가지로 함께 선택하셨을까? 무엇 때문에 하느님은 두 개의 종족을 천손 민족으로 선택하셨는가? 하느님은 불필요한 말씀을 하시지 않는다. 여기에는 반드시 하느님의 특별하신 뜻이 내재해 있는, 하느님의 특별 섭리가 있기 때문이다.

"하늘이 땅보다 높음같이 내 길은 너희 길보다 높으며 내 생각은 너희 생각보다 높으니라."(사 55:9)

* 창세기 10:21~31은 '욕단 계열의 천손 민족'을 위주로 기록한 것이고, 창세기 11:10~26까지는 '벨렉 계열의 천손 민족'을 중심으로 서술한 것이다. 그런데 11:16~17에 보면 에벨에 대해 아래와 같이 기술하고 있다: "에벨은 34세에 벨렉을 낳았고 벨렉을 낳은 후에 430년을 지내며 자녀를 낳았으며" 이 구절을 영어 성경 NASB(New American Standard Bible)로 읽어보자.

16 And Eber lived thirty-four years, and became the father of peleg;

17 and Eber lived four hundred and thirty years after he became the father of peleg, and he hed other sons and daughters.

이 구절은 에벨이 벨렉을 낳은 후에 430년을 살았고, '다른 아들들(other sons)'을 낳았다고 말한다. 여기에서 '다른 아들들'이란 에벨이 벨렉을 낳은 후에 낳은 아들들을 뜻할까? 그렇다면 에벨은 벨렉을 낳은 후에 '두 명 이상'의 아들들을 낳은 것이며, 그는 벨렉을 포함하여 적어도 3명 이상의 아들들을 낳았다는 뜻이 된다. 그러나 창세기 10:25에는 에벨이 형 '벨렉'과 아우 '욕단' 두 아들을 낳았다고 명확하게 기록하고 있다. 즉, 에벨은 벨렉을 낳은 후에 한 아들을 더 낳았을 뿐이다. 그러므로 창세기 11:17이 말하는 '아들들(sons)'을 에벨이 벨렉을 낳은 후에 낳은 아들들로 이해해서는 안 된다. 왜냐하면 창세기 10:25과 상충하기 때문이다. 앞에 소개한 NASB 영역본에서 'other sons'라는 말 가운데 'other'는 이탤릭체로 작게 인쇄되어 있다. 그것은 원문에 없는 말이기 때문이다. 창세기 11:16~17을 히브리어 성경에서 직역하면 다음과 같다.

16 에베르는 34년을 살았다. 그리고 그는 펠렉을 낳게 하였다.

17 에베르는 펠렉을 낳게 한 후 430년을 살았다. 그리고 그는 아들들과 딸들을 낳게 하였다.

원문은 단지 에벨이 34세에 벨렉을 낳은 후에 430년을 '살았다'고 말씀하고 있을 뿐이다. 즉, 에벨이 464년을 살고 죽었다는 것이다. 그러면 17절 하반절에 있는 "그리고 그는 아들들과 딸들을 낳게 하였다"는 말씀은 무엇을 의미 하는가? 그것은 에벨이 "464년을 살면서" 아들들과 딸들을 낳았다는 뜻이다. 그렇다면 여기에서 말하는 '아들들'이란 누구를 말하겠는가? 당연히 창세기 10:25에 나오는 벨렉과 욕단 두 형제뿐이다. 거기에 분명히 에벨은 '두 아들'을 낳았다고 말씀하고 있기 때문이다. 영역본에서 KJV(King James Version)만이 창세기 11:16~17을 원문에 가장 충실하게 번역하였다.

16 And Eber lived four and thirty years, and begat peleg;

17 And Eber lived after he begat peleg four hundred and thirty years, and begat sons and daughters.

벨렉계 선민 유대 민족

에벨로부터 나온 두 가계, 즉 '벨렉의 후손'과 '욕단의 후손'은 셈에게 주신 복을 승계 받는 천손민족의 가계이다. 셈에게 주신 복은 두 가지였다. 첫째, 하느님은 셈의 하느님이시라는 것(창 9:26). 둘째, 하느님은 셈의 장막에 거하신다는 것(창 9:27).

따라서 하느님은 '벨렉 자손의 하느님'이시며 또한 '욕단 자손의 하느님'으로서, 그분은 '벨렉 자손의 장막'에 그리고 '욕단 자손의 장막'에 특별히 임재하실 것이었다. 하느님의 거처인 셈의 장막은 하나가 아니라 둘인 것이다.

하느님의 특별한 임재가 약속된 선택 받은 두 백성 '벨렉의 후손'과 '욕단의 후손'은 누구인가? 이 단원에서는 먼저 벨렉계 선민이 누구인지를 확인해 보자.

아브라함의 소명과 선민 이스라엘의 탄생

벨렉은 바벨탑 건설 당시 시날 평원에 있었다. 이러한 사실은 그가 하느님을 대적하는 운동인 바벨탑 사건에 가담했음을 뜻한다. 실로 그것은 선택받은 종족인 에벨의 자손답지 못한 부끄러운 행동이었다. 그때에 바벨탑 건설을 선동했던 인물은 함의 손자 니므롯이었는데, 셈족의 종가(宗家)인 벨렉도 다른 홍수 생존자들처럼 하느님을 대적하는 최초의 폭군인 그 악한 자의 추종자가 되었던 것이다.

그러나 하느님은 그분의 말씀에 신실하셨다. 셈에게 주신 복은 소멸되지 않았으니, 벨렉의 6대손 아브라함에게 하느님께서 찾아오신 것이다. 벨렉 족속은 바벨탑에 대한 하느님의 심판으로 인류가 사방으로 달라진 언어를 따라 각기 분산될 때 바벨론에서 비교적 가까운 지역으로 이주하였다. 그들은 유프라테스 강 동쪽 현(現) 이라크 남단 우르 지역인 페르시아만 해변가에서 거주하였는데, 그 6대손으로 아브라함이 출생하였다(창 11:10~32).

하느님은 그가 장성한 후 유프라테스 강 굴곡부의 북쪽에 위치한 현(現) 시리아 지역인 하란(Haran)에 우거하고 있을 때, 아브라함에게 나타나 다음과 같이 말씀하셨다.

> "여호와께서 아브람에게 이르시되 너는 너의 본토 친척 아비 집을 떠나 내가 네게 지시할 땅으로 가라 내가 너로 큰 민족을 이루고 네게 복을 주어 네 이름을 창대케 하리니 너는 복의 근원이 될 지라 너를 축복하는 자에게는 내가 복을 내리고 너를 저주 하는 자에게는 내가 저주하리니 땅의 모든 족속이 너를 인하여 복을 얻을 것이니라 하신지라"(창 12:1~3)

그리하여 아브라함은 가나안 땅에 들어가 하느님께 단을 쌓게 되었다(창 12:4~9). 이렇게 '벨렉의 후손'은 그 6대손 아브라함이 세계 만민을 위해 하느님의 부름을 받음으로서, 일찍이 '벨렉의 후손'에게 계승되어 기다리고 있던 셈에게 내린 복을 상속받았다. 아브라함은 이삭을 낳고 이삭은 야곱을 낳고 야곱은 열두 아들을 낳았으며, 이들로부터 언약 백성인 이스라엘이 탄생하였다. 그리하여 이스라엘은 선민이 된 것이요, 하느님은 이스라엘 백성 가운데 특별히 임재 하셨던 것이다.

하느님이 아브라함을 택하신 것은 세계 만민을 위한 것이었으니, 아브라함 시대 이후 줄곧 이스라엘 땅과 이스라엘 백성은 모두 하느님의 구원 계획의 중심이 되어 왔다. 하느님은 '벨렉의 후손' 이스라엘 백성에게 그분의 사랑과 권능을 보여주셨으며, 계명들과 약속들을 주셨고, 심지어 그분의 독생자까지도 보내셨던 것이다.

그러니까 선택된 백성으로서의 이스라엘의 뿌리는 아브라함과 그의 자손들 이전 '벨렉'으로까지 소급되는 것이다. 우리는 아브라함이 하느님의 부르심을 받았고 하느님께서 그와 그의 자손에게 언약을 맺으셨다는 사실만 기억한다. 그리하여 천손민족으로서의 이스라엘 백성의 뿌리를 통상적으로 아브라함이라고 생각한다. 그러나 정확히 말해서 선민으로서의 이스라엘 백성의 궁극적 뿌리는 아브라함 이전 그의 6대 선조인 '벨렉'이다. 벨렉은 '에벨의 혈통'으로서 에벨의 두 아들 벨렉과 욕단이 셈족의 현저한 가지로 이미 택함을 받았었기 때문이다. 이와 같은 사실은 결코 놓쳐서는 아니 될 아주 중요한 계시다.

이스라엘을 향한 하느님의 목적

이스라엘의 신적(神的) 선택은 최소한 다음 세 가지의 목적을 갖고 있다.

① 이 민족을 통해서 이 세상에 구세주가 오시리라는 것.

② 이스라엘을 거룩한 계시의 위탁처로 삼으려는 것.

③ 그 구원 계시의 전달자(Channel)로서 모든 민족에게 나타나 세계 복음화를 예비하는 것.

첫 번째 목적에 따르는 이스라엘 선택의 직접적 목적 중의 하나는 이스라엘로 하여금 창세기 3:15에 약속된 여자의 후손, 즉 메시아의 탄생을 성취하고자 하는 것이다. 이런 뜻에서 구원이 유대인에게서 나겠다고 하는 것이다(요 4:22). 이에 대해 아브라함에게 나타난 하느님의 최초의 말씀은 "너를 축복하는 자에게는 내가 복을 내리고… 땅의 모든 족속이 너로 인하여 복을 얻을 것이니라"(창 12:3)는 것이다.

또한 창세기 22:18에는 "또 네 씨로 말미암아 천하 만민이 복을 얻으리니"라고 명시되어 있다. 그 씨는 물론 메시아 예수이다. 때가 차매 구세주 예수께서 유대 나라의 처녀 마리아에게서 나심으로 '여자의 후손'으로서 이 세상에 오셨다. 후에 사도 바울은 이스라엘의 특권을 열거하면서 그리스도도 육성에 관한 한 유대인이라고 말했다(롬 9:5).

두 번째 목적에 따르는 이스라엘 선택의 직접적 목적 중의 하나는 그들을 하느님의 계시를 맡은 수취자(受取煮 · Receiver)로 삼으시려는 것이다. 유대인은 종종 '성경의 민족'이라고 불리어진다. 시편 기자는 하느님께서 그의 말씀을 야곱에게 선포하셨고 이스라엘에게 규례와 율례를 주셨으며 하느님은 이러한 것을 다른 아무 민족에게도 주시지 않았으며 다른 민족은 그의 율례를 알지도 못한다고 경탄하였다(시 147:19~20). 또한 바울도 유대인의 현저한 이득의 하나가 그들이 하느님의 말씀을 맡아 간직하게 된 것이라고 말했다(롬 3:1~2).

세 번째 목적에 따르는 이스라엘 선택의 직접적 목적 중의 하나는 하느님의 계시의 수취자인 이스라엘 백성으로 하여금 모든 민족에게 구원 계시의 전달자(Channel)로 나타나 세계 복음화를 예비토록 하는 것이다. 과거에는 유대민족이 활동적인 선교사들이었다. 예수 그리스도께서는 교인 하나를 얻기 위하여 바다와 육지를 여행하는 바리새인의 비상한 열심에 대해 피력하신 바가 있다(마 23:15).

유대인 역사가 요세푸스는 다음과 같은 것을 썼다. "많은 사람들이 오랫동안 우리의 종교의식을 추종하려는 크나큰 경향을 갖고 있다. 이는 제7일에 쉬는 풍속이 들어가지 않는 곳에는, 그리고 우리가 금식하는 것 등을 밝히는 일, 우리의 음식에 대한 여러 가지 금지법 등이 수행되지 않는 나라는 역시 헬라인식의 도시도, 미개인식의 도시도, 혹은 다른 어떤 나라의 형태도 존재하지 않는 까닭이다." 그는 또한 말하기를 "많은 헬라인들도 우리의 법을 따른다. 그리고 그들 중 얼마는 지금까지도 그들의 관찰을 계속하고 있다. 비록 그들 중 어떤 다른 이들은 그것을 고수할 충분한 용기가 없으므로 그들로부터 다시 분리되었다"라고 했다(Against Apion II, 40/11).

사도행전은 오순절에 예루살렘에 있었던 개종자들에 관해 진술하고 있다(2:10). 이 많은 개종자들은 바울의 설교에 응했기 때문에 기독교 교회의 핵심이 되었다. 사도행전은 그들을 "하느님을 두려워하는 자"(God Fearer)라고 하였다. 바울은 비시디아의 안디옥, 아덴, 그리고 다른 여러 도시에까지 복음을 가지고 갔다(행 13:43;17:17).

기독교 교회가 모든 민족에게 하느님의 복음을 선포하는 거대한 선교사업을 유대인으로부터 물려받았다는 것은 하나의 역사적 사실이다. 실로 이스라엘은 하느님의 증인의 신분을 가지고 모든 민족에게 구원 계시의 전달자로서 나타나 세계 복음화를 예비했던 것이다.

이스라엘은 이상의 3중(三重)과업을 위해 선택되었다. 즉, 인류 구원을 위한 복음 운동의 '첫 번째 주자'로 부름 받은 백성이 '벨렉의 후손' 이스라엘인 것이다.

선택된 백성에 의해 거부된 메시아 예수

이스라엘 선택의 첫 번째 목적은 이 민족을 통해서 약속된 메시아의 탄생을 성취하고자 하는 것이었다. 실제로 구세주 예수는 유대인으로 이 세상에 오셨다. 그러나 예수 그리스도께서 자기 백성 가운데로 오셨을 때 놀랍게도 선택된 백성은 그를 영접하지 않았다. 구약성경에서 확인할 수 있듯이 이스라엘 백성은 하느님의 율례와 법도를 받았지만 끊임없이 불순종의 길을 걸었다. 그 끊임없는 배반은 마침내 하느님의 아들을 배척함으로써 최후 절정에 이르고 말았다.

하느님께로부터 선민 이스라엘이 지켜야 할 계명과 율법을 받아 선포했던 사람은 출애굽의 지도자였던 하느님의 사람 모세였다. 그가 선포했던 하느님의 말씀 가운데 무엇보다 중요한 계시는 후일 메시아가 오실 때 이스라엘 백성은 그의 말씀을 들어야 한다는 것이었다.

> "네 하느님 여호와께서 너의 중 네 형제 중에서 나와 같은 선지자 하나를 너를 위하여 일으키시리니 너희는 그를 들을 지니라."(신 18:15)

'나와 같은 선지자' 란 바로 하느님의 아들이신 예수 그리스도를 뜻한다. 예수 그리스도가 모세와 같은 선지자이신데, 마치 모세가 이스라엘 백성들의 제사장이며(출 24:6~8), 선지자였던 것처럼(신 34:10), 예수님은 온 인류의 대제사장이시며, 영원한 왕이시고, 참선지자이시기 때문이다.

물론 하느님께서는 모세와 같은 선지자 예수를 보내시기 전에 많은 선지자들을 일으키셨다. 이들의 임무는 모세의 말씀을 상기시켜 율법을 지키며 예언을 기억하여 모세와 같은 선지자가 오실 것을 준비시키는 데 있었다.

"너희는 그를 들을 지니라"는 말씀은 후일 하느님께서 모세와 같은 선지자이신 예수 그리스도를 그들 중에 보내실 때에, 이스라엘 백성은 그를 영접하고 그의 말씀을 순종하라는 것이다. 이 말씀은 선택된 백성이 청종할 가장 큰 계시였다.

그러므로 그때에 모세의 입을 의탁하사 "너희는 그를 들을 지니라"고 말씀하셨던 하느님께서는 후일 예언의 말씀대로 예수님께서 이스라엘 백성 가운데 오셨을 때 또 한 번 "너희는 그의 말을 들으라"고 명하셨다. 그러나 이 때는 하느님께서 친히 말씀하셨다. 수제자 베드로, 야고보, 요한을 데리고 변화산에 올라가신 예수님께서 모세와 엘리야로 더불어 말씀을 나누고 있을 때였다.

> "…홀연히 빛난 구름이 저희를 덮으며 구름 속에서 소리가 나서 가로되 이는 내 사랑하는 아들이요 내 기뻐하는 자니 너희는 저의 말을 들으라 하는지라"(마 17:5)

모세가 그 자리에 함께 있었지만 이제는 하느님께서 친히 "너희는 저의 말을 들으라"고 명하셨다. 성부께서 직접 아들을 천거하셨다. 여기서 '너희'란 베드로, 야고보, 요한만을 지칭하셨던 것이 아니다. 유대 백성 모두를 포함한다.

그러나 모세의 율법을 떠나 하느님께 범죄 함으로 인해 거의 모든 시대마다 선지자들의 책망을 받았던 이스라엘 백성은, 예수님을 맞이할 준비를 게을리 했을 뿐만 아니라 그가 오셨을 때 그를 영접하기는커녕 완강하게 배척했다. 그들은 메시아이신 그의 음성을 듣지 아니 했으며, 온 세상의 구주로 오신 예수님을 십자가에 못 박아 죽게 하였다.

유대인들이 구약시대에 하느님 '아버지'를 배척한 것과 같이 그들의 후손들은 또한 '아들'을 거절하였다. 마침내 그들은 사도들을 통하여 그 민족 가운데 역사하시는 '성령'의 증거를 부인하기에 이르렀다. 베드로는 이스라엘에게 회개할 것을 외쳤고 하느님께로 돌아와서 죄 씻음을 받고 구주의 내재하심으로부터 '새로 지음'을 받는 시기가 오기를 간원하였다. 사도의 증거는 한 세대 동안 계속 함으로 끝을 맺었으며, 전(全)국가는 수 세기 동안 존속되는 분산으로 돌입하였다. 예루살렘은 로마에 의해 A.D. 70년에 파괴되었으며, 유대 국가는 수 세기 동안 집 잃은 나그네가 되었다. 성부의 계시와 성자의 성육신과 성령의 전달은 선택된 민족에 의해 배척되었다. 아주 완강하게 유대인들은 메시아를 거절했던 것이다.

이스라엘에게 임한 하느님의 징벌

예수 그리스도를 자기들의 메시아로 맞아들이기를 거절하는 그들의 완고함이란 자기들 자손들의 피를 담보로 걸 정도로 완강한 것이었다. 유대인들은 예수 그리스도를 십자가에 못 박아 죽여 달라고 빌라도 앞에서 아우성을 치면서, "그 피를 우리와 우리 자손들에게 돌려 달라"(마 27:25)고 외쳤다. 참으로 메시아는 선택된 민족에 의해 완악하게 배척되었다. 선택되었다고 심판을 피할 수는 없었다. 유대인은 그들의 요구대로 그 피 값을 받아야 했다(마 23:34~35).

이스라엘 전체의 반역과 그리스도를 자기들의 메시아로 맞아들이기를 거절하는 완고한 탓에, 예수님께서 십자가에 달려 돌아가신 지 37년 후인 주후 70년—약 40년을 하느님은 기다리셨다—하느님께서는 유대 국가 위에 보응의 잔을 쏟기 시작하였다. 그해 7월 9일 로마의 장군

디도(Titus)가 4개 군단 약 8만 명의 군대를 이끌고 선민의식으로 로마의 통치에 항거하는 유대인들을 섬멸시키기 위해 에루살렘을 침공하였는데, 이때 유대인 110만 명이 기근과 불과 칼에 살육을 당하고, 9만 7천 명이 포로로, 또 노예로 팔려가게 되었다. 이 사건을 기하여 유대 민족을 향하여 타오르는 하느님의 진노의 불길은 번져나가기 시작했으며, 그 결과 유대인들은 세계 전역으로 흩어지게 되었다.

이스라엘의 바벨론 포로는 70년 동안만 존속되었고 장소도 국한되었다. 그러나 예루살렘 멸망에 따른 해외 추방은 거의 2,000년 동안 지속되었다. 그리고 장소도 전(全)세계적인 것이었다. 유대인은 그 흩어진 세계 각국에서 가는 곳마다 멸시와 천대와 박해와 추방과 살육을 당했다. 1948년 5월 14일 '시오니즘 운동'의 결과로 그들의 국가를 재건하기까지 그들은 약 2,000년 동안이나 세계 전역에 흩어져 피눈물을 흘리며 고난의 긴 세기를 살아왔던 것이다. 실로 모세의 예언과 같이 그 재앙이 크고 오랜 것이었다(신 28:58~59; 64~67). 20세기 초 제2차 세계대전 당시 유럽 전역에 흩어져 살던 유대인은 히틀러에 의해 600만 명이 학살을 당했는데, 그것은 피의 보응의 절정이었다.

그들 이스라엘은 하느님께 순응하기를 완강하게 거절하였기 때문에 혹독하게 징벌을 받았던 것이다. 그리고 그 기간, 즉 이스라엘이 하느님 앞에서 지니고 있었던 총애 받는 위치를 상실하고 땅 위에서 하느님과 사귐을 가지는 맨 앞자리에서 내어 쫓김을 당한 채 하느님께로부터 혹독한 징벌을 받는 그 기간에, 하느님은 오직 이스라엘만이 독점해 왔던 특권들을 이방인들이 나누어 갖게 하셨으니, 이 기간 동안 이방인들이 하느님의 자비가 흘러넘치는 은혜의 빛 안으로 쇄도하여 들어왔다.

이 역사상의 사실은 불신앙하는 다수의 유대인들의 당연한 축출과 그에 따른 이방인들의 하느님 나라 안으로의 영입에 관하여 그리스도께서 유대 국가에 경고하셨던 내용과 일치하고 있다.

"또 너희에게 이르노니 동서로부터 많은 사람이 이르러 아브라함과 이삭과 야곱과 함께 천국에 앉으려니와 나라의 본 자손들은 바깥 어두운 데 쫓겨나 거기서 울며 이를 갊이 있으리라"(마 8:11~12, 눅 13:28~29)

'포도원에 대한 비유'에서 우리는 이스라엘이 반드시 배척할 것이라는 사실과 그 결과 이방인들을 받아들이게 될 것이라는 사실에 대한 그리스도의 예언을 볼 수 있다. 이 비유는 하느님의 사자(使者)들, 사신(使臣)들에 대한 유대 백성들의 역사(歷史)를 이은 반역의 사실이 바로 그 하느님의 아들을 살해함으로써 극치에 달하고 있는 것으로 묘사하고 있다. 이와 같은 비유의 이미지(image)를 통하여 예수께서는 유대인들에게 그들에 대한 심판이 임박했다는 사실과 그에 따라 하느님 앞에서 그들이 가졌던 특권적 지위가 무효화되었음을 미리 앞서 경고하고 계신다.

"(그 아들이) 그 악한 사람들(유대민족)을 남김없이 죽이고 (자기의) 포도원(하느님의 나라)은 제 때에 열매를 주인에게 바칠 다른 농부들(이방인들)에게 맡길 것입니다"(현대인의 성경, 마 21:41)

'왕의 아들의 혼인 잔치 비유'에서 예수께서는 이 사실을 재차 강조하셨다.

"천국은 마치 자기 아들을 위하여 혼인 잔치를 베푼 어떤 임금과 같으니 그 종들을 보내어 그 청한 사람들을 혼인 잔치에 오라 하였더니 오기를 싫어하거늘… 저희가 돌아보지도 않고 하나는 자기 밭으로,

하나는 자기 상업차로 가고 그 남은 자들은 종들을 잡아 능욕하고 죽이니 임금이 (이를 듣고) 노하여 군대를 보내어 그 살인한 자들을 진멸하고 그 동네를 불사르고"(마 22:2~7)

이 비유가 유대인들에게 예루살렘의 임박한 멸망에 대하여 예언적으로 미리 경고하고 있음을 주목해야 하는 것이다.

과연 하느님께서 이방인들을 향하여 자신의 관심의 초점을 돌리셨다는 역사적 증거는 사도 바울의 천명에서도 발견된다(행 13:46~47, 28:25~28). 이스라엘이 거족적으로 복음을 배척한 결과, 이방인들이 상당 기간 동안 하느님의 자비로운 손길을 누리는 주요 수혜자(受惠者)들이 된 것이다. 하느님께서는 팔레스타인의 이스라엘에게서 그 얼굴을 숨기시고(신 32:20), 자신의 특별하신 섭리의 주된 방향을 이방인에게로 돌리신 것이다.

이스라엘의 구원을 위한 하느님의 계획

그러나 하느님께서 이방인들을 향하여 자신의 관심의 초점을 돌리셨던 깊고 오묘하신 섭리는 영생을 주시기로 작정된 모든 이방인들을 구원하실 뿐만 아니라(행 13:38), 구원받은 이방인을 통하여서 이스라엘의 시기심을 격발시켜 최종적으로는 이스라엘도 구원하고자 하심이었다(롬 11:11~14; 25~27). 국가적 배신으로 인해 이스라엘이 징벌을 받았지만 그것은 국가로서의 유대 민족의 선택을 무효로 하지 않는다. 이스라엘은 아직도 선택된 민족으로 남아 있다.

하느님은 이스라엘을 포기하시지 않는다(롬 11:1~2; 28~29; 렘 31:35~38; 시 89:30~37). 그들은 일찍이 택함 받은 셈족의 현저한 한 쪽 가지인 에벨의 혈통 '벨렉의 후손'이기 때문이다. 그들의 불신앙과 불순

좋은 하느님의 미쁘심을 무효화하지 못했다. 그리하여 하느님은 구원받은 이방인으로 하여금 이스라엘을 시기 나게 하여 온 이스라엘을 구원하고자 계획하셨다. 하느님은 이방인에 대한 시기심에 격발된 유대인이 예수 안에 있는 구원을 얻기 위하여 분투하며 당신께 돌아오기를 기대하셨다.

그러나 이제까지 이방인 교회를 통해 이스라엘의 시기심을 일으켜 유대인을 구원하시려는 하느님의 계획은 성취될 수 없었다. 첫째 천 년과 둘째 천 년, 지난 2천 년 동안 서양 기독교 국가들은 유대인을 향해 '성자 예수를 죽인 하느님의 적'(the Christ Killer)이라는 오명을 붙여 수많은 유대인들을 혹독히 박해하였고 학살했기 때문이다. 중세기에 자행되었던 십자군에 의한 유대인 학살과 20세기 초 독일에서 저질러졌던 600만 유대인 대학살이 그 대표적인 사례이다. 서양 기독교 국가들은 이스라엘을 시기나게 하라는 하느님의 뜻과는 정반대의 길로 갔다.

그리하여 유대인에게 있어서 예수를 주로 믿고 고백하는 이방 기독교 국가는 시기심을 자극하는 대상이 아니라 질시와 타기의 대상이 되어 버린 지 오래 되었으니, 오늘날도 유대 민족은 복음에 대하여 전혀 무감각한 상태에서 예수 그리스도를 거부한 채 구원의 길 측면에 놓여 있다. 이것이 '벨렉의 후손' 이스라엘 백성의 현재 상태이다. 이제 더 이상 서양 기독교 국가들은 이스라엘의 시기심을 일으킬 수 없다. 앞으로 그것은 벨렉계 천손민족 이스라엘과 형제 족속인 '욕단의 후손'이 감당할 과제다. 형제란 위급한 때까지 위하여 났기 때문이다.

"…형제는 위급한 때까지 위하여 났느니라"(잠 17:17).

제4장

욱단계 선민 알이랑 민족

앞서 살펴본 바와 같이 하느님께 선택받은 백성은 하나가 아니라 둘이었다. 하느님은 분명히 '에벨의 온 자손', 즉 '벨렉의 후손'과 '욕단의 후손'을 함께 당신의 백성으로 선택하셨다. 천손민족은 '벨렉계'와 '욕단계' 두 계열의 백성이 존재한다.

그렇지만 통상적으로 그리스도인들은 선택된 백성을 이스라엘, 즉 '벨렉의 후손'과만 연관시켜 왔다. 그 이유는 아브라함 시대 이후 줄곧 이스라엘 땅과 백성이 구원사에서 중심이 되어 왔기 때문일 것이다. 이것이 그리스도인들로 하여금 욕단계 선민에 대한 주의와 관심을 놓치게 했다.

그러나 진리에 대한 정직한 탐구자는 욕단의 후손에 대해 적극적으로 연구할 것이다. 그들도 선택 받은 종족이기 때문이다. 더욱이 에벨의 둘째 아들 '욕단의 가계'는 다른 셈의 후손들과는 달리 그의 열셋 아들의 이름을 다 열거하여, 그 이름이 두 번이나 명백히 기록되어 성경에 남아 있다(창 10:6~29; 대상 1:19~23).

우리가 그들에 대해 탐구할 가치가 없다면 왜 하느님께서 그들을 성경에 그렇게 분명하게 남겨 놓았겠는가? 그들도 하느님의 주권적 목적을 위해 택함을 받은 또 하나의 선민으로서 주님의 특별한 계획 아래 있는 백성이기 때문에, 후대의 사람들이 그들을 잊지 않고 추적해 주기를 바라셨기 때문이다.

특히 한국인은 어느 누구보다 욕단의 후손이 누구인지를 탐구해 밝혀내야 한다. 왜냐하면 '알이랑 민족'인 우리 한국인은 '욕단계 선민'이기 때문이다. 제1장에서 그것을 간략히 설명했는데, 이제 여기에서 자세히 확인해 보자.

감추어 둔 선민

'벨렉의 후손'으로부터 이스라엘이라는 특별한 나라가 출현했기 때문에 하느님은 '욕단의 후손'을 잊으셨는가? 그럴 바에야 왜 하느님이 애초에 천손민족의 범주를 '에벨의 온 자손(all the children of Eber)'으로 제한하였겠는가? 만약 우리가 그렇게 단정해야 한다면 하느님은 결코 '에벨의 온 자손'을 구별하시지 않았을 것이다.

하느님은 분명히 '에벨의 온 자손'을 선택하셨다. 따라서 그는 '욕단의 후손'을 통해서도 무엇인가 구원사에서 큰일을 행하실 것이 틀림없다. 그렇지 않다면 다음과 같은 예수님의 말씀은 거짓말이 되고 말 것이다.

> "진실로 너희에게 이르노니 천지가 없어지기 전에는 율법의 일점일획이라도 반드시 없어지지 아니하고 다 이루리라."(마 5:18)

따라서 '욕단의 후손'도 때가 차면 반드시 열방 가운데 드러나서 선민의 지위에 합당한 역할을 확실히 수행하게 될 것이다. 율법은 일점일획까지 다 이루어지기 때문이다. 하느님의 말씀은 무엇이든 헛되이 그에게로 돌아가지 아니하고 그가 기뻐하시는 것을 꼭 이룬다.

> "비와 눈이 하늘에서 내려 그곳으로 다시 돌아가지 않고 땅을 적셔서 싹을 내어 뿌리는 자에게 씨를 주고 먹는 자에게 양식을 줌과 같이 내 입에서 나가는 내 말도 그러하나니, 그것은 내게 헛되이 돌아오지 아니하고 내가 기뻐하는 것을 이루며 내가 보낸 곳에서 번성할 것이니라."(사 55:9~10, KJV)

그러므로 하느님께서 욕단의 후손을 잊으셨다고 함부로 단정하지 말라. 또한 욕단 족속은 멸절했다는 일부 주석가들의 망언에도 결코 동의하지 마라. 신실하신 하느님은 욕단계 선민을 감추어 두셨을 뿐이지 절대로 잊으신 것이 아니다. 예수님은 또한 다음과 같이 경고 하셨다.

"그러므로 누구든지 이 계명 중에 지극히 작은 것 하나라도 버리고 또 그같이 사람을 가르치는 자는 천국에서 지극히 작다 일컬음을 받을 것이요…"(마 5:19)

만약 당신이 벨렉의 후손에서 이스라엘이라는 언약 백성이 출현했다고 하여 욕단계 선민은 존재하지 않는다고 가르친다면, '이 계명 중에서 지극히 작은 것 하나라도 버리지 말라' 는 주님의 말씀을 정면으로 거역한 것이다. 천국에서 '작다' 일컬음을 받고 싶다면 그렇게 가르쳐라.

하느님은 자신을 "입술의 열매를 짓는 나 여호와"라고 말씀하신다 (사 57:19). 하느님은 말만 하고 실천 능력이 없는 인간과는 달리 언제나 당신이 행한 말씀의 열매를 꼭 이루시는 능력과 성실을 겸전한 분이라는 것이다. 하느님은 자신의 말씀을 이행하시는데 언제나 신실하시다. '벨렉의 후손' 으로부터 이스라엘이라는 언약 백성이 탄생했으므로 '욕단의 후손' 이 선택된 종족으로서의 위치를 상실한 것도 아니며 하느님께서 그들을 완전히 잊으신 것도 아니다. 셈에게 주신 복은 그들에게도 남아 있다.

하느님은 분명히 에벨의 온 자손, 즉 '벨렉자손'과 '욕단자손'을 셈족의 현저한 가지로 같이 선택하셨다. 여기에는 하느님의 특별하신 계획과 생각이 있었기 때문이다. 시편 기자가 하느님의 마음 속에 있는 생각에 대해서 뭐라고 했는지 보라.

> "주의 계획은 영원히 서고 그의 마음의 생각들은 모든 세대까지 서리로다"(시 33:11, KJV)

그러므로 '벨렉의 후손'과 함께 천손민족으로 선택된 종족인 '욕단의 후손'이 그 특별한 지위를 상실했다고 속단하지 말라. 하느님은 그들을 잊지 않으셨다. 하느님의 마음 속에는 또 하나의 선민 '욕단의 후손'을 통해 이루고자 하시는 특별한 계획과 생각이 있는 것이다. 그 계획은 '영원히 설 것'이며 그 마음의 생각은 '모든 세대까지 서고'야 말 것이다. 하느님의 주권적 목적 아래 '욕단의 후손'도 여전히 선택된 백성으로 남아 있다. 다만 그들은 하느님께서 '감추어' 놓으셨을 뿐이다.

혹시 당신이 짧은 안목으로 하느님이 '욕단의 후손'을 잊으셨다고 생각한다면, 당신은 신실하신 하느님을 식언(食言)하시는 분이라고 간주하는 것이다. 그러나 하느님은 식언을 하시는 분이 아니다. 그분은 행치 못할 말씀을 발설하시지 않으며, 하신 말씀을 후회하시지 않는다.

> "하느님은 인생이 아니시니 식언치 않으시고 인자가 아니시니 후회가 없으시도다. 어찌 그 말씀하신 바를 행치 않으시며 하신 말씀을 실행치 않으시랴"(민 23:19)

하느님께서 '에벨의 온 자손'을 택하셨을 때는 '벨렉의 후손'만이 아니라 '욕단의 후손'도 하느님의 특별한 소명을 받은 것이다. 하느님의 은사와 부르심(소명)에는 후회하심이 없다는 말씀을 기억하라.

"하느님의 은사와 부르심에는 후회하심이 없느니라"(롬 11:29)

미쁘신 하느님은 두 계열의 백성, 곧 '벨렉의 후손'과 '욕단의 후손'을 천손민족으로 같이 택정하신 것을 절대로 후회하시지 않는다. 따라서 욕단의 후손이 이스라엘 백성, 곧 언약 백성이 출현하였기 때문에 선택된 종족으로서의 지위를 상실한 것이 결코 아니다. 그들 역시 유대민족처럼 여전히 신적 선택을 받은 하느님의 백성이다.

하느님은 분명이 '에벨의 온 자손'을 선택하셨다는 사실을 기억하라. 다만 벨렉의 후손 이스라엘이 앞 단원에서 설명한 세 가지 하느님의 목적을 성취하기 위해 구원사에서 먼저 부름을 받음으로서 그들은 '겉으로 드러난 선민'이 되었고, 욕단의 후손은 '속으로 감추인 선민'이 되었을 뿐이다.

이 두 계열의 선민을 굳이 신학적 용어로서 규정하자면 전자를 '명시적 언약 백성', 후자를 '묵시적 언약 백성'이라고 정의할 수 있겠다. '언약'이란 하느님이 한 무리의 사람들을 선택해서 그들에게 하느님 노릇하겠다고 약속해 주는 것이다. 이것은 "내가 너희의 하느님이고, 너희가 나의 백성이다"는 언약 형식으로 표현된다. 구약에서 언약 사상의 핵심은 하느님이 벨렉의 후손 이스라엘을 자기 백성으로 선택하고 그들에게 하느님 노릇해주시기를 약속하는 것이다.

그런데 우리가 놓쳐서는 아니 될 것은 이 언약 백성 이스라엘은 어디까지나 창세기 10:21의 '셈은 에벨 온 자손의 조상'이라는 말씀을 근거로 출현했다는 사실이다. 언약 형식이 나타나기 전에 이미 에벨의 장자 벨렉의 후손은 하느님의 백성으로 선택을 받았었다는 것이다. 따라서 벨렉의 후손 이스라엘은 '명시적 언약 백성'이라면, 에벨의 작은 아들 욕단의 후손은 '묵시적 언약 백성'인 것이다. 욕단의 후손도 에벨의 혈통으로서 엄연히 신적 선택을 받은 하느님의 백성이기 때문이다.

이는 마치 사람이 눈에 보이는 '겉 사람'이 있고, 눈에 보이지 않는 '속사람'이 있는 것과 같은 것이다. 하느님의 선민도 밖으로 드러난 선민이 있고, 안으로 감춰진 선민이 있다. 그러나 겉 사람보다 속사람이 더 중요하듯, 겉으로 드러난 선민보다 속으로 감춰진 선민이 더 소중하다. 그들이 '욕단의 후손'인 것이다.

당신은 한 번쯤 무엇인가를 감추어 둔 경험이 있을 것이다. 아무것이나 그렇게 하지는 않는다. 아주 귀중한 것만 은밀한 곳에 숨겨 둔다. 그리고 그것은 가장 중요한 때에 꺼내어 쓴다. 욕단계 선민이 바로 그들이다!

만약 우리가 이러한 계시를 간과해 버리면 하느님께서 그의 기록된 말씀을 통해 인류에게 알리시기 원하는 아주 중요한 진리 하나를 놓치게 될 것이다. 그것은 밭에 감춰진 보화가 영영히 발견되지 않고 묻혀 있는 것과 같은 커다란 손실이 아닐 수 없다. 하느님은 '욕단의 후손'을 잊지 않으셨다. '욕단의 후손'도 하느님의 특별하신 뜻이 있어서 선택된 백성인 만큼, 하느님께서는 그들도 세상 어딘가에 한 나라를 이루게 하시고 은밀히 감추어 놓으셨을 것이다. 그들은 이 땅 어딘가에 또 하나의 선민을 형성하고 있다. 그들은 누구인가?

욕단의 후손을 찾을 수 있는 단서

'욕단의 후손'은 처음 세대 이후에는 언급이 없다. 그러나 그의 열셋 아들의 가계는 두 번이나 기록되어 있다(창 10:26~29; 대상 1:19~23). 욕단의 가계는 고대 성경 시대에 기록된 가장 큰 가계였다.

'욕단의 후손'은 어디에 있는 누구일까? 처음 세대 이후로 '욕단의 후손'은 더 이상 언급이 없지만, 하느님께서는 욕단계 선민이 누구인지를 찾을 수 있도록 결정적인 단서를 남겨 두셨다. 그것이 바로 창세기 10장 30절 말씀이다. 하느님은 자기 백성들이 그의 뜻을 아는 것을 까다롭고 힘들게 하시는 분이 아니다.

> "그들의 거하는 곳은 메사에서부터 스발로 가는 길의 동편 산이었더라."(창 10:30)

이 구절이 '욕단의 후손'이 누구인가를 찾는 데 결정적인 열쇠를 제공한다. 성경은 욕단의 거주지가 '메사에서부터 스발로 가는 길의 동편 산'이라고 말한다. 그러므로 '메사'와 '스발'의 위치가 어디인지, 그리고 '동편 산'이란 어느 지역의 산을 지칭하는 것인지를 확인하면 욕단계 선민이 어디에 있는 누구인지를 알 수 있다.

어떤 성경 연구가들은 욕단의 아들 이름이 역사적으로 아랍 부족의 이름과 같은 스바, 오빌, 하윌라이며 더욱이 아라비아 남단에는 스바, 오빌, 하윌라라는 지명도 나타나기 때문에 욕단이 아라비아로 갔다고 생각한다. 그리하여 욕단 족속은 아라비아 남단에 정착하여 현(現) 아랍 민족의 조상이 되었다고 말한다.

그러나 이 아랍 부족의 이름은 함의 가계인 구스 민족의 후손에 속한 것이다. 초기 아랍 민족은 구스 민족이 분명하며 그들은 셈족이 아니다. 함의 자손 구스의 맏아들이 스바였으며 손자 중에도 스바가 있었다(창 10:6). 또 하윌라도 구스의 둘째 아들이다. 그들이 그 땅에 살고 있었으니까 그들의 이름을 따라서 지명을 삼은 것이다. 오빌도 스바와 하윌라 부근의 홍해 안에 있는 금산지로 알려진 곳으로서 솔로몬 왕을 방문했던 스바 여왕의 통치 지역이었다. 따라서 그곳도 역시 함 계통의 구스 민족이 살고 있었음이 분명하다(왕상 10:1). 흔히 이름은 가계에 관련된 어떤 의미를 가지지 않고, 서로 분리된 후손들 사이에서 널리 되풀이되어 사용된다. 그리고 현(現) 아랍 민족은 이스마엘의 후손이 퍼져 있고(창 25:13~18), 롯의 후손 모압과 암몬 족속(창 19:36), 그 밖에 셈의 아들인 엘람족, 앗수르족, 룻족, 아람족 등이 섞여 있다.

그러므로 욕단이 아라비아로 가서 아랍 부족의 선조가 되었다고 착각하는 성경 연구가들은 '메사'와 '스발'의 위치를 결코 찾을 수 없다. 한결같이 그들은 '메사'와 '스발'이 어디인지를 알 수 없다고 말한다. 그럴 수밖에 없다. 아라비아 주변에는 그런 곳이 과거에도 없었고 지금도 없기 때문이다.

'욕단의 후손'이 어디에 있는 누구인지를 찾는 데 결정적인 단서를 제공하는 창세기 10:30은 욕단계 선민이 동양에 거주하고 있다고 말한다.

동방 산

욕단은 아라비아로 가지 않았다. 성경은 욕단의 거주지가 '동방 산지'(창 10:30)라고 말씀하고 있다. 아라비아는 본문이 의도하는 '동방'이 아니다. 왜냐하면 아라비아는 '남방'이기 때문이다. 세계지도를 펴놓고 확인해 보라. 아라비아 반도는 아프리카의 우측에 위치해 있는데, 북쪽은 이집트와, 중부는 수단과, 남쪽은 이디오피아와 위도가 겹친다. 그런데 성경은 이집트와 이디오피아를 '남방'으로 칭한다. 그렇다면 아라비아 반도 역시 '남방'이라고 간주하는 게 "계시의존사색"에 부합하는 결론이다.

창세기 10:30의 '산'이라는 말은 히브리어로 '하르(הר)'라고 하는데, 그 뜻은 단지 하나의 산(one mountain)을 뜻하기 보다는 '산맥(mountain-range)', '산지(mountain-region)' 등의 의미를 갖는다. 특히 본문처럼 단수로 사용되었을 경우에는 '산맥' 혹은 '일정한 지역의 산들', 곧 '산지'를 가리킨다. 한글 개역성경은 '동편 산'이라고 번역했기 때문에 원문의 뜻을 충분히 전하여 주지 못한다. '동편 산'이라는 말은 '동편 산지' 혹은 '동편 산맥' 또는 '동방 산악지대'로 번역해야 원문의 뜻이 충분히 전달된다. 공동번역 성경은 '동편 산'이라는 말을 '동쪽 산악지대'라고 번역하여 원문의 뜻을 정확히 전하여 주고 있다. 또한 일본 성서공회가 발행한 일본어 성경도 '동방 산지'라고 번역하여 한글 개역성경보다 원문이 의도하는 바를 더 잘 전달해 주고 있다.

모세가 말한 욕단 족속이 거주했다는 '동쪽 산악지대'라는 곳은 산맥과 산악지대가 많은 동양의 산들을 표시한 것이다. '동편 산'은 HAR HA KEDEM에서 변형되었다. 대개 KEDEM은 '동양(Orient)' 또는 '태평양과 맞닿는 아시아 동쪽 가장자리'를 뜻한다. KEDEM의 어원은 '가장자리'(Front)이며, 지리학적 의미로는 태양이 떠오르는 쪽에 있는 아시아의 해변 지역들을 언급한다. KEDEM은 또한 고대의 시작(시대의 가장자리, the Front of Time)이라는 어원도 가지고 있으므로 어떤 곳에서는 '고대 동양'(Ancient Orient)으로 번역해야만 한다. 따라서 HAR HA KEDEM은 '고대 동양의 산'을 의미한다. 이 산은 고대 전승의 동양에 있던 어떤 특별한 산을 언급할 수도 있고, 전(全) 동양을 상징할 수도 있다. 분명히 동양에는 많은 큰 산들이 있다. 이것은 모든 욕단의 후손이 동양에 거주함을 의미한다.

메사

이제 '메사'의 위치를 확인해 보자. 대다수 그리스도인들은 홍수 이후 노아의 후손들이 곧바로 시날 평원으로 옮겨가 하느님을 대적하여 바벨탑을 쌓았다고 생각한다. 이것은 성경을 정확히 이해한 것이 아니다. 창세기 11:2은 홍수 이후 사람들이 바벨론 평지에 이르기 전에 먼저 동쪽으로 여행하였음을 보여준다.

> "그들이 동편으로부터(from the east) 이동할 때 그들은 시날 땅에서 평지를 발견하여 그들은 거기서 살았다."(창 11:2, 원전 직역)

한글 개역성경에는 '동방으로' 옮겨간 것으로 되어 있는데, 히브리어 성경에는 '동방으로부터'라고 되어 있다. 흠정역 성경(King James Version)은 원문에 맞게 'from the east'로 번역하였다. 그러므로 그들은 동쪽으로부터 서쪽으로 옮겨가고 있었고, 동쪽에서 서쪽으로 이동하던 중에 시날평지(티그리스와 유프라테스 계곡 안에 있는 지역)를 만났던 것이다.

이것은 홍수 생존자들이 방주가 정박했던 아라랏 산지를 떠나 처음 이동했던 지역이 바벨론 평원이 아니었다는 뜻이다. 대홍수 이후의 사람들은 아라랏 산지를 떠나 먼저 동쪽으로 이동했던 것이다.

노아의 후손들은 바로 그 동방의 어떤 장소(중앙아시아 근접 지역)로부터 서쪽으로 옮겨가다가 시날 평지를 만난 것이다. 이것이 홍수 생존자들의 바벨론 이전 시대의 이동 경로였다. 이와 같은 사실을 아는 것은 매우 중요하다. 왜냐하면 이것은 우리에게 욕단이 나중에 어느 경로로 이동하였는지를 알려주기 때문이다. 뿐만 아니라 '메사'의 위치를 찾는데도 단서가 되므로 주목해야 한다.

홍수 생존자들의 바벨론 이전 시대의 이동 경로는 이란 고원을 지나 바벨론 동부에 이르는 것으로 100년 이상 계속되었다. 창세기 11:10~16은 에벨이 벨렉을 낳기까지 홍수 후 101년이 지났음을 말해주며, 창세기 10:25은 벨렉이 바벨론에 거주했음을 보여준다. 노아의 6대

▼ 아라랏산의 위치

손 벨렉에 관해 창세기 10:25은 이렇게 기록하고 있다.

"에벨에게 두 아들들이 낳아졌다. 한 이름은 벨렉인데 그의 날들에 (in his days) 그 땅이 나뉘었다. 그리고 그의 형제의 이름은 욕단이다."(원전 직역)

성경을 살펴보면 어떤 사람들의 이름은 예언적인 사실을 담고 있다. 가령 가인에게 살해당한 '아벨' (허무하다)이나, 하느님과 온전히 동행하다가 산 채로 승천한 '에녹' (봉헌되었다)은 이름에서 그들의 운명이 암시되어 있다. 이렇게 인명(人名)은 하나의 예언적 계시이다. 벨렉이라는 이름도 그러한 이름 중의 하나이다. 그의 이름은 '나뉘다' 라는 뜻인데, 실제로 그의 때에(in his days) 세상이 나뉘었기 때문이다. W.B.C.(Word Biblical Commentary) 주석은 '벨렉' 의 이름에 대해 다음과 같이 설명하고 있다:

"벨렉은 '나누다' (팔라그, פלג)라는 어근에서 온 것이다. 보통명사로서 이 단어는 '운하, 수로' 를 의미한다. 여기서 이 어원은 이 어휘에 보다 추상적인 의미(나눔)를 부여한다. 성경에 나오는 많은 이름들처럼 이 이름도 예언적이며 벨렉의 생애에 일어날 중대한 사건을 예시한다."(고든 웬함 지음, 박영호 옮김, 「WBC 성경주석 창세기 상」, 서울: 솔로몬, 2001, p.423)

벨렉은 "나뉘다"는 뜻이다. 이 '나뉨' 은 바벨탑 사건으로 세상의 언어가 여러 종족별로 나뉘어 더 이상 한 종족으로 살 수 없게 된 상황을 말한다. 바로 이것이 벨렉이란 이름이 예시했던 중대한 사건이었다. 이는 벨렉이 언어 혼란으로 세상이 나뉠 때에 바벨론에 있었음을 보여주는 것이다.

그러나 욕단은 벨렉과 함께 바벨론으로 가지 않았다. 욕단은 동쪽 지역에 거하기로 결정하였기 때문에 시날 평지에 이르기 전에 무리와 헤어졌음이 분명하다. "그들의 거하는 곳은 메사에서부터 스발로 가는 길의 동편 산이었더라"(창 10:30). 이동하던 무리들은 동쪽 지역으로부터 시날 평지로 접근하였다. 따라서 욕단이 동쪽 지역에 거하기로 결정한 사실은 그가 서부로 향하는 주요 집단과 헤어져 동양으로 이주 경로를 변경하였음을 증거하여 준다.

벨렉과 욕단의 헤어짐으로 두 종류의 히브리 가계가 형성되었다. 즉 서부 아시아에 거주하는 서부 히브리 민족과 동양에 거주하는 동부 히브리 민족이다. 창세기 10:21은 셈이 '에벨 온 자손의 조상', 즉 히브리 민족의 조상이라고 말씀하고 있다.

'에베르(עבר)'에서 '히브리(עברי)'가 유래되었다. '히브리(עברי-이브리:Hebrew)'는 에베르(עבר)의 종족을 나타내는 말로서, '에벨(Eber)' 또는 '에벨의 계통을 잇는(descended from Eber)'을 뜻한다. "에벨은 두 아들을 낳고 하나의 이름을 벨렉이라 하였으니 그 때에 세상이 나뉘었음이요, 벨렉의 아우의 이름은 욕단이며"(창 10:25).

따라서 히브리 민족은 에벨로부터 나온 두 가계, 곧 벨렉과 욕단 계통을 잇는 자손이다. 즉 아시아 서쪽으로 간 벨렉계 선민은 서부 히브리 민족이요, 동양으로 간 욕단계 선민은 동부 히브리 민족이다. 욕단의 후손도 히브리 민족에 속한다.

우리는 창세기 9장 28절에서 노아가 바벨탑 사건 이후까지 생존하였으며 다른 홍수 이후 족장들도 그러하였음을 알 수 있다(창세기 11장).

따라서 만일 그들이 그 당시 바벨론에 있었다면 바벨탑 건설에 참여하였을 것이다. 하지만 노아는 바벨론에 있지 않았음이 분명하다. 노아는 하느님 앞에서 은혜를 입은 자요(창 6:8), 의로운 사람이었기에(겔 14:14; 벧후 2:5) 분명히 바벨론의 사악한 행위와 니므롯의 왕국(창 10:8~10)에 반대했을 것이다.

니므롯은 함의 손자로서 사람들을 바벨론으로 옮기도록 인도한 사람이었으며, 그 곳에서 바벨탑 건설을 선동했던 인물이다. 성경은 노아와 셈, 아르박삿, 셀라, 에벨이 이 시기에 어디에 살고 있었는지 언급하고 있지 않다. 하지만 문맥 주석적 방식으로 유추할 만한 합리적인 결론은 그들이 욕단과 함께 아시아로 갔다는 것이다.

하느님은 어느 시대나 배교가 극심할 때 참된 믿음을 지닌 소수의 무리를 항상 남겨두셨다. 그들을 '남은 자(the Remnant)'라고 하는데, 욕단 족속은 바로 그 시대의 '남은 자'였다. 셈족의 현저한 가지 욕단 족속은 하느님을 대적하는 자 니므롯에 의해 위협받는 셈계의 일신신앙을 보전(保全)하려 했던 것이다. 그리하여 욕단과 그와 함께 한 다른 모든 홍수 후 족장들은 이란 고원이나 중앙아시아의 어떤 장소에서 서부 바벨론으로 이동하는 무리들을 떠날 순간을 선택해야만 했을 것이다. 그리고 이것이 욕단 민족이 동양으로 정착하는 시점이 되었다. 그때에 인류는 대홍수 이후 첫 번째 이산의 역사를 경험했다. 니므롯을 따라 서부 바벨론으로 이동하는 대다수의 사람들과, 욕단과 함께 '스발'을 향해 가고자 동양으로 이동하는 거룩한 무리들로 홍수 생존자들이 분리되었기 때문이다.

그때에 욕단은 동방의 산악지대로 이동했는데, 메사(Mesha)는 그 동양의 산악지대들(파미르 고원→천산 산맥→알타이 산맥)의 길목에 위치한 곳으로 지금 아라랏 산 동쪽 이란 북동부에 있는 메삿(Meshhad)이라는 곳이다. 욕단 족속은 이 '메사'로부터 '스발'을 향해 가고자 동양의 산악지대들로 대장정을 시작했던 것이다. 어떤 성경 주석가는 '메사'를 '메소포타미아'의 옛말이라고 하나 그것을 입증할 수 있는 근거는 아무 것도 없다.

알이랑 고개를 넘어 동방으로

우리 겨레의 노래 '올이랑'은 바로 그때에 욕단의 가계가 동방으로 이동하면서 불렀던 '찬송가'였다. 앞서 우리는 '올이랑'의 비밀이 무엇인지 자세히 살펴보았다. '올이랑'은 '하느님과 함께'(With God)라는 뜻이니, 곧 '하느님 중심 사상'이요 '신본주의 정신'이다. 즉 욕단은 홍수 후 함족 니므롯에 의해서 셈족의 '하느님 신앙'이 강하게 흔들릴 때에도 결코 하느님을 섬기는 믿음을 포기하지 않았던 것이다.

그는 도전받는 유일신 신앙을 보전하고자 '알이랑 정신' 즉, '하느님 중심 사상'과 '신본주의 정신'을 갖고서 새 땅을 찾아 '알이랑' 고개(파미르 고원→천산 산맥→알타이 산맥)를 넘어 아시아로 멀리 천동(遷動)한 것이다. 바로 이것이 현존하는 인류 최고의 찬송가인 알이랑의 역사적 태동 배경이다.

여기에서 "나를 버리고 가시는 님은 십리도 못 가서 발병난다"는 가사의 의미를 좀더 자세히 살펴보도록 하자. '나를 버리고 가시는 님'이란 앞서 언급했듯이 하느님을 불신, 배척하는 무리들을 말한다. 왜냐하면 '알이랑 고개를 넘어 간다'는 바로 앞의 가사는 '하느님과 함께(With God) 고개를 넘어 간다'는 뜻으로서, 하느님을 섬기는 자들의 찬송이며 믿음의 고백이기 때문이다. 그러면 '나를 버리고 가시는 님', 그들은 실제로 누구였을까?

대홍수 후 욕단이 유일신 신앙을 갖고서 동양으로 이동을 시작할 때, 하느님을 불신하는 마음을 품고서 반대 방향인 서쪽, 즉 시날 평원으로 이동했던 모든 홍수 생존자들을 가리킨다. 특히 형제인 벨렉 족속을 뜻한다. 그때에 벨렉도 욕단과 분리되어 서부 바벨론으로 떠났다. 당시 홍수 생존자들은 함의 손자 니므롯의 선동에 의해 흩어짐을 면하고 영구히 함께 살기 위하여 넓은 평지를 찾아 서부의 시날 평지로 옮겨가기로 결정했는데, 그때 벨렉도 형제인 욕단을 버리고 니므롯의 무리와 하나가 되어 서부로 갔던 것이다.

니므롯은 사람들을 바벨론으로 옮겨가도록 인도한 사람이었으며, 시날 평원에서 바벨탑 건설을 주동했던 인물이었다. 역사상 '하느님을 대적하는 최초의 폭군'이었던 그는 시날 평원에서 하느님께 반역하는 세계적인 대제국을 건설하려고 했다. 유대 백과사전(the Jewish Encyclopedia)은 니므롯이 '모든 백성들로 하여금 하느님을 대적하여 배역하게 한 자'라고 말하고 있다. 저명한 유대인 역사가 요세푸스(Josephus)는 니므롯에 대해 이렇게 기록하고 있다.

"그때 사람들을 자극하여 하느님을 그토록 모욕하고 경멸하게 한 자는 니므롯이었다. 그는 노아의 아들 함의 손자로서 엄청난 힘을 가진 용사였다. 그는 사람들이 하느님 때문이 아니라 니므롯 자신 때문에 행복을 누린다고 설득했고, 차츰 사람들 위에 절대자로 군림하기 시작했다. 그는 또한 하느님이 만일 세상을 다시 물에 잠기게 하려 한다면, 하느님께 보복하겠다고 말했다. 그래서 그는 물이 미치지 못할 만큼 높은 탑을 쌓아 자기 선조들을 멸하신 하느님께 보복하려고 했다."(Flavius Josephus, The Complete Works of Josephus, Grand Rapids, Michigam, Kregel Publication, 1981, p.30)

다음의 말씀을 살펴보자.

"구스가 니므롯을 낳았으니 그는 세상의 처음 영걸이라. 그가 여호와 앞에서 특이한 사냥꾼이 되었으므로 속담에 이르기를 아무는 여호와 앞에서 니므롯 같은 특이한 사냥꾼이로다 하더라"(창 10:8; 대상 1:10)

이 말씀은 매우 중요한 것이다. 그러나 우리 한글 개역성경은 이 구절의 진정한 의미를 잘 전달해 주지 못하고 있다. 이 구절의 정확한 뜻을 찾기 위해서는 몇 가지 주목해야 할 단어들이 있다.

첫째, '영걸'(英傑)이라는 단어이다. 이 단어의 히브리어는 '기뽀르'(גבור)인데, 그 뜻은 힘센 자(strong one), 힘센 용사(powerful warrior), 강력함(mighty), 폭군(tyrant), 투사(champion), 거인(giant) 등의 의미를 지니고 있다.

그리하여 이 말은 성경에서 다양하게 번역되어 사용되고 있는데, 창세기 6:4에서는 '용사'로, 시편 52:1에서는 '강포한 자'로, 또한 시편 120:4에서는 '장사'로, 그리고 예레미야 9:23에서는 '용사'로 번역되고 있다.

이 단어가 창세기 10:8에서는 '영걸'이라고 번역되었는데, 그러나 이 구절의 전후 문맥과 역사적인 증거 등을 고려해 본다면, 여기서는

'폭군' (tyrant)이라는 말로 번역하는 것이 본문의 뜻을 가장 정확히 전달하는 표현일 것이다.

다음은 '니므롯' (Nimrod)이라는 그의 이름의 뜻이다. 이 이름은 히브리어 '마라드' (מָרַד)에서 온 말로, '반역하다' '배역하다', 또는 '그가 반역하였다' 라는 의미를 지니고 있다. 이는 니므롯이 하느님께 대한 인간의 반역된 행동의 주동자임을 나타내 주고 있는 것이다.

마지막으로, '여호와 앞에서 특이한 사냥꾼' 이라는 말 가운데, '앞에서' (before)라는 말은 히브리어로 '파님' (פָּנִים)이라는 단어인데, 이 말은 때때로 '대적하여' (against)라는 의미로도 사용되는 말이다. 그러므로 이 문장을 원문의 뜻을 좇아 더욱 정확하게 번역하자면 아래와 같다.

"구스는 또 니므롯(배역자)을 낳았으니 그는 세상에서 최초의 폭군이라. 그가 여호와를 대적하는 특이한 사냥꾼이 되었으므로 속담에 이르기를 아무는 여호와를 대적하는 특이한 사냥꾼이로다 하더라."

「현대인의 성경」은 원문의 뜻에 가깝게 번역되어서, 이 구절이 의도하는 바를 잘 전달해 주고 있다.

"구스는 또 니므롯이라는 아들을 낳았는데, 그는 세상에서 최초의 정복자였다. 그는 여호와를 무시하는 힘센 사냥꾼이었으므로, '니므롯처럼 여호와를 무시하는 힘센 사냥꾼' 이라는 유행어까지 생기게 되었다."

함에게 있었던 반권위의 정신이 그의 3대손 니므롯에게 유전되어,

함의 가계에 마침내 하느님을 직접 대적하는 더 악한 후손이 출생한 것이다. 함의 가계에 저주가 흘렀다. 니므롯은 힘이 세어 특출한 사냥꾼이 되었으며, 그는 땅에 번성한 들짐승의 위협으로부터 사람들의 안전을 보호함으로써 당시 사회에서 사람들로부터 갈채와 환영을 받는 유명한 인물이 되어 있었다. 이와 같은 니므롯의 선동에 사람들은 쉽게 호응하였다. 그는 인류가 하나로 뭉쳐야 다시는 홍수와 같은 전 인류를 위협하는 대재앙을 효과적으로 면할 수 있을 것이라고 사람들을 설득했다.

그리하여 서부의 시날 평원에 집결한 그들은 니므롯의 지휘와 명령에 의해 서로의 분산을 면하고 그곳에 영주하기를 목적으로 땅 사방의 어디에서도 볼 수 있는 높은 탑을 건설하기 시작했다. 니므롯은 인류를 하나로 결집시키고 인류 분산을 막기 위한 수단으로서 탑을 하늘 높이 쌓아 올려서 그 탑이 멀리 보일 수 있는 한계(限界)에서 거주하자고 미혹하였던 것이다(창 11:4).

그러나 사실 니므롯이 사람들로 하여금 흩어지지 말자고 하며, 그 분산을 막기 위한 수단으로서 바벨탑을 높이 쌓도록 선동한 근본적인 이유는 오직 자기 자신의 욕망을 채우기 위해서였다. 그는 온 인류를 자신이 영원히 다스리기를 원했다. 이를 위해서 사람들의 분산을 막아 모든 사람을 자기의 발 아래 묶어둘 필요가 있었다. 그는 그 수단으로서 바벨탑을 높게 쌓아 사람들로 하여금 그 탑이 보이는 한계에서 거주하도록 명령하려 했던 것이다. 니므롯은 바벨탑을 중심으로 인류를 자기의 통치권 아래 하나로 묶어 참람하게도 하느님을 대신하여 모든 사람들을 영원히 다스리는 통치자로서 군림하려 했던 것이다. 그는 분명히 적그리스도의 그림자였다.

그런데 이 '대적자'를 따라서 셈으로부터 욕단과 함께 선민의 거룩한 가계를 계승한 에벨의 혈통 벨렉이 형제 욕단을 버리고 서부 바벨론으로 갔던 것이다. '나를 버리고 가시는 님!' 바로 이때 욕단의 가계는 누구보다 큰 이산의 아픔을 겪어야 했다. 모든 홍수 생존자들이, 심지어 벨렉의 가계까지 서부 바벨론을 향해 떠나기로 결정했고, 이제 온전히 한 분이신 하느님만 섬기고자 그들과 분리되어 먼 동방으로 이동하려는 무리는 홀로 욕단의 가계뿐이었기 때문이다.

그때만 해도 인류는 아직 하나의 언어를 사용하는 한 가족이었다. 그리하여 욕단 족속은 수많은 친족, 형제, 동무들과 헤어져야 하는 아주 큰 이별의 아픔을 겪을 수밖에 없었다. 집안이 달랐기에 기약 없이 헤어져야 했던 형과 아우, 그리고 연인들의 울부짖는 소리가 땅과 하늘에 진동했다. 그들은 이렇게 큰 이별의 슬픔을 안고서 알이랑(With God) 고개를 넘어 갔던 것이다. "알이랑 알이랑 알알이요 알이랑 고개를 넘어 간다. 나를 버리고 가시는 님은…" 이산의 아픔을 안고 험한 산과 고개를 넘어 갈 때마다 욕단 족속은 '알이랑 찬송'을 부르며 동방의 새 땅을 향해 행진했다. '아리랑'은 '겨레의 역사 노래'로서 우리의 먼 조상들이 이 땅에 오기 전에 이렇게 커다란 '작별'의 슬픔을 겪었음을 전해주고 있는 것이다.

우리 한민족의 직계 조상인 욕단 족속은 홍수 후 니므롯에 의해 도전받는 셈계의 일신신앙을 지키기 위해 먼 동방으로 이동하기로 결정했다. 더욱이 그것은 홍수 후에 하느님께서 노아에게 명하신 "생육하고 번성하여 땅에 편만하라"(창 9:7)는 말씀에 순종하는 길이기도 했다.

이별의 아픔을 가슴에 간직한 채 험한 산과 고개를 넘어 먼 동방으로 가는 길은 실로 수고로운 것이었다. 땅에 번성한 야생 동물들과 싸워야 했고, 한겨울엔 혹독한 추위도 견뎌야 했다. 실로 그것은 고난과 싸우며 인내와 끈기로 전진하는 대장정이었다.

그렇게 알이랑 고개를 넘어가던 우리 조상들의 가슴엔 한 가지 커다란 근심이 있었다. 그것은 "나를 버리고 가시는 님", 곧 니므롯을 좇아 서부 바벨론으로 떠나는 배역자들 때문이었다. 따라서 그것은 세상 근심과 차원이 다른 거룩한 근심이었다(고후 7:10). '알이랑'의 2절은 바로 그것을 노래한 것이다: **"청천 하늘엔 잔별도 많고, 우리네 가슴엔 수심도 많다."**

우리 조상은 셈의 자손이기 때문에 산정(山頂)에서의 제사를 버릴 수 없었다. 그래서 육축을 끌고 산을 넘어 동방으로 이동해 왔는데, 이러한 유목민들은 들판이나 산기슭에서 밤을 많이 지새운다. 낮에는 별이 보이지 않지만, 밤에는 하늘에 별이 빛난다. 그래서 청천 하늘에 잔별도 많다고 노래한다. 그 밤하늘의 수많은 별들만큼이나 그들의 가슴엔 하느님을 버린 자들로 인해 수심도 많았던 것이다. 이와 같은 역사적 사연을 간직한 알이랑 찬송은 욕단 족속이 중앙아시아와 시베리아를 거치면서 이곳 동방에 오기까지 끊임없이 불리어졌다. 그리고 우리 겨레의 삶 가운데 계속 이어지고 있다.

'십리도 못가서 발명난다'는 것은 '발병이 나서라도 더 떠나가지 못하고 나의 품으로 되돌아오라'는 회귀원망(回歸願望)의 연정(戀情)을 노래한 것이다. 즉 니므롯을 따라 서부 바벨론을 향해 떠나는 자들에게 배역의 길에서 돌이켜 하느님 앞으로 되돌아오라는 천손민족 욕단 가계의 간절한 기원이며 호소였던 것이다. 바로 이것이 '나를 버리고 가시는 님은 십리도 못가서 발병난다'는 가사의 역사적 의미이다.

　이렇게 대홍수 후 한 분이신 하느님만 온전히 섬기고자 니므롯과 분리되어 먼 동방으로 천동(遷動)한 무리는 오직 한국인의 직계 조상 욕단의 가계뿐이었다. 욕단 족속을 제외한 모든 홍수 생존자들이, 심지어 벨렉 족속까지 니므롯의 추종자가 되어 서부 바벨론으로 떠났기 때문이다. 그러므로 욕단의 가계는 분명히 그 암울한 시대의 '남은 자' (the Remnant)였다. 이 얼마나 귀한 백성인가! 그래서 하느님이 욕단계 선민을 감추어 두신 것이다. 너무 귀한 백성이기에 나중에 중요한 때에 쓰시기 위해서다. 우리는 무엇을 감추어 두는가? 보물만 감추어 둔다. 그리고 그것은 꼭꼭 숨겨두었다가 가장 중요한 때에 꺼내어 쓴다.

　셈족의 정통성은 그 때에 에벨의 둘째 아들 욕단의 가계가 단독 승계했다. 즉 욕단 족속이 홀로 셈족의 장자가 된 것이다. 왜냐하면 오직 그들만이 함족의 폭군 니므롯에게 무릎을 꿇지 아니한 '남은 자' 였기 때문이다. 그래서 한국인의 선조인 욕단 족속은 '알이랑', 즉 '하느님과 함께' 고개를 넘어 간다고 찬송을 부르면서 동방으로 이동했던 것이다. 동방으로 가는 대장정에 그들과 동행한 이는 하느님 한 분뿐이셨기 때문이다. '아리랑'의 기원과 유래가 여기에 있다.

　'아리랑'은 우리 겨레의 역사적 체험을 간직하고 있는 아주 귀중한 노래이다. 그것은 한 옛적 역사의 여명기에 한민족의 선조들이 '메사'에서 '스발'을 향해 긴 여행을 시작할 때부터 부르기 시작한 겨레의 역사 노래이며, 또한 현존하는 인류 최고(最古)의 찬송가인 것이다. 우리 배달민족의 선조들이 서쪽에서부터 아시아 동쪽의 이 먼 땅으로 오기까지 얼마나 많은 산과 언덕과 고개들을 넘었겠는가? 한국인의 직계 선조인 욕단 족속은 그 숱한 고개들을 넘어 갈 때마다 '알이랑 고개를 넘어 간다' , 즉 '하느님과 함께 고개를 넘어 간다' 며 찬송하면서 셈족의 종가(宗家)답게 믿음으로 전진했던 것이다.

실로 '알이랑' 은 우리의 정체성을 한 마디로 규명해 주는 선민 한민족의 키워드이다. 우리는 누구인가? 우리는 '알이랑 민족' 이다! 즉 우리 한민족은 처음부터 '알이랑 정신' , 곧 '하느님 중심 사상' 과 '신본주의 정신' 을 가지고 창조주 하느님을 섬긴 거룩한 하느님의 백성이라는 것이다.

바벨 분산

알이랑 찬송을 부르며 욕단 족속이 동방의 산악지대를 넘어 '스발' 을 향해 이동하고 있을 때, 마침내 서부 시날 평지에서는 바벨탑 사건이 터지고 말았다. 니므롯의 지도력 아래 시날 평원에 도달한 그들은 서로의 분산을 막고 인류의 힘을 결집시킬 수단으로 땅 사방의 어디에서도 보일 수 있는 바벨탑을 하늘 높이 쌓다가 하느님의 심판을 초래했다.

하느님은 홍수 후에 "생육하고 번성하여 땅에 충만하라"(창 9:1)고 명하셨다. 그러나 시날 평원에 모인 그들은 서로의 흩어짐을 면하고 인류의 힘을 결집시켜 자신의 지혜와 능력으로 유토피아를 건설하려고 했다. 바벨탑 건설은 인간이 하느님으로부터의 독립, 곧 인류 자결권을 선포하는 사건인 것이다.

그들은 "서로 말하되 자, 벽돌을 만들어 견고히 굽자 하고 이에 벽돌로 돌을 대신하며 역청으로 진흙을 대신하며 또 말하되 자, 성과 대를 쌓아 대 꼭대기를 하늘에 닿게 하여 우리 이름을 내고 온 지면에 흩어짐을 면하자"(창 11:3~4)고 하였다. 천연의 물질인 돌과 진흙을 대신하여 자신들이 만든 벽돌과 역청을 사용하는 것은 인간이 자신의 지혜와 능력에 의지하는 것을 상징한다.

그리고 그 탑의 꼭대기를 하늘에 닿게 하겠다는 것은 하느님을 배제한 인간의 힘으로 인본주의(人本主義) 낙원을 건설하겠다는 의지의 표현인 것이다. 또한 그들은 하느님의 이름을 높이고 찬양하는 대신에 '우리 이름'을 내고 온 지면에 흩어짐을 면하자고 말하고 있다. 이 얼마나 참월한 행동인가?

그들의 행동은 "번성하여 땅에 충만하라"고 명하신 하느님의 뜻을 정면으로 거역하는 행위일 뿐만 아니라, 인간을 하느님의 자리에 세우는 아주 참람한 일이었던 고로, 하느님께서는 그들의 사악하고 헛된 일들을 중단시키고자 언어를 혼잡케 하셨다. 하나의 언어를 사용하며 바벨탑을 쌓던 그들은 갑자기 서로 간의 말을 이해 할 수 없게 되었다. 일꾼들의 의사소통이 불가능해진 것이다. 이로 인해 모든 작업이 정지되었으며 사람들은 서로 이해할 수 있는 사람들끼리 모여 바벨탑을 떠나 비로소 사방으로 흩어졌다(창 11:7~9). 이는 하느님을 대적하는 폭군 니므롯과 그를 추종하는 인간들의 교만과 반역에 대한 하느님의 심판이었다.

이때 언어의 혼란으로 말미암아 유럽과 아프리카와 바벨론과 근접한 지역으로 대(大)이주가 있게 되었다. 욕단의 형제 벨렉은 현(現) 이라크 남단 유프라테스강 동쪽의 페르시아만 해변가로 이동했다. 셈의 장자인 엘람은 바벨론 동쪽으로 나아가 지금의 이란 땅인 수사 지역에 터전을 잡았고, 바벨론 북쪽 지역은 둘째 아들 앗수르가 자리했다. 이것은 기존의 세계사에서도 분명히 기록하고 있는 사실로서 앗수르는 고대 앗시리아 제국으로 발전하였고, 엘람은 메디아와 페르시아가 등장하기 이전까지 이란 땅에 존재했던 엘람 왕국이다. 이렇게 셈의 족속은 유프라테스 강의 북쪽 유역과 그 변두리에 정착하여 유대 민족, 앗수르 민족, 엘람 민족 등이 되었다. 또한 야벳 족속은 북쪽으로 가서 흑해와 카스피 해에 정착하여, 지금의 유럽과 아시아(인도)에 거주하는 코카서스 사람의 조상이 되었다. 함의 족속은 남쪽으로 흩어져서 아프리카 민족들의 선조가 되었다. 함의 아들 가나안은 현(現) 팔레스타인 땅에 정착하였다. 그리하여 그 땅은 가나안 땅으로 불려졌고, 후에 모세의 영도 아래 출애굽한 이스라엘 백성에게 정복당하여 유대 민족의 영토가 되었다.

▲ **언어의 혼잡** 하느님은 언어를 혼잡하게 하심으로 인간의 반역적인 노력을 좌절시키셨다

그러나 '알이랑 민족'인 욕단 족속은 바벨론 소요에 전혀 영향을 받지 않았다. 그들은 바벨론에 있지 않았기 때문이다. 그리하여 욕단 족속은 홍수 이전부터 인류가 사용하던 존귀한 언어를 그대로 사용하면서 동양의 산악 지대를 넘어 '스발'을 향해 여행을 계속했다.

스발

욕단은 '스발'을 향해 동쪽으로 옮겨갔으며 '스발'은 그의 목적지였다. 창세기 10장 30절을 히브리어 원문에서 직역하면 다음과 같다.

"그리고 그들의 거주지는 당신이 메사로부터 새팔(새파르)로 가면서 동쪽에 있는 산이었다."(And their dwelling was from Mesha, as thou goest unto Sephar a mount of the east. —KJV)

'스발'을 히브리어에서 음역하면 '새팔(ספר)'이다(우리말 성경 개역판의 히브리 음역 표기는 고대 헬라어 번역 성경인 70인역으로부터 왔다). 여기에서 '새팔로 가면서'(as thou goest unto Sephar)라는 말은 욕단 족속이 동양의 어떤 특정한 산지에 정착한 것이 아니라 '새팔'을 향해 계속 동쪽으로 옮겨갔음을 의미하는 것이다. 그러면 '새팔'의 위치는 어디일까? 어디가 욕단이 최후로 도달한 '새팔'인가?

먼저 기억해야 할 사실은 '새팔'은 결코 당시에 존재하거나 알려진 도시와 장소의 이름이 될 수 없다는 것이다. 모든 것이 홍수로 인해 지워졌기 때문이다. 욕단이 천동하기까지 동양에는 아직 누구도 살고 있지 않았다. 따라서 창세기 10장 30절에 언급된 '새팔'은 현실적인 지명이 아니다. 그것은 예시적인 지명이다. 따라서 '새팔'에 해당할 수 있는 지명 및 위치를 동방에서 찾아야 한다.

'새팔'은 시불(새불)

예시적 지명 '새팔'은 어디일까? 일단 그곳은 아시아 동쪽의 어느 곳에선가에서 추적되어야 한다. 왜냐하면 욕단은 동방의 산악지대(파미르고원→천산산맥→알타이산맥)를 넘어 동쪽으로 이동하고 있었기 때문이다. 그곳은 과연 어디를 뜻할까? '시베리아'이다.

알타이산맥을 넘어 동쪽으로 좀더 이동하면 '시베리아' 벌판이 펼쳐진다. 시베리아는 고조선의 창건 무대인 만주 대륙이 연장된 땅으로 우리 한민족의 역사의 고향이다. 알이랑 고개를 넘어 유라시아 대륙 동쪽으로 멀리 천동한 욕단 족속은 남북 만주 및 시베리아를 아우르는 동방의 새 땅을 '시불'(새발)이라고 하였다. '시불'은 '새벌'의 고어로서, '새 땅' '새 벌판'이라는 뜻이다. 욕단의 목적지 '새팔'은 바로 우리 한민족의 발상지 '시불'(시베리아~만주)을 예시한 것이다.*

그리고 '시불'의 어원은 '시붉'(새붉)인데 '새 밝은 곳'이라는 말이다. 이는 유라시아 대륙의 동쪽 끝인 그 땅이 빛이 시작되는 새 땅, 곧 새붉나라(새光明國)이기 때문이다. '시불'의 '불'은 '붉'에서 가지 쳐 나온 말로서 원래는 '광명'의 뜻이었는데 '벌' '들' '나라' 등의 뜻으로 바뀌었다. 그러니까 '시불'의 '불'은 곧 '벌'인 것이다.

'붉'은 육당 최남선(六堂 崔南善)이 그의 명저 '불함문화론'(不咸

---

* '새팔'과 '새발'은 발음이 아주 유사하다. 'ㅍ'을 약하게 소리 내면 'ㅂ'이 된다. 'ㅍ'과 'ㅂ'은 모두 '파열음'으로서 한 계통의 소리이다. 따라서 자주 혼용되기도 한다. 예를 들면 '안팎'은 '안밖'이요, 동이족의 후예인 인디언은 '아버지'를 '아파치'라고 부른다. 따라서 '새팔' = '새발'로 간주할 수도 있다.

▲ 대흥안령 산맥서 본 만주벌판

文化論)에서 강조했듯이 우리 배달겨레의 사상의 뿌리를 이루는 본원적인 말이었다. 그것은 신(神)이며 신성(神聖)한 것이다. 그것은 태양이며 광명이고 생명의 원천이다.

'배달'이라는 말은 '붉돌'에서 나왔다. '배달겨레'할 때의 '배'의 뿌리도 '붉'이다. 그리고 '달'은 '돌'에서부터 내려오는 말이다. '돌'은 '아사달'할 때의 그 '달'인데 '땅'이라는 뜻이다. 곧 양달이 양지요, 음달이 음지요, 빗달이 비스듬한 땅이다. '붉의 땅'은 그래서 '배달'이니 이 말에는 우리 배달겨레의 얼과 숨결이 서린다. 얼마나 아름답고 숭고한 말인지 모른다. 이 '붉'에서 가지 쳐 나온 말 가운데 하나가 '볼'인데, '볼'은 '붉' 즉 처음에는 '광명'의 뜻이었으나 '벌' '들' '나라' 등의 뜻으로 바뀐 것이다. 순수한 우리말로 된 옛 한국의 지명에는 '볼'로 끝나는 땅이름이 상당히 많다.

욕단의 목적지 '새팔'은 '시볼'(새볼)인데 그것은 빛이 시작되는 새 땅, 곧 '새붉'으로서 '광명의 본원지'를 이르는 말이다. 그러니까 욕단은 알이랑 고개를 넘어 빛이 시작되는 동방의 새 땅, 곧 시베리아로부터 남북만주에 이르는 '극동아시아'까지 아주 멀리 천동(遷動)했던 것이다. 만주 벌판이 연장된 땅인 시베리아는 우리 붉돌겨레의 역사의 고향이다. 한국인의 주류는 시베리아 바이칼호에서 온 북방계 아시아인이다.

 욕단 족속은 왜 그렇게 빛이 시작되는 땅인 유라시아 대륙의 동쪽 땅 끝까지 멀리 이동했을까? 앞에서 말했듯이 욕단의 가계는 바벨탑 건설에 가담하지 않은 셈족의 진정한 장자였다. 그들은 '하느님 신앙'이 위협받던 그 암울한 시대에 '올이랑 정신', 곧 '하느님 중심 사상'과 '신본주의 정신'을 끝까지 지켰던 단 하나의 천손민족이었다. 이렇게 창조주 하느님을 가장 공경했던 욕단계 선민 한국인의 조상은 타민족과 구별되는 천손민족다운 기질을 매우 많이 갖고 있었다. 그 현저한 민족성의 하나가 밝고 환한 것을 유난히 좋아했다는 것이다.

 그 이유는 무엇일까? 그들이 섬기는 하느님이 밝고 환한 천국에서 빛 가운데 계시는 '빛의 근원이신 하느님'이시기 때문이다. 그리하여 욕단 족속은 천손민족인 자기들의 삶의 터전으로 빛이 시작되는 땅, 곧 '새붉나라'인 '새벌'(새팔 = 새불)을 목적지로 삼았던 것이다. 그들은 그 밝고 환한 동방의 새 땅을 찾아가서 신시(神市), 즉 하느님의 나라(천국)를 건설하고자 했다. 욕단 족속이 올이랑 고개를 넘어 광명의 본원지를 찾아 유라시아 대륙의 동쪽 땅 끝, 곧 '새벌'까지 멀리 천동했던 이유가 바로 거기에 있었다.

 빛의 근원이신 하느님을 공경하던 천손민족 에벨의 혈통 욕단의 가계는 광명의 본원지인 '붉의 땅'(붉돌)을 찾아 아침에 뜨는 해를 따라 올이랑(하느님과 함께) 고개를(파미르 고원 → 천산 산맥 → 알타이 산맥) 넘어 쉼 없이 동쪽으로 이동하였다. 올타이 고개를 넘어 동쪽으로 좀더 가면 바이칼 호수가 나온다. 이 바이칼 호는 우리 민족을 포함한 유라시아 대륙의 역사를 주도한 유목민족들을 낳고 길러온 태반이다.

바이칼호수 북쪽으로는 시베리아 대평원이 펼쳐지고, 호수 동남쪽에는 만주 벌판이 한반도와 어깨동무를 하고 있다. 호수 북쪽은 북반구 북단이기 때문에 볕도 약하고 빛도 강하지 못하다. 그곳은 광명의 본원지가 아니다. 그래서 욕단 족속은 아침에 뜨는 해를 좇아서 호수 동남쪽으로 이동을 계속했다. 그리고 마침내 아시아 동녘 해 뜨는 밝은 땅에서 가장(한) 밝은 산인 한밝산(太白山=白頭山)에 집결하였다. 이 가장 밝고 밝은 한볽(太百)은 땅이요 터이니(基, 垈) 곧 볽달(배달)이다. 즉, 광명의 본원지인 '볽의 땅'이다!

욕단 족속은 이 '볽의 땅'에서 '한볽산'을 발상지와 중심터로 삼아 한볽산과 그 변두리에 정착했다! 왜냐하면 그곳이 동방에서 가장 빛

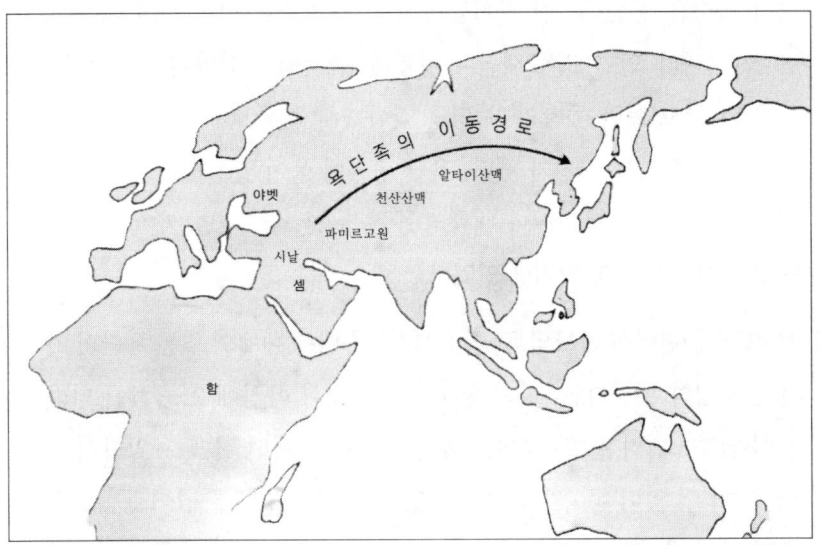

▲ 욕단족의 이동경로

120 또 하나의 선민 알이랑 민족

밝고 볕 밝은 땅인데다, 아시아 동쪽에서 가장 높은 산인 백두산은 셈의 후손인 그들이 산정제사(山頂祭祀)를 드릴 수 있는 최적의 장소였기 때문이다. 바로 이와 같은 역사적 사실이 단군신화에 나오는 태백산 천손강림(天孫降臨)의 모티브가 된 것이다. 그러니까 우리 배달겨레의 성경상의 시조는 바로 하느님의 사람 '욕단' 이다!

한붉산의 붉달 곧 배달은 빛밝(光明)고, 볕밝(暘明)아, 사람이 먹는 풀, 나무, 과일, 새, 짐승 등이 자연히 많아서, 아득한 옛적에는 그곳이 사람 살기에 가장 좋은 땅이며 터였기 때문에, 우리 조상들은 이 배달을 낙원으로서 하느님이 점지(占指)하신 땅이라고 믿었었다.

하느님의 사람 욕단은 바로 이 백두산과 그 변두리를 근거지로 붉돌나라를 세웠다. 이 한붉은(가장 밝은) 배달에 욕단이 세운 나라는 가장(한) 환(桓)한 나라인 까닭에, 이것을 그들은 하늘나라(天國 = 한나라), 신의 나라(神國 = 神市)라 하였다. 참으로 배달나라는 신시(神市) 곧 신의 도성(City of God)이었으니, 다음과 같은 사실들이 그것을 입증한다.

우선 천국은 밝고 환하다(계 21:22, 22:5). '해(Sun)' 이신 하느님이 계신 곳이기 때문이다(시 84:11). 배달나라도 밝고 환하다. '해(Sun)' 가 뜨는 곳이기 때문이다. 또한 천국에서 가장 높은 곳은 주님의 보좌인데, 수정처럼 맑은 생명수가 그곳에서부터 흘러 나와 강이 되어 흐른다(계 22:1). 한편 붉돌나라에도 가장 높은 곳 한붉산 꼭대기에는 천지(天池)가 있는데 거기에도 수정처럼 맑은 생수가 있어 강이 되어 흐르니, 그 물이 절반은 동해로 두만강이 흐르고 절반은 서해로 압록강이 흐른다. 게다가 천국 백성들의 옷은 모조리 흰옷인데(계 7:9~10, 19:14), 배달나라 백성들도 모두가 흰옷을 입고 산다. 그들은 백의민족이다. 더욱이 밝고 환한 천국에는 흰 옷 입은 성도들이 보좌 앞에서 늘 하느님께 예배하는데(계 4:4, 3:4~5), 밝고 환한 배달나라에서도 흰 옷 입은 백의민족이 백두산 산정에 올라 하늘 보좌에 계신 하느님께 성대히 천제(天祭)를 드린다.

하늘나라와 배달나라

하늘나라	배달나라
밝고 환한 나라	밝고 환한 나라
해(Sun)이신 하느님이 계신 곳	해(Sun)가 뜨는 곳
가장 높은 곳 주님의 보좌에 생수가 있어 강이 되어 흐른다.	가장 높은 곳 백두산 천지에 생수가 있어 강이 되어 흐른다.
백의 성도가 하느님께 예배를 드린다.	백의 민족이 하느님께 천제를 드린다.
천국백성의 옷은 모두 희다	배달나라 백성의 옷은 모두 희다
'신본주의'가 나라의 기초이다.	'신본주의'가 나라의 기초이다.

땅 위에 있는 배달나라의 광경이 하늘 위에 있는 천국의 모습과 아주 유사하다. 욕단이 붉돌(밝은 땅)에 세운 한밝은 배달나라(붉돌나라)는 지상에 있는 하늘나라의 모형이었던 것이다! 실제로 그 나라는 '올이랑 정신', 곧 '하느님 중심 사상' 과 '신본주의 정신'의 기초 위에 세워진 신시(神市), 즉 '하느님의 도성' (City of God)이었다.

그러니까 여호와 하느님께서는 셈족의 진정한 장자인 천손민족 욕단의 가계를 광명의 본원지인 동방의 땅 끝 '스발'로 탈출시켜 천국을 닮은 이상향을 세우셨던 것이다! 놀라운 사실이다. 바로 이것이 알이랑 민족 우리 한국인의 원형이다. 말세에 욕단계 선민 한국인은 예수 그리스도의 복음 안에서 이 위대한 우리의 참모습을 다시 회복할 것이다!

실로 욕단이 아시아 동녘에 와서 세운 배달나라는 지상에 있는 천국의 그림자였다. 이 한밝은 배달나라(倍達那羅=朴達那羅=檀國)를 뒷날 갖가지의 한자로 적었는데, 그것은 곧 檀國, 倍達國, 桓國, 天國, 神市(검불), 韓國, 自民國(自民之國 : 山海經), 發國, 夫餘國, 不輿國(不輿之國 : 山海經, 大荒北經篇), 肅愼, 發肅愼, 朝鮮, 發朝鮮 등이다. 그리고 한밝은 배달의 사람을 天孫族, 倍達族, 檀民, 韓族, 韓民(한백성), 白民, 白夷, 濊貊族, 夫餘族, 朝鮮族 등이라 하였다.

그러나 벨렉의 가계는 어떠했는가? 벨렉 족속도 에벨의 혈통으로서 선택된 종족이었으나 그들은 전혀 천손민족답지 못했다. 앞서 고찰했듯이 벨렉 족속은 서부 바벨론으로 가서 사악한 바벨탑 건설에 가담했을 뿐 아니라, 그 후에도 벨렉의 5대 손인 아브라함의 아비 데라는 하느님을 섬기지 않고 다른 신들을 섬겼기 때문이다(수 24:2). 아브라함 역시 하느님께서 주권적으로 그를 아비 집에서 이끌어 내시기 전까지는 하느님을 아는 지식이 없었고 잡신을 섬기는 우상 숭배자였을 뿐이다. 그러니까 벨렉 족속은 아브라함이 하느님의 부르심을 받고 그에게 순종하기까지 천손민족답게 생활한 적이 전혀 없었던 것이다. 분명히 이스라엘의 조상들은 다신교도들이었다.

벨렉계 선민 유대인의 조상들이 아시아 서쪽에서 열심히 우상을 섬기고 있을 때 욕단계 선민 한국인의 조상들은 아시아 동쪽의 배달나라에서 제천의식을 통해 열심히 유일신 하느님을 섬기고 있었다. 모든 백성이 흰 옷을 입고 창조주 하느님께 천제(天祭)를 드리면서 천손민족다운 삶을 영위하고 있었던 것이다. 하늘은 빛이다. 그래서 하늘 백성인 배달겨레는 빛의 옷인 흰 옷을 즐겨 입었다! 그리고 사는 땅도 빛이 시작되는 동방의 끝에 자리 잡았던 것이다. 참으로 욕단계 선민 한국인의 선조들은 아주 신실했다.*

그런데도 왜 하느님은 벨렉계 선민 이스라엘을 먼저 사용하셨을까? 내가 이 문제에 대해 주님께 여쭈었을 때 욕단계 선민은 너무 존귀한 백성이라 나중에 쓰려고 감추어 두었기 때문이라고 말씀하셨고, 또한 구약성경 창세기 1장 5절 말씀으로도 응답해 주셨다: "…저녁이 되며 아침이 되니 이는 첫째 날이니라." 저녁이 되며 아침이 되니! 저녁이 먼저이고 아침이 나중이다. 즉 '서쪽'이 먼저이고 '동쪽'이 나중이다. 바로 이것이 하느님의 순서인 것이다!

하느님의 순서는 서쪽에서 시작하고 동쪽에서 종결된다. 벨렉 족속이 결코 천손민족 답지 않았지만, 하느님께서 벨렉의 6대손 아브라함을 부르시고 그 후손을 '언약 백성'으로 삼으신 까닭이 거기에 있었다! 벨렉의 후손은 '서쪽'에 자리를 잡았고, 욕단의 후손은 '동쪽'에 자리잡았기 때문이다. 즉 하느님의 순서에 의해 '서쪽'에 있는 벨렉계 선민이 '동쪽'에 있는 욕단계 선민보다 먼저 쓰임을 받아야 했던 것이다.

그러니까 전혀 천손민족답지 않게 살았던 벨렉의 가계가 '언약 백

---

* 만약 유대인이 이 책을 읽는다면 그들은 이쯤에서 와서 더 이상 시기심을 참을 수 없을 것이다. 그것이야말로 하느님의 뜻이다. 이스라엘의 구원을 위한 하느님의 계획이 이스라엘을 시기 나게 하는 것이기 때문이다(롬 11:14). 그런데 열방 백성 가운데 유대인의 자존심을 건드리고, 이스라엘의 시기심을 자극할 수 있는 단 하나의 민족은 오직 한국인뿐이다. 왜냐하면 그들은 욕단계 선민이기 때문이다.

성'이 되어 먼저 사용된 것은 전적으로 하느님의 은혜였다. 결코 그들의 영성이 욕단의 가계보다 우월해서가 아니었다. 우상숭배자인 아브라함이 하느님의 부름을 받은 것은 오직 하느님의 은혜였던 것이다.

저녁이 되고 아침이 된다! 서쪽이 먼저이고 동쪽은 나중이다. 욕단계 선민 한국인은 이 계시를 놓치지 마라! 하느님께서는 동쪽에 거하는 욕단의 후손을 결코 잊으신 것이 아니다. 묵시적 언약 백성인 욕단 족속은 나중에 쓰실 백성으로 아시아 동쪽에 은닉해 두신 것이다! 바로 여기에서 이미 한국인은 복음의 마지막 주자로 부름받은 백성이라는 사실이 계시되어 있는 것이다.

서쪽의 벨렉계 선민 이스라엘을 택하셔서 구원의 길을 여신 하느님께서는 마지막 때에 동쪽의 욕단계 선민 한민족을 통해 그 구원의 길을 완성하실 것이다! 즉 하느님은 구원사에서 가장 중요한 때에 한국인을 쓰시는 것이다. 이와 같이 하느님도 보물은 숨겨두셨다가 가장 중요한 때에 사용하신다.

이제 우리는 욕단의 목적지 '새팔'의 위치를 확실히 찾았다. 예시적 지명인 '새팔'은 '새벌' (시볼)이요, 시볼은 시붉 곧 '새 밝은 곳'인데 광명의 본원지인 붉의 땅(붉돌) '배달'인 것이다! 그 땅은 우리 배달겨레가 처음부터 터 잡고 살아온 땅이다. 그래서 우리는 또 하나의 선민 욕단의 후손이 누구인지를 아주 분명히 알 수 있다. 그 존귀한 백성은 바로 알이랑 민족 한국인이다!

신적 선택을 받은 종족인 욕단 족속은 빛의 근원이신 하느님을 지극히 공경하여 광명의 본원지인 새붉나라를 찾아가려고 아침에 돋는 해를 따라 산을 넘고 들을 지나 쉬지 않고 동쪽으로 이동하였다. 그리고 마침내 아시아 동녘에서 가장(한) 높고 밝은 산인 한붉산(태백산→백두산)에 올라 유일신 하느님께 제천의식을 거행하고 천지(天池)가 솟아 오른 산정을 새 출발의 기점으로 삼은 백의민족이다!

 욕단의 후손이 처음 세대 이후에 더 이상 성경에 언급이 없는 이유가 여기에 있다. 천손민족인 그들은 아주 먼 아시아 동쪽으로 자취를 감추었기 때문이다. 그리하여 그들은 잃어버린 한 마리 양같이 되었다. 그러나 신실하신 하느님은 욕단계 선민을 잊지 아니하시고 말세에 복음의 마지막 주자로 쓰시기 위해 반드시 동방에서 그들을 부르실 것이다(사 46:10~13 ; 계 7:1~8).

 이제 우리는 결론을 내리는데 아무 문제가 없다. 욕단의 후손이 어디에 있는 누구인지를 찾는데 열쇠를 제공하는 '새팔'의 위치를 분명

▼ 백두산 천지

히 찾았기 때문이다. 이 세상에 존재하고 있는 '또 하나의 선민' 욕단의 후손은 어느 땅에 있는 누구인가? 그 존귀한 백성은 극동의 한국인이다! 욕단의 목적지 '새팔' 은 '시볼' 곧 한민족의 역사의 고향 '새벌' (시붉=시볼=새벌=새 밝은 곳=배달)이기 때문이다.

그러므로 한국인의 역사와 문화, 그리고 언어를 알지 못하는 서양의 성경 연구가들이 욕단의 목적지 '새팔' 이 어디인지를 도무지 찾지 못하는 것은 당연하다. 모든 성경주석 책들을 보라. 그들은 '새팔' 의 위치는 알 수 없다고 말하고 있다. 그렇다! '새팔' 의 위치는 그들이 찾을 수 있는 것이 아니다. 그것은 욕단의 직계 자손인 우리가 스스로 찾아야 할 몫인 것이다.

시볼(새벌)과 시비리

시베리아는 만주 벌판이 연장 된 땅으로서 만주와 같은 땅이라고 해도 틀림이 없는 곳이다. 그곳은 우리 배달겨레의 역사의 고향이다. 따라서 그곳을 부르던 우리의 땅 이름이 아득한 옛날부터 있었는데, 그것이 토박이말로 '시비리' 이다. 이 '시비리' 란 바로 '시볼' (새벌)의 변음이다. 우리 한글의 홀소리 ㅏ (ㆍ)가 ㅏ~ㅓ~ㅗ~ㅜ~ㅡ~ㅣ 로 구울러 감에 따라, 새(시)가 또 사~서~소~수~스~시로 구울러 감이 보통이다. 우리말 '새' 가 그 같이 여러 가지 소리(음)로 나타난다. '시비리' 의 '시' 는 '새' (시)를 뜻하는 말이다.

그리고 '시비리' 의 '비리' 는 벌(불)의 의미를 갖는 순수한 우리말이다. * '비리' 와 비슷한 말로 '누리' 가 있는데, '비리' 는 '벌' 만 뜻하지만 '누리' (온누리)는 땅덩어리, 곧 산과 계곡, 강과 바다, 벌과 들 등 땅 위의 모든 것을 의미한다. '시비리'는 시(새:新)+비리(벌:平野)의 조어 구조를 갖는 '새벌'과 같은 뜻의 말이다. 즉 시베리아의 가장 오래 된 옛 이름이 한국어 '시비리' 이다. 이 토박이말을 우리는 잊고 있으나 북한의 조선말 사전(사회과학 출판사, 1992년)은 '시베리아'를 '씨비리' 라는 명사로 분명히 풀이해 놓았다.

'시비리'가 '시베리아'로 불려지게 된 것은 고구려가 망한 후 방치 되던 '시비리'를 16세기에 러시아가 불법강점(不法强占)을 하면서부 터이다. 러시아족이 동침(東浸)한 이후 '시비리'는 그 신비한 모습을 세계사에 드러내게 되었는데, '시비리'를 강침한 러시아 사람들도 그 땅을 예부터 부르던 이름 그대로 '시비리'라고 불렀다. 그것을 영국인 들이 듣고 마치 고려를 '코리아'라고 부른 것처럼 '시베리아'라고 부른 것이 오늘날 '시베리아'로 세계에 알려진 것이다. 그러니까 최소한 400여 년 이전까지는 '시베리아'라는 말은 지구상에 없었다. 오직 한 국어 '시비리'가 있었을 뿐이다. 시베리아는 한국어 '시비리'에서 유 래한 영어식 지명일 뿐이다.

오늘날 '시베리아'는 러시아의 땅으로 되어 있지만 16세기에 러시 아족이 우랄 산맥을 넘어서 동방을 침략해 오기 전까지는 그 땅은 러 시아와 전혀 인연이 없는 땅이었다. 단군 이래로 시비리(시베리아)는 만주와 함께 근본적으로 우리의 땅이다. 다만 1300여 년 전에 한족(漢 族)의 강침에 의해 고구려가 망하면서 우리 민족과 나뉜 만주 땅이 오

---

*'비리'는 부리(夫里), 벌(伐), 화(火), 평(坪), 불(佛), 불(不), 반(半), 비이(卑耳), 부여(夫餘), 원(原), 비(臂), 불이(不而), 부루(夫婁), 발해(渤海), 부여(夫如) 등으로 다양하게 바뀌어 쓰인 벌(판)을 뜻하는 순수한 우리말로서, 우리 겨레의 삶이 이루어진 곳에서는 널리 곳곳에서 쓰였었다.

늘날에도 한족에게 무단 강점되고 있는 것이며, 그 이후 400여 년 전에 러시아족의 침략에 의해 '시비리'도 강점되고 있는 것이다.

만주와 시베리아는 빼앗긴 땅이 아니다. 강침에 의하여 국토가 분단된 대한민국의 영토이다. 그곳은 민족 발상지로서 겨레의 힘이 왕성하게 축적된 날에 당연히 한족과 러시아족에게서 되돌려 받아야 할 '시볼'(새팔), 곧 우리의 땅인 것이다. 우리는 만주와 시베리아를 지나(支那)와 러시아에 양도한 바 없다. 그 땅은 외세에 의해 강점되고 있는 분단된 우리의 영토이다.

욕단은 홍수 이후 동양으로 울이랑 고개를 넘어 가장 먼저 이동한 족족이었으며, '시볼'(시베리아~만주)을 처음으로 개척 지배했던 동양의 선주민이었다. 그런데 역사가들은 고대에 시베리아와 중원(中原) 및 극동 지역을 가장 먼저 차지하고 살았던 사람들이 한국인의 선조인 동이족(東夷族)이라고 말한다(임승국 · 주관중, 「다물의 역사와 미래」, 다물민족연구소, P. 63). 그러므로 욕단의 후손이 한국인인 것은 의문의 여지가 더욱 없다.

그렇다! 한국인의 선조인 동이족은 고대에 알타이 산맥과 바이칼 호수 주변의 '시베리아'에 넓게 퍼져 살면서 극동으로 이주해 왔다. 우리 한민족의 뿌리는 단군이며, 그 정신적 고향은 북방, 특히 백두산과 바이칼호에 있다.

동이의 영역은 대체로 지금의 만주를 중심으로 하여 서쪽으로는 몽고와 연계되어 있고 동쪽으로는 지나의 만리장성 안 깊숙이까지, 북쪽으로는 '시베리아'로 뻗어 실로 광활한 지역에 걸쳐 있었다. 바로 그

들이 '시볼'로 간 욕단 족속으로서 고대 한국인인 것이다! *

한국인은 남자를 '사내'라고 하는데 이는 '사나이'의 준말이며, '사나이'는 '산아이'로서 곧 '산에서 온 사람'이라는 뜻이다. 바로 한국인의 선조들이 올이랑 고개, 곧 파미르 고원과 천산 산맥과 알타이 산맥을 넘어서 이 땅까지 이동해 왔기 때문이다.

에벨로부터 형제 벨렉과 함께 셈에게 내린 복을 상속받은 천손민족 욕단의 가계는 동쪽으로 긴 여행을 계속하여 동방 산악지대인 파미르 고원을 넘고 천산 산맥을 넘고 알타이 산맥을 넘어 '새팔'(시볼) 곧 시베리아와 만주 대륙에 이르는 광활한 극동의 새 땅에 도달하였다.

그리고 백두산을 본고장으로 하여 남북만주(南北滿洲)로부터 현재

---

* 시베리아 바이칼호에 도달한 고대 한민족(동이족)중 베링 해협을 건너 알래스카를 거쳐 캐나다로 가고 여기에 남은 것이 에스키모족이요, 더 진행한 것이 캐나다와 미국의 북미 인디언이요, 더 진행한 것이 남미의 원주민인 인디오의 조상이 되었다. 이와 같은 사실은 그들의 체격, 피부색, 머리카락 색, 엉덩이의 반점뿐만 아니라 언어, 생활도구 및 풍습, 유물들이 입증하는 것이다. 북미 인디언의 말과 우리말을 비교해 보면 1인칭 대명사 'I'가 우리 한국어 '나'(즉, N-ah 혹은 N-oy)와 완전히 같다. 폭포 이름인 나이아가라(Niagara)라는 말은 한국말의 '네 가람'(四川)의 변화이다. 사실, 나이아가라폭포는 네 강이 합하여 폭포를 이루고 있고, 우리말의 '가람'은 강(江)을 의미한다. 그 밖에 터쿼-보석목걸이, 덮히-지붕, 가시나딸-여자, 데네-저사람, 허갠-허간, 막하신-나막신, 토막-도끼, 아파치-아버지 등과 같이 소리와 뜻이 같은 언어들이 많이 있다. 남미 인디오의 말 가운데는 여보시오-보시오, 살-쌀, 바다-바닥, 잠자리-자못자리 등 역시 우리말과 같은 것이 많다. 인디안의 생활 도구를 보면(워싱터의 스미소니언 박물관 내 인디언관, 멕시코관, 에스키모관 등) 나무로 된 방아 찧는 절구통, 베 짜는 베틀, 고기 잡는 그물, 광주리, 소쿠리, 삼태기, 솜 실 뽑는 물레 등이 재래 우리 선조들이 쓰던 그 생활 도구와 꼭 같다. 얼마 전 미국 오레건 주 포트록 동굴(Fort Rock Cave)에서 짚신 75켤레가 발견되었는데 거의 완벽하게 전통적으로 한국인이 신던 그것과 모양이 일치한다. 미국 땅에 처음 건너간 종족은 고대 한국인이었다. 그들이 바로 인디언인 것이다. 그러므로 남·북미 대륙은 원래 황인종인 한국인(동이족)의 땅이었다. 인디언 족속이 동이계(몽고로이드)라는 것은 이미 학계에서도 공인된 사실이다. 그러나 야벳의 후손 백인종에게 모두 정복당했으므로, '근대적 국민국가 형성'(Nation Building)의 기회를 상실하고 말았다.

지나의 산동성 전체, 하북성 발해 연안, 하남성 동남, 강서성 서북, 안휘성 중북, 호북성 동쪽 모퉁이와 요동반도 및 한반도 전역에 이르는 광대한 지역에 뻗어나가 살았던 것이다. 바로 그들이 우리 한민족의 조상인 배달 동이겨레이다!

그러므로 한국인은 이 땅 위에 존재하고 있는 또 하나의 선민이다. 고대로부터 아시아 동쪽 '새벌'(새팔)에 살고 있는 그들은 신적 선택을 받은 종족인 에벨의 혈통 욕단의 후손이 분명하기 때문이다. 실로 한국인이 욕단계 선민이라는 사실은 의문의 여지가 없다.

'시볼'은 서울

여기서 꼭 짚고 넘어가야 할 더욱 중요한 사실이 있다. 그것은 대한민국의 수도 '서울'이라는 명사의 유래와 그 의미에 관한 것이다. '서울'이 한국의 수도라는 사실을 모르는 사람은 없지만, '서울'이라는 이름의 어원이 어떤 말인지, 그리고 그 뜻은 무엇인지를 아는 사람은 많지 않다. '서울'이라는 말은 바로 '시볼'에서 비롯되었다.

'시볼'의 '시'는 '싀·스·시' 등으로도 쓰였고 오늘날엔 '새·서·시' 등으로 쓰인다. 그리고 '볼'은 '볼→울'로 변했다. 'ㅂ→ㅸ→ㅇ'의 음운 전변(音韻轉變)에 의해서 '볼→볼→울'로 된 것이다. 그리하여 '시볼'은 현대어 '서울'까지 이르렀다. 즉 '서울'이라는 말의 시작은 '시볼'이었다.

'시·싀·스·시'는 '새롭다'(新)이며, '볼→볼'은 '붉'에서 출발된 말이니 '서울'이라는 말 역시 '새로운 땅', 좀더 자세히 말하면 '밝고 새로운 땅(나라)'이라는 뜻이다. 즉, '서울'은 '새붉나라'인 것이다. 그러니까 예시적 지명 '새팔'(시볼)은 또한 대한민국의 수도 '서울'이기도 하다! 놀라운 사실이다. 시볼→시볼→셔볼→셔울→서울로 바뀐 것이 한국의 수도 '서울'이기 때문이다.

신라 향가인 '처용가'(處容歌)는 '東京明期月良夜入伊遊行如可…'로 시작된다(三國遺事). 이를 무애(无涯) 양주동(梁住東)은 '시볼 볼긔ᄃᆞ래 밤드리 노니다가…'로 읽어 나간다.

'東京'을 '시볼'로 읽은 것인데 양무애는 여기서의 '東京'은 신라의 서울 경주(慶州)를 가리킨다고 말한다(古歌硏究 · 處容歌). 그러니까 '서울'이라는 말의 시작이 '시볼'이었다는 풀이다.

삼국사기나 삼국유사 등에 나오는 신라의 국호 '徐耶伐' '徐羅伐'은 '스니볼' '시라볼'로 읽을 수 있겠고, '徐伐'은 '시볼'로 '始林'이나 '鷄林' 또한 '시볼'의 한자 표기라고 할 때 그것들이 오늘의 '서울'이라는 말의 원류로 되는 것임을 알게 한다.

이상 자세히 살펴본 바처럼 '서울'이라는 말의 어원이 '시볼'이었다. 그 뜻은 '새벌', 곧 '새로운 땅'이라는 의미이다.

이러한 사실을 뒷받침 해주는 또 하나의 어휘가 있다. '시골'의 옛말인 '스굴볼'이다. '스굴볼'과 '시볼'은 본래 같은 말이다. 시골은 일반적으로 국어사전에는 '고향, 서울에서 떨어져 있는 마을이나 지방, 향촌' 등을 뜻하는 것으로 되어 있는데, 그것은 원래 '새로운 벌(판)'의 뜻이 바뀌어 진 것이다.

시골의 변화를 보면, 스굴볼→스ᄀ올→스골→싀골→시골로 바뀌고 있다. 여기서 '스' '싀' '시'는 '새'(新)에 해당하는 것이다. 그리고 강(江)의 옛말이 'ᄀ름' 이듯 'ᄀ불' 은 '벌' 의 옛말이었다. 따라서 시골은 '새벌', 즉 '새로운 땅' 이라는 말이다. 그것이 지방, 향촌 등을 뜻하는 말로 의미가 바뀐 것이다.

이와 같은 사례들을 통해 우리는 '서울' 이라는 말의 어원이 '시불' 이었다는 사실을 분명히 알 수 있다. 따라서 욕단의 목적지 '새팔' 은 최종적으로 동방의 '서울' 을 예시한 것이다! '새팔' 의 원형이 '시불' (새벌)이기 때문이다. 놀라움을 금치 못할 사실이다.

이로서 우리는 또 하나의 선민인 욕단의 후손이 극동의 한국인이라는 사실을 더욱 명확히 알 수 있다. 수도는 국가를 상징하기 때문이다 ('서울' 이라는 명사는 보통명사도 되기 때문에, 수도를 다른 지방으로 옮겨도 '시불' 은 여전히 '서울' 로 간주된다). 신실하신 하느님은 이렇게 동방으로 간 욕단계 선민이 누구인지를 오늘날 우리들이 분명히 알 수 있도록 성경에 충분한 단서를 남겨 두셨다.

이 세상에 존재하고 있는 또 하나의 선민인 욕단의 후손은 어느 땅에 있는 누구인가? 그 존귀한 백성은 바로 극동의 한국인이다! 욕단의 목적지 '새팔' 은 한민족의 역사의 고향 '시불' (시붉=새벌=새 밝은 곳=배달)이며, 또한 대한민국의 상징인 '서울' 이기 때문이다. 참으로 알이랑 민족 한국인이 욕단계 선민이라는 사실은 그 증거가 아주 명확하여 의심의 여지를 불허한다.

말씀의 재발견

이러한 계시가 수천 년 동안 오직 자신들만 선택받은 백성인줄 알고 있는 유대인들에게는 시기심을 자극하는 충격적인 메시지가 될 것이다. 그러나 이것은 성경에 기록된 하느님의 말씀을 재발견한 것뿐이지 결코 새로운 선민주의(particularism)가 아니다! 즉, 엄연한 사실이라는 것이다. 그것은 마치 이신칭의(以信稱義) 교리의 근거가 되는 "의인은 믿음으로 말미암아 살리라"(롬 1:17)는 말씀이 성경에 항상 있었으나 이 귀한 계시를 깨닫지 못하다가 16세기에 이르러 비로소 개혁자들에 의해 그 보석 같은 진리가 재발견된 것과 같은 것이다.

성경에는 천손민족이 벨렉계 선민(유대인)과 욕단계 선민(한국인), 두 계열의 백성이 존재한다고 분명히 계시되어 있다. 그런데 그 소중한 진리가 밭에 감춰인 보화처럼 오랜 세월동안 덮여져 있다가 이 마지막 때에 재발견되어 드러난 것이다. 그러므로 이제 선택 받은 백성은 유대민족 하나뿐이라는 편견은 깨져야 한다.

언제부터인가 한국 교회는 한민족이 제2의 이스라엘이라고 종종 선포해왔다. 이 말은 단지 한국 기독교인들이 스스로를 자위하기 위하여 만들어낸 아전인수(我田引水)격 주장이 아니었던 것이다. 실제로 한민족은 여호와 하느님께서 선택하신 또 하나의 선민이기 때문에, 주의 백성을 진리 가운데로 이끄시는 성령께서(요 14:17, 26) 한국 교회로 하여금 그렇게 선포하도록 역사하신 것이다.

하느님의 말씀인 성경은 셈족 가운데 두 계열의 천손민족이 있다고 계시한다. 그것은 곧 욕단 계열의 선민(창 10:21~31)과 벨렉 계열의 선민(창 11:10~26)이다. 그들은 모두 신적 선택을 받은 종족인 셈의 셋째 아들 아르박삿의 손자 에벨의 자손이다. 이 단원에서 우리는 그 존귀한 두 백성이 어떤 민족인지를 자세히 살펴보았다. 벨렉계 선민은 아시아 서쪽의 유대 민족이요, 욕단계 선민은 아시아 동쪽의 한민족이다.

한국인의 기원은 신적 선택을 받은 종족인 에벨의 혈통 '욕단의 후손'이다. 하느님께서는 동방에 거주하는 한국인이 어디에서 왔으며, 그들이 누구이며, 심지어 말세에 그들이 어떠한 역할을 감당할 것인가까지도 그분의 말씀인 성경에 계시하셨다. 다시 말해서 주님은 기록된 계시인 성경 안에 한국인의 역사, 정체 그리고 소명을 밝히셨다는 것이다. 이 책의 목적은 바로 그것을 설명하려는데 있다.

한국인은 자신도 히브리 민족이라는 사실을 분명히 알아야 한다. 앞서 언급했듯이 '히브리(Hebrew)'는 '에벨(Eber)' 또는 '에벨의 계통을 잇는(descended from Eber)'이란 뜻이다. 따라서 히브리 민족은 에벨로부터 나온 두 가계 곧 벨렉과 욕단 계통을 잇는 자손이다. 그러므로 아시아 서쪽(극서)에 거주하는 '벨렉계 선민' 유대인은 '서부 히브리 민족'이요, 아시아 동쪽(극동)에 거주하는 '욕단계 선민' 한국인은 '동부 히브리 민족'이다. 즉, 두 계열의 히브리 민족이 있는 것이다. 한민족도 히브리 민족이다.

흔히 한국인과 유대인은 쌍둥이처럼 닮았다고 한다. 그 근본적 이유가 바로 여기에 있다. 그들은 한 조상 에벨로부터 분리된 형제 족속이기 때문이다. 1970년 미국 하버드 대학교의 인류학자들은 한국인이 가장 머리가 뛰어난 민족이며 그 다음이 유대인이라는 연구논문을 발표한 적이 있다. 동아백과사전은 한국인의 골격 구조와 골상이 '고대 유대인'의 골상과 동일하다고 기록하고 있다. 이러한 사실들은 유대민족과 한민족의 성경상의 기원을 추적해보면 아주 당연한 결과다.*

이제 인류는 세 번째 천년을 맞았다. 구약 4,000년을 더하면 일곱 번째 천년에 들어간다. '일곱'은 안식의 수이며, 완성의 수이다. 그러므로 이 시대는 참으로 마지막 때이다. 마지막 때에는 성경의 모든 예언과 계시가 하나도 빠짐없이 다 드러나고 완성될 것이다(사 55:10~11; 마 5:18). 하느님은 그 말씀하신 바를 꼭 실행하는 분이시기 때문이다(민 23:19).

따라서 성령께서는 한민족이 '또 하나의 선민' 이라는 이 놀라운 계시를 이제 열방에 드러내고자 하신다. 마치 밭에 감취인 보화처럼 오랜 세월 동안 덮여져 있었던 이 귀중한 진리를 열방 모든 족속들이, 특히 알이랑 민족인 한국 백성이 알기를 원하신다. 그리하여 그들을 선택하신 때에 찬 경륜과 목적을 이 마지막 때에 완성하고자 하시는 것이다.

---

* 스페인 국립 암센타는 "유전자가 똑같은 일란성 쌍둥이도 나이가 들수록 환경적 요인에 의해 서로 달라진다"는 조사결과를 발표했다(2005. 7. 6). 에벨의 두 아들 벨렉과 욕단은 쌍둥이였을지도 모른다. 그러나 벨렉의 후손(유대인)은 아시아 서쪽으로, 욕단의 후손(한국인)은 아시아 동쪽으로 멀리 분리되어 반만년동안 전혀 다른 환경 가운데서 살아왔다. 그 결과 두 민족은 많이 달라졌다.

벨렉의 후손과 욕단의 후손

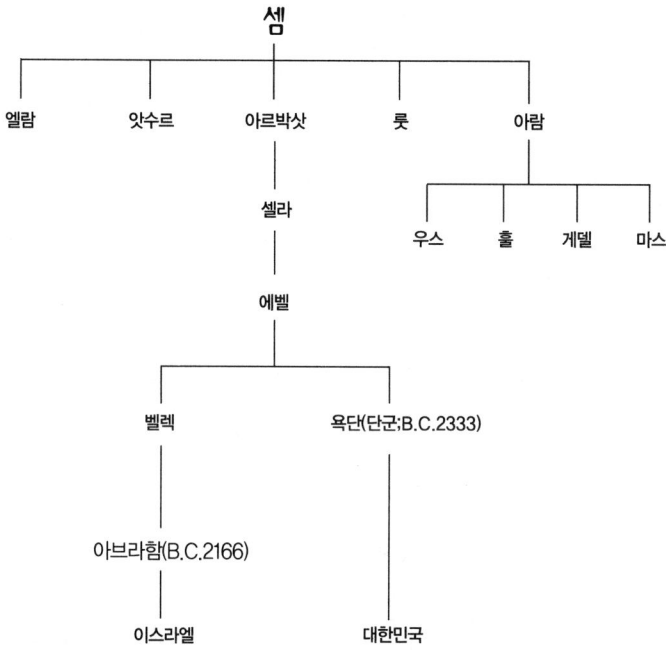

제4장, 욕단계 선민 알이랑 민족

거룩한 선민의 계보

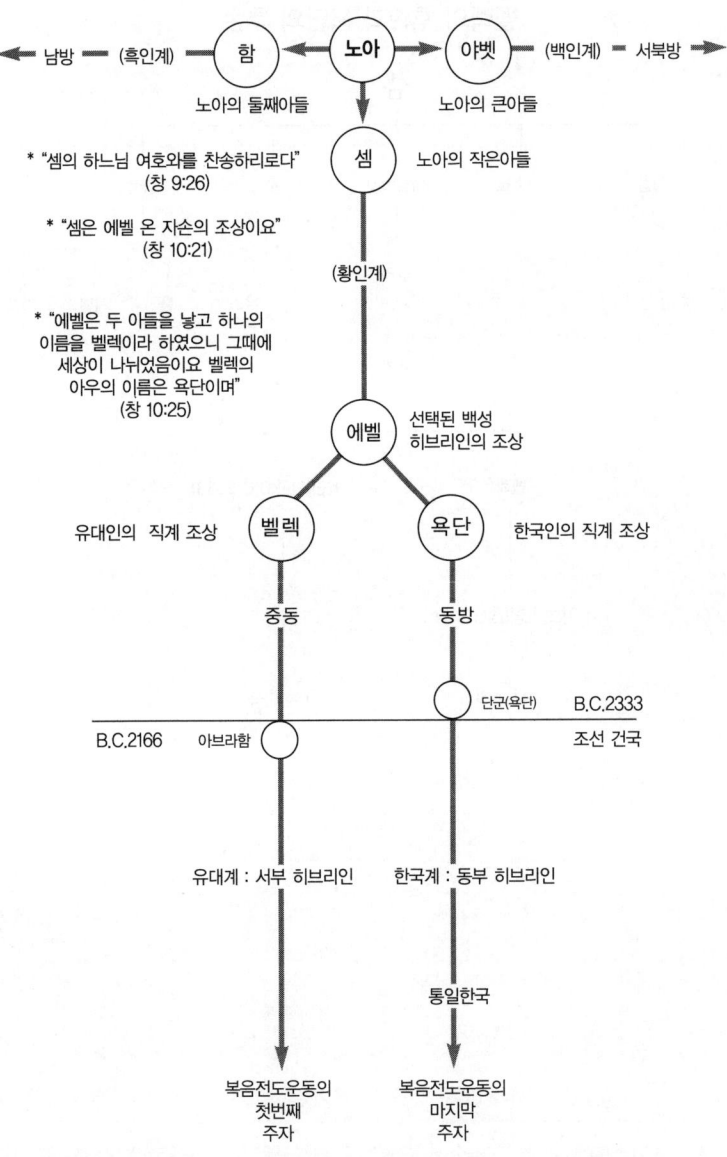

제5장

단군과 육단

단군의 역사적인 조선 건국은 워낙 아득한 옛날의 일이라 그 자세한 내용과 연대에 대해서는 사서(史書)의 기록이 불충분하지만, 단군의 후손인 한국인의 기억 속에는 시조 단군의 조선 건국 사실이 분명히 전해져 왔다. 다음은 조선 초기의 학자 권근(權近, 1352~1409년)의 시문집인 양촌집(陽村集) 가운데 유명한 「응제시」(應製詩)에 나오는 '상고시대 개벽한 동이왕(始古開闢東夷王)'의 이야기다.

옛날에 하느님의 사람(神人)이 단목(檀木) 아래 내려오시자, 나라 사람들이 그를 임금으로 모셨으며 그를 '단군(檀君)'이라 이름하였다. 때는 당요(唐堯) 원년(元年)〈戊辰:B.C. 2333〉이었다.

전설을 듣자하니 아득한 옛날	聞設鴻荒日
단군님이 나무 밑에 내리시어	檀君降樹邊
임금 되어 동쪽 나라를 다스렸는데	位臨東國土
전한 세대 얼마인지 모르겠지만	傳世不知幾
해로 따져서 천 년이 넘었다	曆年會過千
그 뒷날 기자의 대에 와서도	後來箕子代
똑같은 조선이라 이름 하였네	同是號朝鮮

또 그의 삼국사략서(三國史略序)에는 이런 구절도 있다.

우리 해동(海東)에 맨 처음 나라가 생긴 것이 단군 조선으로부터 시작하였는데 그때는 까마득한 옛날이라 민속이 순박하였다.(양촌집 19, 삼국사략서)

이처럼 양촌은 단군이 우리 민족사를 시작했다는 사실을 증언해주고 있다. 조선 초기만 해도 고려 이전에 쓰여진 사서(史書)인 고기(古記)들이 많았기 때문에 — '고기'는 단군조선이나 고구려, 발해 그리고 삼국시대의 왕계에 관한 이야기나 종교 행사에 관한 설화들을 담고 있었다— 권근은 삼국사기(三國史記)의 태본(台本)인 원삼국사(原三國史)나 고기류(古記類)를 인용하여 이러한 글을 썼을 것이다.

앞에서 우리는 셈의 셋째 아들 아르박삿의 손자 에벨의 둘째 아들 욕단이 알이랑 민족 우리 배달 동이겨레의 성경상의 조상이라는 것을 확인했다. 그렇다면 단군은 욕단인가? 대답은 '그렇다' 이다! 이것은 결코 펄쩍 뛰게 할 소리가 아니다. 우리 한민족의 시조는 단군이라고 알려져 왔다. 그런데 성경상의 우리 겨레의 시조는 분명히 욕단이다. 그렇다면 단군이 욕단이 아니고 누구란 말인가? 욕단이 단군인 것이다. 예수원 설립자 토레이(R. A. Torrey·대천덕)는 욕단이 단군이 아닌가 추정해 볼 수 있다면서 다음과 같이 그 근거를 제시한다.

> "…창세기 10:25에 '에벨' 이라는 이름이 나오는데, 그에게는 '벨렉' 과 '욕단' 이라는 두 아들이 있었습니다. '벨렉' 이란 '나뉘어진다' 는 뜻으로 그는 아브라함의 조상이 되었고, 그의 아우 '욕단' 은…알모닷, 셀렙 등 여러 사람들의 조상이 되고, 메사에서부터 스발로 가는 길의 동편 산으로 갔다는 말이 나오는데, 이것은 동방의 산지대로 갔다는 것입니다. 이들은 모두 셈의 족속들이기 때문에 동방 사람들이 어디에서 나왔는지를 생각해 본다면 욕단으로부터 나온 것이 아닌가 생각하여 욕단이 혹 단군이 아닌가 추측해 볼 수도 있습니다. 정확한 계산은 할 수 없지만 단군의 시대와 욕단의 시대가 비슷한 연대입니다."(대천덕, 「우리와 하나님」, 도서출판 예수원, 1988, 163쪽)

그의 추측은 옳았다! 우리 민족사를 시작한 단군은 바로 성경상의 욕단이었다. 여기에서 그 타당한 근거를 살펴보도록 하자.

단군 칭호의 의미와 유래

한국인의 선조인 욕단 족속은 신적 선택을 받은 하느님의 백성답게 생래적으로 타고난 특별한 천성(天性)이 있었다. 그것은 곧 밝고 환한 것을 유난히 좋아했다는 것이다. 왜냐하면 그들이 섬기는 하느님이 밝고 환한 천국에서 빛 가운데 계시는 빛의 근원이신 분이기 때문이었다. 그리하여 욕단 족속은 빛이 시작되는 땅인 새붉나라 곧 '시볼'을 찾아가는 것이 꿈이었다. 그들은 그 밝고 환한 땅을 찾아가 온 백성이 밝고 환한 흰 옷을 입고서 빛의 근원이신 하느님께 제사하며 삶을 영위하는 신시(神市), 곧 '하느님의 나라'를 세우기를 소망했다. 참으로 그것은 오직 '천손민족'만 품을 수 있는 비전이었다.

그래서 욕단은 광명의 본원지인 '붉의 땅'을 찾아서 아침에 뜨는 해를 따라 알이랑 고개를 넘어 쉬지 않고 동쪽으로 이동하였다. 그리고 마침내 동해에 해 떠오르는 '붉의 땅', 동방의 땅 끝에 당도하여 아시아 동녘에서 가장(한) 높고 밝은 산인 한밝산(太白山=白頭山)과 그 변두리를 근거지로 붉돌나라(배달나라)를 세운 우리 '붉돌겨레'의 조상이 되었다.

그때에 사람들은 욕단을 어떻게 불렀을까? 물론 '붉달임금'이라고 했을 것이다. 왜냐하면 욕단은 사람들을 붉의 땅, 동방의 땅 끝으로 이끌고 온 '붉돌족'의 우두머리(Headship)였기 때문이다. 바로 이것이 욕단을 단군이라고 단정짓게 하는 결정적 단서이다. '단군'이라는 칭호는 '붉돌임금'의 이두식 표현이기 때문이다.

'단군'이라는 칭호는 그 이름 자체에 이 인물의 성격이 어느 정도 집약적으로 반영되어 있다는 점을 부인할 수 없다. 따라서 단군의 정체를 밝히는데 '단군'이라는 칭호가 중요한 단서가 된다. 그러므로 단군 칭호의 의미와 유래가 무엇인지를 해명해야 한다.

단군 칭호의 의미와 유래라고 할 때에는 한자(韓字)로 표현된 '단군'의 본래 우리말이 어떤 것이며, 그 우리말의 본질적 의미가 무엇인지, 그리고 그 어원을 어디서 찾을 것인가 하는 것들이 주로 논의되어야 할 것이다.

먼저 '단군'의 '군'은 '임금'을 표시하는 우리말의 한자 의역에 불과하다는 것이 명백하다. 그러므로 여기서 일단 '단군'의 의미를 복원해 보면 '단 임금'으로 된다. 그러면 '단' 자의 의미는 무엇인가? '단군'의 '단' 자는「삼국유사」에 인용된「고기」에서 '제단 단(壇)' 자로 쓴 외에 그 밖의 단군신화들에서는 모두 '박달나무 단(檀)' 자를 썼다.「삼국유사」 정덕본 이전의 조선왕조 초기의 다른 여러 책들에서는 단군에 대하여 전하면서 '박달나무 단' 자를 썼고, 단군신화를 전한「삼국유사」이외의 모든 기록에서도 한결같이 '박달나무 단' 자를 썼다.

'박달나무 단' 자는 그 자체만으로 '나무'라는 이름을 가지고 있음에도 불구하고 신화에서는 '단' 자 밑에 또 '나무 수(樹)' 자를 덧붙여 '나무'라는 말을 겹말로 중복시킨 것이 나온다. 바로 '신단수(神檀樹)'이다. 이것은 원래의 설화에 있었던 '박달나무'란 말의 '박달'만을 '단' 자로, '나무'를 '수' 자로 의역했다는 것을 말해준다. 이처럼

'단군'의 '단' 자가 우리말의 '박달'을 의미하는 것이라면, 단군은 '박달임금'이라는 말이 된다.

'박달'의 '달'은 '아사달' 할 때의 그 '달'인데, '땅'이라는 말이다. 양달이 양지요, 음달이 음지요, 빗달이 비스듬한 땅이다. 이렇게 '달'은 '땅'이다. '박달'의 '박'은 '밝'과 통한다. 오늘날에도 일상회화에서 '밝'의 받침 'ㄹ'이 생략되어 '밝다'가 '박다'로 발음된다. 이것은 우리말에서 겹자음 받침을 가진 경우 앞의 겹자음 하나가 발음되지 않는 것이 하나의 음운법칙으로 되는 것과 관련된다(예: 젊다→점다, 읊다→읖다, 밟다→밥다, 흙→흑). 이로서 '박달'의 '박'이 '밝다'의 '밝'과 통하며, 그에 따라 '박달'을 '밝달'로 볼 수 있다. 그러므로 '단군'은 '밝달임금'이라는 말이다. '밝달'은 '밝은 땅'이라는 뜻이다. 즉 단군(檀君)은 '밝은 땅의 임금' 곧 '배달임금'이란 글자이다. '밝달(족) 임금'의 이두식 표현이 '단군'이라는 칭호인 것이다. 그것을 보기 쉽게 다음과 같이 표시할 수 있다.

> 밝달(檀): 밝은 땅
>
> 밝달 임금= 檀君 = 밝은 땅의 임금 = 朴達那羅任儉 = 배달 임금

단군은 '밝달임금' 또는 '배달임금' 등으로 구전되어 내려오던 우리 동방(조선) 고유의 호칭 이었다. 이 토박이말을 후세에 한자(韓字)로 의역(意譯)하여 '檀'(박달) '君'(임금)이라고 표기하여 놓았기 때문에 비로소 '단군'이라는 칭호와 발음이 생겨난 것이다.

그러므로 단군은 '밝달나라의 임금' (檀國의 君長: King of Bakdal)

이라는 뜻을 가진 보통 명사이다. 따라서 '단군' 은 한 사람이 아니고, 그 자리를 이어받은 후손들 모두가 단군이라고 불리어 왔다. 그래서 단군이라는 한 임금이 1000여 년간 고조선을 통치한 것처럼 후세에 와 전되어 버린 것이다.

계림유사(鷄林類事)란 책에선 말하기를 "밝달(檀)은 배달(倍達)이요, 국(國)은 나라(那羅)요, 군(君)은 임금(任儉)이다"[1] 하였다. 와유록(臥游錄)이란 책에선 말하기를, "한밝산은 세속에서 박달(朴達)이라 일컫는데, 세상에서 밝달임금(檀君)이 내려오신 땅이라 이른다" 하였다.[2] 신단실기(神檀實記)란 책에서 말하기를 "밝달임금(檀君) 때에는 사람들이 밝달(檀)을 배달(倍達)이라 하였는데, 지금은 음이 구을러 박달(朴達)이 되었다"[3]하였다. 동사강목(東史綱目)에선 말하기를, "배달(檀)은 나라 이름인 까닭에, 그 자손들은 모두 배달 임금(단군)이라 한다" 하였고[4], 동국여지승람(東國輿地勝覽)에선 "단군이라 일컬음은 곧 배달 나라 임금의 칭호인 까닭에, 그 나라를 잇는 임금들(嗣君)을 모두 단군이라 일컫는다"라 하였다.[5]

그리하여 우리는 이때까지의 고찰로써 성경상의 한국인의 조상 '욕단' 이 다름 아닌 민족시조 '단군' 이라고 충분히 단정할 수 있다. 참으로 욕단이 홍수 후 알이랑 고개를 넘어 사람들을 이 동방의 땅 끝,

---

1) 鷄林類事, 檀倍達, 國那邏, 君任儉

2) 臥遊錄, 白頭山, 俗稱朴達 世稱檀君, 下降之地云

3) 金敎獻, 神檀實記 : 尹世復, 檀君考,

4) 後嗣子孫, 仍稱檀君, 蓋檀國君地意, 而襲用之, 東史綱目曰 或云 檀是國號 故其子孫 皆稱檀君

5) 東國輿地勝覽, 檀君之稱 卽檀國君之號 古其嗣君 皆稱檀君

붉의 땅으로 인도해 온 우리 '붉돌겨레'의 조상이라면, 사람들은 그를 부르기를 분명히 '붉돌(나라) 임금'이라고 했을 것이기 때문이다. 그렇지 않은가? 그러므로 욕단은 단군이시다.

단군의 정체를 정확히 해명하는 작업은 아직까지 학계에서 난제이다. 그러나 우리가 성경을 안다면 그것은 절대로 어려운 과제가 아니다. 무슨 대단한 일도 불가능한 일도 아닌 것이다. 우리 알이랑 민족 배달겨레의 조상 단군은 성경상의 욕단이다! 이러한 사실은 단군의 시대와 욕단의 시대가 같다는 것에서 더욱 더 설득력을 얻는다.

단군의 시대와 욕단의 시대

단군의 조선 건국 연대에 대하여 지금까지는 일반적으로 기원전 2333년이라는 설이 통용되어 왔다. 이 기원전 2333년 설은 고려의 13세기 말 이승휴의 「제왕운기」에서부터 시작된 것인데, 그때 이승휴는 자기 저서에서 우리 민족의 시조 단군의 조선 건국 연대를 지나의 요(堯)임금 건국 연대와 똑같이 무진년(戊辰年)으로 본 것인데, 그것은 실제 우리나라의 그 어떤 구체적인 자료에 기초한 것이 아니었다. 다만, 그는 당시 요임금을 지나 한족의 시조로 보면서 —요임금은 동이족이었다— 그의 건국 연대가 우리 단군의 건국 연대보다 앞설 수 없다는 것에서부터 그런 논법을 세웠던 것이다.

건국시조 단군 때로부터 상당히 긴 세월이 흐른 후세에 살던 우리 선조들은 단군이 나라를 세운 연대에 대하여 잘 알지 못하였고, 다만 단군이 매우 오랜 옛적에 나라를 세웠다는 막연한 인식만을 가졌던 것 같다. 그렇기 때문에 단군의 건국 연대를 자기들이 알고 있던 가장 오랜 옛 임금에 비교하여 '지금으로부터 2천년 전'이요, '요와 같은 시대'라고 표현했던 것이다. 그러므로 오늘날 통용되고 있는 주전 2333년인 단군기원을 액면 그대로 믿을 수는 없다. 실제 단군의 조선 건국 연대는 그보다 더 앞선 연대일 수 있기 때문이다. 현재 북한의 역사학계에서는 단군에 의한 조선 건국연대를 기원전 3000년까지 소급해서 보고 있다.

일부에서는 단군의 즉위 원년의 절대 연대는 사실로서의 의미가 없다는 주장을 하기도 한다. 「삼국유사」등이 전하고자 하는 핵심은 단군이 요와 동시에 즉위해 나라를 건국했다는데 의의가 있다는 것이다. 요와 순은 이상적인 통치시대를 펼친 인물의 대명사격이다. 특히 요는 공자가 성군으로 추앙하던 인물이다. 바로 그러한 요임금과 단군이 동시대에 즉위해 조선을 건국하였다는, 즉 우리나라가 지나와 대등한 시기에 건국된 유구한 역사를 지닌 나라라는 것을 알리려는데 그 의의가 있다는 것이다. 이렇게 일부 학자들은 단군의 즉위 연대는 그 절대 연대에 집착할 것이 아니라 당시 사람들이 내세우고자 했던 의식 세계를 이해하는데 초점을 맞춰야 한다고 주장하기도 한다.

그러나 우리가 여기서 주목하고자 하는 것은 현재 통용되고 있는 주전 2333년인 단군기원이 성경상의 욕단의 연대와 일치한다는 것이다. 성경에는 인류의 조상 아담으로부터 예수 그리스도에 이르기까지 모든 연대가 기록되어 있는데, 그것을 역추적하여 계산해 보면 아담이 금단의 열매를 따먹고 에덴에서 추방당한 타락 원년(元年)은 B.C. 4114년이 된다. 그리고 그 자손들이 타락을 계속해서 온 땅이 강포와 죄악으로 가득 차 하느님께서 큰 홍수로 세상을 심판하셨는데, 그 홍수가 발생한 연대가 B.C.2458년이다. 셈의 증손자 에벨은 B.C.2391년에 태어나 B.C.2357년 욕단의 형인 벨렉을 낳았고, B.C.1927년까지 살았다. 이 성경 연대는 성경 연구가에 따라 연대 계산에 조금씩 차이가 있어 좀더 위로 소급되기도 하는데, 중요한 것은 정확무오한 연대 산출이 아니라 욕단의 연대가 바로 단군 시대에 해당한다는 것이다. 이와 같은 사실은 백두산정에서 창조주 하느님께 제천의식을 거행하고 조선을 건국한 단군이 성경상의 욕단이라는 것을 뒷받침해 주는 것이다.

하느님의 사람 욕단이 조선을 건국했다는 사실은 조선이라는 국명에서 드러난다. 조선이라는 국호는 원래 '주신' 이라는 순수한 우리말의 지나(支那)식 표현이다. 한국인의 선조인 욕단은 그가 도달한 시베리아와 만주 대륙에 이르는 드넓은 동방의 새 땅을 하느님이 '주신' 땅이라고 믿었다. 그리하여 나라 이름을 '주신' 이라고 했는데, 후일에 '주신' 이라는 말의 옛 음이 지나의 옛 글에 식신(息愼), 숙신(肅愼), 직신(稷愼), 주신(州愼), 조신(鳥愼), 주신(珠申), 조선(朝鮮) 등으로 다양하게 표기된 것이다. 즉, 한민족 최초의 나라 이름인 '조선' 의 본 뜻은 '주신' 이라는 순 우리말인 바, 하느님께서 그 땅을 '주신' 의 '조선' 으로서 '하느님이 주신 땅' 이라는 것이다. 이 얼마나 신본주의적 국호인가?

흔히 아침 조(朝), 빛날 선(鮮)에 견주어 '아침 해가 빛난다' 는 뜻에서 '조선' 이라는 국호가 생겼다하나 조선이라는 국호는 한자가 생기기 전에 이미 있던 국호이다. 그렇다면, '조선' 이라는 말은 우리의 고대어로 무엇을 뜻하였겠는가? 바로 그것이 '주신' 인 것이다.

일찍이 단재 신채호는 조선의 어원은 숙신(肅愼)이라고 하고, '만주원류고(滿洲源流考)' 에서는 '숙신' 의 옛 이름을 '주신(珠申)' 이라고 하고, 주신은 소속 관경(觀境)을 가리키는 만주말이라고 했다. 이는 곧 지금의 말로 일정한 지역의 땅, 영토를 의미한다. 바로 여기에 조선의 원의(原義)가 있다. 즉 '주신'이 '숙신'의 어원이요 '조선'의 어원이기도 한데, 우리가 터 잡고 사는 땅을 하느님께서 우리에게 살라고 '주신(賜)' 땅이라는 뜻의 '주신'인 것이다.

또한 욕단은 조선을 건국한 역사적인 그 날을 '하늘 문이 열렸다', 즉 개천(開天)이라고 했다. 아마도 욕단이 조선을 건국하기 전 먼저 백두산 산정에서 하느님께 단을 쌓고 경건히 천제를 드렸을 때, 아라랏 산정의 노아의 제사를 '하늘 문을 여시고' 응답하신 하느님께서 욕단의 제사도 그렇게 열납하신 것 같다. 그렇기에 나라를 세운 개국일을 '개천(開天)', 즉 '하늘이 열렸다'고 했을 것이다.

세계 모든 나라들이 개국일(開國日)을 통상적으로 '건국기념일'(National Day)이라고 부르지만, 하느님의 백성인 알이랑 민족 한국인은 오늘날까지 '개천절'(하늘 문이 열린 날)이라고 부른다. 이 얼마나 선민(選民)다운 특별한 건국기념일의 이름인가! 이 같은 명칭은 세계에서 한국 백성과 유대 민족 외에는 없는 특이한 현상이다.

욕단은 한국인의 조상 단군

창세기 10:2에 보면 백인종의 조상인 야벳의 아들들 가운데 두발(Tubal)과 메섹(Meshech)이라는 인명이 나온다. 서구 성경학자들이 쓴 책들을 보면 오늘날 러시아의 수도 '모스크바(Moskva)'라는 지명은 야벳의 아들 '메섹'에서 유래했다고 설명하고 있다. '메섹'이 그곳으로 가서 정착했기에 그의 이름이 지명이 되었다는 것이다. 그리고 우랄산맥 동쪽에는 '토블스크(Toblsk)' 라는 지방이 있는데, 그것 또한 야벳의 아들 '두발' 에서 유래한 지명이라고 설명한다. '두발' 이 그곳으로 가서 살았기에 그의 이름을 지명으로 삼았다는 것이다.*

서양의 성경 주석가들이 무슨 타임머신을 타고 그 당시의 모스크바나 토블스크로 가서 '메섹' 과 '두발' 을 만나고 온 것은 아니다. 그렇다고 어떤 고고학적 유물이나 문헌상의 근거가 있는 것도 아니다. 다만 메섹은 모스크바와, 두발은 토블스크와 발음이 유사하기 때문에 그렇게 설명하고 있는 것이다. 그렇지만 그들의 연구 결과에 대해 믿을 수 없다고 악착같이 이의를 제기하는 사람은 거의 없다. 대부분 그대로 수용한다. 왜냐하면 그럴 가능성이 얼마든지 있기 때문이다.

그렇다면 역사적 인물 욕단이 '알이랑' (하느님과 함께) 고개를(파미르고원→천산산맥→알타이산맥) 넘어 동방으로 와서 붉돌나라를 세운 붉돌족의 우두머리였는데, 그가 '단군' 이었다고 단정하지 못할 이유가 무엇이란 말인가? 단군이란 붉돌임금의 이두식 표현이기 때문이다. 더욱이 앞서 자세히 설명했듯이 욕단의 목적지 '스발' 은 광명의 본원지인 '새붉나라' 요, 또한 '서울' 과 같은 말이기도 하다. 게다가 욕단의 연대와 단군의 연대는 같은 시대이다. 따라서 성경상의 한국인의 조상 욕단을 우리 한민족의 시조 단군이라고 단정하는 것은 결코 억측이 아니다. 그것은 지극히 타당한 결론이다. 그러나 여기서 그치지 않는다.

---

* 서양 주석 연구들 : 서양 주석가들은 야벳 족속이 그들의 조상이므로 자세히 연구하여 기록을 많이 해 놓았다. 그러나 셈족의 장자인 욕단 족속에 대해서는 언급이 거의 없다. 그들이 큰 관심을 갖지 아니하기 때문이다. 그러므로 대부분 욕단은 아라비아 남단으로 갔다면서, 터무니없이 서아시아(중동)에서 끝내버린다. 욕단의 목적지 '식볼' 을 동아시아 쪽으로 보는 사람은 한 사람도 없다. 이제 욕단의 후손은 시야가 좁은 서구인의 시각과 서양적 방법보다는 셈의 후손인 한국인의 사고와 접근 방법으로 주체적 이해를 시도해야 할 것이다.

더욱 중요한 사실은 다음 장에서 살펴볼 것인데 단군이 선포했던 '8조 금법' 이라는 배달나라 국법의 제1조는 "오직 한 분이신 하느님만 섬기라" 라는 것이었다. 그것은 십계명의 제1계명과 본질상 같은 것으로서 단군이 '알이랑 정신' 곧 '하느님 중심 사상' 과 '신본주의 정신' 의 소유자였음을 알려 준다. 그렇다면 우리 배달겨레의 조상 단군은 대홍수 후 창조주 하느님을 섬기는 유일신 신앙을 갖고서 알이랑 고개를 넘어 동방으로 천동한 하느님의 사람 '욕단' 이었다고 더더욱 단정하지 않을 수 없다. 욕단은 에벨로부터 셈계의 일신 신앙을 계승한 셈족의 장자가 아니었던가!

그렇다! 셈의 셋째 아들 아르박삿의 손자 에벨의 둘째 아들 욕단은 우리 민족사를 시작한 한국인의 조상 단군이시다. 한국인의 기원은 셈의 가계, 그 중에서도 약 4300여 년 전에 동양으로 이주하여 우리 배달 동이겨레의 선조가 된 욕단의 후손, 곧 단군의 자손이다. 그리하여 동방의 한국인은 여호와 하느님께서 감추어 놓으신 또 하나의 선민인 것이다. 에벨의 혈통인 욕단의 후손은 선택 받은 백성이기 때문이다.

그리고 바로 이와 같은 역사적 사실이 단군신화에 나오는 천손강림(天孫降臨)의 모티브가 된 것이다. 즉, 우리 한국인의 계보가 셈→아르박삿→셀라→에벨→벨렉과 욕단으로 이어지는 '천손민족' 이라는 사실이 신화에 반영된 것이다. 건국신화는 단순한 신화가 아니라 건국사실의 신화적 반영이다. 따라서 건국 역사를 밝히는데 중요한 사료(史料)의 하나가 된다.

단군은 신화의 인물이 아니다. 그는 동방 '붉의 땅' 에 당도하자 맨 먼저 백두산 산정에 올라 창조주 하느님께 천제를 드리고 조선을 건국한 역사적 인물로서, 성경상의 한국인의 기원은 노아의 작은 아들 셈의 현손 욕단, 즉 단군이다.

나무엔 뿌리가 있듯이 사람에겐 조상이 있다. 뿌리 없는 나무는 생길 수 없을 뿐더러 잘 발육하기도 어렵듯이 조상 없는 사람은 생길 수도 없을 뿐만 아니라 잘 발전하기도 어렵다. 개인과 씨족에 시조(始祖)가 있듯이 민족에게도 시조가 있다. 우리 배달민족(檀族=밝달민족)의 시조는 단군이신데, 이분을 한자(韓字)를 빌어 이두문(吏讀文)으로 단군왕검(檀君王劍)이라 적고, 또 이 분을 간단히 '배달임금'(檀君) '한배검' '단군' 또는 '왕검(王劍)'이라 하였다.* 그가 바로 대홍수 후 '울이랑' 고개를 넘어 동방의 땅 끝 '붉의 땅'으로 천동한 셈의 증손자 에벨의 둘째 아들 '욕단'이다.

> 우리가 물이라면 새암이 있고
> 우리가 나무라면 뿌리가 있다
> 이 나라 한 아바님은 단군이시니
> 이 나라 한 아바님은 단군이시니
>
> -정인보 작시-

---

* 종래에 '단군'은 무당의 일명인 '당굴'의 음을 따서 쓴 것이고, '당굴'은 몽골어의 Tengri(天·祭主)와 공통된 말이라는 견해가 있었다. 그러나 이러한 해석은 신화의 내용과 동떨어져서 '단군'의 의미를 해석하는 것에 본질적인 결함이 있다. 신화는 '단군'을 '당굴'로 해석할 수 있는 그 어떤 시사도 주지 않으며, 애당초 이 설의 주장자 자신도 신화에서 그 의미를 도출한 것은 아니었다. 거기에는 샤머니즘의 본질인 사자(死者)의 혼령을 중개하는 샤만적 존재나 술이나 가무 등의 요소가 전혀 보이지 않는다. 단군의 본뜻을 가장 바르게 또 완전히 알아내려면 무엇보다 신화의 내적 연관 속에서 그 의미를 파악해야 하며, 그것을 바탕으로 역사적·언어적 사실과 논리적 이치에 따라 근본적으로 풀어 밝히지 않으면 아니 된다. 신화와 동떨어진 종래의 해석은 우선 그 접근 방법부터가 틀렸으므로 일고의 가치도 없다.

제6장

한국인이
육단계 선민임을 입증하는
다양한 증거들

"해외에서 온 선교사의 노력이란 다만 제한된 효과밖에 거둘 수 없음을 나는 알고 있다. 때때로 내가 느끼는 것은 한국에는 동일한 형태의 언어와 의식을 사용하고 있으면서도 완전히 판이한 — 경우에 따라서는 정반대의 개념을 갖고 있는 두 개의 기독교가 존재한다는 사실이다. 지금이야말로 한국사람 자신의 내부로부터 우러나오는 복음과 한국과의 새로운 대결을 통해서만 기독교가 한국에서 뿌리를 내리고 많은 열매를 맺을 수 있다는 점을 깊이 생각해 볼 때이다. 오직 이런 대결을 통해서만 예배가 진정 한국인 자신의 예배가 될 것이며, 성경이 진정 한국인 자신의 성경이 될 것이다. 이것은 한국 문화와의 진지한 대화를 통하여 그리스도 몸 안에서 한국의 참된 주체성을 발견하는 문제인 것이다."

—R.A.토레이(예수원 설립자)

한국인이 신적 선택을 받은 종족인 에벨의 혈통 욕단의 후손이라는 사실은 욕단이 동양의 산악지대를 넘어 '스볼', 즉 '새벌' 다시 말하면 광명의 본원지인 '새붉나라'로 갔다는 창세기 10장 30절 말씀만으로도 증거가 충분하다. 우리 겨레는 고대로부터 빛이 시작되는 땅인 새붉나라, 곧 아시아 동쪽의 '스볼'에 터 잡고 살아온 붉돌민족이기 때문이다.

더욱이 현존하는 인류 최고의 찬송가이자 한민족의 역사노래인 '올이랑'은 산을 넘어 동방으로 간 욕단 족속이 바로 한국인의 직계 선조였다는 사실을 분명히 입증해 주고 있다. 게다가 욕단의 목적지인 '스발'은 궁극적으로 우리나라의 수도 '서울'을 예시한 지명이기도 하다. 따라서 알이랑 민족 한국인이 욕단계 선민이라는 것은 구태여 더 이상의 증거가 필요치 않다.

그러나 참으로 한국인이 에벨로부터 셈계의 일신 신앙을 계승한 욕단의 후손으로서 이 땅 위에 존재하고 있는 또 하나의 선민이라면, 이 사실을 뒷받침 해주는 더 다양한 증거들이 분명히 있을 것이다. 이 단원에서는 한국인이 욕단계 선민이라는 사실을 더욱 확고하게 입증해 주는 객관적 증거들을 살펴보도록 하자.

1. 땅 끝의 두 선민

지도책을 퍼놓고 보면 이스라엘은 유라시아 대륙의 서쪽 땅 끝에 지중해와 접하여 있고, 대한민국은 유라시아 대륙의 동쪽 땅 끝에 태평양과 연하여 있다. 두 나라 모두 같은 위도 상에서 아시아 대륙의 양쪽 땅 끝에 자리 잡고 있는 것이다. 이것은 우연의 일치일까? 아니다.

왜냐하면 성경은 각 민족의 거주지 및 국경을 하느님께서 정하여 주셨다고 말씀하고 있기 때문이다.

> "또 하느님께서 인류의 모든 족속을 한 피로 만드시어 온 지면에 살게 하시고 미리 계획하신 시기와 그들이 거주하는 경계를 정하셨으니"(행 17:26, KJV)

여기에서 "거주하는 경계를 정하셨으니"라는 말씀은 하느님께서 각 민족이 사는 땅과 그들의 거주지를 정하여 주셨다는 뜻이다. 이스라엘과 대한민국은 같은 위도 상에 있으면서 각각 아시아 대륙의 양쪽 땅 끝에 위치해 있다. 하느님께서는 에벨의 혈통인 두 계열의 천손민족의 땅을 모두 바다가 맞닿은 땅 가장자리로 정하여 주신 것이다. 왜 그렇게 하셨을까? 그것은 다음 세 가지 거룩한 목적 때문이었다.

첫째, 자연계시

하느님께서는 모든 것을 짝이 있게 만드셨다(사 34:14~16). 그는 선민도 '에벨의 온 자손'을 택하사 '벨렉계 선민'과 '욕단계 선민'으로 짝이 있게 하셨다. 모든 것이 짝으로 풀리고 짝으로 해결되도록 되어 있음이 이치일진대 '선민'도 당연히 그 짝이 없으면 아니 되는 것! 그 거룩한 짝이 벨렉계 선민 유대인과 욕단계 선민 한국인인 것이다.

그렇기에 하느님은 그 두 계열의 선민을 하나는 아시아 '서쪽 땅 끝'에(이스라엘), 다른 하나는 아시아 '동쪽 땅 끝'에(대한민국) 자리 잡게 하셨다. 왜냐하면 동쪽의 짝은 서쪽이요, 서쪽의 짝은 동쪽이기 때문이다. 즉, 전능하신 하느님은 짝된 선민을 정확히 짝된 땅에 살게 하심으로써, 그들이 한 조상 에벨로부터 분리된 바로 그 '선민 짝'이라는 사실을 자연을 통해서도 계시해 주신 것이다.

W. 하베이는 이렇게 말했다: "자연은 하느님이 쓰신 위대한 계시의 책이다." 하느님께서 유대인과 한국인의 거주지를 각각 아시아 대륙의 양쪽 땅 끝에 정해주신 목적이 바로 여기에 있었다. 이렇게 한국인이 욕단계 선민이라는 사실은 '자연계시'에 의해서도 입증이 된다.

이웃 나라 일본이나 지나(支那)가 욕단계 선민의 나라가 아닌 것은 일단 그들이 거주하고 있는 땅이 '동쪽 땅 끝'이 아니므로 벨렉계 선민의 거주지인 '서쪽 땅 끝'과 정확히 짝이 되지 않기 때문이다. 이처럼 성실하신 하느님은 행하는 일마다 실수가 없으시고, 모든 행사에 질서가 있다. "하느님은 어지러움의 하느님이 아니시요…"(고전 14:33).

둘째, 종족 보존

하느님께서 두 계열의 천손민족 유대인과 한국인의 거주지를 모두 아시아 대륙의 양쪽 땅 끝에 정해주신 또 하나의 목적은 '종족보존(種族保存)'을 위한 것이었다. 왜냐하면 대륙의 가장자리인 그 땅은 다른 어느 지역보다 선택받은 백성을 순수한 혈통으로 보존하기에 아주 효과적인 땅이었기 때문이다.

만약 그들이 유라시아 대륙의 중심부에 있었다면 틀림없이 여러 인종과 섞였을 것이며, 그것은 곧 천손민족의 소멸을 초래할 수 있었다. 그것은 거룩하신 하느님의 뜻이 아니었다. 신적 선택을 받은 종족인 에벨의 혈통 '벨렉 족속'과 '욕단 족속'은 셈족의 현저한 가지로서 가장 순수하게 보존되어야 했다. 이를 위해 바다를 끼고 있는 아시아 대류의 양쪽 땅 끝이 최적의 거주지였다.

특히 우리나라에서는 단군조선 이래로 동일한 혈통의 인종이 계속 살아왔는데, 이는 세계에서 드문 우리 역사 공동체의 특징이다. 고대로부터 여러 종족과 대량으로 혈통이 섞인 지나의 역사체험과는 또 다르다. 이것이 가능했던 가장 큰 요인은 우리 겨레가 터 잡고 사는 땅이 유라시아 대륙의 동쪽 땅 끝 변방이었기 때문이다. 거룩하신 하느님께서는 셈족의 장자인 알이랑 민족 우리 배달겨레를 열방 백성 가운데 그 어느 민족도 견줄 수 없는 순수 혈통의 단일민족으로 지켜 보호하신 것이다.

우리 겨레의 원류가 북방계뿐만 아니라 남방계가 포함되어 있다는 주장이 있다. 남방 아시아인―총칭 말레이족―들의 동북아시아 유입설은 부정할 수 없으나, 지리·역사적으로 판단할 때 극소수가 유입되었다고 치더라도 한민족을 형성하는 데 큰 영향을 끼치지는 않았다. 우리 민족은 동아시아의 여러 민족들 중에서 언어, 외모, 체격, 풍속 면에서 단일민족이 분명하다.

하느님은 어지러움의 하느님이 아니시다. 그래서 하느님은 난잡하게 섞인 것을 싫어하신다(신 22:9~11). 그분은 창조 질서가 훼손되지 아니하고 원형 그대로 순수하게 보존되기를 바라신다. 셈족의 종가(宗家)인 에벨의 혈통 벨렉의 후손과 욕단의 후손에 대해서는 더욱 그러하시다. 그들은 하느님의 주권적 목적을 위해 신적 선택을 받은 천손민족이기 때문이다. 그러므로 전능하신 하느님은 그 두 계열의 선민들이 다른 인종과 쉽게 섞이지 않도록 거주지를 모두 바다를 끼고 있는 아시아 대륙의 양쪽 땅 끝으로 배정하여 주신 것이다.

셋째, 복음 전파

앞서 언급했듯이 벨렉계 선민 유대인의 사명은 '복음의 첫 번째 주자'로 쓰임 받는 것이요, 욕단계 선민 한국인의 사명은 '복음의 마지막 주자'로 사용되는 것이다. 바로 이것이 하느님께서 이스라엘과 대한민국의 영토를 각각 유라시아 대륙의 양쪽 땅 끝에 정해 주신 가장 큰 목적이다. 왜냐하면 이 두 곳이 구원의 복음을 열방으로 신속히 전파시키는데 지정학적으로 가장 효과적인 땅이기 때문이다.

지도를 펴놓고 유심히 살펴보라. 이스라엘은 아시아·유럽·아프리카 세 대륙의 교차로이자 중심이다. 그래서 아시아·유럽·아프리카를 향해 가장 빠르게 복음을 전달할 수 있는 위치이다. 이스라엘은 복음의 첫 번째 주자이다.

그러나 대한민국은 아시아·유럽·아프리카를 뛰어넘어 전 세계의 교차로이자 온 땅의 중심이다. 땅은 태평양을 사이에 두고 크게 '두 대륙'으로 형성되어 있다. 곧 아시아·유럽·아프리카가 연륙된 이 세상에서 가장 큰 대륙과 남·북미 대륙이다. 한국은 이 거대한 두 대륙의 정중앙에 위치해 있다. 따라서 대한민국은 대륙과 해양의 가교이자 열방의 중심이다. 그리하여 한국은 말세에 마지막 대추수를 위해 전 세계로 그 어떤 나라 백성보다 가장 빨리 나갈 수 있다. 한국은 복음의 마지막 주자이다.

모름지기 계주 경기에서는 첫 번째 주자와 마지막 주자가 가장 잘 뛰어야 한다. 왜냐하면 스타트가 좋아야 하고, 마무리가 잘 되어야 하기 때문이다. 그러니까 복음의 첫 번째 주자가 스타트하기 좋은 땅이 '이스라엘'이고, 복음의 마지막 주자가 마무리하기 좋은 땅이 '대한민

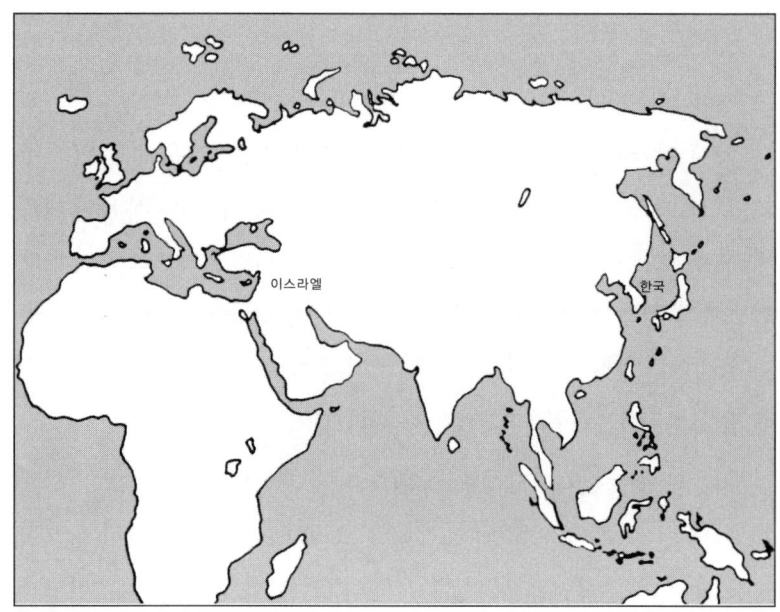

▲ 땅끝에 거주하는 두 선민

국'인 것이다.

즉, 하느님께서는 벨렉계 선민 유대인을 통해서는 구원의 길을 여시고 욕단계 선민 한국인을 통해서는 그 구원의 길을 완성시키고자, 복음 전파를 위한 원대한 목적 아래 두 천손민족의 거주지를 하나는 '아시아 서쪽 땅 끝에', 또 하나는 '아시아 동쪽 땅 끝'에 정하여 주신 것이다. 구원 운동도 이렇게 짝으로 풀리고 짝으로 해결된다.

그렇다! 아시아 서쪽 땅 끝의 이스라엘과 아시아 동쪽 땅 끝의 대한민국은 이상 세 가지 거룩한 목적을 동시에 충족시킬 수 있는 최적의 땅이다. 그러니까 벨렉계 선민 유대인과 욕단계 선민 한국인이 각각 유라시아 대륙의 양쪽 땅 끝에 자리 잡게 된 것은 결코 우연의 일치가 아니었다. 그것은 하느님의 치밀하신 목적과 계획 아래 이루어진 것이다.

곧 자연을 통해 벨렉계 선민과 욕단계 선민이 아시아 서쪽 땅 끝의 유대인과 아시아 동쪽 땅 끝의 한국인이라는 사실을 계시하려는 하느님의 의지와, 또 에벨의 혈통인 두 계열의 천손민족을 순결한 백성으로 보존하시고, 마침내 그들을 통해 열방에 신속히 구원의 복음이 증거 되도록 하시려는 하느님의 깊은 뜻이 있었기 때문이다.* 크신 하느님의 지혜를 찬양하라! "깊도다, 하느님의 지혜와 지식의 부요함이여!"(롬 11:33)

한국인이 욕단의 직계 후손으로서 이 땅 위에 존재하고 있는 또 하나의 선민이라는 사실은 이렇게 특별 계시인 '성경' 뿐만 아니라 일반 계시인 '자연' 에 의해서도 확실히 입증이 되고 있다. 더 이상 무슨 다른 증거가 또 필요할까.

하느님은 그가 지으신 자연의 세계를 통해서도 그분의 생각과 계획과 뜻을 표현하신다. 예수님께서도 하늘의 진리를 말씀하시기 위해 종종 일상생활의 평범한 것들을 들어 말씀하셨다. 만약 우리의 눈과 귀, 그리고 가슴이 감당할 수 있는 훈련이 되어 있다면, 하느님께서 자연을 통해 말씀하시는 것들을 우리는 더 많이 깨닫게 될 것이다(시 19:1~4).

---

* 따라서 한국인은 '지정학적 숙명론'에 더 이상 지배당해서는 안 된다. 그것은 일제 식민사학자들이 일제의 식민정책을 정당화하기 위해서 생각해낸 이른바 '지리적 결정론', 즉 한반도의 지정학적 위치는 외세의 지배를 받을 수밖에 없다는 왜곡된 한국사관에서 나온 것이다. 동포들아! 말씀의 검으로 그 간교한 사단의 거짓말을 무찔러라! 알이랑 민족 우리 한국인이 단군 이래 이 땅에 살고 있는 것은 분명히 하느님의 거룩하신 목적과 특별한 계획이 있었기 때문이다. 따라서 이제 욕단계 선민 한국인은 우리가 사는 땅을 '지리적 숙명론'이 아닌 '하느님의 섭리론'으로 재해석하고 감사하며 기뻐해야 한다. 한반도는 마지막 대추수를 위해 나중에 쓰시고자 하느님께서 감추어 두신 또 하나의 선민이 살고 있는 전 세계에서 가장 귀중한 땅인 것이다.

2. 겨레의 꽃 무궁화

나라마다 국가를 상징하는 꽃이 있다. 그것을 국화(國花)라고 한다. 따라서 나라꽃은 그 나라, 그 민족의 표상이다. 저마다 그 꽃을 기리고 사랑하는 것은 그것이 지닌 상징성 때문이다. 대한민국의 나라꽃은 무궁화이다. 무궁(無窮)은 공간 또는 시간의 다함이 없다는 뜻이다.

우리나라 훈장 가운데 최고의 훈장은 바로 '무궁화 대훈장'이다. 이것은 대통령과 배우자, 또는 우방국의 원수에게 수여될 수 있다. 이런 최고의 영예를 나타내는 훈장이 무궁화와 결부된다는 것은 무궁화가 그만큼 한국인의 사랑을 받고 있다는 뜻이다. 우리나라는 국가 원수인 대통령의 문장(紋章)까지도 무궁화이다.

무궁화는 추위에 강하며 꽃이 피는 기간이 길어 관상용·울타리용으로 많이 심는 낙엽 활엽 관목이다. 여름부터 가을까지 분홍, 다홍, 보라, 자주, 순백 등 여러 가지 빛깔로 종(鐘) 모양의 꽃이 아름답게 핀다. 무궁화는 대개 100여 일 동안 피고 진다고 한다. 여느 꽃에 비하여 계절에 구애됨이 없이 계속 피는 꽃이다. 또한 산과 들, 어떤 곳도 가리지 않고 잘 자란다. 그리하여 이 꽃은 우리 민족성을 상징한다. 아래는 「계몽 웹 백과사전」의 '국화' 항목에 나와 있는 우리나라 꽃 무궁화에 대한 설명이다.

> "우리 국화인 무궁화는 예로부터 우리나라 전역에 퍼져 있었으며, 꽃이 아름답고 피는 기간도 길어서 우리 민족성을 상징하여 사랑받고 있다."

무궁화 나라

겨레의 노래 '알이랑'과 마찬가지로 겨레의 꽃 '무궁화' 역시 한국인의 역사와 깊은 인연을 맺고 있다. 우리 민족의 마음속 깊이 아로새겨져 있어 떼어내려고 해도 떼어낼 수 없는 꽃이 바로 무궁화이다. 무궁화가 많다는 첫 역사 기록은 동이족의 최고 비서(秘書)라고 알려진 지나(支那)의 고전 「산해경」(山海經)에 등장한다.

군자의 나라 지방 천리에는 무궁화가 만발하고 있다(君子國 地方千里 多木槿花).

▲ 나라 꽃 무궁화

목근화(木槿花)란 무궁화를 가리키는 말이다. 즉, 우리나라가 '무궁화 나라'라는 것이다. 그러므로 '무궁화 삼천리 화려강산'이란 애국가 구절은 단순한 창작이 아닌 것이다. 먼 옛날부터 그랬던 것이며, 우리는 무궁화 피는 마을에서 편안함과 행복을 느껴온 백성이었다. 그래서일까, 권상로(權相老)의 「한국 지명 연혁고(沿革考)」에 보면 우리나라를 가리키는 194가지나 되는 이름 가운데 무궁화와 관련된 이름이 근방(槿邦)·

근화향(槿花鄕)·근원(槿原)·부상(扶桑)등 상당수에 달한다고 한다. 모두 '무궁화 나라'를 의미함은 물론이다.

우리는 우리의 선인들이 다른 꽃보다 더 무궁화를 애지중지 가꾼 이유를 민족사 속에서 쉽게 찾아볼 수 있는데, 특히 단군조선의 역사와 밀접하게 관련되어 있는 것을 볼 수 있다. 배달의 꽃 무궁화는 단군조선 때부터 나라꽃으로 인연을 맺어 환화(桓華), 훈화(薰花), 천지화(天池花), 천지화(天指花), 근수(槿樹) 등의 명칭으로 다양하게 불리었던 동이(東夷)의 꽃이다. 이 시대에 무궁화는 하느님께 제사 지내는 신단 둘레에 많이 심어져 신성시되었고, 15대 단군은 '훈화'를 뜰 아래 심어 정자를 만들었으며, 국자랑(國子郎)들은 '천지화'를 머리에 꽂고 다녔다고 한다.

이와 같은 사실은 중국 고대 지리서인「산해경」〈훈화초·薰花草〉에 기록되어 있고 우리 문헌인「조대기」,「단군세기」,「규원사화」등에도 기록되어 있다. 또한 삼국시대나 고려시대 때에는 시인이나 묵객(墨客)들이 무궁화를 예찬한 시가 많이 보이며, 환화를 노래한 애환가(愛桓歌)가 있었던 것으로 전한다.

신라에서 젊은 엘리트의 머리에 이 꽃을 꽂아 주어 '화랑(花郎)'이라 했으며, 설총은 이를 화왕(花王), 즉 '꽃중의 왕'이라고 했다. 조선왕조 시대에는 장원급제한 인재에게 내리던 어사화(御賜花)가 무궁화였다.

겨레와 함께 한 꽃 무궁화

우리나라를 스스로 근화향(槿花鄕: 무궁화 나라)으로 일컬은 가장 오래된 기록은 신라 시대 효공왕 원년(A.D. 897년)에 나온 「최문창 후 문집(崔文昌 候文集)」으로, 당대 최고의 명문장가 최치원이 효공왕의 명을 받아 당나라에 보낸 국서(國書)에서이다. 이 국서에는 신라를 근화향, 즉 '무궁화 나라' 라고 적고 있다.

고려시대에도 무궁화의 유래에 대해 서로 토론했다는 기록이 이규보(李奎報)의 「동국이상국집·東國李相國集」에 나온다. 즉 근화를 두고 한 사람은 이 꽃이 끊임없이 피기 때문에 무궁화라 했다고 주장한 데 반하여, 다른 한 사람은 옛날 임금이 이 꽃을 사랑하여 온 궁중을 무색하게 했다는 뜻으로 무궁화라 했다는 것이다.

조선시대에 이르러서는 더욱 많은 기록이 남아 있는데 그 중 한 가지만 골라 예시하면 강희안(姜希顔, 1417~1464)이 지은 「양화소록·養花小綠」을 들 수 있다.

> 안사정(安士亭)이 묻기를, "목근(木槿)은 본디 우리나라에서 생산된 꽃나무인데 왜 당신 책에는 이를 수록하지 않았습니까?" 하였다. 이에 강희안이 답하기를 "여인과 수레를 함께 탔는데 '그 여인의 예쁜 얼굴이 마치 순화(舜華)와 같았네' 라 했는데 이것은 바로 목근을 말한 것입니다" 하였다.

여기서 순(舜)은 '무궁화 순' 자인 것이다. 이처럼 아득한 옛날부터 우리 겨레와 함께 한 꽃이 무궁화이다(박성수, 「단군문화기행」, p.325~327).

일제의 무궁화 말살 책동
우리 겨레가 살던 땅에는 오랜 옛날부터 무궁화가 만발했다. 그래서 예로부터 우리나라를 무궁화에 비유하여 '무궁화동산' 이라 했다. 즉, 우리나라의 미칭이 '무궁화동산' 이다. '무궁화동산' 이란 무궁화가 많이 피는 동산이라는 뜻이지만, 무궁화가 만발한 우리나라를 아름답게 일컫는 말인 것이다.

그러나 지금은 '무궁화 삼천리 화려강산' 이라는 애국가의 가사가 무색할 정도로 그렇게 만발한 무궁화의 모습을 보기 어렵다. 그 원인은 무엇인가? 일제 강점기에 무궁화가 뿌리째 뽑히는 수난을 겪었기 때문이다. 1910년 나라가 망하자 일제는 무궁화 말살 정책을 쓰기 시작하였다. 그들은 무궁화를 눈병 나는 꽃이라 비방하여 학생들이 가까이 가지도 못하고 보지도 못하게 하였다. 일제는 무궁화를 민족정신을 일깨우는 위험한 꽃으로 보고 모든 무궁화나무를 뽑고 베기 시작하였다. 「조선총독부 고등경찰 사전」에 보면 무궁화를 다음과 같이 위험시하고 있다.

"무궁화는 조선의 대표적인 꽃이며 2천년 전의 문헌에 나오는 꽃이다. 고려시대에는 온 국민의 뜨거운 사랑을 받았는데 일본의 벚꽃, 영국의 장미와 같이 국화(國花)가 되었다가 조선시대에 이화(梨花)가 왕실화가 되면서 세력을 잃고 조선 민중으로부터 소원해졌다. 20세기의 신문명이 조선에 들어오면서부터 조선의 유지들은 민족사상의 통일과 국민정신의 진작을 위하여 글과 말로 모든 꽃은 화무십일홍(花無十日紅)이나 무궁화만은 여름에서 가을까지 3개월 내지 4개월이나 연속으로 필뿐 아니라 그 고결함은 위인의 풍모라 찬미하고 있다. 따라서 '무궁화 강산' 운운하는 것은 조선의 별칭이며 불온한 뜻이 들어 있는 것이다. 근화·무궁화·근역 등은 모두 불온한 문구로 쓰이니 조심하여야 한다."

그들은 무궁화를 이처럼 위험시하였을 뿐만 아니라 무궁화를 경멸하여 함부로 심지 못하게 하고 캐내어 없애라고까지 명령하였으며, 그 자리에 그들의 국화인 벚꽃나무를 심게 하였다.

그러나 일제하에서 우리는 무궁화를 더욱 사랑했다. 동아일보가 창간호 제호 도안을 무궁화로 장식하였는가 하면, 중앙학교의 모표도 '중'(中)자를 무궁화 화환으로 둘렀고, 오산학교와 대구사범학교에서는 무궁화동산을 만들었다. 또한 빼놓을 수 없는 것이 남궁억의 무궁화 사건이다.

1918년 남궁억은 그의 고향인 강원도 홍천군 서면 모곡리에 모곡학교를 세우고 몰래 무궁화 묘목을 가꾸었다. 그는 해마다 수십만 그루의 무궁화 묘목을 길러서 지방의 여러 학교와 교회에 팔거나 기증했다. 1931년에는 '무궁화동산'이란 노래를 지어 학생들에게 가르치기도 하였다.

우리의 웃음은 따뜻한 봄바람
춘풍을 만난 무궁화동산
우리의 눈물이 떨어질 때마다
또 다시 소생하는 이천만
빛나리라 삼천리 무궁화동산
잘 살아라 이천만의 고려족

일제는 1933년 남궁억을 체포하여 심한 고문을 가해 옥사케 만들었고, 그가 애지중지하던 7만 그루의 무궁화 묘목을 불에 태워

버렸다(박성수, p.327~329).

이처럼 무궁화는 우리 민족의 기원과 더불어 우리의 국토와 민족의 마음에 뿌리를 내리고 자라 온 꽃이기에 일제가 우리 민족을 말살하기 위해 그토록 극악한 탄압을 서슴지 않았던 것이다. 그러나 오늘까지 무궁화는 꿋꿋이 살아남아 이 땅, 이 민족과 함께 하고 있다. 무궁화는 하느님의 특별한 섭리 아래 육단계 선민인 우리 한국인의 나라꽃이 되었기 때문이다!

무궁화는 '샤론의 꽃'

'샤론의 장미'(the Rose of Sharon)는 예수 그리스도를 상징하는 꽃이다. 그런데 놀라운 사실은 이 '샤론의 꽃' 이란 바로 우리나라 꽃 '무궁화' 라는 것이다. 세계 누구나가 다 알고 있는 무궁화의 국제적 이름은 한영사전에도 나와 있듯이 'the Rose of Sharon', 즉 '샤론의 꽃(장미)' 이다. 그것이 왜 놀라운 것인가? '샤론의 꽃' 은 예수 그리스도를 의미하기 때문이다. 아래는 찬송가 89장 '샤론의 꽃 예수(Jesus, Rose of Sharon)' 의 찬송시다.

> 샤론의 꽃 예수 나의 마음에
> 거룩하고 아름답게 피소서
> 내 생명이 참 사랑의 향기로
> 간 데마다 풍겨나게 하소서
> 예수 샤론의 꽃
> 나의 맘에 사랑으로 피소서

또한 우리가 즐겨 부르는 경배 찬양 중에도 '예수 샤론의 꽃' 이라는 아름다운 노래가 있다.

예수 샤론의 꽃 온유한 어린 양
예수 사랑스런 당신은 하느님

'샤론'은 갈멜산 북부에서부터 지중해 연안을 따라 욥바에 이르기까지 펼쳐진 평원으로 철따라 피는 꽃과 목초지로 유명하다(대상 27:29). 그 샤론의 꽃에 예수님을 비유한 이 귀한 노래들은 구약성경 아가 2장 1절 말씀을 배경으로 작시된 것이다.

"나는 샤론의 장미요, 골짜기의 백합화로다."(아가 2:1, KJV)
"I am the rose of Sharon, and the Lily of the valleys."(Song of Solomon 2:1, KJV)

이 구절에 나오는 '샤론의 장미'는 바로 예수 그리스도를 비유한 것이다. 한국 교회의 대표적인 주경 신학자인 박윤선 박사는 이 구절을 다음과 같이 설명한다:

"이 말씀은 술람미 여인(교회 혹은 신자)의 말이라고 하는 해석도 있으나, 그보다는 그리스도를 비유하는 신랑의 말이다. 그리스도께서 자신의 아름다우심을 꽃에 비유하신다. 꽃은 성경에서 하느님의 은혜의 미(美)를 상징한다(사 35:1~2). 특히, '샤론의 장미'는 들꽃(샤론이라는 들에서 피는 꽃)이니, 이것은 사람의 재배로 말미암아 자란 것이 아니고 순전히 하느님께서 기르시는 꽃이다(St. Bernard).

무궁 無窮 eternity ; infinitude ; immortality — 하다 (be) eternal : infinite ; endless — 히 [...] : infinite ; [...] eternity ; infinitude ; immortal[ly] — 하다 (be) eternal ; infinite ; [end]less ; immortal ¶ 무궁히 eternally ; [i]nfinitely ; forever ; immortally
무궁무진 無窮無盡 — 하다 (be) infinite ; endless ; boundless ; unlimited ; inexhaustible
무궁화 無窮花 【식물】 the rose of Sharon : Hibiscus syriacus (학명) ; [국화] the national flower of Korea — 대훈장 the Grand Order of *Mugunghwa* — 동산(삼천리) the beautiful land of Korea
무궤도 無軌道 ¶ 무궤도의 railless ; trackless ; [상궤를 벗어난] aberrant ; extravagant ; eccentric // 무궤도한 생활 a [tra]ckless(loose, dissipated) life // 무궤도 [한 행]동 eccentric act
[¶] a trackless(railless) tram (car) ; [a tr]olly car ; a trolley bus

—고 an armory ; ordnance stores ; an ordnance department (미) — 원조 weapony ; weaponeering — 탄약 arms and ammunition — 판매 arms [sa]le ; sales of arms(military equipment) — a counterweapon
¶ no (time) limit ¶ 무기의 indefinite an indefinite period ; for life 기 연기되다 be indefinitely [b]e postponed sine die // 회의 [...]었다 The conference was [...]die(for an indefinite period)
[...] n of publication for an [...]형 imprisonment for

inite norganic (징 [...] world —물 an inor[ganic body) — 안료 a post[...] 질소(인산, 카리) 는 [...] zenous(phosphoric. adjo[...] — 화학 inorganic od) [...] nistry — 화합물 an

gril ; a dancer in [...]기교의 artless ; with[...] 기교 artless art r [...]rvation ; lethargy — 하 [...]ss ; nerveless ; languid [...] me ; enervated ; emascu[-]

記名 ¶ 무기명의 unregis[-]inscribed ; unsigned ; blank [...](公債) a bearer bond — 사채(증[...]) an unregistered(a bearer) debenture(security) —식 이서 (a) blank(general) endorsement — 어음 a blank bill — 예금 an uninscribed deposit — 주권 bearer(uninscribed) stocks(shares) ; a share certificate to bearer — 투서 an unsigned suggestion ; an anonymous note(notice) — 투표 a secret ballot ; a secret vote ; secret voting ¶ 무기명 투표 로 선출하다 elect by secret ballot
무기 연기 無期延期 (an) indefinite postponement ¶ 무기 연기가 되다 be postponed(put off) indefinitely(for an indefinite period)
무기음 無氣音 (언어) unaspirated sounds
무기 징역 無期懲役 life imprisonment ; a life term(sentence) ¶ 무기 징역의 선고 를 받다 be sentenced to penal servitude for life
—수 a lifer ; a life-timer
무기한 無期限 an indefinite period ; no time limit ¶ 무기한의 limitless ; indefinite ; without a time limit // 무기한 대부금 a dead loan // 무기한 파업 a strike for an indefinite period // 무기한 연기하다 be postponed indefinitely // 무기한 유효하다 be good at any time
무김치 pickled radish
무꾸리 a shaman's rites ; a kind of

less ; basel[...] 결 무 근이다 The report is unfounded (a pure fabrication). /There is no foundation for the report.
무급 無給 ¶ 무급의 unpaid ; without pay (salary) ; gratuitous // 무급의 간사 an unpaid secretary // 무급으로 일하다 work without pay ; work for nothing
무기 武技 military arts ⇨ 무예
:무기 武器 arms ; a weapon ; ordnance

참고 arms 총검 따위 전쟁용으로 만들 어진 것을 말한다 낫 칼 따위는 arms가 아니고 weapon이라 할 수 있다

¶ 무기와 탄약 arms and ammunition // 무 기를 들다 take up arms ; arm oneself // 무기를 버리다 give up one's arms // 무기를 ▶앗다 disarm (a person) // 무기를 들고 일 어서다 take up arms ; rise in arms // 최신 식 무기를 갖추다 be armed with weapons of the latest model (newest type) // 무기 라고는 권총만 없다 be armed with a revolver only // 눈물은 여자의 무기다 Tears are a woman's weapon. // 어학에 능 통한 것이 그의 유일한 무기다 Language proficiency is his exclusive weapon.

▲ 동아 프라임 한영사전(동아출판사 p. 837) 우리나라 꽃인 무궁화의 국제적 이름은 "샤론의 장미"(the rose of Sharon)이다.

172 또 하나의 선민 알이랑 민족

그리스도는 순전히 하느님께서 보내신 우리들의 구주님이다.
'골짜기의 백합화'는 겸손한 자를 비유한다. 골짜기는 깊은 곳으로서 높은 자세 곧, 교만과 정반대이다. 이것은 그리스도의 낮아지심을 잘 드러낸다. 사 53:2, 고후 8:9, 빌 2:6~8 참조"(박윤선, 「성경주석 아가서」, 영음사, 1982, 509 쪽)

아가서 2장 1절의 '샤론의 장미'와 '골짜기의 백합화'는 모두 예수 그리스도를 비유하고 있는 것이다. 그런데 놀랍게도 '샤론의 장미(the Rose of Sharon)'란 한국인의 나라꽃 '무궁화'라는 사실이다! 즉, 한국인은 특별하게도 예수 그리스도를 상징하는 꽃을 국화(國花)로 삼고 있다는 것이다. 이 어찌 놀랍지 아니한가!

'샤론의 꽃' 예수는 영원(永遠) 무궁(無窮)하신 하느님(히 13:8)이 시기에 실로 '무궁화(無窮花)'이시다. 이 또한 얼마나 신기하고 놀라운 의미의 일치인가! 더욱이 무궁화는 그 꽃잎이 순결한 백색이고 화심은 피처럼 붉으며 꽃대는 노란 황금빛이다. 이는 바로 그리스도의 순결과 고난 그리고 영광을 보여주고 있다.

그리고 무궁화는 해뜨는 아침에 피었다가 해지는 저녁에는 진다. 이것은 예수 그리스도의 빛 되신 속성을 나타내주고 있는 것이다. 하느님은 빛이시고, 그에게는 어두움이 조금도 없으시다(요일 1:5; 요 8:12; 12:46).

지구상에서 나라꽃이 예수 그리스도를 의미하는 '샤론의 꽃'(무궁화)인 국가는 오직 동방의 대한민국뿐이다. 이는 우연의 일치가 아니라 하느님의 섭리 안에서 정해진 것이다. 한국인은 셈족의 현저한 가지인 욕단의 후손으로서 이 땅위에 존재하는 또 하나의 선민이기 때문이다.

하느님께서는 무궁화의 나라 한국 백성을 향해 "너희는 예수 그리스도의 백성이다"라고 말씀하고 계시는 것이다. 들을 귀 있는 자는 들으라! 이렇게 알이랑 민족 한국인은 나라꽃까지도 그들이 주님의 백성이라는 사실을 계시하고 있다. 이것은 하나의 '자연계시' 이다.

왜 하느님은 이렇게 '자연계시' 까지 사용하시어 우리 한국인이 '하느님의 택함 받은 선민' 이라는 사실을 거듭 가르쳐 주시는 것일까? 그 이유는 '특별계시' 인 성경 말씀만 갖고는 한국인이 욕단계 선민이라는 사실을 더디 믿는 자들이 있을 것을 뻔히 아시기 때문이다. 놀라운 사실이 아닐 수 없다. 그래도 보지 못한다면 그야말로 눈먼 자이지 않겠는가? "여호와여 원컨대 저의 눈을 열어서 보게 하옵소서!"(왕하 6:17).

애국가는 찬송가

우리나라 국가인 애국가는 국가 이상의 노래이다. 애국가는 주님을 찬양하는 찬송가다. 그래서 1908년 한국 초대교회가 재판 발행한 '찬미가' 에 엄연히 실려 있었다. 애국가는 일제 강점기에 '찬미가' 를 통해 널리 보급되었던 것이다. 물론 작사자인 윤치호나 작곡자인 안익태, 두 사람 모두 기독교인이었다. 애국가가 찬송가인 까닭은 "하느님이 보우하사 우리나라 만세" 라는 가사 및 후렴구에 있는 "무궁화 삼천리 화려강산" 이라는 가사 때문이다.

무궁화는 '샤론의 장미' 로서 예수 그리스도를 상징하는 꽃이다. 따라서 "무궁화 삼천리 화려강산" 이라는 가사는 "예수 그리스도가 삼천리에 가득하여 빛나고 아름다운 강산" 이라는 뜻이다. 이러한 노래가 찬송이 아니고 무엇이란 말인가? 그러므로 한국교회는 애국가를 다시 찬송가에 수록하여 교회 안에서 자주 불려지도록 해야 할 것이다.

놀랍게도 욕단계 선민의 나라 대한민국은 국가도 찬송가다. 전 세계 어느 나라도 우리나라처럼 국가를 부르며 하느님과 예수님을 높여 드리는 나라는 없다. 심지어 벨렉계 선민의 나라인 이스라엘조차도 예수님은 국가 속에 계시지 않는다.

대통령 문장(紋章)의 영적 비밀

올이랑 민족 한국인이 이 땅위에 존재하고 있는 또 하나의 선민으로서 참으로 하느님의 특별하신 계획과 목적 아래 있는 백성이라면 이 나라의 진정한 통치자는 어디까지나 예수 그리스도이시다. 그렇지 않겠는가? 이러한 사실은 우리나라의 대통령 문장이 명확히 보여주고 있다.

▲ 대한민국 대통령 표장(標章)

'문장'이란 국가나 일정한 단체를 나타내는 상징적인 표지를 뜻한다. 우리나라의 경우 무궁화를 사이에 두고 두 마리의 봉황이 서로 마주 보고 있는 형상의 문장을 대통령 관련 표지로 쓰고 있다. 대통령이 수여하는 상장이나 상패, 혹은 휘장 등에 무궁화와 봉황을 새겨 넣고 있다. 그런데 왜 무궁화와 함께 봉황새를 대통령 문장으로 삼았을까?

대통령 문장에 무궁화와 봉황새가 그려져 있는 까닭은 '무궁화'로서는 '우리나라'를, '봉황'으로서는 '통치자'를 상징하기 위한 것이

▲ 봉(鳳)이 나무 위에서 태양을 향해 노래하는 그림.
그것은 세상이 평화롭고 번영할 좋은 징조로 간주되었다. 봉은 알이랑 민족 한국인을, 태양은 '하느님'을 상징한다(시 84:11; 말 4:2)

다. 봉황(鳳凰)은 고대로부터 동이족에게 왕의 상징물로 쓰였다. 임금의 흉배에 봉황무늬를 수놓거나 왕궁 깃발에 봉황을 장식한 것들이 그런 사례다. 즉, 우리나라 대통령 문장은 '대한민국 통치자(임금)'를 의미하는 것이다.

그러나 대통령 문장이 상징하는 것은 여기서 그치지 않는다. 더욱 깊고 신령한 또 하나의 뜻이 숨어 있다. 무궁화는 '샤론의 장미'로서 예수님을 상징하는 꽃이다. 따라서 왕을 상징하는 '봉황'과 예수님을 상징하는 '무궁화'를 같이 묶어서 해석하면 우리나라 대통령 문장은 다음과 같은 뜻이 된다 : '예수님은 왕이시다!'

아주 놀라운 사실이다! 세상에 이러한 나라가 어디에 또 있을까? 대통령 문장이 "예수님은 왕이시다"는 거룩한 뜻을 지니고 있는 나라는 오직 동방의 대한민국뿐이다. 누가 이런 일을 계획했는가? 그것은 사람이 결정한 것이 아니다. 하느님이 행하신 일이다. 이로서 우리는 한민족이 주님의 특별한 통치 아래 있는 욕단계 선민이라는 사실을 더욱 분명히 알 수 있는 것이다.

그뿐만이 아니다. 우리나라 대통령 표장에는 한 가지 더 놀라운 비밀이 감추어져 있다. 무궁화 좌우의 봉황새는 영적 존재인 '천사'를 상징한다. 봉황은 현실 세계에 없는 '신조(神鳥)'로서 고대에 동이족이 자기 민족을 대표하는 상징으로 삼았던 새다. 설문고문소증(設文古文疏證)의 새편(鳥部)을 보면 '鳳神鳥也出於東方君子之國'이라 하였는데, '봉이란 하느님의 새로서 동방 군자의 나라에서 나온다'는 뜻이다. '동방 군자의 나라(東方君子之國)'란 조선을 뜻한다.

그런데 여기에서 주목해야할 문구가 있다. 바로 '봉은 하느님의 새이다(鳳神鳥也)'라는 말이다. 그러니까 무궁화 양쪽의 봉황새 두 마리는 보통 새가 아닌 것이다. 그것은 영적 존재를 상징한다. 그렇다면 '신조(神鳥)' 곧 '하느님의 새'인 '봉(鳳)'은 무엇일까? 그것은 '천사'를 뜻한다! 우리는 성경에서 예수님이 항상 '두 천사'와 같이 나타나신 모습을 발견할 수 있다(행 1:10 ; 요 20:12 ; 눅 24:4 ; 창 18:2). 무궁화 좌우에 있는 봉황새 두 마리는 바로 그 '두 천사'를 상징한다.

---

* 봉황은 '봉(鳳)'과 '황(凰)'이 합성된 한자어로서, 봉은 수컷을 황은 암컷을 뜻한다. 본래는 암수를 구분하지 않고 '봉'자만 사용됐으며, 후에 암수의 개념으로 '황'자를 붙였다. 하지만 굳이 암수를 구별하여 말하지는 않는다.

아득한 옛적부터 동이족은 새를 좋아했다. 그래서 새의 깃털을 모자에 꽂거나 그것으로 머리를 꾸미는 것을 매우 선호했다. 왜냐하면 울이랑 고개를 넘어 동방으로 천동한 배달 동이겨레는 '한울님'을 공경했는데, 새는 '한울'을 날 수 있는 날개가 있어 한울님(한울님→하눌님→하늘님→하느님)계시는 한울(한울→하눌→하늘)을 누구보다 가까이 할 수 있기 때문이었다. 그 중에서 봉황은 새 가운데 으뜸으로서 지상과 천상을 잇는 신조(神鳥)였다. 고대에 동이족이 자기 종족을 대표하는 상징으로 '봉(鳳)'을 삼았던 까닭이 여기에 있었다.

실제로 하느님은 날개가 달린 '그룹' 또는 '스랍', 즉 천사들 사이에 계신다(출 25:18~20 ; 사 6:1~3). 날개를 가진 천사들이 하느님과 가장 가까이에 존재하고 있는 것이다. 즉 신조(神鳥)인 봉황은 하늘을 왕래하는 '천사'를 상징한다! 그러니까 우리나라 대통령의 문장은 "두 천사를 대동(帶同)하고 계시는 만왕의 왕이신 예수 그리스도"를 명확히 묘사하고 있는 것이다! 아주 기묘한 사실이 아닐 수 없다.

이와 같이 대한민국 대통령 표장에는 굉장히 놀라운 비밀이 감추어져 있다. 실로 우리 겨레는 대통령 문장까지도 한국인이 주 예수님의 특별한 통치 아래 있는 하느님의 백성이라는 사실을 확실히 보여주고 있는 것이다. 이것은 '자연계시'이다! "주님, 이 백성에게 보는 눈과 듣는 귀와 깨닫는 마음을 주옵소서!"

무궁화의 원산지와 분포 지역

한민족이 선택받은 백성, 욕단의 후손이라는 사실은 무궁화의 원산지 및 분포지역을 확인해 볼 때 더욱 분명해진다. 무궁화의 학명은 'Hibiscus syriacus' (a syrian mallow), 즉 시리아에서 온 꽃이라는 뜻이다. 원산지가 수리아 지방인 것이다. 오늘날에도 볼 수 있는 무궁화 모양으로 장식된 고대 시리아 제국의 건축물과 성벽에서 우리는 무궁화가 학명이 뜻하는 바대로 서쪽에서 온 꽃임을 분명히 알 수 있다.

그러면 언제 누가 무궁화의 꽃씨를 이 땅으로 가져 왔을까? 한국인의 조상 욕단이다. 무궁화의 꽃씨는 한국인의 시조 욕단이 그 자손들을 이끌고 울이랑 고개를 넘어 동방으로 올 때 가져왔던 것이다. 이것은 욕단의 이동 경로였던 중앙아시아 도처에는 지금도 무궁화가 산재

▲ 샤론의 장미(The Rose of Sharon), 무궁화

해 있다는 사실이 보증해 주는 것이다. 이것은 놓쳐서는 안될 중요한 사실이다. 무궁화의 분포지역과 욕단의 이동 경로가 일치한다는 것은 우리 한국인이 욕단의 후손임을 입증해 주는 하나의 고고학적 증거가 되기 때문이다.

국화(國花)란 그 나라의 자연, 풍토, 역사 및 문화와 관련이 깊은 식물이 자연스럽게 정해지는 것이다. 우리 겨레가 많고 많은 꽃들 중에서 무궁화를 나라꽃으로 삼을 만큼 아껴온 그 내면에 흐르는 정서는, 무궁화 꽃이 피어 있는 바로 그 지역에서 이동해 왔기 때문이다.

배달겨레의 꽃 무궁화

빛의 근원이신 하느님을 공경하던 알이랑 민족의 선조인 욕단 족속은 밝고 환한 것을 유난히 좋아하여, 광명의 본원지인 동쪽의 해 뜨는 땅을 찾아가는 것이 꿈이었다. 그래서 아침에 뜨는 태양을 따라 알이랑 고개를 넘어 쉬지 않고 동쪽으로 이동한 끝에 마침내 아시아 대륙의 동쪽 땅 끝에 도달하였다. 그리하여 아침에 해 떠오르는 "붉의 땅"(붉돌=배달)에 정착해 살게 된 민족이 욕단계 선민 우리 한국인인 것이다.

그래서 우리 겨레가 사는 땅을 '붉달' 이라고 했고, 이 밝은 땅에 사는 우리 겨레를 '붉달 겨레' 라 했다. 붉달 겨레의 이두문 음이 곧 '배달겨레' 인 것이다. '붉달' 과 '배달' 의 글자를 자세히 살펴보면 붉달의 '달' 은 땅(地)이란 말인데, 그것은 곧 양달(陽達)이 양지요, 음달(陰達)이 음지요, 빗달(傾斜地)이 비스듬한 땅인 것이다. 배달겨레란 '밝은 땅에 사는 겨레' 라는 뜻이다. 한국인의 시조 욕단은 이 밝고 환한 아침의 나라에서 온 백성이 밝고 환한 흰옷을 입고서 밝고 환한 빛 가운데 계시는 유일신 하느님께 날마다 제사하며 삶을 영위하는 제사장 나라를 건국했던 것이다.

무궁화가 '배달의 꽃'이 된 까닭은 그 꽃이 빛을 사랑하는 우리 배달겨레의 얼을 상징하듯 유난히 밝고 환한 것을 좋아하기 때문이다. 무궁화는 태양과 함께 피고 태양과 함께 진다. 무궁화는 그 꽃봉오리가 날마다 이른 새벽 태양과 함께 새로 피고, 오후가 되면 오므라들기 시작하여, 해질 무렵 태양과 함께 완전히 진다. 그리하여 무궁화를 일명 '조개모락화(朝開暮落花)'라고 말한다. 즉 해 뜨는 아침에 피고 해 지는 저녁에 지는 꽃이라는 것이다. 이 얼마나 빛을 좋아하고 어둠을 싫어하는 꽃인가? '샤론의 장미'는 예수 그리스도를 상징하는 꽃답게 어둠을 싫어하고 빛을 사랑한다! 올이랑 민족 한국인도 주님의 백성답게 밝고 환한 것을 유난히 선호한다. 그렇기에 동방 땅 끝 '붉의 땅'에 정착하여 '붉달겨레', 곧 '배달겨레'가 된 것이다!

무궁화가 '배달의 꽃'이 된 이유는 그 꽃이 우리의 민족성을 여러 면에서 상징하고 있기 때문인데, 그 중에 하나는 무궁화가 우리 배달겨레처럼 밝고 환한 것을 유난히 좋아한다는 것이다. 그리하여 무궁화는 '배달의 꽃'이다! 빛의 근원이신 하느님을 공경하는 욕단계 선민 우리 올이랑 민족의 꽃이다.

무궁화 꽃이 피었습니다!

사람은 어린 시절에 동무들과 함께 다양한 놀이를 하면서 자란다. 한국인이라면 누구나 "무궁화 꽃이 피었습니다!"라는 놀이를 해봤을 것이다. 우리가 "무궁화 꽃이 피었습니다!"라고 외칠 때, 그것은 다음 두 가지 환상을 예언적으로 선포하는 것이다.

첫째, '무궁화'는 예수 그리스도를 상징하므로, "이 땅에 푸르고 푸른 예수 그리스도의 계절이 올 것이다!"라고 선포하는 것이다. 그렇다! 그렇게 선포했던 대로 한국 교회는 선교 2세기를 맞이한 지금 5만 교회 및 1,200만 성도라는 경이적인 부흥을 이루었고, 곧 더 큰 부흥의 역사를 맞이하게 될 것이다. 왜냐하면 하느님께서 오랜 세월동안 숨겨 두셨던 자기 백성 욕단계 선민을 찾아 말세에 이 땅으로 반드시 임재하실 것이기 때문이다. 그것은 아주 강력한 방문이 될 것이다. 그 결과 과거에 어느 민족, 어떤 나라에서도 목도할 수 없었던 위대한 영적 부흥의 역사가 동방 한국에서 폭발할 것이다.

셈의 장막은 하느님의 거처이다! 신실하신 하느님은 당신의 거처인 셈의 장막을 찾아 마지막 때에 반드시 동방으로 오실 것이다. 그래서 장차 이 땅에서는 열방을 태우는 부흥의 불길이 거세게 타오를 것이다. 그때가 오면 만국 백성들이 하느님의 거처인 셈의 장막으로 말씀의 떡과 성령의 생수를 구하고자 재물을 들고 몰려 올 것이다. 그리고 우리 겨레의 나라꽃이 아득한 옛날부터 '샤론의 장미'라는 사실을 기이히 여기면서 이렇게 말할 것이다: "샤론의 장미가 당신들의 나라꽃인 것은 합당합니다. 왜냐하면 당신들은 주님의 백성이며, 이 땅 가운데는 주님의 임재하심이 있기 때문입니다!"

둘째, '무궁화'는 우리 겨레의 나라꽃이므로 "한국은 망하지 않고 반드시 다시 일어날 것이다!"라고 선포하는 것이다. 그렇다! 그렇게 선포했던 대로 20세기 초 일제로부터 수난을 당했고, 이어서 민족상잔인

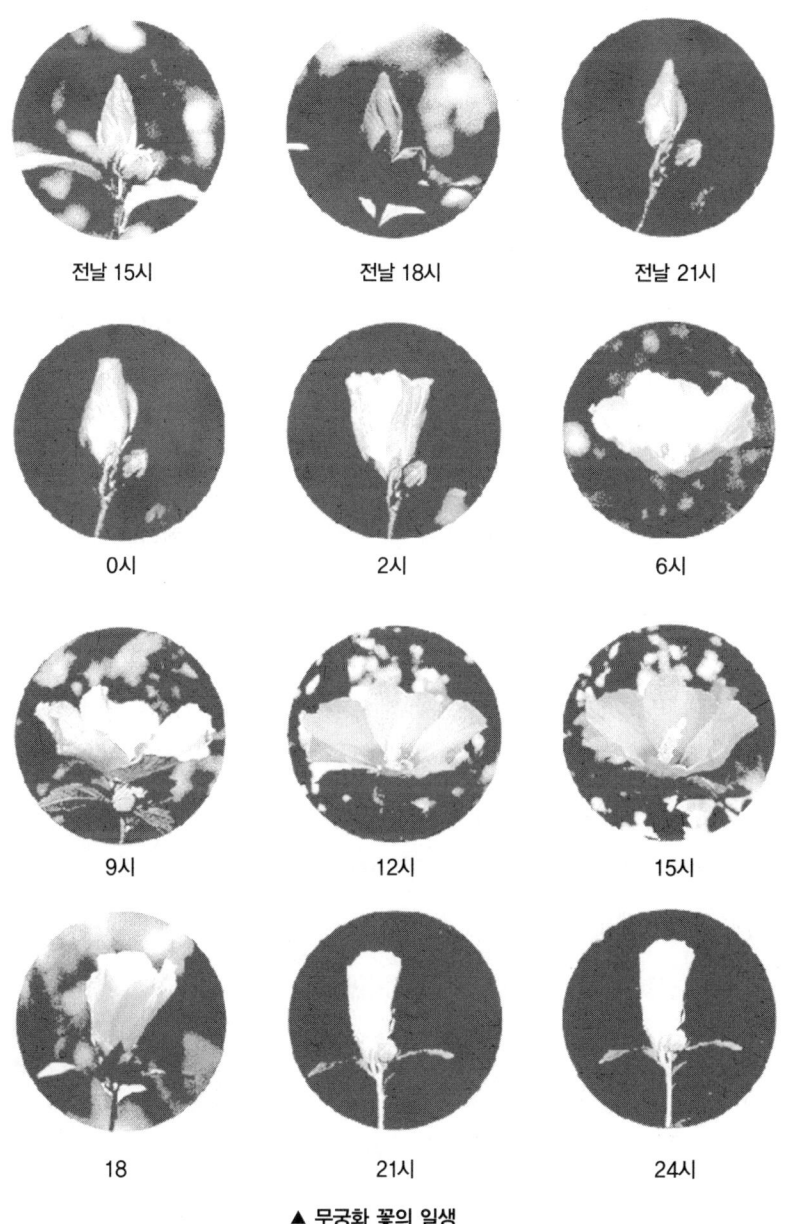

▲ 무궁화 꽃의 일생

6.25동란으로 혹독한 고난을 겪은 우리는 하느님의 은총으로 다시 일어섰다. 21세기의 한국은 작은 약소 열등국가가 아니다. 우리는 국토 면적은 작지만 현재 국민총생산(GDP) 규모 11위, 교역 규모 12~13위, 기술 수준 10~12위, 대외무역 비중이 73%에 이르는 중강국이다. 뿐만 아니라 올림픽도 개최했고 월드컵도 치렀다.

이제 역사적으로 형성된 '약소국, 열등국, 피압박·피지배국 콤플렉스'를 벗어날 때가 됐다. 무궁화 꽃이 핀 것이다! 그리고 마침내 통일 대한민국은 세계적 강대국으로 부상하게 될 것이다. 복의 근원이신 하느님께서 동방 땅 끝에 감추어 두신 자기 백성 욱단계 선민을 찾아 말세에 이 땅에 반드시 임하실 것이기 때문이다. 그리하여 마지막 때에 열방 백성들은 참으로 '셈의 장막'이 하느님의 거처라는 사실을 분명히 깨닫게 될 것이다.

"무궁화 꽃이 피었습니다!" 이 땅에 큰 영적 부흥의 역사가 일어나 푸르고 푸른 예수 그리스도의 계절이 올 것이다! "무궁화 꽃이 피었습니다." 우리나라는 결코 망하지 않을 것이며, 반드시 일어나 부국강민(富國强民)의 나라가 될 것이다! 그렇다! 말세의 한국은 주님의 은총으로 강하고 부한 '무궁화의 나라', 즉 예수(샤론의 장미)의 나라가 될 것이다. 할렐루야!

'무궁화'가 우리 겨레의 꽃이지만, 지금 우리나라에는 30년 이상이 된 무궁화나무는 120여 그루에 불과하다. 일제(日帝)가 이 땅을 강점하여 다스리던 때에 무궁화를 말살하려고 애를 썼기 때문이다. 특히 1919년의

3·1만세 운동 이후부터는 전국의 학교와 관공서에서 무궁화를 뿌리째 뽑아 버렸다. 나라꽃인 무궁화를 통해 민족정신이 자라나는 것을 막기 위해서였다. 그러나 우리의 책임도 없지는 않다. 해방 이후, 우리도 나라꽃인 무궁화 가꾸기에 인색했기 때문이다.

다른 나라들을 보면 각기 나라꽃을 가꾸는 정성이 각별하다. 무궁화는 아득한 옛날부터 우리 겨레와 함께 숨쉬어 왔던 민족의 혼이 담긴 나라꽃이다. 이제라도 무궁화 심기를 시작해야 한다. 나라꽃 무궁화를 가꾸고 지키는 일은 우리 민족의 얼을 가꾸는 일인 것이다. 특히 한국 교회는 나라꽃 무궁화를 심고 가꾸며 지키는 일에 더욱 각별한 정성을 기울여야 한다. 무궁화는 '샤론의 꽃(the Rose of Sharon)'으로서 아름다우신 구주 예수님을 상징하는 특별한 꽃이기 때문이다.

무궁화 깃발을 흔들며 주를 찬양하자! 그리고 교회의 마당과 정원마다 무궁화를 심자. 그리하여 우리의 어린 자녀들에게 우리 나라꽃 무궁화는 귀하고 아름다우신 예수님을 상징하는 '샤론의 장미(the Rose of Sharon)'라고 자랑스럽게 가르쳐 주자.

3. 건국 신화의 곰과 호랑이 그리고 쑥과 마늘

광활한 시베리아(시볼) 벌판이 태평양으로 내달리다가 몽골 고원과 마주치면서 펼쳐 놓은 만주 벌판. 태평양의 거센 파도가 아시아 대륙을 향해 몸부림치다 일본 열도를 넘어 밀려오는 동해 바다. 그 사이 대륙과 해양을 향해 양손을 뻗으며 맥박 치는 한반도.

이 동방의 드넓은 땅을 보금자리로 삼고 살아온 우리 한민족에게 아득한 옛날부터 전해오고 있는 신비하고 아름다운 건국신화가 있다.

바로 단군 개국설화이다. 곰과 호랑이가 등장하는 아래의 이야기는 그 설화의 절정을 이루는 부분으로서, 한국인이 욕단의 후손이라는 사실을 받쳐주는 유력한 단서가 감추어져 있다.

"그 때에 곰과 범이 같은 굴에 살며 항상 하느님께 빌되 원컨대 화하여 사람이 되어지이다 하거늘 하느님이 신령스러운 쑥 한 묶음과 마늘 20개를 주고 이르기를 너희가 이것을 먹고 100일 동안 일광을 보지 아니하면 곧 사람이 되리라 하셨다. 곰과 범이 이것을 받아먹고 자숙하기를 삼칠일만에 곰은 여자의 몸이 되고 범은 능히 지키지 못하여 사람이 되지 못하였다" (삼국유사, 고조선)

이렇게 해서 여자가 된 곰이 환인(桓因 = 하느님)의 아들 환웅(桓雄)과 혼인해서 낳은 아들이 조선(朝鮮)을 건국한 단군 왕검(檀君王儉)이었다.

단군 신화, 믿을 수 있을까?

앞의 이야기는 고려 시대의 승려 일연(一然)이 쓴「삼국유사」에 나오는 단군 건국 설화의 내용이다. 물론 곰이 사람이 되었다는 이야기를 그대로 믿을 사람은 없을 것이다. 그렇다면 단군 신화는 사료적 가치가 전혀 없는 허황된 옛날 이야기에 불과한 것일까? 그렇지는 않다. 신화란 매우 오래 된 옛이야기이다.

옛이야기란 오랜 세월동안 입에서 입으로 또는 문자로 전해 오면서 원형 그대로의 모습을 갖고 있지 않게 되기 마련이다. 더욱이 후대의 사람들이 자신들의 상상력을 동원해서 더욱 신비스럽게 만들어 놓은 것이 신화이다. 그렇지만 그 속에도 역사적 체험과 사실은 감추어져 있다.

한 예로 트로이 전쟁을 다룬 그리이스 시인 호메로스의 일리아드와 오디세이 이야기를 들 수 있다. 19세기 중엽까지만 해도 서양 사람들은 트로이 전쟁을 호메로스가 꾸며 낸 하나의 신화로만 생각하였다. 심지어 호메로스조차 전설상의 인물이라고 믿은 사람도 많았다. 그러나 19세기 후반 슐리만이 트로이의 유적을 발견하면서 호메로스가 노래한 트로이 전쟁이 사실이었음이 밝혀졌다.

단군 신화 역시 오랜 세월을 거치면서 어떤 이야기는 더해지고 또 어떤 이야기는 빠져버렸지만 아득한 옛날 우리 겨레가 체험한 역사적 사실을 전해 주는 것이다. 즉 단군 개국 설화는 단순한 신화가 아니라는 것이다. 따라서 단군 신화도 사료적 가치가 분명히 있다. 신화와 현실이 뒤섞인 신비로운 이야기 속에 우리 겨레의 역사적 체험이 담겨져 있기 때문이다. 바로 그 역사적 실체를 찾아내야 한다.

누가 단군을 믿을 수 없다고 했는가?

그러나 애석하게도 아직까지 많은 그리스도인들이 이 설화의 진정한 가치를 인식하지 못하고 한낱 단순한 신화로 간주하고 있다. 그리하여 단군을 역사적 인물이 아닌 신화에 등장하는 가상의 인물이라고 생각한다. 심지어 때로는 '우리는 곰의 자식이 아니다' 라며 비장한 자세로 목소리를 높이면서 단군을 부정한다.

그들은 단군을 그렇게 신화 속의 인물로 오해하게 만든 것이 일제

---

* 환인(桓因)이란 '桓'(光明)의 '因'(本源), 즉 '광명의 본원' 또는 '환한 근원' '밝은 근원' 이란 뜻이다. 우리 조상들은 창조주 하느님을 성경의 첫 장도 기록되지 않았던 아득한 옛적부터 '빛의 근원' 이신 분으로 알고 있었던 것이다(요일 1:5; 딤전 6:16). 환인(桓因)이란 빛의 근원이신 하느님을 동이문자(東夷文字)로 의역한 것이다.

의 식민사관이었다는 것을 모르고 있는 것이다. 일제 식민지 지배시기에 일본인 학자들은 단군 신화가 우리 겨레 최초의 국가인 고조선의 건국 설화라는 사실을 부정하기 위해 온갖 학설을 늘어 놓았다.

그들은 단군은 원래 묘향산의 산신 또는 평양 지방의 토지신이었는데 이것이 책에 기록되었다가 뒷날 몽고의 침입 때 고려인의 일치단결을 위해 건국 신화로 고쳐졌다고 주장했다. 심지어 단군 신화는 일연 등이 날조한 것이라고 주장하기도 했다.

물론 이들의 주장은 그 동안의 연구를 통해 전혀 타당하지 않다는 것이 입증되었다. 그런데 왜 일본 학자들은 그토록 단군을 부정하려고 했을까? 여기에는 일본 제국주의의 간교한 침략 논리가 숨어 있다.

20세기 초 조선을 강탈, 영구 지배를 꿈꾸던 일제의 가장 큰 고민은 조선이 그들보다 긴 역사를 가진 문화 민족이라는데 있었다. 구한말 조선 강점 당시 자기들의 역사는 기원 후 1700년인데 비해 조선의 역사는 기원전 단군 조선(고조선) 이래로 4200년이었기 때문이다. 조선 역사의 반에도 못 미치는 어린 역사를 가진 섬나라 일본이 조선을 강탈한 것이다. 이것은 마치 어린 아이가 할아버지와 같은 분의 멱살을 쥐고 흔드는 격으로서 그들 스스로 생각하기에도 논리적이지 않았다. 따라서 일제는 우선 그들의 역사보다 2천년 이상 앞서 있는 조선 상고사를 말살하는 것이 시급했다. 그 방법은 단군을 부정하고 단군 조선을 말살하는 것이었다.

게다가 교활한 일제는 단군을 말살하면 일석이조의 효과를 거둘 수 있다고 판단했다. 민족의 시조가 없어지는 것이니 한국인은 단군을 하나의 조상으로 하는 단일민족으로서의 민족적 긍지와 자부심을 잃게 되어 그 기(氣)가 꺾일 수밖에 없으며, 또 민족이 분열되어 서로 싸우게 만들 수 있다고 생각했다. 그러므로 일제 침략자들은 단군과 조선 고대사 말살 작업을 저들의 대조선 식민지 정책의 중요한 하나의 고리로 삼았던 것이다.

이를 위해 일제는 1920년대부터 우리의 역사를 날조·축소·왜곡·부정하는 작업을 조선 총독부 차원에서 대대적으로 시작하였다. 가장 먼저 우리나라 전국 각지에서 단군 관계 역사책들에 대한 전면적인 약탈과 소각활동을 단행하였다. 일제의 초대 조선 총독 데라우찌는 헌병들을 내세워 우리나라 전국 각지의 책방들과 향교, 서원, 개인 집들을 샅샅이 뒤져 조선을 영구히 지배하는데 장애가 될 수 있다고 보이는 단군 관계 역사책들을 비롯한 우리 민족의 귀중한 역사, 문화, 지리책들을 수십만 권이나 압수하여 불태우는 만행을 저질렀다. 이때 총 51종 20만권이나 되는 책들이 사라졌다. 그 후 일제는 유구한 우리 민족의 역사를 저들의 역사보다 뒤늦은 것으로 만들기 위해 조직적인 조선사 위조 작업을 감행하였다.

교활한 일제는「조선사」를 편찬함에 있어 자료가 부족하다는 구실을 걸어 단군조선의 역사를 빼버렸으며 이마니시 류(今西龍) 같은 역사 위조의 '명수'들을 내세워 단군은 후세에 꾸며낸 신적 존재이며 실재한 인물이 아니라는 것을 애써 '논증'하게하고 단군이 신화적 인물이기 때문에「조선사」에 서술할 수 없다고 하였다. 그렇게 일제는 한국 고대사를 말살하여 4천여 년 조선의 장구한 역사를 2000년으로 깎아내렸고, 자기 나라의 역사는 5백년을 소급하여 2200년 이라고 했다.

일제는 조선을 영구지배 하고자 그들이 만든 새로운 역사, 조작된 역사 설계도에 두 나라의 국민을 맞춰 일본을 형으로 조선을 아우로 하는 이른바 동조동근(同祖同根)의 한나라를 만드는 망상을 실현하고자 허구의 역사를 만들었던 것이다. 가소롭기 짝이 없는 소행이었다.

조선의 역사는 단군 이래로 4천여 년이었다. 따라서 장구한 한국역사를 축소하려 했던 일제 식민 사학자들은 필연 단군을 극구 부정했던 것이다. 단군은 역사적 인물이 아닌 신화적 인물이라고 애써 주장했다. 그리스도인으로서 현(現) 숙명여대 한국사 교수인 이만열 박사는 당시 일제 식민 사가들의 그 간교한 단군 말살 책동에 대해 다음과 같이 설명하고 있다.

"단군 연구가들은 단군에 관한 기록들이 신화적인 요소와 함께 사실적인 부분도 있음을 중요시 한다. 즉, '옛날에 단군이라는 분이 있어서 평양에 도읍을 정하고「조선」이라는 나라를 세우니, 중국의 요(堯) 임금과 같은 시기였다' 고 한 기록은 신화적인 내용이라기보다는 사실적인 기록이라는 것이다. 이 기록에 근거해서 예부터 단군을 우리의 조상으로 인식해 왔던 것이다. 물론 신화적인 부분으로 전해지고 있는 내용에 대해서도 그것이 역사적 사실의 어떤 부분을 일정하게 반영하는 것으로 보고, 그 기록에서 신화적인 내용을 벗기고 실체의 알맹이를 찾아내려는 작업을 게을리 하지 않았다…. 그러나 식민주의 사관론자들은 신화에 나타난 역사적 실체를 탐구하려는 데에는 노력을 기울이지 않고, 신화가 곧 역사일 수 없다는 전제하에 단군에 관한 기록을 왜곡하기에 급급했다. 그들은 단군 관계 기록에서 신화적인 요인을 부정하기 위해 앞서 말한 사실적 부분도 신화와 함께 거부해 버렸다. 이렇게 거부한 것은 신화가 역사일 수 없다는 표면상의 이유와는 달리 식민지 한국의 역사가 그들의 소위 2200 여년의 역사보다 훨씬 상한선이 높다는 것을 도저히 인정할 수 없다는, 말하자면 일종의 왜곡된 민족 감정 때문이었다."(이만열, 「우리 역사 5천년을 어떻게 볼 것인가」, 바다출판사, 2000, p.57)

단군 부정의 원흉(元兇) 이마니시 류(今西龍)

이렇게 단군을 말살하는 일에 전력을 기울인 인물이 일본인 어용 식민사가인 '이마니시' 이었다. 그는 일제 강점기에 조선 총독부 산하에 설치된 이른바 「조선사 편수회」의 수괴였던 자로서, '사설(史說)은 사료(史料)가 아니다' 라는 궤변으로 단군을 극구 부정했던 단군 말살의 일등공신이었던 인물이다. '이마니시' 는 단군을 부정하기 위하여 「삼국사기」 이외의 것은 한국의 고대 역사 자료로 인정할 수 없다고 주장하고, 「삼국사기」 이외의 사서(史書)는 모두 사서가 아니라 '사설(史說)', 즉 위사(僞史)라고 단정하였다. 특히 「삼국유사」〈고조선조〉에 나오는 단군 기사는 신화라고 못을 박았다.

그는 1930년 8월 22일 조선 총독부 중추원에서 열린 「조선사 편수회」 제4차 위원회에서 난데없이 터무니없는 사설론(史說論)을 들고 나와, '단군' 과 '고조선' 에 관한 기록들은 사료적 가치를 조금도 인정할 수 없는 '사설(史說)' 이라면서, 단군은 단지 신화의 인물이며, 신화는 역사적 사실이 아니므로 단군은 없었다고 했다.

그는 단군고(檀君考)라는 학위 논문을 발표한 지 2년 뒤인 1932년에 불과 나이 57세에 급사했다. 그의 이름은 금서룡(今西龍)이다. 풀이하면 '지금(今) 서쪽에 있는(西) 마귀(龍)' 라는 뜻이다. 성경에서 용은 마귀를 상징한다(계 20:2). 동쪽에 있는 자기 나라 일본을 떠나 지금 서쪽 한국으로 와서 마귀 짓을 하고 있으니 이름 그대로 금서룡(今西龍)

이다. 그래서 그가 급사한 것은 우연이 아닐 게다. 악의에 차서 마귀 짓을 하면 천벌 받는다.

당시 육당(六堂) 최남선(崔南善)은 단군 조선이 「조선사」에 수록되어야 한다고 역설했지만, '이마니시'를 비롯한 일제 어용사가들에 의해 묵살되었다. 일제 강점기에 「조선사 편수회」에서 편찬된 「조선사」 제1편 제1권은 신라 시조 혁거세 원년(B.C 57년)부터 시작된다. 그 해가 단기로 2277년이니까 일제 식민 사가들은 단군조선(고조선)이래 4천여 년의 장구한 조선 역사를 2천년 이상이나 날강도 같이 죽여 놓은 것이다. 전 세계적으로 이렇게 위대한 업적(?)을 이룩할 수 있었던 역사가들은 그 어디에서도 발견되지 않는다.

일제의 단군 말살과 한국사 왜곡

'이마니시'는 또 주장하기를, 삼국 이전의 우리 역사가 간혹 지나 사서에 기록되어 나오는데, 이들 기록의 많은 부분은 한반도에서 일어난 일이 아니라 만주 땅에서 일어난 사건이므로 한국사에 속하는 것이 아니라 지나사에 속하는 것이라 하였다. 그래서 단군(檀君) · 기자(箕子) · 위만(衛滿) 조선의 역사는 물론 부여와 삼한의 역사까지도 모두 한국사가 아니라 소위 '만주사'에 포함시켜야 한다고 주장하였다. 이것이 곧 악명 높은 만선사관(滿鮮史觀)이었다. 금서룡의 단군 말살론은 일제 말기에 대륙 침략을 위한 만선사관으로 그친 것이 아니라 8·15 광복 후의 한국사학에 영향을 끼쳐 단군신화론의 뿌리가 되고 말았다.

일제의 단군 말살론과 한국사 왜곡으로 인해 우리 민족사는 오천년사에서 이천년사로 단축되고 민족의 역사적 강역마저 좁은 한반도로 축소되었다. 게다가 우리는 광복 후의 국토 분단과 6·25의 어수선한 분위기 속에서 상고사와 만주 땅에 대한 역사적 관심을 잃고 말았다. 만주 땅에서 벌어졌던 우리 역사는 모두 우리 민족과 무관한 남의 나라의 역사, 즉 지나사로 여기게 된 것이다. 말하자면 눈 깜박하는 사이에 역사를 도난당하고 만 것인데, 도난당하고도 도난당한 사실을 모르는 그런 꼴이 되고 만 것이다.

광복 50년이 넘은 오늘에 이르도록 우리는 역사의 도난 사실을 모르고 지내왔고 이제 겨우 정신을 차려 도난당한 사실을 깨닫게 되었다. 그러나 그러한 왜곡된 역사관에 맞서 이미 우리 선배들은 어느 누구보다도 먼저 저들의 음모를 간파하고 상고사를 되찾아 반도사관을 극복하려는 투쟁을 시작했었다. 단군 문제야말로 민족사학 발전의 촉발제가 되었던 것이다.

일제 때의 민족사학자로 손꼽히는 분으로 백암 박은식, 무원 김교헌, 단재 신채호, 그리고 위당 정인보를 들 수 있으며, 거기다 더 추가한다면 육당 최남선, 무능거사 이능화 등을 들 수 있다. 모두 상고사를 되찾기 위한 역사 연구에 몰두한 분들이다. 그밖에도 많은 사람들이 일제 사학자에 암살당한 단군을 살려내기 위한 투쟁에 나섰으나 조선사편수회에 관여한 일부 사학자들의 묵비권 행사로 인하여 금서룡의 사이비 주장이 광복 후에도 죽지 않고 살아남고야 말았다. 역사 광복이 이루어지지 않은 것이다. 따라서 일제 35년의 국난을 통해 남겨진 가장 불행했던 일은, 일본 제국주의자들에 의해 단군이 말살 당했다는 사실보다도 일제 식민사학의 잔재가 8·15 광복 이후에도 그대로 계승되었다는 사실이다(박성수,「단군문화기행」, 서울: 서원, 2000, p.203~204).

단군은 고조선을 건국한 역사적 인물

우리나라의 역사를 축소 왜곡하려는 일제 어용 식민주의 역사가들에게 단군의 문제는 늘 하나의 걸림돌이었다. 단군을 역사적인 사실로 인정해 버리면 한국의 건국 역사가 약 4,300년에 이르게 되기 때문이었다. 그러므로 그들은 단군이나 단군 조선에 대한 역사적 기록을 철저하게 무시하고 왜곡했던 것이다.

그런데 아직까지도 한국 교회의 일부 무지하기 짝이 없는 그리스도인들이 과거 일제 식민 사학자들이 한국 상고사를 말살하기 위해 주장했던 논리를 마치 앵무새처럼 되풀이하고 있다. "단군은 신화다"라고. 이는 서글픈 일이다. 학문적 검토 없는 한국 교회의 이와 같은 태도는 기독교회가 비이성적·비애국적 집단이라는 오해를 초래하고 있다. 이것이 선교 측면에서 얼마나 부정적인 영향을 교회에 끼치고 있는지 모른다.

단군에게 신화적 요소가 붙어 있다고 해서 그가 역사적 인물이 아니라고 하는 것은 당치도 않은 궤변이다. 가령 '박혁거세'는 박과 같은 알에서 태어났고, '김수로왕'은 하늘에서 내려온 금란(金卵)에서 태어났으며, '고주몽'도 유화부인이 끼친 알에서 태어났다고 되어 있다. 그런데 여기서 만약 박씨, 김씨, 고씨들을 향하여 "당신네들은 그네들의 시조 탄생에 신화적 요소가 붙어 있으니 그네들은 시조도 없는 씨족 집단이다"라고 했을 경우 과연 용납이 되겠느냐 말이다.

만약에 박혁거세, 김수로왕, 고주몽 등에서 신화적 요소가 기술되어 있다고 해서 그 인간적 존재 자체를 부정한다면 신라, 가락국, 고구려는 이 국가들의 개국 창건주를 누구라고 역사에 기록하겠는가? 또 그들의 직계 후손인 이 방대한 박씨, 김씨, 고씨 등의 현재 실존하는 후손 씨족들의 존재를 어떻게 부정할 것인가? 목전에 지금 이 땅에서 살고 있는 그 많은 씨족들을 유령적인 존재로 몰아 부칠 수 있겠는가?

우리는 자칫 그 실체를 둘러싸 놓은 장식품(신화) 때문에 실존한 사물 자체를 보지 못하고 아예 없는 것으로 착각하는 어리석음을 범하는 수가 많다. 마치 광대놀이를 하는 가면극을 보고 그 괴이하게 생긴 가면 속에 진짜 사람의 실물이 없다고 생각한다면 그야말로 얼마나 유치한 소견인가! 가면이라는 그 장식품만 보고 그 실상을 못 알아보는 몰이해가 없어야 할 것이다.

박혁거세, 김수로 왕, 고주몽이 신라, 가락국, 고구려를 개국한 역사적 인물이었듯이, 단군도 고조선을 개국한 역사적 인물이다. 그러면 단군은 누구인가? 앞서 말했듯이 창세기 10장에 보면, 셈의 후손 가운데 홍수 후 알이랑 고개를 넘어 스발(시베리아-만주)로 간 욕단이라는 사람이 있었다. 바로 그가 한국인의 시조 단군인 것이다. 단군은 알이랑 민족 한국인의 시조로서 분명히 실재했던 역사적 인물이다.

그러나 간교한 일제 어용 사학자들은 한국 상고사를 말살하려고 우리 겨레의 뿌리요 민족단합의 구심점인 단군을 극구 부정했다. 그들은 단군은 신화의 인물이며 신화는 역사적 사실이 아니기 때문에 단군의 존재는 믿을 수 없다고 했다. 단군에 관한 기록들을 한낱 허황된 옛이야기로만 단정하였다. 일제 식민사학자들은 단군 신화를 통해 커져 나갈 우리 겨레의 역사의식, 민족의식을 두려워했던 것이다.

단군을 말살시킴으로써 그들은 보기 좋게(?) 한국의 고대 문명사를 잘라 내어 무려 2천 2백여 년이란 장대한 민족사를 무(無)로 돌려 버렸다. 단군을 곰의 자식으로 알고 있는 일부 그리스도인들은 이와 같은 역사적 사실을 바로 알아야 한다. 원래 우리 겨레는 단군이 민족의 시조라는 사실을 조금도 의심하지 않았었다. 그런데 일제 강점기에 일제 어용 사학자들이 단군을 신화의 인물로 오해하게 만든 것이다.

1910년 이전인 구한말의 학부가 검인정한 역사 교과서인 고유상(高裕相)의 「오천년 조선역사」의 제1편 상고사 제1부 조선의 창국(創國)을 보더라도 "我東에 有國時代가 檀君으로부터 始하니라"고 하면서 다음과 같이 기술하고 있다.

> 第1章 檀君 朝鮮
> 檀君의 명은 王儉이니 桓因의 孫이요 神市氏 桓雄의 子라. 太白山(今白頭山)壇木下에 降生하사 神聖한 德이 有하심으로 國人이 推戴 爲君하여 國號를 朝鮮이라 하고 平壤에 都하니 卽 李朝開國 紀元前 3724년 戊辰이라.

"조선의 시조는 단군이시니 단군은 신이 아니요 인간이시라." 위당 정인보가 그의 「조선사 연구」에서 한 유명한 말이다. 다시 정인보의 말을 들어보자.

> "단군은 백두산과 송화강을 터전으로 잡고 조선을 만드셨으니 조선 민족의 여러 갈래는 단군으로부터 생기고 조선의 정치와 문화는 모두 단군으로부터 열리었다. 그러니 우리 선조 가운데 우리 민족에 끼친 흔적과 그림자가 있다면 모두 단군의 뛰어나심을 받들어 이룩된 것이다."

"우리 역사의 시작은 단군에서 비롯되었다."

이 말은 우리 한국인으로서 당연한 상식이다. 조선 시대에는 어린 학동들이 서당에서 이미 단군이 우리의 시조란 사실을 배워서 익히 알았고, 그 때 단군을 신화 속의 주인공으로 생각하는 사람은 한 사람도 없었다. 조선 후기의 실학자인 홍만종은 그의 「해동이적」에서 단군이 "1천 7백년이나 살았을 리 없다"고 하면서, 그것은 나이가 아님이 분명하다고 단언하였다.*

신화 속에 감추어진 현실

단군의 고조선 개국 설화에 신화적인 요소가 있다고 해서, 그것이 사료적 가치가 없는 것은 결코 아니다. 왜냐하면 그 신화적 내용은 단순히 허황된 이야기가 아니라 한국인의 역사적 체험을 반영하고 있기 때문이다. 단군 신화는 단순한 신화가 아니라 당시대의 역사성이란 근거 위에 그 시대상이 반영된 이야기인 것이다. 그것은 우리 겨레 영아기 때의 이야기로서 한국인의 역사적 체험을 담고 있는 귀중한 사료이다.

---

* **47대 단군이 다스린 동아시아 최초의 고대 국가 고조선** '단군' 이란 이름은 고유명사가 아니라 '붉돌임금' 이란 뜻의 보통명사이다. 「제왕운기」와 기타 여러 기록에 의하면 단군이 47대라고 하니, 건국한 이는 제대 단군이고 아사달에 입산(入山)한 이는 제47대 단군인 것이다. 이른바 단군이 조선을 건국한 지 천여 년만에 아사달 산에 들어가 신(神)으로 화(化)했다는 전설은 이와 같은 역사적 사실이 후대에 와전된 것이다. 단군이 도읍으로 정한 '평양'은 국도(國都 : 서울)를 의미하므로 처음의 평양은 백두산에 가까운 대륙에 있었고, 고구려의 마지막 평양이 대동강가에 있었던 것이다. 동아시아 최초의 고대 국가인 고조선은 현 북경(北京) 지역에서 남북 만주와 한반도 남부까지 아우르는 강대한 나라였다. 우리 한족(韓族)이 활약한 고조선 영역의 중심이 요동이었고 그 나라가 강대하였다는 사실은 일찍이 한(漢)·수(隋)·당(唐) 등의 여러 강국이 우리나라를 치러 간 곳이 요동이었고 지나(支那)가 만리장성을 쌓은 주목적이 우리 한족(韓族)을 막기 위함이었다. 고조선은 많은 강대한 분봉 제후들의 연합으로 구성된 크고 강한 나라였고 대(大)단군이 그 여러 나라의 소(小)단군을 거느린 천자(天子)였다(윤내현, 「한국고대사」, p.72~76, 삼광출판사 / 윤내현, 「우리 고대사」, p.166~169, 지식산업사).

따라서 그 속에 감추어져 있는 현실의 대지를 밟아보려는 노력이 필요하다. 즉 이 설화가 지닌 상징적 실재성을 주목하면서 그 안에 내재되어 있는 의미를 잘 간취(看取)해야 한다는 것이다. 그렇게 할 때, 비로소 우리는 단군 개국설화의 진(眞)모습을 올바로 이해하게 될 것이다. 단군 개국설화 속에는 놀랍게도 우리 겨레가 아시아 서쪽에서 동방의 산악지대를 넘어 이 땅까지 이동해 온 욕단의 후손이라는 사실을 입증해주는 고고학적 증거가 서술되어 있다. 바로 그것이 단군 신화의 절정을 이루는 부분인 곰과 호랑이, 쑥과 마늘에 대한 이야기이다.

(1) 그때에 곰과 범이 같은 굴에 있었다

단군 개국설화 가운데 있는 '시유일웅일호동혈이거(時有一雄一虎同穴而居)'라는 문구의 뜻은 무엇인가? 문사 그대로 '곰 한 마리와 호랑이 한 마리가 같은 동굴에 살았다'는 의미인가? 그렇지 않다. 실제로는 이런 일이 있을 수 없다. 그렇다면 곰과 범이 한 굴에서 살았다는 것은 무엇을 말하자는 것인가. 이 문구의 사실적인 뜻은 '그 때에 하나의 웅족(곰무리)과 하나의 호족(범무리)이 있었다'는 말이다. 즉, 이 문구 안에 내재되어 있는 현실적 의미는 '그 때에 하나의 곰무리(웅족)과 하나의 범무리(호족)가 있었다'는 뜻이다.

그러면 하나의 곰무리(웅족)와 하나의 범무리(호족)란 어떤 종족을 말하는가? 어떤 역사가는 이 문구가 당시 사회에 있었던 토템 신앙(Totemism)을 보여주는 것이라면서, 웅족은 곰을 숭배했던 부족이고 호족은 호랑이를 숭배했던 부족이라고 설명한다. 그러나 고대 한국인이 곰을 숭배했다는 증거는 없다. 한국인은 오히려 호랑이를 더 선호해왔다. 뿐만 아니라 한국인의 주변 종족들 가운데서 호랑이를 토템으로 삼았던 종족이 있었다는 증거도 없다.

하나의 웅족(곰무리)과 하나의 호족(범무리)이란 무엇을 뜻하는 것인가? 그 문구들의 진정한 의미는 한옛날 오늘의 중앙아시아에 위치하고 있는 우랄 산맥의 동쪽 천산 산맥(텅거리산: 天山 6,995m)에는 사람의 눈동자가 곰(熊)의 눈동자처럼 검은 빛을 지닌 민족(황인종)이 살고 있었고, 우랄 산맥의 서쪽 오늘의 코카서스 지방에는 사람의 눈동자가 호랑이(虎)의 눈동자처럼 새파란 눈동자를 지닌 민족(백인종)이 살고 있었다는 뜻이다. 혈(穴)은 산을 뜻한다(황상기, 「한국역사개론」, 桓國歷史學會, 1984, p.55, 148).

실로 단군 개국설화는 단순한 신화가 아니라 한민족의 거대한 서사시인 동시에 역사이다. 앞에서 자세히 확인했듯이 욕단은 홍수 후 스발(시베리아~만주)로 가기 위해 동양의 산악 지대로 이동했었다. 그 산악 지대의 하나가 우랄 산맥 동쪽의 천산 산맥이었다. 천산 산맥은 파미르 고지에서 동북쪽으로 갈라진 산맥으로, 욕단 족속이 한동안 무리지어 있었던 곳이다. 그때에 우랄 산맥의 서쪽 현 코카서스 지역으로 야벳 족속(백인종) 중 한 부족이 이동해 왔던 것이다. 성경 연구가들은 바벨 분산시 야벳 족속은 북쪽으로 가서 흑해와 카스피해에 정착하여 지금 유럽과 아시아에 거주하는 코카서스 사람의 조상이 되었다고 말한다(창 10:2~5).

즉, 「삼국유사」가 전하는 "그때에 하나의 곰과 하나의 호랑이가 같은 굴에 있었다"라는 문구의 현실적 의미는, 아득한 옛날 한때에 '곰무리(셈의 후손; 황인종)'와 '범무리(야벳의 후손; 백인종)', 즉 몽골리안(Mongolian)과 코카시안(Caucasian)이 똑같이 유라시아 대륙 내부의 고산지대에 서로 무리지어 살고 있었다는 뜻이다.

특히 중앙아시아의 파미르 고지는 세계의 용마름이라고 할 수 있는 곳이다. 이 파미르 고지에서 보면 손가락을 편 것처럼 산맥이 사방으로 찢겨 나갔다. 한국인의 조상인 욕단은 이 파미르 고지에서 동북쪽으로 갈라진 가지인 천산 산맥을 넘어 알타이 산맥을 지나 시베리아를 횡단하여 극동의 이 땅까지 이동해 왔던 것이다. 우리가 단군 설화를 이렇게 시간적으로 공간적으로 확대시켜 놓지 않으면 그 속에 있는 다른 신화적 요소들도 이해할 수 없을 것이다.

(2) 쑥과 마늘

한국인의 시조 욕단은 동양의 산악 지대들, 즉 파미르 고원→천산 산맥→알타이 산맥을 넘어 바이칼호수 북쪽의 시베리아를 가로질러 이곳, 극동의 새 땅으로 이동해 왔다. 그들이 천산 산맥을 넘을 때쯤 되어서 발견했던 식물이 바로 '쑥' 과 '마늘' 이었다.

그들은 중앙아시아와 시베리아에서 이 '쑥' 과 '마늘' 을 섭취하면서 동쪽으로 이동했던 것이다. 단군 신화에 '쑥' 과 '마늘' 이야기가 등장하게 된 역사적 배경이 바로 여기에 있다. 그러니까 단군 개국신화에 나오는 '쑥' 과 '마늘' 의 이야기도 역사적 체험의 반영인 것이다.

식물학자들의 연구 기록을 보면 중앙아시아와 시베리아 지역에서 그 당시의 사람들이 발견했을 만한 식물 중에서 먹을 수 있는 것으로 '쑥' 과 '마늘' 두 가지가 있었던 것을 알 수 있다(김성일, 「성경으로 여는 세계사」, 신앙계, 1966, P.56).

"마늘(Allii bublus)은 서부아시아 및 중국이 원산지이며 특히 그 동류인 총백(Allii fistulosi bulbus)은 시베리아가 원산지이며 한국, 중국, 일본 등지에서 재배되고 있다."

"쑥(Artemisia vulgaris folium)은 서부아시아와 시베리아가 원산지이고 한국, 중국, 일본 등지에서 채취되고 있다."(한대석, 「생의학」, p.263, 344)

"쑥은 약 30여종이 있으며 그 중에서 특히 비단쑥, 구와쑥, 흰쑥, 금쑥, 털산쑥, 물쑥, 그늘쑥 등은 중앙아시아와 시베리아 및 중국, 한국, 일본 등에 분포되어 있다."(학술 계간지 「동서의학」, 1985, 제10권 2호).

한국인의 선조 욕단 족속은 아시아 서쪽에서 중앙아시아를 지나 시베리아를 거쳐서 만주 지역에 이를 때까지 바로 이 쑥과 마늘을 삶아 먹거나 생식하면서 고달픈 행진을 계속했던 것이다. 고조선 건국 설화에 등장하고 있는 '쑥' 과 '마늘' 은 이와 같은 한국인의 역사적 체험을 반영하고 있는 것이다.

그런데 여기서 주목해야 할 사실은 '쑥과 마늘' 의 분포지역이 한국인의 조상 욕단의 이동 경로와 일치한다는 것이다. 실로 이것은 한국인이 욕단의 후손이라는 사실을 힘있게 받쳐주는 또 하나의 고고학적 증거이다.

'곰' 은 '쑥' 과 '마늘' 로 연명해 가며 추운 시베리아를 지나 끝까지 대이동의 행렬에 참여한 사람을 가리킨다. 우리 '알이랑 민족' 배달 동이 겨레는 근본적으로 매서운 추위를 견디며 커왔던 전통적인 기마 민족(騎馬民族)이었다. '호랑이'는 시베리아 횡단의 대장정에 따라 나섰다가 춥고 배고픈 유랑의 고초를 더 이상 견디지 못하고 타림 분지와 인도 쪽으로 갈라져 나간 야벳 족속의 일부였을 것이다.

단군 개국설화는 시간이 압축되어 있기 때문에 그 서술 내용을 시간적으로, 공간적으로 확대시켜 놓고 이해해야만 그 참모습이 나타날 것이다. 즉, 우리는 적어도 단군 개국설화의 배경을 시간적으로 인류문명 여명기에서부터, 공간적으로는 동북아 일대가 아닌 중앙아시아 일대의 우랄 산맥과 천산 산맥 부근에 옮겨다 놓고 보아야 한다는 것이다.

이렇게 그 무대를 확장시켜 놓아야만 그 속에 감추어져 있는 선조들의 역사적 체험을 바로 간취하게 될 것이며, 이 설화가 반영하고 있는 역사적 실체, 곧 현실적 의미를 놓치지 않게 될 것이다. 단군 개국설화는 교활한 일제 어용 식민사가들의 이론처럼 사료적 가치가 인정될 수 없는 단순한 신화가 결코 아니다. 그것은 사료적 가치를 풍부하게 지니고 있는 사화(史話)인 것이다.

한국 교회가 부정해야 하는 것은 단군의 신격화이다

고조선 건국 설화는 단순한 신화가 결코 아니다. 그것은 우리 한민족의 역사적 체험을 담고 있기 때문이다. 다만 고조선을 한국사에서 삭제시키려 했던 일제식민사가들의 '단군 말살 음모'가 그것을 한낱 사료적 가치가 전혀 없는 신화로만 규정했던 것이다.

이제 '단군은 신화에 등장하는 곰의 자식이며 역사적 인물이 아닌 가상의 존재'라는 그릇된 생각을 버려야 한다. 그것은 우리 역사의 상한선을 낮추기 위해 '사설(史說)은 사료(史料)가 아니다'라는 궤변으로 단군을 부정하고 단군 조선을 말살했던 일제 어용식민 사학자들의 식민사관이었다. 우리는 유구한 반만 년 역사를 가진 민족임을 자처하고 있다. 그 반만 년은 역사의 기점이 되는 단군의 실재를 부인하면 우리 민족의 설 땅이 무너져 버리고 말 것이다.

단군(욕단)은 약 4,300년 전 조선을 건국한 역사적 인물이다. 한국 교회의 그리스도인들이 신앙적으로 거부해야 하는 것은 단군이 아니라 단군을 신격화하려는 운동인 것이다. 그러나 한국 교회는 단군의 신격화를 막는다는 명분으로 상고사에 대한 학문적 검토는 전혀 없이 단군의 존재를 부정하는 듯한 자세를 취하고 있다. 이는 부끄러운 일이다. 한국 교회가 부정해야 하는 것은 역사적 국조로서의 단군이 아니라 종교적 교조로서의 단군일 뿐이다.

만약 한국 교회가 단군의 신격화·우상화에 과민한 반응을 보인 나머지 단군 개국설화에 대한 학문적 검토 및 그 설화가 지니고 있는 민족사적 의미에 대한 탐구조차 거부하며 무조건 단군을 부정할 때, 한국 교회의 신앙적 주장들은 비기독교인 사회 혹은 기독교계 내부에서조차도 호소력을 잃게 됨은 물론 기독교회가 자칫하면 비애국적·반민족적이라는 오해를 뒤집어쓰게 될 것이다.

단군이 신화의 인물이라는 이론은 일제 어용사학자들이 식민주의 사관을 정립시키는 과정에서 내세웠던 논리였다. 그와 같은 이론을 한국 교회가 답습하는 한 한국 교회는 반민족적 행위를 선동하는 비이성적 집단이라는 오해를 면할 수가 없는 것이다. 그리고 결국 그것은 반기독교 정서를 확산시켜 민족의 복음화를 위한 한국 교회의 선교 사역을 방해하는 요인이 될 것이다. 이미 한국 교회는 그 대가를 상당 부분

치르고 있다.

한국 교회는 단군 신화를 단순히 하나의 신화나 특정 종교의 교리와 관련된 문헌으로서가 아니라 민족의 중요한 자산으로 인식하고 존중해야 한다. 나아가 우리의 상고사를 기독교 세계관에 입각하여 깊이 탐구해 그 결과로 얻은 역사적 진실을 민족적 에너지로 삼아야 할 것이다.

4. 배달겨레 · 백의민족(白衣民族)

하늘에 속한 하느님의 백성은 밝고 환한 것을 유난히 좋아한다. 왜냐하면 하느님이 빛 가운데 계시는 빛의 근원이신 분이기 때문이다(요일 1:5; 딤전 6:16; 엡 5:8; 벧전 2:9; 요 12:46). 열매로 나무를 분변한다(마 7:16~20). 다른 어느 민족보다 밝고 환한 것을 더욱 선호하는 것, 이와 같은 민족성은 분명히 천손민족의 표지이다(계 21:23~25, 7:9~17, 19:7~8; 전 9:8). 우리 알이랑 민족은 에벨로부터 셈계의 일신 신앙을 계승한 욕단계 선민이기 때문에 그와 같은 열매가 아주 뚜렷하게 있다. 그것이 곧 우리는 배달겨레 · 백의민족이라는 사실이다.

배달겨레

빛의 근원이신 하느님을 누구보다 공경하던 한국인의 직계 조상 욕단 족속은 밝고 환한 것을 지극히 좋아하여, 광명의 본원지인 동방의 해 뜨는 땅을 찾아가는 것이 꿈이었다. 그래서 아침에 뜨는 해를 따라 알이랑 고개를 넘어 동쪽으로 쉬지 않고 이동하다가 마침내 유라시아 대륙의 동쪽 땅 끝 '스발'에 도달하였다. 그리하여 가장 먼저 해가 뜨는 밝은 땅에 정착해 살게 된 백성이 우리 알이랑 민족이다.

그래서 우리 겨레가 사는 땅을 '붉돌' 이라고 했고, 이 밝은 땅에 사는 우리 겨레를 '붉돌 겨레' 라 했다. '밝달겨레' 의 이두문 음이 곧 '배달겨레' 인 것이다. '붉돌' 과 '배달' 을 어원적으로 살펴보면 밝달의 '달' 은 땅(地)이란 말인데, 그것은 곧 양달(陽達)이 양지요, 음달(陰達)이 음지요, 빗달(傾斜地)이 비스듬한 땅인 것이다.

'배달겨레' 란 '밝은 땅에 사는 겨레' 라는 뜻이다. 한국인의 조상 욕단은 이 밝고 환한 아침의 나라에서 온 백성이 밝고 환한 흰옷을 입고 밝고 환한 천국에 계신 하느님께 항상 제사하며 삶을 영위하는 신시(神市), 곧 제사장 나라를 건국했던 것이다.

백의민족

지나 사람들은 흰옷을 죽은 옷이라고 생각했기 때문에 검은 옷을 즐겨 입었다. '주례(周禮)' 의 춘관(春官) 사복(司服)조에 이르기를, 역질이나 기근이 크게 들거나 홍수·가뭄이 들면 임금이 흰옷을 입는다고 하였다. 흰옷을 성스럽게 생각하기는커녕 불길한 옷으로 여겼던 중국인의 색채관이 드러난다. 일본인들은 남색을 즐겨 입는다. 한편 서양에서는 검은 옷이 죽은 옷이다. 그러나 우리는 상복은 물론이고 일상복도 흰옷을 널리 입었다. 그리하여 우리 한민족을 '백의민족' 이라고 부른다. 실로 한국인은 고대로부터 근세에 이르기까지 백의(白衣)를 숭상하고 즐겨 착용해 왔던 '백의민족' 이다.

영국 왕립지리학회의 최초 여성회원이었고, 1894년 겨울과 1897년 봄 사이에 네 차례나 우리나라를 다녀간 이사벨라 비숍 여사는 1898년 「한국과 그 이웃 나라들(Korea and Her Neighbours)」이라는 책을 출간하

였다. 그 책에서 그녀는 한국의 빨래를 묘사하면서 흰옷을 이렇게 서술했다:

"한국 빨래의 흰색은 항상 나로 하여금 현성축일(顯聖祝日: the Transfiguration)에 나타난 예수님의 옷에 대해 성(聖) 마가가 언급한 '세상의 어떤 빨랫집도 그것을 그토록 희게 할 수 없다'는 말을 기억하게 했다." (이사벨라 버드 비숍 지음, 이인화 옮김, 「한국과 그 이웃 나라들」, 도서출판 살림, 1994, p.393).

잿물에 담가두었다가 펄펄 끓여서 순전한 흰색을 내게 하는 흰옷 빨래법이 그녀에게는 퍽 인상적이었던 모양이다. 비숍 여사 말고도 많

▲ 19세기 말, 선교사로 이 땅을 밟은 윌리엄 아서 노블(1888~1945) 목사가 카메라로 잡은 1920년대 한국 풍경, 남녀노소 모두 흰옷을 입고 있다.[출처 : 아서 노블, 「사랑은 죽음을 넘어서」(윤홍로 역, 포도원), 2001]

은 외국인들이 우리나라의 흰옷 풍습을 주목하였다. 다음은 조선 고종 3년(1866년)에 두 차례, 그리고 고종 5년(1868년)에 한 차례 내한한 독일 상인 오페르트(Ernest Oppert)의 관측 기록이다:

"조선 사람의 옷 빛 색깔은 남자나 여자나 대개가 다 희다. 저고리의 빛깔이 맑고 푸른 빛깔일 때도 있지만 바지 빛깔이 그럴 때는 없다. 그러나 어린이들은 도리어 가지각색 색깔의 옷을 입고 있는데, 가장 흔히 입는 옷 빛깔은 맑고 푸른색이 아니면 진홍빛이며, 잡색이나 검정색 옷을 입는 일은 매우 드물다. 대중이나 시민계층이 입는 의복의 재료는 국내에서 산출된 직물을 다소간 보기 좋게 바래서 만든 무명이다. 그러나 일반적으로 가장 흔히 쓰이는 것은 성글게 짠 일종의 삼베. 그러나 그렇다고 이 나라 사람들이 더 좋고 곱게 손질한 옷감을 만들어낼 줄을 모르고 있는 것은 아니다…(중략)…먼 곳에서 보면 그들의 흰 의복은 사랑스럽고 친근한 인상을 준다."(Ernest Oppert, Reisen Nach Korea, 韓沽劤 譯,「조선기행」, 서울: 일조각, 1974, p.90~92).

우리의 예술에 관해 많은 관심을 표명했던 일본인 야나기 무네요시(柳宗悅: 1889~1961)는 '조선의 미술'(新潮, 1922년 1월호)이란 글에서 우리의 백의풍속에 관해 이렇게 이야기 했다:

"늙은이나 젊은이나 남자나 여자나 다 같은 흰색의 옷을 입는다는 것은 어찌된 연유일까? 이 세상에는 나라도 많고 민족도 많다. 그렇지만 이처럼 기이한 현상은 어느 곳에서도 찾아볼 수 없다."

한국인이 이렇게 백의를 숭상함은 아득한 옛날부터 그러한 것으로, 수천 년 전의 부여 사람과 그 뒤 신라와 고려와 조선의 모든 왕대(王

代)에서 한결같이 흰옷을 입은 것은 그때마다 우리나라에 와서 보고 간 지나 사람들의 기록에 적혀있는 바이다. 따라서 한국인이 고래(古來)로 백의를 숭상한 사실은 의심의 여지가 없다. '삼국지 위지 동이전'의 '부여조'에는 이렇게 씌어 있다:

> "의복은 흰색을 숭상하며, 흰 베로 만든 큰 소매 달린 도포와 바지를 입고 가죽신을 신는다."

「북사(北史)」의 '열전 고구려조'를 보면 주몽이 도망치다가 세 사람을 만나는 장면이 나온다. 이때 한 사람은 삼베옷을, 한 사람은 무명옷을, 그리고 나머지 한 사람은 부들로 짠 옷을 입고 있다고 하였다. 이들이 입었던 옷들 모두 흰색에 가까운 소색(素色)이다. 「북사」와 「수서(隨書)」의 '신라조'에는 복색에서 흰옷을 숭상한다고 말하였다.

「구당서(舊唐書)」 '고구려조'에는, 의상과 복식에서 왕만이 오채(五彩)로 된 옷을 입을 수 있으며, 흰 비단으로 만든 관과 흰 가죽으로 만든 소대를 쓴다고 하였다. 반면에 백성들은 갈(褐)을 입고 고깔을 쓴다고 하였다. 같은 책 '신라조'에는 풍속, 형법, 의복 등이 고구려 · 백제와 대략 같으나, 조복은 흰옷을 숭상한다고 하였다.

애석하게도 이 시대의 백의풍속을 기술한 우리 스스로의 기록은 없다. 그러나 지나(支那) 사람들의 기록을 통해 고대 사회에서 우리 민족이 흰빛을 숭상했음을 알 수 있다. 다만 귀족과 민중의 차이가 있었을 것이다. 고구려의 경우 왕은 오채(적, 황, 청, 백, 흑) 옷을 입어 민중들과 차별을 두었다. 민중들의 옷은 흰색에 가까운 소색인 삼베나 무명옷이었던 반면, 지나 복식을 받아들인 지배층은 채색 옷을 입었던 것이다.

고려와 조선 시대에도 흰옷 선호는 바뀌지 않았다. 명나라 사람 동월(董越)은 「조선부(朝鮮賦)」란 책에서 이렇게 말했다:

"옷은 흰데 굵은 베옷이 많고, 치마는 펄럭거리는데 주름 또한 성글다."

그리고 조선 시대의 흰옷 선호도는 그대로 구한말까지 이어졌던 것이다. 실로 한국인은 아득한 옛날부터 늙은이나 젊은이나 남자나 여자나 모두 똑같이 흰옷을 입고서 생활하였던 독특한 의복문화를 가진 민족이다. 이 세상에 나라가 많고 민족도 많으나 모든 백성이 흰옷을 입는 이와 같은 특별한 습속은 어느 나라에서도 찾아볼 수 없다. 이 무슨 까닭인가. 더욱이 흰옷은 쉬 더러워지니 빨래를 자주해야 될 것이요, 또한 자주 빨면 쉬 해어질 것이었다. 여러 모로 비경제적이다. 그런데도 왜 한국인은 한결같이 흰옷을 숭상하였고 백의를 즐겨 입었을까?

일제 식민사관론자들의 이론처럼 염료 부족과 염직 기술의 부진 때문이었는가? 결코 그렇지 않다. 우리나라의 염직 기술은 지나보다 우수하였다. 1750년대의 궁중 옷을 보면 1400여건 중ㆍ홍색 계통이 915건으로 거의 반을 점하고 있으며, 나머지는 감색, 자색, 청색, 녹색 등으로 다양한 색상의 옷을 만들어 입었었다(이양섭, 논문 요약, 경향신문, 1982, 1, 18, 10면). 궁 밖의 일반 백성들도 아이들은 색동옷을 입었고 기녀(妓女)들도 다양한 색깔의 옷을 착용하였다. 우리나라는 동양 3국 중 가장 높은 수준의 염색 기술과 미적 감각을 소유한 문화 민족이었다.

삼베나 마 같은 옷감을 그대로 입을 수밖에 없는 낮은 수준의 염료 기술 때문에 흰옷 선호가 이루어졌다는 일제 어용 식민 사가들의 간교한 주장은 실로 어불성설(語不成說)이다. 그렇다면, 하다못해 때 안타게 먹물이라도 들여 입었을 것이 아닌가? 지나 사람들이 검정 옷을 즐겨 입은 것과 비교하여 우리가 흰옷을 선호한 것은 민족성의 차이로 보아야 할 것이다.

그러면 우리 겨레는 왜 흰옷을 입었는가? 가장 한국적인 문물, 가장 한국적인 문화 현상의 하나인 백의(白衣)! 이 백의 착용의 동기와 백의 숭상의 유래는 무엇이란 말인가? 우리 민족의 흰옷 선호는 민족 형성 과정에서부터 시작된 원초적인 것이다. 우리 겨레는 '알이랑 민족'으로서 하느님을 섬기는 유일신 신앙으로 민족사를 시작한 하느님의 백성이다. 하늘 백성인 우리는 품성은 밝고 환한 것을 유달리 좋아했다. 특히 흰 빛은 하느님의 광명을 표시하는 의미로 신성하게 알았다. 그리하여 그들은 처음부터 밝고 환한 흰옷을 선호하였다. 흰 색은 모든 색깔 가운데 가장 밝은 색이다.

고대 한국인은 천지만물의 주재자가 되시는 분이 '빛 가운데 계시는' 하느님이시라고 알고 자기네들은 그 '하느님의 자손'이라고 믿었는데, 빛의 근원이신 '하느님의 광명'을 표시하는 의미로 흰 빛을 신성하게 알아서 밝고 환한 흰옷을 자랑삼아 입다가 온 민족의 풍속을 이루고 만 것이다. 즉 우리 겨레가 흰옷을 즐겨 입게 된 풍습은 종교적인 이유(천손민족·제천사상)에 있고, 어떤 다른 원인으로부터 기인한 것이 아니다. 한국인은 빛 가운데 거하시는 하느님의 백성이므로 '하느님의 광명'을 표시하는 '밝고 환한' 흰옷을 입었던 것이다. 고대 한국인은 이 밝고 환한 흰옷을 입고서 항상 하늘의 하느님께 천제를 드리며 생활하던 제사장 백성이었다. 바로 이것이 우리 겨레가 백의민족이 된 단 한 가지 유래이다.

하늘은 빛이다. 그래서 하느님의 백성인 우리 겨레는 빛의 옷인 흰옷을 즐겨 입은 백의민족인 것이며, 사는 땅도 빛이 시작되는 동방의 끝에 자리 잡았던 것이다. 그러므로 배달겨레, 백의민족은 곧 하느님의 백성을 상징한다. 하늘의 자손이라 믿었던 우리 민족은 흰옷을 숭상해서 일상복은 물론이고 상복으로도 흰옷을 널리 입었다. 때가 쉽게 타므로 빨래하기가 힘든 비경제적 색깔임에도 불구하고 이러한 흰옷 선호 습관은 고대 사회로부터 구한말까지 장구하게 이어지다가, 해방 이후 미군 진주와 더불어 양복과 양장의 원색(原色) 문화가 대대적으로 몰려오면서 최근 50년간 퇴색되었던 것뿐이다.

에벨로부터 셈계의 일신 신앙을 계승한 한국인의 조상 욕단 족속은 빛의 근원이신 하느님을 지극히 공경했었다. 또한 하늘 백성인 그들은 하느님의 백성답게 밝고 환한 것을 유난히 좋아하였다. 그리하여 아침에 해가 떠오르는 '붉의 땅'(배달) 극동아시아까지 수만리를 이동해 와서 흰옷 입고 하느님을 섬기는 '배달겨레 · 백의민족'이 된 것이다.

이 두 가지 사실은 우리 겨레가 얼마나 밝고 환한 것을 좋아하는 민족인지를 여실히 보여준다. 실로 그것은 우리 한국인이 욕단계 천손 민족이라는 분명한 증거다. 우리는 이 한 가지 사실만으로도 지나인이나 일본인, 몽골인은 욕단 계열의 선민이 아니라고 충분히 단언할 수 있다.

5. 고대 한국인의 산정제사와 제천신앙

우리 한국인은 대홍수 후 알이랑 고개를 넘어 동방으로 와서 배달나라를 세운 셈의 셋째 아들 알붉샷의 손자 에벨의 둘째 아들 욕단의 후손으로서 민족사를 창조주 하느님을 섬기는 유일신 신앙으로 시작한 천손민족이다. 이와 같은 사실은 그 증거들이 매우 많이 있지만, 무엇보다 오래 전부터 불러온 겨레의 노래 '알이랑'이 명백히 입증해 준다. 왜냐하면 '알이랑'은 '하느님과 함께'(With God)라는 의미를 지니고 있는 종교적인 말이기 때문이다. 즉 '알이랑'은 우리 겨레가 셈족의 '유일신 신앙'으로 민족사를 시작한 하느님의 백성이라는 사실을 보여주는 아주 분명한 '물증'인 것이다. 그렇기에 한민족 고유의 종교는 다신숭배가 아닌 '제천신앙'이었다.

천손민족의 종교 제천신앙

고대에 한국인은 '제천의식'을 거행하여 창조주 하느님을 섬겼다. 더욱이 한국인은 하느님을 표상하기 위해 어떠한 우상도 만들지 않았다. 다만 제단을 쌓고 천제(天祭)를 드렸을 뿐이다.

단군조선시대에는 제천의식이 북으로는 백두산에서, 남으로는 강화도 마리산 산정(山頂)의 참성단에서 행하여졌다. 백두산은 단군과 조선족이 제천하던 곳이고, 우리 조상이 제일 먼저 정착하여 개척한 곳은 지금의 하얼빈을 중심으로 한 송화강 연안 요동평야이다. 송화는 고대에 소밀, 속말, 소머리 즉 우수(牛首)라고 하였다. 흰 소를 잡아 제천하던 데서 비롯되었다고 한다. 소머리라는 지명은 후일 민족이동과 함께 강원도, 춘천, 경주, 그리고 일본 각지로 전파된다(최태영,「한국 고대사를 생각한다」, 서울: 눈빛, 2003, p.125).

산정에서 거행했던 이 제천의식은 고조선 붕괴 후 열국시대(列國時代)와 삼국시대(三國時代)에 계승되어 한결같이 국중대회(國中大會)로 성대히 치러졌다. 곧 부여는 매 10월에 제천(祭天)하고 주야가무(晝夜歌舞)하였으니 이른바 영고(迎鼓)라는 국중대회를 열었고, 예맥은 매 10월에 제천하고 주야가무하였으니 무천(舞天)이라는 국중대회를 열었고, 마한은 매 10월에 농사를 마치면 국읍(國邑)이 한 사람을 제주(祭主)로 하여 제천신(祭天神)하니 이른바 천제(天祭)라는 국중대회를 열었고, 고구려는 매 3월과 10월에 제천(祭天)하니 이른바 동맹(東盟)이라는 국중대회를 열었고, 백제는 매 4월 중월(仲月)에 제천(祭天)하니 이른바 교천(郊天)이라는 국중대회를 열었고, 신라는 매 10월에 제천하니 이른바 답지위절(踏池爲節)이라는 국중대회를 열었다. 하느님께 제사하기 위해 나라 전체가 움직이고, 흰 옷 입은 백의의 백성들이 다함께 노래하고 춤추며 흥겨워하였다. 이 제천행사야말로 동이문화의 정수(精髓)이며, 우리 문화의 본성(本性)인 것이다.

하느님께 제사하는 제천의식은 동방에서는 최초에 백두산 산정에서 거행되었다. 바로 우리 한국인의 시조 단군이 약 4300년 전 조선을 건국할 때 먼저 백두산정에 올라 하느님께 정성스레 천제를 드렸을 때다. 단군이 그렇게 창조주 하느님을 위해 제사를 드렸던 까닭은 그가 '알이랑 정신', 곧 '하느님 중심 사상'과 '신본주의 정신'을 소유한 하느님의 사람 '욕단'이었기 때문이다.

백두산정에서 천제를 드렸다는 사실은 백두산에서 발견된 고대 제단 무더기가 뒷받침해 준다. 1995년 6월 27일자 중앙일보는 "백두산에서 고대 제단 무더기 발견"이라는 꼭지 글 아래 백두산에서 고대 제단 무더기가 발견되었음을 아래와 같이 보도하였다.

"백두산의 고대 제단 무더기는 중국 아마추어 고고학자 리수린이 발견하였다. 추정연대는 4천 년 전까지 거슬러 올라간다. 이 돌무더기 제단은 양 40기를 드릴 수 있는 고 제단이다. 이 돌 제단의 용도에 대하여 윤내현(단국대 박물관장)은 다음과 같이 소개하고 있다: 제단 주위에서 수백 개의 적석총군과 마을유적이 확인됐다고 하는데 이는 이 지역에 고조선의 지배층 그 중에서도 종교적 지도자들이 거주하고 있었음을 알게 해준다. 또 돌로 만든 제단과 적석총이 발견된다는 사실은 이 유적이 우리의 고대 문화유적이라는 점을 분명히 해준다. 중국의 황하 유역에서는 이런 류의 유적 발견 예가 없기 때문이다. 더욱이 이곳에서 발견된 둥근 형태의 제단은 요령성 서부의 홍산문화 말기 유적과 비슷한 것으로 홍산문화가 우리 민족의 고대 문화 속

▲ 노아의 방주가 정박했던 만년설로 유명한 터키 동북부의 아라랏 산 전경
터키어로 '아르 다으', 즉 '아르 산'이라고 불리워진다. 왼쪽 만년설을 쓰고 있는 봉우리가 '대 아르'이며, 오른쪽 봉우리는 '소 아르'이다.

에 포함되어야 한다는 점을 말해 주는 것이다."

백두산은 단군이 고조선을 세운 곳이다. 그러므로 이러한 제단의 발견은 고대 한국인이 집단적으로 하느님께 천제를 드렸음을 입증하는 것이다.

동방 최초의 산정제사였던 백두산 천제 이후 '산정'에서 하느님께 제사 드리는 관습은 우리 겨레의 생활 속에서 계속 되었는데, 강화도 마리산(마니산의 원래의 이름으로 '머리산'이라는 뜻이다)을 비롯해 황해도 구월산, 강원도 태백산 등지의 산정에는 우리 한국인의 선조가 하느님께 제사를 드린 제천단이 남아 있다.

이와 같은 역사적 사실은 우리 겨레가 고산숭배 민족이었음을 의미하는 것이다. 이것은 한갓 우연이 아닌데, 이웃 민족인 지나만 하더라도 그들은 고산숭배 민족이 아니기 때문이다. 그들은 제사를 그냥 들판에서 지낸다. 이를 '교제(郊祭)'라고 한다(최남선, 불함문화론).

그러면 한국인의 선조들에게 있었던 이러한 고산숭배 사상과 산정에서 제사(천제)를 드리는 관습은 어디에서 유래한 것인가? 그것은 대홍수 후 노아가 아라랏 산정에서 하느님께 천제를 드린 것에서 비롯되었다(창 8:20).

아라랏 산정의 천제와 백두산 산정의 제천의식

아라랏 산은 노아의 방주가 머문 곳으로서 홍수 이후의 세대를 살아가는 우리 모두의 본향이라 할 수 있는 곳이다. 바로 거기 아라랏 산정에서 노아는 홍수 후에 제천의식을 거행하였다. 곧 단을 쌓고 '번제'를 하느님께 드렸던 것이다(창 8:20). 하느님은 아라랏 산정에서의 그 천제(天祭)를 열납하셨고, 그 높은 산정에서 노아를 다시 만나 주셨다. 하느님은 그 산정에서 생육하고 번성하여 땅에 충만하라고 복을 주셨고(창 9:1~7), 무지개(물지개)의 언약으로 다시는 홍수로 세상을 벌하지 아니하시리라고 약속하셨다(창 9:8~17).

그리하여 에벨로부터 노아의 일신 신앙을 계승한 셈계의 민족, 특히 셈족의 종가(宗家)인 욕단 가계의 백성에게는 아라랏 산은 '천산', 즉 '하느님의 산(알산)'이요 영원히 잊을 수 없는 '성산(聖山)'이 되었다. 뿐만 아니라 그날 이후에 그들에게는 하늘 높이 우뚝 솟은 높은 산은 하느님이 내려오시는 곳, 즉 성산으로 간주되었다. 바로 거기에서 고산숭배 사상이 형성된 것이다.

따라서 욕단계 선민인 우리 한국인의 선조들은 평지가 아닌 산꼭대기를 천제(天祭)의 장소로 선택하였고, 제사를 드리려면 당연히 제물을 준비하여 산꼭대기로 올라가야 했다. 우리 겨레는 예로부터 항상 하느님을 존중하는 동시에 산악을 경외하였는데, 이러한 고산숭배 사상과 산정제사의 관습은 그 기원이 바로 노아의 아라랏 산정에서의 제사에서 유래한 것이다. 단군이 조선을 건국할 때 백두산에 올라 평지가 아닌 '산정'에서 천제를 드렸던 까닭이 바로 거기에 있었다. 그것은 분명히 노아의 아라랏 산정의 천제를 답습한 것이었다.

이렇게 천제를 늘 산에서 거행하다 보니 후일 천제를 산제(山祭)로 오인하게 하였으며, 천신과 산신을 혼돈하게 만들었다. 그러나 제단의 위치가 본래 산 정상에 자리하지 산 중턱에 자리하지 않았다는 사실 하나만 보다라도 산제는 본시 천제였음을 쉽게 알 수 있다. 천신과 산신의 혼동은 이미 일연의 「삼국유사」나 이승휴의 「제왕운기」에 나타나고 있으니, 일연이 끝내 단군을 '아사달에서 산신이 되었다(於阿斯達 爲山神)'고 잘못 기록하고 있는 것이 그 예이다.

실로 단군이 백두산 산정에서, 또한 마리산 선정에서 드렸던 천제는 대홍수 후 노아가 아라랏 산정에서 거행했던 제천의식이 원형이었다. 그렇다면 우리는 단군을 욕단이라고 얼마든지 단정할 수 있다. 그는 앞서 살펴보았듯이 노아를 비롯한 홍수 이후 족장들과 함께 알이랑 고개를 넘어 아시아로 천동한 우리 한국인의 직계 조상이기 때문이다.

홍수 후 한 분이신 하느님만을 섬기는 유일신 신앙을 갖고서 '올이랑'(하느님과 함께) '고개를 넘어'(파미르 고원→천산 산맥→알타이 산맥) 동방으로 이동한 욕단은 정착과 동시에 당연히 셈족의 관습대로 평지가 아닌 높은 산인 백두산 산정에 올라 제단을 쌓고 하느님을 위해 천제를 거행하였다. 백두산이 오늘날까지 우리 겨레의 의식 속에 성산(聖山)으로 남아 있는 까닭이 바로 거기에 있다. 한국인에게 백두산은 평범한 산이 아니다. 백두산은 '천산(天山)'이요, '하느님의 산'인 것이다. 실로 백두산이 우리 겨레의 가슴 속에 영원히 잊을 수 없는 '성지'로 남아 있는 까닭은 단 하나 그것뿐이다. 그 높은 산정에서 욕단계 선민 한국인이 하느님께서 제사를 드리고 배달나라를 세웠기 때문이다.

우리 한국인에게는 천산(天山)인 백두산이 셋이 있다. 제1천산 백두산은 아라랏 산(해발 5,137m)이요, 제2천산 백두산은 천산 산맥의 최고봉인 텅거리 산(해발 6,995m)이요, 제3천산 백두산은 함경도의 백두산(해발 2,744m)이다. 한국인의 선조들은 이 모든 특별한 산에서 천제를 드리며 하느님을 섬겼다.

성경에도 산꼭대기는 하느님께서 특별히 임재하시는 곳으로 나타난다. 아브라함이 이삭을 하느님께 바치기 위해 올라간 산은 모리아 산이었고, 그는 거기에서 여호와 이레의 하느님을 만났다(창 22:2). 엘리야가 바알 선지자들과 대결하기 위하여 제단을 쌓은 곳도 갈멜산 꼭대기였고(왕상 18:20), 모세가 기도하고 하느님께로부터 십계명을 받은 곳은 시내산 꼭대기였으며(출 19:20), 아멜렉과 이스라엘이 르비딤에서 전쟁할 때에 모세가 산꼭대기에 올라 기도하여 승리하였던 것이다(출 17:8~13). 예수님도 높은 산에 올라가 변형되셨고, 하느님은 그 산정에 오셔서 "이는 내 사랑하는 아들이요 내 기뻐하는 자니 너희는 저의 말을 들으라"고 말씀하셨다(마 17:5). 이렇게 성경에도 산정은 하느님을 만나거나 예배하는 장소로 이해되고 있다.

그러나 우리 한국인의 선조들은 더욱 아득한 옛날부터 산정을 하느님께서 내려오시는 장소로 믿고, 산꼭대기에서 제천의식을 거행했다. 그것은 역사적으로 아라랏 산정에서 노아가 천제를 거행했을 때, 바로 그 산정에 하느님이 오셔서 노아의 제사를 열납하셨기 때문이었다. 즉 단군이 산정에서 드린 천제는 노아의 아라랏 산정의 제천의식을 그대로 답습한 것이었다.

벨렉의 가계에 없었던 욕단 족속의 제천신앙

한 분이신 하느님만을 섬기는 유일신 신앙을 가지고 알이랑 고개를 넘어서 시베리아를 가로지르는 대장정 끝에 백두산과 그 변두리에 정착한 한국인의 선조들은 우상 앞에 절하거나 제사한 바 없었다. 왜냐하면 그들이 처음부터 가진 종교는 창조주 하느님께 제사하는 '제천신앙' 이었기 때문이다. 욕단계 선민 한국인은 백두산 산정에서 그리고 마리산 산정에서 셈족의 장자답게 오직 유일하신 하느님을 위해

'제천의식'을 성대히 거행했을 뿐이다.

이와 같은 사실은 메소포타미아에 거주하던 욕단의 형제인 벨렉의 가계가 급속히 우상 숭배자들로 타락했던 것과 견주어 볼 때 그 신실함이 놀라운 것이다. 벨렉의 5대손인 아브라함의 아비 데라(창 11:1~26)는 이미 유브라데강 하구에 있을 때에 에벨이 전해 준 셈계의 일신신앙을 버리고 우상을 섬겼던 것이다(수 24:4). 아브라함 역시 애초에는 여타 이방의 족속들과 마찬가지로 우상 숭배자였으나, 하느님의 주권적 은총으로 말미암아 부름을 받음으로서 우상의 도시인 본토 친척 아비 집을 떠나 가나안 땅에 들어가 하느님을 섬기게 된 것이다(창 12:1~3).

참으로 욕단의 가계인 한민족의 선조들은 벨렉의 가계인 유대인의 조상들보다 더욱 신실하게 한 분이신 하느님을 섬겼던 것이다! 앞으로도 그럴 것이다. 아시아 동쪽에 거주하는 동부 히브리인인 한국인들이 아시아 서쪽에 거주하는 서부 히브리인인 유대인보다도 더욱 뛰어나게 우리 주 하느님을 섬길 것이다. 우리 겨레는 '알이랑 민족' 이요, 이 나라는 '무궁화의 나라', 즉 '샤론의 장미' 이신 '예수 그리스도의 나라' 이기 때문이다!

6. 고조선의 8조 금법

단군이 건국한 고조선에는 8조금법(八條禁法)이라고 하는 국법이 있었다. 범금팔조(犯禁八條)라고도 하는 이 법은 고조선 사회에서 모든 사람이 따라야 할 법으로 지켜지던 것으로 고조선 연구에 중요한 자료이다. 기록이 충분치 않아 고조선 사회의 문화를 자세히 알 수 없으나 지나(支那)의 역사서인 「한서」(漢書) 지리지(地俚志)에 8조금법의 일부인 3개 조항이 전해지고 있다.

◀ 「한서」 지리지에 실려 있는 8조 금법

- 사람을 죽인 자는 사형에 처한다.
- 남에게 상해를 입힌 자는 곡물로써 배상한다.
- 도둑질한 자는 그 집의 노비로 삼는다.

이상 3개의 금법만이 전해지고 있다는 것이 매우 아쉽다. 만약 없어진 5개 조항을 찾을 수 있다면, 우리는 고조선의 사회와 문화를 보다 자세히 알 수 있을 것이다. 그러나 어쩔 수 없이 우리는 알려진 3개 조항에 의해서만 당시 사회에 대해 배울 뿐이다. 아래는 교육부 인정 현(現) 고등학교 국사 교과서 30쪽 '고조선의 사회'에서 발췌한 것이다.

"고조선의 사회상을 알려주는 것으로 8조의 법이 있었다. 그 중에서 3개 조목의 내용만이 전해지고 있는데, 그것은 사람을 죽인 자는 사형에 처하며, 상처를 입힌자는 곡물로써 배상하게 하고, 남의 물건을 훔친 자는 노비로 삼는다는 것이다. 이러한 내용으로 보아, 당시 사회에서는 생명과 사유재산을 중히 여기고 보호하였음을 알 수 있다."

그렇다면 나머지 5개 조항은 어디로 사라졌는가? 그 5개 항목의 내용이 어떤 것이었는지 우리는 전혀 알 수 없는 것일까? 아니다! 천만다행히도 우리는 17세기에 저술된 사서(史書)인 규원사화(揆園史話)라는 책으로 말미암아 그 잃어버린 다섯 개의 금법이 무엇인지를 비로소 알 수 있게 되었다.

8조 금법이 다 수록된 사서 규원사화

「규원사화」는 단군 조선의 역사를 기록한 책으로 숙종 1년(1675년)에 북애노인(北崖老人)이 저술한 것이다. 그런데 우리가 주목해야 할 사실은 비록 이 책이 17세기에 저술되었지만 저자가 당시에 고기(古記)를 자료로 삼아 이 책을 썼다는 것이다. 「고기」란 고려 이전에 씌어진 사서를 말하는데, 고조선이나, 고구려, 발해 그리고 삼국시대의 왕계(王系)에 관한 이야기나 종교 행사에 관한 설화가 수록되어 있었다. 일제가 한국의 상고사를 말살하기 위해 우리 고대 사서들을 수집폐기하기 전인 조선말까지만 해도 「고기」는 많이 있었다.

「규원사화」는 바로 이 「고기」를 토대로 저술된 책이다. 따라서 그 서술 내용을 무시할 수 없다. 고기류 사서들은 삼국사기, 제왕운기, 삼국유사 등 고려 시대의 역사책에서도 많이 참고한 바 있지만 조선시대에 들어와서도 특히 세조 때에는 '동국통감' 편찬과 관련하여 근 20종의 「고기」를 어명(御命)으로 수집해서 궁중에 보관한 일이 있었다. 이러한 사례들은 「규원사화」의 사료적 가치를 부정할 수 없게 하는 것이다. 왜냐하면 「규원사화」는 어디까지나 「고기」를 기초로 저술한 책이기 때문이다. 그러므로 그것은 사료로서의 가치가 분명히 있다.

「규원사화」는 「고기」중에서도 발해 계통의 책을 참고하여 저술한 사서이다. 저자는 이 책을 쓰는데 고려 말의 이명(李茗)이 지은 진역유기(震域遊記)를 참고하였으며, 그 밖에 발해 유민의 사서인 고조선 비기(古朝鮮秘記), 조대기(朝代記), 삼성밀기(三聖密記) 등을 토대로 저술하였다. 고조선 비기, 조대기, 삼성밀기는 세조가 수압을 명령한 책이름에 나오며(조선왕조실록 세조3년, 1457), 17세기에 저술된 청학집(靑鶴集)에도 나오는 것으로 보아 숙종 때까지는 존재했던 것이 분명하다. 그러니까 「규원사화」는 저술 당시 존재하고 있던 발해 계통의

---

* 규원사화를 1920년대에 집필된 위서(僞書)라고 주장하는 학자들이 더러 있다. 그들은 국립중앙도서관에 가서 도서열람번호 貴 629(古2105-1) 책자를 직접 보기 바란다. 그것은 북애노인의 규원사화 친필원본으로서 1972년 11월 3일 이가원, 손보기, 임창순 고서전문위원들의 심의과정을 거쳐, 조선 숙종 1년(1675년)에 제작된 진본으로서의 가치가 인정되어 국립중앙도서관에 귀중본으로 지정된 것이다. 이 수 백년 된 고서를 확인하지 않고 연대 미상의 필사본만 접했기 때문에 20세기 초에 만들어진 위서라는 그릇된 주장을 하는 것이다. 더욱이 규원사화 서문(序文) 저자의 말 가운데 "다시 평양에 돌아오니 마침 조정에서 을지문덕 장군의 사당을 세운다고 하였다. 장군은 수나라 군사 백 여 만을 무찌른 고구려 대신(大臣)이다…." 운운하고 있다. 만에 하나 후대에 어느 누구에 의해 조작된 위서라고 한다면 평양에 을지문덕 장군의 사당을 세웠다는 사실은 '숙종실록 6권'(숙종 3년 정사 11년 을유)에 기록되어 있는데, 그것을 무슨 재주로 1920년대에 조작하면서 서문에 기록할 수 있었느냐가 의문시된다. 왕들도 보지 못한 실록을 어떻게 일반 서민이 찾아내어 숙종 시대에 맞추어 놓느냐하는 문제다. 8.15 광복 이전에는 조선왕조실록이 일반에게 공개되지 않았다. 1920~1930년도에는 전문 연구가 몇 사람 이외에는 어느 누구도 그것을 볼 수 없었다. 그런데 어찌 숙종 시대의 을지문덕 사당 건축 사실을 기록하고 있는 규원사화를 20세기 초에 만들어진 위서라고 할 수 있는가? 고증을 바로 해야 한다. 규원사화는 위서가 아니라 우리의 상고사를 재정리하는데 귀중한 자료가 되는 역사서이다.

「고기」를 참고하여 집필한 것이다.

바로 이 「규원사화」에 8조 금법의 여덟 가지가 모두 수록되어 있는 것이다! 그래서 3개만 남은 8조금법을 원래대로 다시 복원시켜 주고 있다. 「규원사화」에 서술되어 있는 잃어 버렸던 다섯 개의 금법은 특히 고조선 사회의 '종교와 신앙'이 무엇인지를 알려주는 것들인데, 그것은 놀랍게도 고대 한국인이 유일신 하느님을 섬겼던 하느님의 백성임을 입증해 주는 내용이다. 실로 이것은 우리 한민족이 에벨로부터 셈계의 일신 신앙을 계승한 또 하나의 선민 욕단의 후손이라는 사실을 힘 있게 받쳐주는 문헌상의 증거이다. 「규원사화」에 기록된 여덟 가지 법 조항은 다음과 같다.

1. 너희는 한 분이신 하느님을 정성을 다해 순수하게 섬기라.
2. 너희 부모를 공경하라. 너희 어버이는 하늘에서부터 온 것이니, 너희의 어버이를 공경하면 이는 능히 하늘을 공경하는 것이니라.
3. 너희 남녀들은 화합할 뿐 미워하지 말고 투기하지 말며 음탕하지 말라.
4. 너희는 서로 사랑하고 도와라. 서로 헐뜯거나 죽이지 말라.
5. 너희는 서로 양보하며 같이 경작하라. 너희끼리 서로 빼앗거나 훔치지 말라.
6. 너희는 사납고 교만해져서 사물을 상하게 하거나, 다른 사람을 다치게 하지 말라. 서로 항상 존중하며 너희 하늘 본보기를 따라 사물을 사랑하라.
7. 너희는 위태로움을 돕고 어려움을 구제하라. 약함을 업신여기거나, 천하다고 업신여기지 말라.
8. 간사함을 품지 말고 악함을 숨기지 말며 재앙을 감추지 말라. 마음으로 능히 하늘을 공경하고 백성을 가까이 하면 너희는 이에 복록이 한없을 것이니라.

십계명과 8조 금법

이상 여덟 가지의 법 조항은 「규원사화」의 단군기에 기록된 것으로, '단군팔조(檀君八條)의 교령(敎令)' 이라고 부른다. 놀라운 것은 이 법 조항들이 구약성경 출애굽기 20장 1절에서 17절에 있는 십계명의 내용과 거의 비슷하다는 것이다. 다음은 십계명과 팔조금법을 비교한 것이다.

십계명과 팔조금법 내용 비교

십계명	팔조금법
나 외에 다른 신들을 섬기지 말라	너희는 오직 한 분이신 하느님을 정성을 다해 순수하게 섬기라
새긴 우상을 만들어 절하거나 섬기지 말라	마음으로 능히 하늘을 공경하고 백성을 가까이 하라
하느님의 이름을 망령되이 일컫지 말라	
안식일을 기억하여 거룩히 지키라	
네 부모를 공경하라	너희 부모를 공경하라
살인하지 말라	너희는 서로 사랑하며 도와라, 서로 헐뜯거나 죽이지 말라
간음하지 말라	너희 남녀들은 화합할 뿐 미워하지 말고, 투기하지 말고 음탕하지 말라.
도적질하지 말라	너희는 서로 양보하며, 같이 경작하라 너희끼리 빼앗거나 훔치지 말라
네 이웃에 대해 거짓 증거 하지 말라	너희는 사납고 교만해져 사물을 상하게 하거나, 다른 사람을 다치게 하지 말라.
네 이웃의 집을 탐내지 말라	서로 빼앗거나 훔치지 말라.

고조선의 8조금법은 구약시대에 하느님께서 벨렉계 선민 이스라엘 백성에게 모세를 통하여 주셨던 십계명과 거의 같은 내용으로 구성되어 있다. 특히 제1조부터 5조까지는 하느님과 더욱 밀접한 관련이 있

으며, 무엇보다 제1조는 십계명의 제1계명 바로 그것이다!

· 십계명의 제1계명: 나 외에 다른 신들을 섬기지 말라.
· 팔조금법의 제1조: 오직 한 분이신 하느님을 섬기라.

이 두 개의 법은 본질상 똑같은 것이다. 알이랑 고개를 넘어 동방으로 와서 배달나라를 세운 단군, 즉 욕단은 조선의 모든 백성들에게 잡신 우상을 숭배하는 행위를 금하고, 오직 홀로 한 분이신 창조주 하느님만을 섬길 것을 교훈했던 것이다.

팔조금법의 제1조와 십계명의 제1계명이 본질상 같다는 것은 단군이 백성에게 가르친 창조주 하느님이 성경에 계시된 유일신 하느님과 일치하기 때문이다. 단군은 여기서 백성들에게 여덟 가지 법 조항을 선포하기 전에 유일신에 대한 개념을 다음과 같이 교훈한다: "하느님은 오직 하나 되는 신으로서 가장 높은 곳의 하나 되는 자리에 계신다. 하늘과 땅을 시작하게 하고 모든 세계를 주재하며 한없는 사물을 만드시니, 가없이 넓고도 넓으매 감싸지 아니한 사물이 없으며, 신령스럽게 밝고도 밝으매 가녀린 티끌마저도 새지 아니한다." 고대에 우리 조상들이 제천의식을 통해 숭배했던 하느님은 성경에 계시된 유일신 하느님과 동일하신 분이었던 것이다. 이러한 사실은 본 단원의 제9항과 제10항에서 보다 구체적으로 살펴볼 것이다.

유일신 신앙과 배달나라
이상 살펴본 바처럼 우리 겨레 고유의 종교는 다신숭배가 아니었으며, 한 분이신 창조주 하느님만을 섬기는 '유일신 신앙'이었다. 「규원사화」의 '단군기'는 우리 알이랑 민족 본래의 신앙이 무속이 아니라 하느님을 숭배하는 '제천신앙'이었음을 다음과 같이 서술하고 있다.

> "하느님을 섬기는 신앙이 사라지고 이제는 귀신과 제석(帝釋)을 숭상하는 풍습이 성행하여…(중략)…매년 10월이 되면 햇곡식으로 떡을 쪄서 귀신에게 드리고 복 받기를 빈다. 이는 하느님을 섬기던 선조들의 신앙에서 온 것인데 이제 하느님이 아닌 귀신을 섬기고, 부귀와 장수를 무당과 박수에게 부탁하니 이것은 옛 풍속의 찌꺼기로 커다란 폐단이다…."

오늘날 어떤 학자들은 무속(巫俗) 가운데 무슨 민족의 원형이라도 있는 듯이 파고들지만, 무속신앙이 먼저가 아니라 창조주 하느님을 섬기는 유일신 신앙이 먼저 있었음을 모르는 무식의 소치이다. 무속이란 다만 하느님을 섬기던 옛날의 처음 신앙이 변질 타락한 옛 풍속의 찌꺼기에 불과한 것이다.

단군이 세운 배달나라 조선에는 '8조금법'이라는 국법이 있었다. 그것은 고대 한국인이 한 분이신 하느님만을 섬기던 일신교도들이었다는 사실을 분명히 알려준다. 이는 우리 한국인이 에벨로부터 셈계의 일신 신앙을 계승한 욕단의 직계 자손이라는 것을 확고하게 받쳐주는 증거이다.

7. 고인돌의 나라

고인돌은 우리의 고대문화를 밝히는 유력한 증거이자, 우리 문화의 뿌리를 찾는 결정적인 단서가 된다. 나아가 한반도를 둘러싼 고대사를 다시 써야 할 정도로 강력한 뇌관을 지닌 유산이다. 우리나라 전역에서 속속 확인되고 있는 고인돌 중 가장 오래된 것은 무려 6000년 가까이 거슬러 올라간다.* 우리나라가 세계 최대의 고인돌 유적 보유국이라는 점을 차치하고라도, 고인돌의 건립 연도가 기원전 3000~4000년까지 거슬러 올라간다는 것은 그 시기부터 국가가 성립되었다는 개연성을 갖는다. 고고학에서는 무릇 국가라는 것은 한 사회가 적어도 청동기를 사용할 줄 알아야만 국가단계의 권력체가 출현할 수 있다고 보고 있다. 고인돌과 함께 발견되는 청동기 부장품의 존재는 그 시대가 국가사회였음을 뒷받침 해준다. 그런데 이 땅에 있는 세계 최대의 고인돌 유적이 우리에게 전해주는 더 중요한 사실은 당시 사회는 알이랑 정신으로 유일신 하느님을 섬겼던 종교적 공동체였다는 것이다.

지석묘가 아닌 지석단

알이랑 고개를 넘어와 동방의 새 땅에 정착한 고대 한국인은 천일지이(天一地二)에 따라 돌 두 개를 세우고 큰 돌 하나를 위에 덮어서 '제단'을 만들었다. 그것이 고인돌이다. 즉 고인돌은 무덤이 아니라는 것이다. 동이문화권에 많이 나타나는 고인돌은 원래 아담 때부터 하느님께 희생제물을 드리던 제단의 형태로서, 옛날에 하느님을 공경하던 우리 조상들이 '제천의식'을 거행하기 위해 제단으로 축조한 것이다.

아담과 그의 아들들인 가인과 아벨이 하느님께 제사를 드릴 때 정

---

* 부장품을 통한 절대 연대측정 자료에 의하면 요령 소재 고인돌은 기원전 20세기에서 15세기에 축조되었으며, 경기도 양평군 양수리에서 발견된 다섯 기의 고인돌은 이 유적에서 채집된 숯에 대한 방사성 탄소 연대 측정 결과 기원전 2325년에 축조된 것으로 산정되었다.

성 없이 그냥 맨 땅에 제물을 놓고 제사했을 리가 없다. 왜냐하면 거룩한 제물에 흙과 먼지가 묻는 것과 벌레가 기어 다니는 것을 방지하기 위해서이다. 그래서 불에 타지 않는 돌로 제단을 축조하여 그 위에 희생제물을 올려놓고 번제를 드렸을 것이다. 그러니까 최초로 고인돌을 만든 사람은 인류의 조상 아담이었다.

강화도 하점면 부근리에 있는 고인돌은 사적 제137호로 지정되어 있다. 지금까지 남한에서 발견된 탁자식 고인돌 가운데 가장 큰 것이다. 덮개돌의 크기는 장축 길이가 650cm, 너비가 520cm, 두께가 120cm, 무게는 약 80톤 정도이다. 받침돌의 크기는 길이가 450cm와 464cm, 두께가 60cm와 80cm, 높이가 140cm이다. 덮개돌 두께를 합치면 고인돌 전체 높이는 260cm나 된다. 이런 형태의 고인돌은 무덤이 아니라 제단으

▲ 강화도 부근리 고인돌
이런 형태의 고인돌은 '제단'으로 축조된 것이다. 동방에 정착한 고대 한국인은 천일지이(天一地二)에 따라 돌 두 개를 세우고 큰 돌 하나를 위에 덮어서 제단을 만들었다.

로 축조된 것이다. 여기에서는 대단히 큰 규모의 제천행사가 치러졌을 것이다.

고인돌 연구로 박사학위를 받은 이영문(목포대학교 고고학 교수) 박사는 강화도 부근리 고인돌에 대하여 다음과 같이 설명한다:

> "이 고인돌은 대지상에 거대한 덮개돌이 받침돌에 의해 웅장한 모습을 띤 것이라든지 주위에서 쉽게 관망할 수 있는 위치에 있는 점에서 무덤으로서의 기능보다는 제단으로서의 기능이 강한 것이다."(이영문, 「고인돌 이야기」, 다지리, 2001, p.196)

고인돌은 흔히 족장의 무덤으로 알려져 왔다. 대형 고인돌의 위용과 그것을 축조하는 데 들인 노역을 감안한다면 아무래도 그만한 권력을 지닌 사람의 무덤이 아니겠느냐는 것이다. 그러나 우리 조상들이 엄청난 노역을 들여서 거대한 고인돌을 축조했던 단 하나의 까닭은 그것의 용도가 하느님께 경배를 드리기 위한 '제단'이었기 때문이다. 그러니까 무덤설은 애초에 가정부터 잘못 세우고 나온 엉터리 이론인 것이다. 그것은 우리 겨레 고유의 종교가 '제천신앙'이었다는 것을 전적으로 간과한 데서 나온 억설이다.

이제까지 우리나라에서 제일 큰 것으로 알려져 있는 고인돌은 고창 운곡리에 있다. 높이가 약 4m, 200톤 무게의 대형 고인돌이다. 그러나 이 지역 발굴을 담당했던 전영래(전 원광대 교수)박사는 이 고인돌에서 유골을 발견할 수 없었다. 근처의 다른 고인돌도 마찬가지였다. 신분과 권력을 상징할 만한 어떤 흔적도 남아 있지 않았다.

고창 도산리 민가 장독대 옆 고인돌 ▲
강화도 부근리 고인돌과 같은 형태로서 무덤이 아니라 제단으로 축조된 것이다(정종목, 「역사스페셜」, 효형출판, 2000, p.228). 한반도에서 가장 남쪽에 있는 전형적인 탁자식(일명 북방식) 고인돌이다.

전북 고창 매산마을 산기슭에는 수 백기의 크고 작은 고인돌이 널려 있다. 이 고인돌들 역시 1992년 전영래 박사가 발굴 조사했는데 유골은 물론 권력을 상징할 만한 부장품이 전혀 나오지 않았다.

그러나 일부 고인돌은 유적에서 사람의 뼈가 출토된 사례가 있다. 그 까닭은 무엇인가? 그것은 고인돌 당시가 아니라 후대에 일부 무지한 자들이 고인돌 밑에 사람의 시신을 매장했기 때문이다. 그러므로 아주 작은 몇 가지 사례만 갖고서 고인돌을 전부 무덤이라고 단정하는 것은 난센스이다. 박성수(전 한국정신문화연구원 한국학 대학원 교수) 교수는 몇 군데 고인돌 밑에서 유골이 나왔다고 해서 고인돌을 묘라고 단정해 버리는 선입견에는 문제가 있다면서 지석묘(支石墓)가 아니라 지석단(支石壇)이라고 부르자고 제안한다(박성수, 「단군문화기행」, 서원, 2000, p.136). 아주 타당한 지적이다. 고인돌의 정확한 기능은 묘가 아니라 '제단' 이었기 때문이다.

전국에서 거행된 제천행사의 장소

고인돌의 기능에 대해 19세기 말까지는 대체적으로 제단으로 보는 시각이 우세했다. 그러나 무신론 사상이 팽배한 현대에는 고인돌을 선사시대의 돌무덤, 즉 지석묘(支石墓)와 같은 개념으로 이해하며 거석문화의 한 자취로 간주한다. 물론 터무니 없는 이론이다. 고인돌은 제천행사에서 희생제물을 바치던 감사의 제단이었다. 그것은 여타 거석문화와는 본질적으로 기능이 다른 것이다. 그래서 고인돌은 우리 배달겨레가 갖고 있는 고대사를 가장 여실히 보여주는 귀중한 유물이다.

제천행사는 전 국민이 참여하는 국가적 대사였다. 그렇게 국가적 행사로 천제(天祭)를 드리려면 국가의 위엄이 풍겨나는 큰 제단(강화도 부근리 고인돌)과, 전국에서 지방별로 나누어 드릴 작은 제단들도 아울러 필요하다. 이것이 만주와 지나(支那) 동부지역(동이족 영역), 한반도 각지에 고인돌이 골고루 산재해 있는 이유이다.

우리나라에서 발견되는 고인돌은 다른 지역과 달리 부장품이 함께 발굴되는 경우가 많다. 주로 화살촉과 돌검이 중심을 이루고 돌도끼 등의 석기와 토기류, 동검 및 청동기 등도 출토된다. 이것은 제물로 바칠 짐승을 잡아서 희생 제사를 드리는 데에 사용한 도구였을 것이다.

앞서 살펴보았듯이 제천의식에 대한 역사의 기록은 확실하게 남아 있다. 고구려의 동맹, 동예의 무천, 부여의 영고 등은 창조주 하느님께 제사하는 제천행사였다. 물론 제천행사는 당연히 백두산정과 마리산정의 천제를 필두로 시작이 되었을 것이다. 그리고 국중대회로서 전 국민이 일제히 치러야 했으니 야산이나 들판에도 제천의식의 장소가 마련되어야 했다. 그 거룩한 종교의식을 행하는 장소에 제단으로 축조한 것이 고인돌이었던 것이다. 고인돌이 우리나라의 일반적 무덤과는 다르게 주로 평지나 구릉에서 발견되는 이유가 여기에 있다. 고인돌은 제단이었으며 하나의 성역(聖域)이었다.

구약성경 신명기 27장 5절 이하에 보면 하느님은 이스라엘 백성에게 다듬지 않은 돌로 하느님을 위하여 단을 쌓고 번제와 화목제를 드리고 거기서 먹으며 하느님 앞에서 즐거워하라고 말씀하신다. 그런데 우리 조상들은 이스라엘 백성보다 훨씬 먼저 단군시대부터 다듬지 않은 돌로 제단을 만들어서 그 위에 희생의 제물을 바치고 거기서 먹고 마시며, 노래하고 춤추며 하느님 앞에서 즐거워했던 것이다. 그것이 곧 국중대회로 치러진 '제천행사'였다.

고인돌의 나라

우리나라는 고인돌 왕국이다. 고인돌은 유럽 전역에 걸쳐 수 천기 정도 밖에 없는데 반하여 한반도 전역에는 총 4만기 이상이 분포되어 있다. 단일 면적에서 가장 많은 분포를 보이는 곳이 우리나라이다. 가히 한국을 '고인돌의 나라'라고 부를 만하다. 아시아에서는 지나 요령지방(고조선 영역)에 326기, 일본 규슈(九州) 지방(한반도 도래인 개척 지역)에 600여기가 있다.

◀ **양구 고인돌** 고인돌은 묘가 아니라 제단이었다.

◀ 만주 요령성에서 발견된 탁자식 고인돌. 한반도 북부지역의 고인돌과 동일한 형태를 하고 있다.

 게다가 제단의 형태도 아주 또렷한 우리나라 고인돌은 다른 나라 것에 비해 모양이 월등히 아름답다. 그리하여 2000년 12월 2일, 유네스코 세계유산위원회(WHC)는 우리나라 고인돌을 세계문화유산으로 등록했다. 우리나라 고인돌의 보존가치를 세계가 인정한 것이다.

 한국인은 이 놀라운 우리 문화유산에 마땅히 자부심을 가져야 한다. 우리 조상들이 옛날에 하느님께 경배하기 위해 제단으로 축조했던 고인돌은 이제 한국인뿐만 아니라 세계인 모두가 보존해야 할 인류 문화유산이 되었기 때문이다.

 전 세계 고인돌의 70% 이상이 우리나라에 있다는 것은 이 시대의 우리에게 무엇을 말해주는가? 다신 숭배가 만연한 고대세계에서 동방의 한국인은 오직 한 분이신 하느님만 정성을 다해 섬겼다는 사실을 보여주는 것이다. 왜 그랬는가? 우리 조상은 대홍수 후 '알이랑', 즉 '하느님과 함께'라는 유일신 신앙을 갖고 동방으로 천동한 셈족의 장자 욕단계 천손민족, 곧 '제사민족'이었기 때문이다.

 그러니까 우리나라에 있는 세계 최대의 고인돌 유적은 한민족이 욕단의 후손이라는 사실을 객관적으로 입증해주는 고고학적 증거인 것이다. 왜 한반도에는 전 세계에서 고인돌이 가장 많이 있는가? 이 의문에 대한 해답은 성경 안에 있다.

8. 한우리 문화

우리 한국인은 '우리'라는 단어를 가장 흔하게 쓰고 있으며 가장 좋아한다. '우리나라' '우리 엄마' '우리 언니' '우리 교회'…. 흔히 쓰이는 '우리'라는 단어는 뭉쳐 있다는 느낌을 주기도 하지만 때로는 자기편과 남들을 구별해 배타적 원리로 작용한다. 그래서 '패거리' 라는 부정적 개념도 있다.

그러나 '우리'는 기본적으로 '나' 보다는 '전체'를 생각하는 다정한 말이다. 즉 '우리'는 말 자체가 '더불어 함께'라는 공동체적 의미를 강조한다. 바로 이것이 '우리'라는 개념의 본질이다. 그것은 '패거리' 개념과는 전혀 다른 것이다. 따라서 '우리'는 굳이 가치개념으로 본다면 긍정적 개념이 훨씬 크다.

뿐만 아니라 '패거리' 라고 해서 반드시 나쁜 것은 아니다. 왜냐하면 모든 사람들이 유일신 하느님을 반역할 때 끝까지 순수한 하느님 신앙을 지키는 소수의 무리가 항상 있는데 그들은 '거룩한 패거리' 이기 때문이다. 우리 한국인의 선조인 욕단 족속이 바로 그러한 '거룩한 패거리' (the remnant) 였다.

한국인이 '우리' 라는 말을 흔하게 쓰게 된 역사적 동기

앞서 살펴보았듯이 모든 홍수 생존자들이 함족의 배역자 니므롯을 따라 서부의 시날 평원으로 갈 때 한국인의 직계 조상 욕단의 가계는 유일신 신앙을 지키기 위해 올이랑 정신, 즉 '하느님과 함께' 라는 '신본주의 정신·하느님 중심 사상' 으로 그들과 분리되어 올이랑 고개를 넘어 동방의 스발(새벌)로 천동했다. 그들은 셈족의 '거룩한 패거리'

였다.

아마도 우리 한국인이 '우리'라는 말을 흔하게 쓰기 시작한 것은 바로 그때부터였을 것이다. 왜냐하면 '우리'라는 말은 하나의 울타리 안에서 너와 내가 한 뜻이요, 같은 처지임을 나타낼 때 쓰는 말인데, 당시 욕단의 가계는 '우리' 안에서만 통하는 '올이랑 정신', 곧 순수한 '하느님 신앙'이 있었기 때문이다. 그들에게 '우리'는 '올이랑 정신'으로 뭉친 제천민족(祭天民族), 곧 창조주 하느님을 섬기는 거룩한 공동체였다.

다신숭배가 만연한 고대 세계에서 어찌 유일신 하느님만 섬기는 천손민족 그들에게 '우리'라는 말이 소중하지 않았겠는가! 한국인이 '우리'라는 말을 흔하게 쓰게 된 까닭에는 이와 같이 우리 겨레의 정체성과 관련된 민족사적 사연이 숨어 있는 것이다. 그러나 보다 근본적인 이유는 다른 데 있다.

한국인에게 '우리'라는 말은 생래적으로 타고난 '천성'

한국인이 '우리'라는 말을 좋아하는 것은 천손민족(天孫民族) 우리 겨레가 생래적으로 타고난 천성이다. 왜냐하면 '우리'라는 말을 최초로 즐겨 사용하신 분이 하느님이셨기 때문이다. '우리'라는 말은 본디 하늘에 기원을 둔 하느님의 언어다! 즉 한국인은 하느님의 백성이기 때문에 그 분의 성품을 가장 많이 닮아서 '우리'라는 말을 흔하게 쓰는 것이다.

"하느님이 가라사대 우리의 형상을 따라 우리의 모양대로 우리가 사람을 만들고……"(창 1:26)

"여호와 하느님이 가라사대 보라 이 사람이 선악을 아는 일에 우리 중 하나 같이 되었으니……"(창 3:22)

"내가 또 주의 목소리를 들은 즉 이르시되 내가 누구를 보내며 누가 우리를 위하여 갈꼬……"(사 6:8)

이상의 성경 구절에서 확인할 수 있듯이 하느님은 한 분이시지만 자기를 '우리', 즉 공동체적 존재로 정의하신다. 창조주 하느님께서 '우리'라는 말을 즐겨 쓰시는 것이다. 왜일까?

'우리'라는 말은 하나의 울 안에서 너와 내가 뜻을 같이 하며 같은 처지임을 의식할 때 쓰이는 말이다. 그것은 너와 내가 '우리', 곧 '하나'라는 뜻이다.

여호와 하느님은 한 분이시지만 그는 성부, 성자, 성령 삼위로 존재하신다. 그러나 각 위격 간에는 조금도 간격이 없다. 성삼위는 온전히 하나이다. 그렇기에 하느님은 자기를 '우리'라고 하신다(요 17:11, 21~22). 프란시스 쉐퍼는 말했다. "성부, 성자, 성령 사이에는 언제나 사랑과 대화와 우정이 존재한다. 성삼위는 인간이 어떻게 살아야 하는지를 보여주는 본보기다."

그렇다! 각 위격 간에는 갈등이나 경쟁심이 전혀 없으며, 성삼위는 사랑 안에서 언제나 하나이다. 그래서 하느님은 자기를 '우리'라고 표현하신다. 따라서 여호와 하느님께로부터 선택받은 족속인 천손민족 한국인은 당연히 하느님의 백성답게 그분의 성품을 닮아서 '우리'라는 말을 즐겨 사용하는 것이다. 그것은 결코 후천적 학습에 기인한 것이 아니다.

한국인은 무남독녀 외딸도 '나의 아버지'라고 하지 않고 '우리 아버지'라고 한다. 요즘엔 출산 억제 정책의 결과로 자녀를 하나만 낳아서 형제가 없이 외톨이로 자라는 아이들이 많다. 그런 아이들도 동무들과 다툴 때 말하는 것을 들어보면 으레 '우리 엄마한테 이를 거야!'라고 한다. 집에서 '엄마'라고 부를 아이는 자기 혼자일 텐데 '우리 엄마'라고 한다. 왜 말을 그렇게 할까? 한국인은 누구나 그러한 말버릇을 생래적으로 타고 났기 때문이다. 하느님이 '우리'라는 말을 즐겨 쓰시기 때문에 천손민족인 그들도 하느님처럼 '우리'라는 말을 흔하게 쓰는 것이다.

사랑의 하느님은 사람들이 너와 내가 하나되어 '우리'가 되기를 원하신다. 이기심을 버리고 "더불어 함께" 사는 것을 기뻐하신다. 한국인이 서구인들과 달리 나와 너를 분명하게 구분하지 않고 '우리'라는 말을 즐겨 쓰는 까닭은 그러한 하느님의 마음을 가장 많이 지니고 태어난 천손민족이기 때문이다. 즉 한국인은 생래적 천성에 의해 '우리'라는 말을 좋아하는 것이다.

실로 한국인에게 '우리'는 단순히 '나'의 복수형(複數形) 단어가 아니다. '우리'라는 말은 다른 나라에서 찾을 수 없는 한국인 고유의 심성과 정체성을 상징적으로 나타내는 특별한 단어인 것이다. 영어에서 비슷한 말을 찾는다면 'our'를 생각할 수 있으나, 본질적 의미는 다르다.

한국인이 '우리'라는 말을 자주 쓰는 이유가 우리 겨레의 정체성과 직결된 생래적 천성에 기인한 것이라는 사실은 심지어 사리분변(事理分辨)이 명확한 어른들조차 대화 중에 '우리 신랑', '우리 집사람', '우리 마누라'라는 말이 자연스레 튀어 나오는 것만 봐도 익히 알 수 있다. 어떻게 '남편'이나 '아내'라는 말 앞에 '우리'라는 말을 붙일 수 있는가? 여러 사람들과 공동으로 데리고 사는 것도 아닌데 말이다. 문법을 몰라서 그런가? 아니다. 그럴 수 없다는 것을 누구나 다 안다. 그러나 나도 모르게 '우리'라는 말이 입에서 불쑥 튀어 나오는 것을 어찌하랴. 이러한 말버릇은 생래적으로 타고난 '천성'이니 어쩔 수가 없는 것이다.

왜 우리는 그러한 말버릇을 '천성'으로 타고 났는가? 한국인은 '천손민족'이기 때문이다! 그래서 하느님의 품성을 가장 많이 닮아서 하느님처럼 '우리'라는 다정한 말을 즐겨 쓰는 것이다. 실로 이것은 우리 한국인이 욕단계 천손민족으로서 말세에 주의 심장 가지고(빌 1:8) 열방에 구원의 복음을 전할 또 하나의 선민이라는 사실을 보여주는 현저한 표적이다.

9. 붉돌나라(檀國)의 건국이념 홍익인간

'홍익인간(弘益人間)'은 국조 단군의 건국이념으로서, 고조선 개국 이래 대한민국 정교(政敎)의 최고 이념이다. 그것은 '사람을 크게 유익하게 하기'라는 뜻이다. 이 위대한 얼을 맨 처음 말하시고 따른 이는 올이랑 고개를 넘어 동방으로 와서 붉돌나라(배달나라)를 세운 붉돌임금(배달임금), 단군(檀君)이시다.

그렇다면 '홍익인간'은 결코 인본주의 사상이 아닐 것이다. 왜냐하면 단군은 '알이랑 정신', 곧 '하느님 중심 사상 · 신본주의 정신'의 소유자였기 때문이다. '알이랑 정신'은 우리 배달겨레의 근본 사상이요 뿌리 정신이다.

그러나 너무나 많은 사람들이 '홍익인간'을 종교나 이념을 초월하여 모든 인간에게 보편타당성을 부여하는 개념, 곧 무신론적 인본주의 철학사상으로 인식하고 있다. 실로 그것은 '홍익인간'의 참뜻을 한참 오해한 것이다. 왜냐하면 '홍익인간'은 어디까지나 '알이랑 정신'에 근거를 둔 '제천신앙', 곧 유일신 하느님에 대한 신앙을 바탕으로 해서 나온 사상이기 때문이다.

홍익인간의 전제조건

'홍익인간'이라는 말은 본래 '개천시교 재세이화 홍익인간(開天施教 在世理化 弘益人間)'이라는 문구 안에 있는 말이다. 「환단고기」에 수록된 조대기(朝代記)의 단군 개국 기사에 분명히 그렇게 기록되어 있다. 그 뜻은 '하늘의 뜻을 펴 가르침을 베풀고(개천시교) 세상을 이치로 교화하여(재세이화) 사람을 크게 유익하게 한다(홍익인간)'는 뜻이다. '홍익인간(弘益人間)'이라는 말 앞에 '개천시교(開天施教)'라는 말과 '재세이화(在世理化)'라는 말이 먼저 나오는 것에 주목하라!

즉 사람을 크게 이롭게 하는 것(홍익인간)은 어떤 '인간의 사상과 철학과 방법'으로 하는 것이 아니라, 하늘의 뜻을 펴 가르침을 베풀고(개천시교), 세상을 이치로 교화하여(재세이화) 성취한다는 것이다. 물론 여기에서 '하늘의 뜻'이란 '하느님의 뜻'을 말하고, '이치'란 '하느님의

---

* 우리 겨레는 하느님을 하늘(天)이라고 부르기도 했다. 우리 조상들이 하느님을 칭할 때 "하늘"(天)이라 한 것은 자연물인 푸른 하늘을 절대자로 생각한 것이 아니고 "하늘"(天)을 빌려서 절대자를 표시한 것이다. 유대인들도 하느님을 가리켜 "하늘"이라고 하였다(눅 15:18). 창세기 19장 24절은 여호와를 가리켜 "하늘"(天)이라고 칭하고 있다.

말씀'을 의미한다.* 그런데 어떻게 '홍익인간'이 인본주의 이념이 될 수 있겠는가? 결코 그럴 수 없다. '홍익인간'의 전제 조건은 어디까지나 '개천시교'와 '재세이화'이기 때문이다. 그것은 '신본주의' 사상인 것이다.

따라서 '홍익인간'을 휴머니즘의 극치라면서 인간의 복지만을 위한 인간 본위의 사상인 것처럼 떠드는 일부 학자들은 '홍익인간'의 진정한 정신이 무엇인지를 전혀 모르는 것이다. 사람을 크게 유익하게 하기(홍익인간) 위해서는 먼저 하느님의 뜻을 펼쳐서 가르쳐야 하고(개천시교), 또한 그 분의 말씀으로 사람들을 교화시켜야 한다(재세이화). 이것은 성경의 교훈과 일치하는 진리이다. 성경은 인류가 저주 아래 사는 까닭이 지존자의 뜻을 멸시하고 하느님의 말씀을 거역했기 때문이라고 말한다.

"사람이 흑암과 사망의 그늘에 앉으며 곤고와 쇠사슬에 매임은 하느님의 말씀을 거역하며 지존자의 뜻을 멸시 함이라 그러므로 수고로 저희를 낮추셨으니 저희가 엎드러져도 돕는 자가 없었도다."(시 107:10~12)

그러므로 사람을 크게 유익하게 하기(홍익인간) 위해서는 먼저 하느님의 뜻을 펼쳐서 가르쳐야 한다(개천시교). 그리고 하느님의 말씀으로 사람들을 교화시켜야 한다(재세이화). '재세이화'란 '세상을 이치로 교화하기'라는 뜻이다. 무엇이 이치(理致)인가? 하느님의 말씀이다. 찬송가 313장에 다음과 같은 가사가 있다: "주 오늘 여기 계시오니 다 와서 주의 말씀 듣세. 듣기도 하며 생각하니 참 이치시로다."

그래서 '재세이화'란 하느님의 뜻이 이 땅 위에서 이루어지도록 하자는 신본주의 정신으로서, "나라이 임하옵시며 뜻이 하늘에서 이룬 것같이 땅에서도 이루어지이다"(마 6:10)라는 주님의 기도와 상통하는 사상이다. 즉, 우리가 살고 있는 이 세상에 하느님의 나라를 닮은 이상 사회를 구현하자는 것이 '재세이화 · 홍익인간'의 정신인 것이다!

그러므로 '홍익인간'은 무신론적 인본주의 사상이 절대로 아니다. 그것은 철저히 알이랑 정신에 바탕을 두고 있는 '신본주의 정신'이요 '하느님 중심 사상'인 것이다. 곧 기독교 정신과 일치하는 이념이다.

욕단과 홍익인간

이상 자세히 고찰한 바처럼 시조 단군이 국시(國是)로 선포한 '홍익인간'은 인본주의 정신의 표출이 아니라 신본주의 정신의 발현이었다. 그것은 당연하다. '홍익인간'은 우리 겨레의 뿌리 사상인 '알이랑 정신'에 근거를 두고 태동했으며, '알이랑 정신'을 구현하기 위해 선포되었기 때문이다. 열방 백성 가운데 어느 민족이 이렇게 숭고한 이념을 국시로 하여 나라를 세운 민족이 또 있는가? 오직 알이랑 민족 한국인뿐이다.

어떻게 한국인의 조상은 고대에 기독교 정신과 정확히 일치하는 사상을 건국이념으로 삼아 나라를 세웠는가? 이 의문에 대한 해답을 어디서 찾을 것인가? 하느님의 말씀인 성경이다. 배달나라를 세운 단군은 알이랑 고개를 넘어 '붉의 땅' 동방으로 천동한 셈의 증손자 에벨의 둘째 아들 욕단이었기 때문이다. 에벨의 자손은 선택받은 종족이었기 때문에 욕단은 하느님을 아는 지식이 있는 사람이었다. 그렇기에 그는 '알이랑 고개를 넘어 간다', 즉 '하느님과 함께 고개를 넘어 간다' 고 찬송하면서 동방으로 이동하였고, 그가 동방에 건국한 '붉돌나라' 의 건국이념이 필연 오늘날의 기독교 정신과 정확히 일치했던 것이다. 하느님 중심 사상인 '알이랑 정신' 이 '홍익인간' 의 기초였기 때문이다.

우리 겨레가 한번도 타국가를 먼저 침략한 적이 없었던 까닭이 여기에 있다. 하늘의 마음을 품고 나라를 세웠기 때문이다. '개천시교 재세이화 홍익인간(開天施敎 在世理化 弘益人間)' 이라는 거룩한 사상을 국시로 삼아 나라를 세운 욱단계 천손민족이 어찌 침략전쟁을 일으켜 무고한 인명을 살상하겠는가? 우리 겨레는 역사적으로 끊임없이 침략전쟁을 일으켰던 일본이나 몽골이나 지나(支那)와는 민족성이 전혀 틀린 백성인 것이다. 민족의 기원이 다르기 때문이다.

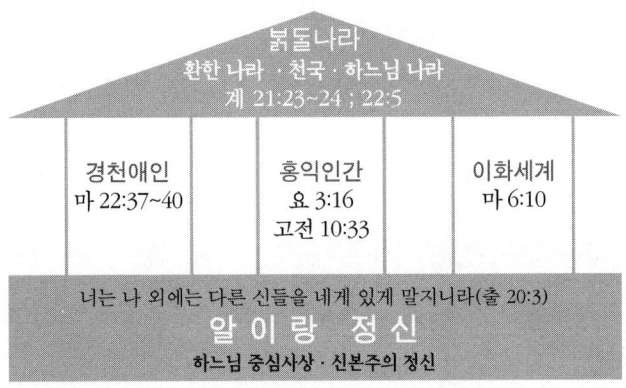

'붉돌나라' 는 '알이랑 정신' 을 기초로 경천애인·홍익인간·이화세계의 얼을 기둥으로 삼아 세워진 '천손민족' 의 나라로서, 이 땅 위

에 하느님의 나라를 닮은 지상천국을 건설하는 것이 국가의 이상이었다. 이 얼마나 위대한 비전(vision)인가? 동방 성민(東方聖民) 붉돌겨레의 한 가지 꿈은 '올이랑 정신'에 의거 '신시(神市)', 곧 '신의 도성(City of God)'을 이 땅 위에 건설하는 것이었다. 실로 그것은 천손민족 우리 한국인의 5천년 비전이다!

욕단계 선민 우리 배달겨레는 그 위대한 꿈을 이 마지막 때에 반드시 성취할 것이다. 민족의 주로 예수를 믿고, 민족의 하느님으로 여호와를 섬기는 복음의 나라를 꼭 이룰 것이기 때문이다. 뿐만 아니라 온 세상 사람들을 크게 유익하게 하기 위하여(홍익인간) 주의 심장 가지고 열방 모든 족속들 가운데 나아가 생명과 구원의 복음을 널리 전할 것이기 때문이다. 할렐루야!

　　세상 모든 족속이 구원을 얻기까지
　　쉬지 않으시는 하느님
　　주의 심장 가지고 우리 이제 일어나
　　주 따르게 하소서

　　세상 모든 육체가 주의 영광 보도록
　　우릴 부르시는 하느님
　　주의 손과 발 되어 세상을 치유하며
　　주 섬기게 하소서

　　물이 바다 덮음같이
　　여호와의 영광을 인정하는 것이
　　온 세상 가득하리라
　　물이 바다 덮음같이
　　물이 바다 덮음같이
　　물이 바다 덮음같이

> 보리라 그 날에
> 주의 영광 가득한 세상
> 우리는 듣게 되리
> 온 세상 가득한 승리의 함성
>
> 물이 바다 덮음같이. 고형원 사·곡

10. 성경의 하느님과 일치하는 한국경전(韓國經典)의 유일신 하느님 사상

한국인이 에벨로부터 셈계의 일신 신앙을 계승한 욕단계 선민으로서 처음부터 한 분이신 하느님을 섬기던 일신교도들이었다는 사실은 한민족의 경전으로 간주되는 「단군 천범」(檀君天範) 및 「삼일신고」(三一神誥)를 통해서도 여실히 확인된다.

이 경전들은 우리 겨레의 정통적 종교와 신앙이 무엇이었는지를 자세히 소개하고 있는데, 우리는 이 경전의 내용으로 인해 알이랑 민족 한국인이 성경에 계시된 하느님과 동일한 하느님을 섬기던 하느님의 백성이라는 사실을 분명히 알 수 있다.

뿐만 아니라 앞서 설명한 「규원사화」가 복원하고 있는 8조금법의 처음 5개 조항도 사실에 근거한 것임을 알게 된다.

1) 천범(天範)

단군의 천범은 고려말 이암(李嵒)[문정공(文貞公), 1296~1364]이 엮은 책 「단군세기」(檀君世紀)라는 사서(史書)에 실려 있다. 이 책은 아사달에 도읍하여 조선이라는 나라 이름을 사용한 단군의 이야기를 싣고 있는데, 1세 단군 '왕검'으로부터 47세 단군 '고열가'까지 대략 2,100년 동안 각 단군의 재위 기간에 있었던 주요 사건을 편년체로 기록하고 있다.

단군세기 역시 고려시대에 많이 있었던 「고기」들을 토대로 완성한 것이다. 따라서 「천범」은 붉돌나라 조선을 건국한 단군(욕단)이 친히 조선 백성들에게 전한 한민족의 경전임을 알 수 있다. 천범은 다음과 같은 말로 시작된다.

> "오직 제(帝, 하느님)는 일신(一神)으로 가장 높은 일위(一位)에 계시며 천지를 창조하시고 전 세계를 주관하시며 수없는 만물을 지으시니 넓고 넓어 쌓이지 아니하는 물건이 없고 티끌 하나라도 새지 않게 하시었다. 오직 제(帝, 하느님)는 일신(一神)으로 가장 높은 자리에 계시고 천궁(天宮)을 다스리시며, 만 가지 착함과 만 가지 덕의 원천이 되시는 하느님은 많은 영들이 지키고 모시니, 크게 길하고 가장 빛나는 밝은 곳을 말하여 신향(神鄕, 하느님의 나라)이라 한다…(중략)… 많은 무리들은 오로지 하늘이 내리신 법을 지켜 만 가지 착한 것을 돕고 악한 것을 감하여 본성에 이르면 하늘나라를 볼 것이다. 천범은 하나일 뿐이니 그 문은 둘이 아니다. 너희들은 오직 순수하게 참다움을 다할 것이니 이로써 너희 마음이 하느님을 보게 되리라…."

단군 천범은 가장 먼저 하느님은 일신(一神)으로 모든 만물을 창조하신 분임을 강조하고 있다. 성경에 계시된 유일신 하느님과 일치하는 내용이다. "이스라엘아 들으라 우리 하느님 여호와는 오직 하나인 여호와시니"(신 6:4). 뿐만 아니라 천궁, 즉 하늘나라에 대해 밝혔고, 하늘이 주신 천법(天法)을 잘 지키라 하였으며 이를 잘 지키면 조천(朝天), 즉 하느님을 볼 것이라고 했다. 이는 하늘나라에 간다는 뜻이다. 그리고 천범은 오직 하나라 하였다. 이 하늘법은 진리(true reason, truth)와 같아 그 문이 하나이며 모든 것을 지키면 하느님을 볼 것이라고 한다. 이 구절은 요한복음 14:6을 연상하게 한다. "내가 곧 길이요 진리요 생명이니 나로 말미암지 않고는 아버지께로 올 자가 없느니라." 천범은 모든 내용이 성경에 기록된 말씀과 대동소이(大同小異)함을 알 수 있다.

2) 삼일신고(三一神誥)

삼일신고는 단군 이전 시대부터 고려에 이르기까지의 상고사를 서술하고 있는「태백일사」(太白逸史)라는 사서(史書)에 실려 있다. 이 책은 조선 연산군과 중종 때의 학자였던 이맥(李陌)이 펴낸 것으로, 그는 「단군세기」를 저술한 이암의 현손이었다.

그는 연산군 때에 문과에 등과하여 왕족들의 친목회를 관장하는 직책을 맡다가, 강직한 성품을 지닌 그의 반대 직간으로 인해 연산군의 노여움을 사서 연산군 10년(1504년)에 괴산으로 유배되었으나—이 사실은 '조선왕조실록'에서 확인된다—다시 중종 때에 소환되어 중종 15년(1520년)에 찬수관(撰修官)을 지냈다. 이때 그는 내각의 많은 비장 서적을 접할 수 있었고, 그가 귀양 시절에 읽은 책의 내용과 들은 이야기들을 비교하여 차례로 엮어서「태백일사」라 이름 했던 것이다.「태백일사」발문(跋文)에서 이맥은 이 책의 집필 과정을 다음과 같이 말하고 있다.

> "세(歲)는 갑자년(1504년), 괴산에 유배되어 적소에서 마땅히 근신하니 매우 무료한 터라. 집에 간직한 여러 상자들을 취하여 조사해본즉 사전(史典)으로 가치가 있는 것과 또 평소에 여러 고로(古老)들에게 들은 것을 합쳐서 채록하였는데 책으로는 채 만들지 못했던 바라. 뒤 16년(1520년) 경진(庚辰)에 내가 찬수관으로 뽑혔기 때문에 열심히 내각(內閣)의 비서(秘書)들을 얻을 수 있어, 이를 읽고 앞의 원고에

곁들여 편찬하고, 이름 지어 「태백일사」라 하였다."

태백일사는 「삼신오제본기」(三神五帝本紀), 「환국본기」(桓國本紀) 「신시본기」(神市本紀), 「삼한관경본기」(三韓管境本紀), 「소도경전본훈」(蘇塗經典本訓), 「고구려국본기」(高句麗國本紀), 「대진국본기」(大震國本紀), 「고려국본기」(高麗國本紀) 등으로 엮어져 있다. 「삼신오제본기」는 주로 우주 생성, 「환국본기」는 환인이 다스렸다는 환국의 역사, 「신시본기」는 환웅이 다스렸다는 신시시대의 역사를 기록하고 있으며, 「삼한관경본기」는 진한(진조선), 마한(막조선), 번한(번조선) 가운데 마한과 번한의 역사가 실려 있다. 「고구려국본기」는 고구려, 「대진국본기」는 발해, 「고려국본기」는 고려의 역사를 다룬 것이다. 「소도경전본훈」은 단군 조선의 신앙과 교리를 다루고 있다. 삼일신고는 「소도경전본훈」에 기록되어 있다.

'삼위일체 하느님의 가르침' 이라는 뜻의 삼일신고는 본래 단군의 훈고(訓誥)로 당시의 사관(史官) 신지(神志)에 의하여 기록되었으며 ―단군 시대에 '가림토'라 하는 원시 한글이 존재했었다― 이는 그 후 은대(殷代)의 왕수극(王受剋)에 의하여 은문(殷文)으로 번역되었다고 한다. 그러나 이들은 둘 다 없어지고 오늘에 전해지는 것은 고구려 시대의 것으로 알려져 있다. 왜냐하면 현금 삼일신고에는 발해 고조왕(高祖王) 대조영(大祚榮, 669년 719년)의 「찬문」 어제삼일신고찬(御製三一神誥贊) 일편과 그의 아우인 반안군왕(盤安君王) 대야발(大野勃)의 서문이 실려 있으며, 그 후에 3대왕 문왕(文王) 3년(739년)에 삼일신고 봉장기(三一神誥奉藏記)가 씌어진 사실들을 보아 알 수 있다.

삼일신고(三一神誥)의 '삼일(三一)'은 단군교 계통에서 말하는 환인(桓因)·환웅(桓雄)·단군(檀君)이 아니라, '삼위일체 하느님'을 뜻하는 말이다. 왜냐하면 강화도 마리산을 보더라도 단군 자신이 삼일의 하나가 아니라 단군이 마리산 천제단에서 하늘, 곧 삼위일체 하느님께 제사를 드렸기 때문이다.

　삼일신고는 인류 시조의 가르침을 문자로 옮겨 놓은 것이라고 한다. 천훈(天訓), 신훈(神訓), 천궁훈(天宮訓), 세계훈(世界訓), 진리훈(眞理訓)의 5장으로 되어 있는데, 연구가들은 앞의 3장(천훈, 신훈, 천궁훈)만이 원래의 단군 한배검이 전하여 준 것이요, 뒤의 2장(세계훈, 진리훈)은 후세 사람이 앞의 3장에 붙여놓은 것으로 본다. 여기에서는 앞의 3장만을 살펴 보기로 한다.

제1장 天訓 (천훈)

主若曰 咨爾衆아 蒼蒼이 非天이며 玄玄이 非天이라.
주 약 왈 자이 중　　창 창　　비 천　　현 현　　비 천

天은 無形質하며 無端倪하며 無上下四方하고
천　　무 형 질　　　무 단 예　　　무 상 하 사 방

虛虛空空하야 無不在하며 無不容이니라.
허 허 공 공　　　무 부 재　　　무 불 용

제1장 '하늘'에 대한 말씀
　　1절: 하느님께서 가라사대 너희 무리들아 파란 것이 하늘이 아니
　　　　며, 까만 것도 하늘이 아니니라

2절: 하늘은 모양과 바탕이 없으며, 시작과 끝이 없으며, 위아래와 사방이 없고

3절: 비고 비어서 어디에나 있지 않은 데가 없고 무엇이나 싸지 않은 것이 없느니라

제2장 神訓(신훈)

神은 在無上一位하사 有大德大慧大力하사 生天하시며
　신　　재 무 상 일 위　　　유 대 덕 대 혜 대 력　　　생 천

主無數世界하시고 造牪牪物하시니 纖塵無漏하며
주 무 수 세 계　　　　조 신 신 물　　　　섬 진 무 루

昭昭靈靈하야 不敢名量이라
소 소 령 령　　　불 감 명 량

聲氣願禱하면 絶親見이니 自性求子하라 降在爾腦시니라.
성 기 원 도　　　절 친 견　　　자 성 구 자　　　항 재 이 뇌

제2장 하느님에 대한 말씀

1절: 하느님은 위없는 으뜸자리에 계시사, 큰 덕과 큰 지혜와 큰 힘으로 하늘을 내시고, 무수한 세계를 주관하시며

2절: 만물을 창조하시되 티끌만한 것도 빠뜨리심이 없으며, 밝고도 신령하시어 감히 이름 지어 헤아릴 길이 없느니라

3절: 소리나 기운으로 원하고 빌면 꼭 친히 만나볼 것이니, 참된 성품으로 그 씨를 구하라 그리하면 너희 머리 위에 내려 임재하시리라

> ### 제3장 天宮訓(천궁훈)
>
> 天은 神國이라 有天宮하야　階萬善 하며　門萬德하니
> 　천　　　신국　　　유천궁　　　　계만선　　　　　문만덕
> 一神攸居오 羣靈諸哲이 護侍하니　大吉祥大光明處라.
> 　일신유거　　군령제철　　호시　　　　대길상대광명처
> 惟性通功完者라야　朝하야　永得快樂이리라.
> 　유성통공완자　　　　조　　　　영득쾌락

제3장 '천궁'에 대한 말씀
1절: 하늘은 하느님의 나라이라 천궁이 있으니 온갖 선으로 층계를 쌓고 온갖 덕으로 문을 삼았으며
2절: 하느님이 계시는 곳으로서 천사(군령)와 장로(제철)들이 지키어 모시나니 지극히 복되고 가장 빛나는 곳이니라
3절: 하느님과 성품이 통하고 공을 이룬 사람이라야 천국에 가서 영원한 기쁨을 얻으리라

　　삼일신고는 그 제목이 말해주듯이 삼일신(三一神), 즉 삼위일체 하느님의 가르침이라는 뜻이다. 고대 한국인이 섬긴 하느님은 성경에 계시된 하느님과 동일한 성부·성자·성령 삼위일체 하느님이셨다. 이 주제는 다음 항목에서 자세히 살펴보게 될 것이다. 여기서는 삼일신고의 가장 핵심적인 교훈인 천훈·신훈·천궁훈 세장을 통해 우리 조상들이 숭배했던 하느님이 성경의 하느님과 동일한 '유일신 하느님'이셨음을 확인할 것이다.
　　먼저 제1장 '천훈(天訓)'은 '우주론'인데, 하느님께서 내신 하늘의 원리를 설명했다. 하늘은 파란 것도 검은 것도 아니요, 형질도 없고 시

간의 시작과 끝도 없을 뿐만 아니라 공간으로서의 상하사방(上下四方)도 없다는 것이다. 그러나 허공으로 표현되는 존재자로서 무소부재(無所不在)하며 무소불용(無所不容)한 것이 하늘이라고 교훈한다. 공간적인 우주세계를 곧 천(天)이라 하여 그에 대한 설명을 한 것으로 하늘의 존재에 대한 근원적인 이해를 촉구하고 있다.

다음 제2장 '신훈(神訓)'은 '신론(神論)'으로 하늘이라는 우주 안에서 가장 높은 자리를 차지하고 있는 창조주 하느님을 설명했다. 이 제2장을 특별히 주목해야 한다. '신훈'이 교훈하고 있는 하느님은 실로 성경에 계시된 하느님과 동일한 하느님이시기 때문이다.

① 지존자이시다(사 33:5, 57:15) — "하느님은 위없는 으뜸 자리에 계시사"
② 덕이 있으시다(벧전 2:9; 벧후 1:3) — "큰 덕과"(이 말은 하느님의 성품이 사랑과 정의로 가득하신 분임을 나타낸다. 이교(異敎)의 신들은 덕이 없으며 다만 두려움의 대상일 뿐이다.)
③ 지혜와 명철이시다(잠 3:19) — "큰 지혜와"
④ 능력과 권능이시다(대상 29:12) — "큰 힘을 지니시어"
⑤ 창조주이시다(창 1:1; 사 40:26) — "하늘을 내시고" "만물을 창조하시되 티끌만한 것도 빠뜨리심이 없으며"
⑥ 만물의 주재자이시다(롬 11:36) — "무수한 세계를 주관하시며"
⑦ 빛이시다(요일 1:5) — "밝고도"
⑧ 영이시다(요 4:24) — "신령하여"
⑨ 측량할 수 없다(시 145:3) — "감히 이름 지어 헤아릴 길이 없느니라"
⑩ 음성과 마음으로 기도하면 만날 수 있고 임재 하신다(렘 29:12~13, 33:3) — "소리나 기운으로 원하고 빌면 꼭 친히 만나볼 것이니…너희 머리 위에 내려 임재하시리라."

분명히 우리 겨레가 섬긴 하느님은 성경에 계시된 하느님과 동일하신 분임을 알 수 있다. 즉 제천의식에서 성대하게 치러졌던 숭배의 대상, 천(天) 혹은 하느님(한올님)은 성경에 기록된 창조주 하느님과 동일하신 분이었던 것이다. 결코 막연한 하늘이 아니었다.

우리 한민족의 선조들은 천지만물을 창조하시고 주관하시는 하나의 신인 절대자가 하늘에 계심을 분명히 알았고, 자기네들은 그 하느님의 백성 곧 '천손민족'이라고 믿었기 때문에 바로 그 유일신 하느님을 섬기려고 하늘에 '천제'를 드렸던 것이다.

한국인의 선조들은 홀로 한 분이신 창조주 하느님만을 섬기던 일신교도들이었다. 그들이 가진 종교(천신숭배·제천신앙)는 역사적으로 변화함을 입지 않고 태초로부터 내려와(아담→아벨→셋→에노스 계열을 통해), 노아 → 셈 → 아르박삿 → 셀라 → 에벨을 거쳐 벨렉과 욕단에게로 계승된 유일신 신앙이었던 것이다!

기독교의 하느님이 한국에 들어오기 전에도 우리 겨레는 아득한 옛날부터 그 하느님을 믿고 받들고 섬겼던 것이다. 따라서 기독교는 외래 종교가 아니다. 한민족은 고조선시대부터 기독교의 하느님을 섬겨왔기 때문이다.

한국교회의 성도들은 결코 유대인의 하느님을 섬기고 있는 것이 아니다. 우리의 선조들이 일찍이 숭배했던 그 '유일신 하느님'을 섬기고 있는 것이다. 그 하느님을 잊었다가 기록된 계시인 성경을 통해 다시 찾은 것뿐이다. 그러나 하느님은 고대뿐만 아니라 삼국·고려·조선·근세를 거쳐 오늘날 까지도 한국인의 영성 깊은 곳에 여전히 살아있는 신이었다.

바로 이것이 한국교회가 선교 100년 이라는 짧은 기간에 2천년 교회사에서 유례가 없는 대부흥이 일어난 근본적인 이유인 것이다. 한국교회 부흥의 가장 큰 요인은 기독교의 하느님은 한국인이 원래 믿고 받들고 섬겼던 그 하느님과 같은 신이므로 한국인의 정서와 영성에 아주 잘 영합(迎合)한다는 것에 있다.

유일신을 섬겼던 한민족에 대해서는 한국에 왔던 개신교 선교사들의 기록을 통해서도 충분히 찾아볼 수 있다. 먼저 캐나다 선교사인 게일(J. S. Gale)은 그의 저서 「전환기의 조선」(Korea in Transition)에서 "한국인의 신이란 '하느님' 으로서, 즉 유일하게 위대하신 분이다"라고 말했다(James S. Gale, 「전환기의 조선」, 신복룡 역, 서울: 집문당, 1997, p.70).

헐버트(H. E. Hulbert)라는 미국인 선교사는 그의 저서 「대한제국 멸망사」(The Passing of Korea)에서 "이상한 이야기가 되겠지만 오늘날 한국인들이 생각하고 있는 순수한 개념으로서의 종교관은 외래적인 의식과는 아무런 관련이 없고 원시적인 자연숭배와도 거리가 먼 '하느님'에 대한 믿음이다. 하느님이라는 어휘는 '하늘' 이라는 단어와 '주인' 이라는 단어의 합성어로서 한자의 '천주(天主)' 에 해당하는 것이다. 모든 한국인들은 이 하느님이 우주의 '최고 지배자' 라고 믿고 있다."고 밝히고 있다(Honer B. Hulbert, 「대한제국 멸망사」, 신복룡 역, 서울: 집문당, 1999, pp.469~470).

이외에도 장로교 선교사인 H. G. Underwood의 부인인 L. H. Underwood는 「Underwood of Korea」에서 "옛 한국의 일부였던 고구려 왕국(the Kingdom of Kokurei)에서는 하느님이라 불리는 유일한 신만을 섬겼다 … 그리고 유일한 신 하느님은 크고 유일한 하나(only One)를 가리키는 것이었다"라고 말했다.

이러한 유일신 개념은 이스라엘 민족이 섬기는 신과 동일한 개념을 가지고 있다. 성경은 이스라엘 백성이 섬기는 신 여호와가 유일하신 분이라는 것을 강조하고 있다(왕하 10:15; 요 5:44, 17:3). "그룹 사이에 계신 이스라엘 하느님 만군의 여호와여 주는 천하만국의 유일하신 하느님이시라 주께서 천지를 조성하셨나이다"(사 3:16).

헐버트 선교사는 이에 대해 "한국인들은 유일신을 믿으며, 이 하느님에게 부여된 속성이나 권능은 외국의 선교사들이 기독교를 보급하기 위해 거의 보편적으로 말하는 여호와의 그것과 일치하는 것이다"라고 말했다. 또한 이스라엘의 유일하신 하느님은 '나 외에 다른 신을 섬기지 말며, 어떤 우상도 만들지 말라'고 명령하고 있다(출 20:3-6; 신 4:7-9). 이 같은 차원에서도 한민족은 우상을 만들지 않았다는 것! "중국에서는 천주라는 이름을 갖는 우상을 찾아볼 수가 있는데 반해 한국인들은 하느님에 대한 실제적인 형상을 부여하려고 한 적이 없다. 한국인들은 하느님을 어떤 우상적인 의식으로 경배하지 않는다"는 헐버트 선교사의 증언이 이것을 잘 보여주고 있다(연합공보 편집부 지음, 「성경 속 數의 신비」, 서울: 연합공보 출판부, 2003, pp.46~47).

실로 한국인은 기독교 선교사들이 들어오기 훨씬 이전부터 성경에 계시된 유일신 하느님과 일치하는 하느님을 섬겼던 것이다. 앞서 살펴본 바처럼 우리 겨레는 '알이랑', 즉 '하느님과 함께'라는 유일신 신앙으로 민족사를 시작한 단군, 곧 욕단의 자손이기 때문이다.

끝으로 제3장 '천궁훈(天宮訓)'은 '천국론'인데, 하느님이 계시는 하늘나라(天宮)에 대해 설명했다. 그 곳은 만선(萬善)으로 층계를 쌓고 만덕(萬德)으로 대문을 만든 곳으로, 뭇 신령(천사)들과 빛나는 선인(성도)들이 모여 있는 밝고 빛나는 곳이며, 영원한 기쁨이 있는 낙원이라고 교훈한다. 이 역시 성경에 계시된 천국의 모습과 일치한다.

단군이 백성을 교화하기 위하여 썼다는 이 '삼일신고'의 시원(始原)은 여러 가지 문헌에 나타난 기록에 의하면, 단군이 건국한 조선시대는 물론이지만 그 이전 태초 무문자 시대에 구전하던 글(口傳之書)이 조상 대대로 전해져 온 것으로서 '삼일신고'는 우리 겨레의 형성과 그 시원을 같이 한 것임을 알 수 있다.

'삼일신고'는 이미 기원전부터 민간 속에 유포되어 읽혀졌으며, B.C. 37년 고주몽과 고구려의 재상 을파소가 '삼일신고'의 독법(읽는 법)을 서술해 놓고 있기 때문에 '삼일신고'는 고대로부터 우리 민족 가운데서 외래의 영향을 받지 않고 형성되어 내려온 굉장히 오래된 문헌임을 알 수 있는 것이다.

즉 '삼일신고'는 우리 알이랑 민족 배달 동이 겨레가 외래 사상의 영향을 받기 이전에 민족 내적으로 고유하게 가지고 있었던 독창적인 사상이었던 것이다. 발해의 대야발은 이 '삼일신고'에 대하여 "삼일신고는 중생을 철인으로 되게 하는 둘도 없는 진경"이라고 하였다. 그 사상이 굉장히 독창적이라는 것이며, 다른 어느 곳에도 이와 같은 사상은 없다는 것이다.

실로 고대 한국인의 신앙은 여러 면에서 독창적인 것이었다. 무엇보다도 먼저 그것은 유일신론적이었다. 고대 이방 종교들은 모두 다신론적이었다. 그러나 한국인의 선조들은 한 분이신 하느님만을 섬겼다. 더욱이 고대 한국인의 신앙은 반(反)형상적(anti~conic)이었다. 즉 그들의 하느님은 어떤 형태로든 묘사되거나 형상화되지 않았다는 것이다. 그들은 하느님을 숭배하고자 결코 어떠한 우상도 만들지 않았다.

그러나 또 다른 한 점, 많은 면에서 가장 놀라운 것이 있다. 그것은 다음 항목에서 자세하게 확인하게 될 것인데, 한국인의 선조가 섬긴 하느님은 삼일신(三一神), 즉 '삼위일체 하느님'이셨다는 것이다. 더군다나 그 '삼위일체'라는 것이 오늘날 그리스도인들이 섬기는 성부·성자·성령의 개념과 일치한다. 이 얼마나 놀라운 것인가?

실로 이와 같은 사실은 고대 한국인의 신앙이 독창적이었다는 것에

▲ 마리산 천제단
고조선의 시조 단군 왕검은 개국 51년에 운사(雲師)에게 명하여 마리산에 제천단인 '참성단'을 쌓아 하느님께 제사를 올렸다(태백일사,' 삼한관경본기). 이 제단이 있는 산을 근래에 마니산(摩尼山)이라고 부르는데 이것은 와전된 것이다. '마니'가 아니고 '마리'이다. '마리'란 우리 말 머리(頭)의 고어이다. '우두머리산' 이란 뜻이다. 즉 세상에서 가장 높은 한알님께 제사 지내는 산이기에 '우두머리산'인 '머리산', 곧 '마리산'인 것이다. 시조 단군이 마리산 정상에 쌓은 천제단은 서쪽을 향하고 있다. 대홍수 후, 욕단(단군)이 하느님을 섬기는 일신 신앙을 갖고 알이랑 고개를 넘어 서쪽에서 동방으로 이동해 왔기 때문이다. 그러므로 마리산 천제단은 엄연히 기독교의 성지이다. 말세에 한국인은 서쪽을 바라보고 제사했던 단군의 후손답게, 서쪽으로 복음들고 예루살렘까지 달려갈 것이다(사 52:7~10, 46:10~13).

의심의 여지를 불허한다. 왜냐하면, 유대인들조차도 '삼위일체'라는 개념이 없었기 때문이다. 유대민족도 우리 겨레처럼 한 분이신 하느님을 섬겼지만, 그들은 지금까지 '삼위일체 하느님'을 알지 못한다. 그들이 섬기는 하느님은 신학적으로 회교도들의 신(神)인 '알라'처럼 '단일신'이지 '유일신'이 아니다. '유일신'이란 성경에 계시된 '삼위일체 하느님'을 말한다. 유대인의 하느님 사상에는 '삼위일체'라는 개념이 없다. 그러나 한국인은 아득한 옛날부터 '단일신' 하느님이 아닌 '유일신' 하느님, 즉 '삼위일체 하느님'을 섬겼던 것이다.

다신교 숭배의 고대 세계에서 한국인이 지녔던 이와 같은 '독창적 유일신관'은 한국민족이 참으로 신적 선택을 받은 백성으로서 홍수 이후 셈계의 일신신앙을 가지고 동방 산악지대를 넘어 극동 아시아까지 이동해온 욕단의 직계 자손임을 입증해 준다. 이것 이상으로 더 강력한 증거는 없을 것이다.

11. 성경에 계시된 삼위일체 하느님과 동일한 한국인 고유의 삼위일체 하느님 사상

한국인의 선조들이 다신숭배가 만연한 고대 세계에서 성경에 계시된 하느님과 동일한 유일신 하느님을 섬겼다는 것은 놀라운 사실이 아닐 수 없다. 고대 한국인은 나라 전체의 행사로서 제천의식(祭天儀式)을 성대하게 치렀는데, 그 제천행사에서 숭배의 대상이 되었던 '천(天)' 혹은 '하느님'은 성경에 계시된 하느님과 동일한 유일신 하느님이셨던 것이다. 그런데 더욱 놀라운 것은 그들이 숭배했던 하느님은 삼일신(三一神), 즉 '삼위일체 하느님'이셨다는 사실이다.

다음은 「태백일사」 신시본기(神市本紀)에서 발췌한 글로서, 우리 겨레가 제천의식에서 숭배했던 하느님은 단지 '한 분이신 하느님' 이 아니라 '삼위일체이신 한 분의 하느님' 이셨음을 분명히 알 수 있다.

"10월의 제천(祭天)은 마침내 천하 만세의 풍습이 되었다. 이는 곧 신(神)의 나라 특유의 성대한 행사로서 외국에서는 이와 견줄 만한 것이 없다. 태백산은 홀로 곤륜산의 명성을 누르고도 남는다. 옛날의 삼신산이라 함은 곧 태백산으로서, 역시 지금의 백두산이다. 대저 그 옛날 신시(神市)의 인문교화(人文敎化)는 근세에 이르러 건재하게 행해지지는 않는다고 할지라도, 천경신고(天經神誥)는 오히려 후세에 전해진 바가 있는 듯 거국적으로 남녀가 역시 모두 말없는 가운데 받들고 있는 바로서, 곧 인간의 생사는 반드시 삼신(三神)이 주관하는 것이라고 한다. 그래서 어린아이가 10세 미만일 때에는 목숨의 안전과 위험, 우환, 잘 나고 못남 따위를 모두 삼신(三神)께 의탁한다. 저 삼신(三神)은 곧 우주를 창조하시고 만물을 만드신 천일신(天一神)이시다…."

"저 삼신(三神)은 곧 우주를 창조하시고 만물을 만드신 천일신(天一神)이시다"는 문구를 주목하라. 만물을 창조하신 천일신(天一神), 즉 하느님을 삼신(三神)이라고 분명히 말하고 있다. 하느님은 한 분이시지만, 그 분은 '삼위일체이신 한 분의 하느님' 이시라는 것이다.

여기에서 한 가지 더 주목할 문구가 있다. "옛날의 삼신산(三神山)이라 함은 곧 태백산으로서 역시 지금의 백두산이다"라는 구절이다. 이 말은 지금의 백두산(함경도 백두산) 외에 옛날의 백두산이 있었다는 뜻이다. 한국인은 그 '옛날' 의 백두산에서부터 삼신 하느님(三一神)을 섬겼다는 것이다. 그래서 그 백두산을 '삼신산(三神山)' 이라고 했다.

그 옛날의 백두산이란 무슨 산인가? 바로 노아의 방주가 정박했던 터키 동북쪽에 있는 아라랏산을 말한다.

우리 한국인에게는 성산(聖山)으로 기억되는 백두산이 3개가 있다. 제1 백두산은 노아의 방주가 머물렀던 아라랏산(5,137m)이요, 제2 백두산은 극동의 스발(시베리아 ~ 만주)로 이동할 때 경유했던 중앙아시아 천산 산맥의 최고봉인 텅거리산(6,995m)이며, 제3 백두산은 함경도 소재의 백두산(2,744m)이다. 한국인의 조상들은 이 모든 산에서 삼신(三神) 하느님을 섬겼던 것이다. 삼국유사의 고조선 건국 설화에 나오는 '삼위태백' (三危太白: 3개의 높은 백두산)이란 선조들에 의해 아득한 옛날부터 구전되던 이 3개의 산들이 모티브가 된 것이다.

▲ 한민족의 성산, 백두산

앞서 말했듯이 우리 조상들에게 있었던 산정제사의 독특한 관습은 노아의 아라랏산에서의 산정제사에 그 기원을 두고 있다. 그러므로 한국인은 처음부터 '삼위일체 하느님'을 알고 섬겼던 것이다. 아래는 우리 겨레가 '삼위일체 하느님'을 섬겼음을 명확하게 보여주는 삼한시대의 향가이다.

> 정성으로 천단(天壇)을 쌓고 삼신(三神)을 축수(祝壽)하세.
> 황운(皇運)을 축수함이여 만만세로다.
> 만민을 돌봄이여 풍년을 즐거워하도다!
> — 태백일사 삼한관경본기

이 향가에서 우리는 다음과 같은 사실들을 확인할 수 있다. 첫째, 우리 겨레는 단지 막연한 하늘을 숭배했던 것이 아니라는 것이다. 위 향가의 가사를 보면 분명히 천단을 쌓아 제사를 드린 대상을 '삼신(三神)'이라고 밝히고 있기 때문이다. 둘째, 고대 한국인이 숭배했던 하느님은 '삼신', 즉 '삼위일체 하느님'이셨다는 것이다. 위 향가에 언급된 '삼신'이란 '삼일신'(三一神), 즉 '삼위일체 하느님'을 말하는 것이다. 한국인의 선조들은 "하느님은 하나이지만 셋으로 존재한다"고 믿었고 '삼신이신 하느님'(三一神)을 숭배하였다.

실로 이러한 신의 관념은 고대 세계에서 지구상의 어느 민족에게도 발견되지 않는 한국인의 독창적 사상이었다. 하느님의 존재 양식을 표현하더라도 이렇게 표현하는 것은 지나(china), 북방 퉁구스, 남방 퉁구스, 시베리아 어디에서도 보이지 않고 오직 한국에서만 발견되는 것이다. 심지어 팔레스틴의 유대민족조차도 삼위일체 하느님을 알지 못한다.

그런데 우리를 더욱 놀라게 하는 것은 그 '삼신', 즉 '삼일신'이 라는 것이 오늘날 그리스도인들이 믿고 있는 성부·성자·성령의 개념과 정확히 일치한다는 것이다. 이러한 사실은 한민족이 신적 선택을 받은 하느님의 백성, 곧 천손민족(天孫民族)이라는 강력한 증거이다. 그것 외에는 한국인이 가지고 있던 이 놀라운 신지식(神知識)의 기원을 달리 설명할 길이 없기 때문이다.

이제 우리 겨레가 섬겼던 하느님이 '삼위일체 하느님'이셨으며, 더욱이 그 '삼위'라는 것도 성경에 계시된 성부·성자·성령 하느님과 일치한다는 사실을 문헌을 통해 확인해 보자. 그 문헌상의 증거도 역시 '삼일신고'가 실려 있는 「태백일사」라는 책에서 발견된다. 태백일사는 앞서 간략히 언급했듯이 '고기(古記)'를 참고하여 저술하였기 때문에 고기류(古記類)를 자주 인용하고 있다. '고기'는 고려 이전에 쓰인 사서(史書)로서 단군 조선이나 고구려·발해 그리고 삼국시대의 왕계에 관한 이야기나 종교행사에 대한 설화들을 담고 있었다. 고려·조선시대에는 고려 이전에 쓰인 이와 같은 사서들을 '고기'라고 불렀다.

그런데 「태백일사」 '삼신오제본기'에 보면 「표훈천사」(表訓天詞)라는 고기(古記)에서 인용한 글이 실려 있다. 이 「표훈천사」는 고기류 중에서도 단군 조선 때부터 내려오는 이야기가 기록되어 있는 책이다. 바로 거기에서 수록한 글에 한국인의 선조들이 섬긴 하느님이 '삼위일체 하느님'이시며, 그 '삼위'라는 것도 성경에 계시된 성부·성자·성령 하느님과 동일한 하느님이심을 알 수 있는 보석같이 귀중한 사실이 서술되어 있다.

그 내용을 자세히 살펴보기 전에 먼저 지금은 좀처럼 찾을 수 없는 이들 고기류(古記類)의 행방에 대하여 알아둘 필요가 있다. 고려 왕실의 서운관(書雲觀)에는 고려 이전에 쓰인 사서(史書)인 고기(古記)들이 많이 있었으며, 그 고기류 중에는 단군 조선 때부터 전해져 내려오는 여러 기록들도 비장되어 있었다. 이들 고기 가운데 일부가 왕조가 바뀌는 혼란기인 여말선초(麗末鮮初)에 민간에 유출되었던 것으로 짐작된다.

왜냐하면 세조가 재위 3년인 1,457년 전국의 팔도관찰사에 명하여 민간에 유포된 이들 고기류를 압수하라고 했기 때문이다. 무슨 이유 때문인지는 알 수 없으나 이들 고기류 중에는 중원과 북방을 지배했던 고대 한국의 찬란했던 역사를 기록하고 있는 사서들이 많이 있었는데, 사대 모화를 왕조의 기초로 하고 있는 조선 왕실에서 볼 때 이들 고기류는 불온문서로서 수거해야 할 필요가 있었을 것으로 추정된다. 또 하나의 이유는 아마도 동국통감 편찬과 관련하여 고려 이전에 쓰인 사서들을 수집했을 수도 있다. 그리하여 근 20종의 고기를 수집하여 궁중에 보관한 일이 있었다. 그런데 세조가 압수령을 내린 고기류에는 단군 때부터 내려오는 이야기가 기록된 책들이 다수 포함되어 있었는데, 그 서목(書目)이 「세조실록」 3년에 기록되어 있다. 그것은 아래와 같다:

① 고조선 비기(古朝鮮 秘記)

② 대변설(大辨說)

③ 조대기(朝代記)

④ 지공기(誌公記)

⑤ 표훈천사(表訓天詞)

⑥ 삼성밀기(三聖密記)

⑦ 안함로 · 원동중 삼성기(安含老 · 元董仲 三聖記)

⑧ 도정기(道証記)

⑨ 동천록(動天錄)

⑩ 도천록(道天錄)

⑪ 지화록(地華錄)

이상 11종이다. 이 책들이 어느 정도로 거두어들여졌는지는 모르나 이들 책 중 민가에 사장(私藏)되던 다수의 책들이 수거되어 왕실도서관에 보관된 것은 사실이다. 또한 수거령에 불응하여 계속 민가에서 사장한 책도 적지 않게 있었을 것이라는 사실도 쉽게 추측할 수 있다.

그러나 조선 왕실에 보관되어온 이들 고기류는 일제 강점기에 조선총독부 취조국에 압류되어 극비리에 소각되었거나 어디론가 사라졌다. 뿐만 아니라 민간에 비장되어 오던 '고기'들도 그때 대부분 압수 수거되어 없어지고 말았다. 앞서 말했듯이 일제는 조선을 강탈하자마자 한국 상고사를 말살하기 위해 전국적으로 사서(史書) 약탈에 착수하였고 수많은 책들을 수거했는데, 이때 총 51종 20만 권의 책들이 이 땅에서 사라졌다. 이와 같은 일제의 만행으로 인해 상술했던 11종의 고기는 물론 여타 고기류 사서 대다수를 지금은 볼 수가 없게 된 것이다. 그러나 적어도 조선 초기까지는 다른 여러 고기들과 더불어 상술한 11종의 책들이 분명히 존재했었다는 사실을 알 수 있다. 왜냐하면 「조선왕조실록」에는 세조 3년(1457)의 고기류 수거령이 기록되어 있을 뿐만 아니라 상술한 11종의 책 이름까지도 적혀 있기 때문이다.

앞에서 우리는 「규원사화」라는 책이 고조선 8조 금법을 모두 복원하고 있음을 살펴보았다. 그것이 가능했던 것은 「규원사화」는 저자가 세조가 수압령을 명령한 상기 11종의 책들 중에서 '고조선 비기', '조대기', '삼성밀기' 등을 비롯한 다른 고기류와 사서들을 많이 참고하여 집필했기 때문이다.

우리가 여기서 주목하고자 하는 것은 「표훈천사」(表訓天詞)라는 책도 세조가 수압령을 내린 11종의 책 이름 가운데 나온다는 것이다. 따라서 「표훈천사」도 지금은 사라졌지만 최소한 조선 초기 까지는 존재했던 책이라는 사실을 알 수 있다. 그런데 이 「표훈천사」의 글 일부가 오늘날 우리가 볼 수 있는 「태백일사」에 수록되어 있는 것이다.

「태백일사」는 조선 중종 15년(1520) 때 왕실의 찬수관으로 일하던 이맥(李陌)에 의해 저술된 것이다. 따라서 그는 왕실의 비서(秘書)들을 쉽게 얻을 수 있었을 뿐만 아니라 민간에 사장(私藏)되던 고기류도 접할 수 있었다. 그리하여 당시 그는 단군 조선 때부터 전승되는 이야기가 기록되어 있던 고기류 사서(史書)인 「표훈천사」도 읽을 수 있었고, 「태백일사」를 쓰면서 이 「표훈천사」에서도 일부 중요한 글을 발췌 수록하였던 것이다.

바로 이 「표훈천사」에서 인용한 글에 고대 한국인이 섬긴 하느님이 삼신 하느님, 즉 삼위일체 하느님이셨으며, 그 '삼위' 도 성경에 계시된 성부 · 성자 · 성령 하느님과 일치하는 하느님이심을 알 수 있는 귀중한 자료가 서술되어 있는 것이다. 이제 그 「표훈천사」의 글을 살펴보자.

"표훈천사(表訓天詞)에서 말한다.
대시(大始)에 위·아래·사방은
일찍이 아직 암흑으로 덮여 보이지 않더니
옛 것은 가고 지금은 오니
오직 한 빛이 있어 밝더라
상계(上界)로부터 또 삼신(三神)이 계셨으니
곧 한 분의 상제(上帝)시라.
주체(主體)는 곧 일신(一神)이요
각각 신이 따로 있음이 아니며,
쓰임은 곧 삼신이시라.
삼신은 만물을 끌어내시고 전 세계를 통치하실
가늠할 수 없는 크나 큰 지혜와 능력을 가지셨더라.
그 형체를 나타내지 않으시고
최상의 꼭대기의 하늘에 앉아 계시니
계신 곳은 천만억토(千萬億土)요
항상 크게 광명을 발하시고
크게 신묘함을 나타내시며
크게 길한 상서(祥瑞)를 내리시더라.
숨을 불어 만유(萬有)를 만드시고
열을 뿜어내어 만물의 종자를 키우시며
신묘하게 행하시어 세상 일을 다스리시니라
···(중략)···
생각컨데 저 삼신(三神)을
천일(天一)이라 하고
지일(地一)이라 하고
태일(太一)이라 한다.
'천일'은 조화(造化)를 주관하고
'지일'은 교화(敎化)를 주관하고
'태일'은 치화(治化)를 주관하느니라."

> 表訓天詞云大始上下四方曾未見暗黑古往今來只一光明矣自上界
> 却有三神卽一上帝主体則爲一神非各有神也作用則三神也三神有
> 引出萬物統治全世界之無量智能不見其形軆而坐於最上上之天所
> 居千萬億土恒時大放光明大發神妙大降吉祥呵氣以包萬有射熱以
> 滋物種行神以理世務…稽夫三神曰天一曰地一曰太一天一主造化
> 地一主敎化太一主治化

이 글은 구약성경 창세기 1장을 연상시킨다. 특히 "대시(大始)에 위·아래·사방은 일찍이 암흑으로 덮여 보이지 않더니 옛 것은 가고 지금은 오니 오직 한 빛이 있어 밝더라"는 구절은 창세기 1:1~2과 조금도 다르지 않다.

> "태초에 하느님이 천지를 창조하시니라 땅이 혼돈하고 공허하며 흑암이 깊음 위에 있고 하느님의 신은 수면에 운행하시니라 하느님이 가라사대 빛이 있으라 하시매 빛이 있었고…."(창 1:1~2)

그런데 무엇보다 중요한 이 글의 핵심 내용은 태초에 흑암 중에서 빛을 내시고 천지만물을 창조하신 그 하느님은 '단일신'이 아닌 '삼일신(三一神)', 즉 '삼위일체 하느님'이시라는 것이다. 본문은 창조주 하느님은 한 분(一神)이시나, 삼신(三神)이 계신다고 아주 분명히 말하고 있다.

> "…삼신(三神)이 계셨으니 곧 한 분의 상제(上帝)시라. 주체는 곧 일신(一神)이요 각각 신이 따로 있음이 아니며 쓰임은 곧 삼신(三神)이시라."

창조주 하느님은 한 분(一神)이시지만, 삼신(三神)이 계시다는 것이다. 그러나 각 신이 따로 존재하시는 것은 아니고 주체는 일신(一神)이며, 작용은 삼신(三神)이라고 한다. 이는 창조주 하느님의 존재 양식이 '삼위일체 되시는 한 하느님' 이시자, '하나 되시는 삼위일체' 라는 뜻이다. 한국인 고유의 이와 같은 삼위일체 하느님 사상은 저 유명한 아다나시우스 신조(The Athanasian Creed)의 삼위일체론과 어휘만 다를 뿐 내용은 똑같은 것이다. 이 얼마나 놀라운 사실인가?

"…우리는 삼위일체 되시는 한 분이신 하느님(One God in Trinity)을 경배하며, 하나 되시는 삼위일체(Trinity in Unity)를 경배한다. 삼위의 위격 간에는 혼란이 없으며 신적 존재는 나뉘지 않는다. 즉 성부의 한 인격, 성자의 또 한 인격, 성령의 또 다른 한 인격이 존재하는 것이다. 그러나 성부와 성자와 성령의 신성(Godhead)은 모두 하나이니 그들의 영광은 동등하며 그들의 위엄도 공히 영원하다. 성부께서 그러하듯 성자가 그러하며 성령께서도 그러하다. …성부가 하느님이고 성자가 하느님이며 성령이 하느님이시지만 세 하느님이 존재하시는 것이 아니라 한 하느님이 존재하신다. 역시, 성부가 주이시고 성자가 주이시며 성령이 주이시지만 세 주가 존재하는 것이 아니라 한 주가 존재하신다. 우리가 기독교 진리에 의해, 각 인격이 따로 따로 하느님이자 주님이라고 고백하지 않을 수 없는 반면 우리는 보편적 신앙에 의해, 세 하느님, 세 주님이 존재한다고 말해서는 안 되기 때문이다. …세 성부가 아닌 한 성부, 세 성자가 아닌 한 성자, 세 성령이 아닌 한 성령이 존재하신다. 그리고 삼위일체 안에는 전이나 후가 없으며 더 큼이나 더 작음이 없다. 세 인격은 모두 각자와 공히 영원하며 공히 동등하다. 그러므로 이미 말하였듯이 모든 일에서 일체이신 삼위일체, 삼위일체이신 일체께 예배하여야 한다…."

삼위일체에 대한 아다나시우스 신조의 내용이 「표훈천사」에 기록된 삼위일체 하느님(三一神) 사상과 정확히 일치한다. 아주 놀라운 사실이다. 참으로 태초에 흑암 중에서 천지만물을 창조하신 하느님은 삼신 하느님, 즉 성부·성자·성령 삼위일체 하느님이셨다. 그러나 노아의 후손 중 이 진리를 알고 있었던 사람들은 셈의 가계 욕단의 후손인 알이랑 민족 한국인뿐이었다. 벨렉의 후손 유대인들도 알지 못했고 그리스도인들조차 이 진리를 정확하게 이해한 것은 신약성경이 완성된 지 수 세기가 지난 후였다. A.D. 325년 '니케아 종교회의'에서 삼위일체설을 부정한 아리우스파와 삼위일체설을 주장한 아다나시우스파의 삼위일체론에 대한 신학 논쟁이 아다나시우스파가 정통으로 인정되면서 비로소 기독교 신론(神論)에서 삼위일체의 교의가 확립되었던 것이다.

그러나 욕단계 천손민족 한국인의 선조들은 성경의 첫 장도 기록되지 않았던 아득한 옛날에 이미 태초에 만유를 지으신 하느님이 삼신 하느님, 즉 삼위일체 하느님이심을 알고 있었다. 놀라움을 금치 못할 사실이다. 기독교인들이 A.D. 300년경에 와서야 겨우 감을 잡았던 삼위일체론이 한국인에게는 아득한 옛적부터 있었던 것이다.

실제로 창조 기사가 기록된 창세기 1, 2장은 태초에 세상을 창조하신 하느님이 세 분의 하느님, 즉 삼위일체 하느님이시라는 것을 교훈하고 있다. 창세기에 기록된 창조주 하느님에 대한 히브리 원어는 하느님의 몇몇 면들과 인격들을 나타내는 복수 용어 '엘로힘' 이다. 이것은 그 단어의 형태상으로 '엘(EL)'의 복수인데, '엘'은 '하느님' 또는 '신(神)'을 뜻하므로, '엘로힘'은 문자적으로 '하느님들' 또는 '신들'을 의미한다. 그런데 이 '엘로힘'이란 칭호가 창조역사(役事)가 기록되어 있는 창세기 1장과 2장에 등장하는 하느님의 이름으로 사용되었다.

"태초에 하느님(엘로힘)이 천지를 창조 하시느니라"(창 1:1). 사람들은 보통 알기로 창세기 1장에 나타난 창조주 하느님이 오직 한 분인 것으로만 알고 있다. 그러나 성경에 기록된 바 히브리 원어는 '엘로힘', 즉 '하느님들'로 기록되어 있다. 다시 말해서 창조 활동을 하신 분은 한 분의 하느님이 아니라, 세 분의 하느님이시다. 그런데 창세기 1장 1절에 나오는 이 복수 형태의 주어인 '엘로힘'에 이어지는 동사는 단수 형태이다. 이것은 비록 '엘로힘'이 복수 형태의 단어라 할지라도 그 개념은 단수임을 말해주는 것으로, 세 분의 통일성과 단일성, 일체(一體), 즉 삼위일체를 이루고 있음을 나타내는 것이다. 이들은 신약성경 마태복음 28장 19절에 잘 나타나 있는데, 그것은 곧 아버지(성부)와, 아들(성자)과, 성령으로 세 분이 동등하게 일체가 되어 나타나 있다.

태초에 있었던 성부 하느님의 창조 활동에 성자 하느님이 함께 하셨다는 사실은 요한복음 1:1~3에 명확히 계시되어 있다.

> "태초에 말씀이 계시니라. 이 말씀이 하느님과 함께 계셨으니 이 말씀은 곧 하느님이시라. 그가 태초에 하느님과 함께 계셨고 만물이 그로 말미암아 지은바 되었으니 지은 것이 하나도 그가 없이 된 것이 없느니라."(요 1:1~3)

아버지 하느님과 아들 예수에 대한 관계는 "말씀이 육신이 되어 우리 가운데 거하시매 우리가 그 영광을 보니 아버지의 영광이요"(요 1:14)라는 말씀을 통해서 명백하여 진다. 또한 태초에 창조 활동이 시작되었을 때, 위대한 창조 사업을 이루기 위해 상계(上界), 즉 하늘에서 내려온 행위자의 모습을 창세기 1:2에서 볼 수 있다.

"땅이 혼돈하고 공허하며 흑암이 깊음 위에 있고 하느님의 신은 수면에 운행하시니라."(창 1:2)

하느님의 신(神)께서 창조하신 행위자라는 것을 알 수 있다. 하느님의 신(神)은 하느님의 영, 즉 성령을 나타내며, 성부와 성자와 삼위일체를 이루어 동격시 된다. 이렇게 성경은 태초에 천지를 창조하신 하느님은 삼신 하느님, 즉 삼위일체 하느님이시라는 것을 분명하게 계시하고 있다.

그리하여 창세기 1:26에 "하느님이 가라사대 우리의 형상을 따라 우리의 모양대로 우리가 사람을 만들고 그로 바다의 고기와 공중의 새와 육축과 온 땅과 땅에 기는 모든 것을 다스리게 하자"라고 기록되어 있는 것이다. 여기서 '우리' 라는 말에 주목하라. 신명기 6:4에 보면 "이스라엘아 들으라 우리 하느님 여호와는 오직 하나인 여호와시니"라고 기록되어 있다. 하지만 한 분이신 하느님께서 말씀하시길 '우리' 라고 하신다. 왜 '우리' 인가? 만약 하느님이 한 분이시라면 왜 하느님은 자신을 지칭하실 때 '우리' 라는 말을 사용하시는가? 하느님은 한 분이시지만 그 분은 성부 · 성자 · 성령, '삼위일체이신 하느님' 이시기 때문이다. 즉, 복수 명사는 삼위일체를 의미한다.

그러나 유대교에서는 이러한 해석을 철저히 거부하고 있다. 유대인들은 이를 하느님이 자신 외의 천상의 다른 영적인 존재들, 즉 천사들에게 말씀하시는 것으로 이해한다. 삼위일체이신 하느님을 아직까지도 알지 못하는 유대인들로서는 이렇게 이해할 수밖에 없겠지만, 사실 그러한 개념은 하느님의 위엄을 손상시키는 신성모독적인 발상이 아닐 수 없다.

어찌 하느님께서 자신의 피조물인 천사들을 향하여 피조물 중에 으뜸인 사람을 창조하시면서 '우리'가 사람을 만들자고 상의했다는 말인가? 이는 당치도 않은 발상이다. 창조활동은 오직 창조주이신 전능자 하느님만이 하시는 일이지, 피조물인 천사가 하느님의 창조활동에 힘을 보탤 필요가 전혀 없다. 하느님은 무(無)에서 유(有)를 만드신다. 천사들은 하느님의 창조활동을 잠잠히 바라보며 다만 그 위대하신 능력을 찬양할 뿐인 것이다(욥 38:7).

더욱이 27절은 "하느님이 자기 형상 곧 하느님의 형상대로 사람을 창조하시되"라고 말씀하고 있다. 따라서 26절에 기록된 '우리의 형상'이나 '우리의 모양'이라는 것에 천사가 들어갈 여지는 전혀 없다. '우리'라는 복수 명사가 천사들을 의미한다는 이론은 문맥으로 볼 때도 타당하지 않다.

창세기 1:26에서 하느님이 말씀하시는 '우리'란 성부·성자·성령 삼위 하느님을 의미하는 것이다. 창세기 3:22의 "여호와 하느님이 가라사대 보라 이 사람이 선악을 아는 일에 우리 중 하나같이 되었으니 그가 그 손을 들어 생명나무 실과도 따먹고 영생할까 하노라 하시고", 이사야 6:8의 "내가 또 주의 목소리를 들은 즉 이르시되 내가 누구를 보내며 누가 우리를 위하여 갈꼬 그 때에 내가 가로되 내가 여기 있나이다 나를 보내소서"에서의 '우리' 역시 같은 맥락에서 이해할 수 있는 것이다. 요한복음 17장 11절과 21~22절에 보면 성자께서 성부와 대화하실 때 '우리'라고 하신다. 성자께서 그렇게 말씀하셨다면 성삼위는 서로를 향해 '우리'라고 하실 것이 분명하다.

이렇게 창세기를 비롯한 구약성경에 계시된 하느님이 '삼위일체 하느님'이시라는 사실은 성막 지성소 안에 안치되어 있던 '법궤'에 의해 더욱 분명해진다. 모세의 인도하에 출애굽한 이스라엘 백성들은 하느님께서 명하신 식양대로 성막을 만들고 그 곳에서 하느님을 섬겼다. 성막은 세 구역으로 구분되는데 뜰과 성소와 지성소이다. 성소와 지성소는 휘장이 구별하였고 성소에는 제사장들이 항상 들어가 섬기는 예를 행하지만 지성소에는 대제사장만 홀로 1년에 한 번씩 속죄일에 피를 갖고 들어갈 수 있었다. 피 없이는 속죄가 되지 않기 때문이다(히 9:22; 레 17:11).

지성소 안에는 언약궤라고도 하고 증거궤, 혹은 법궤라고도 하는 4면을 금으로 싼 하느님의 궤가 안치되어 있었는데(출 26:33; 히 9:3), 하느님은 항상 그 위에 임재해 계셨다(출 25:22). 그런데 법궤 안에는 하느님께서 이스라엘 백성들에게 직접 나타내 주신 특별한 증거물 세 가지가 들어 있었다(히 9:4).

하나는 시내산에서 하느님이 친히 써주신 언약의 돌판(출 25:16)과 또 하나는 광야에서 애굽의 양식이 떨어졌을 때 하늘에서 아침마다 내리신 만나를 담은 금항아리였고, 그 다음은 열두 지파 중에서 제사장으로 택함을 받은 표적물인 아론의 싹난 지팡이다(민 17:10).

세상 것은 하늘에 있는 것의 모형과 그림자임을 기억하라. 법궤 안에 넣어 두었던 이 세 가지 성물은 '삼위 하느님'을 상징했다. 즉 언약의 돌판은 성부를, 만나는 성자를, 싹난 지팡이는 성령을 상징한 것이다.

"말씀은 곧 하느님이라"(요 1:1)고 하였으니 말씀을 기록한 돌판은 하느님을 상징했고, 예수 그리스도께서는 "나는 하늘에서 내려온 산 떡이라"(요 6:51)고 하셨으니 만나는 성자를 상징하며, "성령으로 다시 나지 아니하면 하느님 나라에 들어갈 수 없다"(요 3:5)고 하셨으니 다시 살아난 싹 난 지팡이는 성령을 상징한 것이다(롬 8:11).

하나의 법궤 안에 이 세 가지 성물이 담겨 있었고, 하느님은 그 위에 임재해 계셨다. 그리하여 법궤는 성부·성자·성령을 증표로 한 성 삼위일체의 뜻을 내포했다. 즉 법궤는 하느님의 존재 양식에 대한 굉장히 중요한 계시로서, 하느님이 '삼위일체이신 하느님' 이심을 증거한 것이다. 성막 지성소 내 법궤 위에 임재 해 계셨던 하느님은 '단일신'이 아니라 '유일신', 즉 '삼위일체 하느님' 이셨다. 그러니까 구약 이스라엘 백성들이 성막에 가서 제사를 드리며 섬긴 하느님은 '삼위일체 하느님' 이셨던 것이다.

그러나 유대인들은 오늘날까지 성경에 계시된 하느님이 삼위일체이신 하느님이심을 알지 못한다. 이 또한 놀라운 일이다. 특별 계시인 성경을 수천 년 전부터 갖고 있는 유대인들이, 그리고 하느님의 임재를 직접 경험한 유대인들이 아직까지도 천지만물을 창조하신 하느님이 삼신 하느님, 즉 삼위일체 하느님이시라는 사실을 이해하지 못하고 있다는 것은 참으로 기이한 일이 아닐 수 없다. 하지만 한국인들은 성경의 첫 장도 기록되기 전인 아득한 옛날부터 흑암 중에서 세상을 창조하신 하느님은 '삼신 하느님', 즉 '삼위일체 하느님' 이시라는 진리를 알고 있었다. 「표훈천사」에 기록된 글이 이 놀라운 사실을 입증하고 있는 것이다.

그러나 더욱 놀라운 사실은 표훈천사(表訓天詞)가 말하는 삼신(三神)의 이름 및 사역이 성경이 말하는 삼위 하느님의 이름 및 사역과 정확하게 일치한다는 것이다. 「표훈천사」는 삼신(三神)의 이름도 밝히고 있는데 천일(天一), 지일(地一), 태일(太一)이라고 했다.

"…저 삼신을 천일(天一)이라 하고 지일(地一)이라 하고 태일(太一)이 라 한다."

그리고 각 삼신의 사역이 무엇인지를 설명하고 있다. '천일(天一)'은 조화를, '지일(地一)'은 교화를, '태일(太一)'은 치화를 주관한다는 것이다. 곧 '천일'은 조화주(造化主)요, '지일'은 교화주(敎化主)요, '태일'은 치화주(治化主)이시다.

"천일은 조화(造化)를 주관하고, 지일은 교화(敎化)를 주관하고 태일 은 치화(治化)를 주관하느니라."

여기 「표훈천사」가 교훈하고 있는 삼신의 이름 및 각 신의 주관 사역은, 성경이 말하는 삼위 하느님의 이름 및 그 삼위 하느님의 각 사역과 놀랍게도 정확하게 일치한다.

먼저 삼신의 이름인 천일(天一), 지일(地一), 태일(太一)의 의미를 이해해야 한다. 천일, 지일, 태일에서 '일(一)'이란 하느님을 뜻한다. '일'은 홍수 이전 사람들의 하느님의 명칭인 '알'에서 '엘(EL)', '얼'과 함께 가지 쳐 나온 말로서 하느님을 뜻하는 '알'과 동의어이다. 왜냐하면 하느님(한울님→하늘님→하늘님→하느님)은 한 알, 즉 '하나'(一)이시기 때문이다.

우리 조상들은 절대자 유일신을 아득한 옛날부터 '알', 즉 '한올님'이라 하였다. 이를 동이문자로 '일(一)'로 표기했다. 절대자 '알'(한올님)은 오직 한 분, 즉 '하나'(一)이기 때문이다. '일(一)'은 유일신 '올'(한올님)에 대한 약식 기호로서 고대 동이족의 문어(文語)이다.

그래서 천일(天一)은 '하늘 하느님'이요, 지일(地一)은 '땅 하느님'이시다. 태일(太一)은 '사람 하느님'을 뜻한다. 태(太)는 사람(人) 대신에 쓰인 글자이다. '설문'에 의하면 '대자상인형'(大字象人形), 즉 대(大)자는 사람 형상을 본뜬 글자라고 했다. 두 팔을 펴고 두 다리를 펼치면 '대(大)'자가 된다. '태(太)'자는 사람의 생식기까지 표시하였으니 더욱 사람 형상을 닮은 글자라 할 것이다. 그래서 태일(太一)은 '사람 하느님'이시다.

고대 한국인은 이렇게 '하늘 하느님'(천일), '땅 하느님'(지일), '사람 하느님'(태일)이신 '삼신' 하느님을 섬겼다. 여기에서 우리는 한민족 고유의 사상인 '천지인 일체' 사상이 드러나고 있음을 본다. 그런데, '하늘 하느님'(천일)은 '조화(造化)'를 주관하시는 신이라고 했다. '땅 하느님'(지일)은 '교화(敎化)'를 주관하시는 신이라고 했다. '사람 하느님'(태일)은 '치화(治化)'를 주관하시는 신이라고 했다. 그렇다면,

'하늘 하느님'(천일)은 성경에 의하면 '성부 하느님'이시다! 그는 '하늘'에 계시며, 만물의 근원이신 '창조주'이시기 때문이다. 그는 조화주(造化主)이신 것이다.

'땅 하느님'(지일)은 성경에 의하면 '성령 하느님'이시다! 성령 하느님은 '땅'에서 역사하고 계시며, 그는 모든 것을 가르치시고 또한 모든 진리 가운데로 우리를 인도하시는 분이기 때문이다(요 14:26,

16:13). 그는 교화주(敎化主)이신 것이다.

'사람 하느님'(태일)은 성경에 의하면 '성자 예수님'이시다. 성자 예수님은 '참 하느님'이시자 '참 사람'이시며, 만왕의 왕이요, 만주의 주로서 열방을 '다스리는 분'이시기 때문이다(빌 2:5~11; 계 19:16). 그는 참으로 치화주(治化主)이신 것이다.

즉, 천일(하늘 하느님)인 '조화신'은 '성부 하느님'과 일치하고, 지일(땅 하느님)인 '교화신'은 '성령 하느님'과 일치하며, 태일(사람 하느님)인 '치화신'은 '성자 예수님'과 일치하는 것이다! 천일(天一)은 '성부'요, 지일(地一)은 '성령'이요, 태일(太一)은 '성자'를 뜻했던 것이다! 모두 정확히 일치한다. 무엇이 다른가? 전혀 다르지 않다. 이를 도표로 정리하면 다음과 같다:

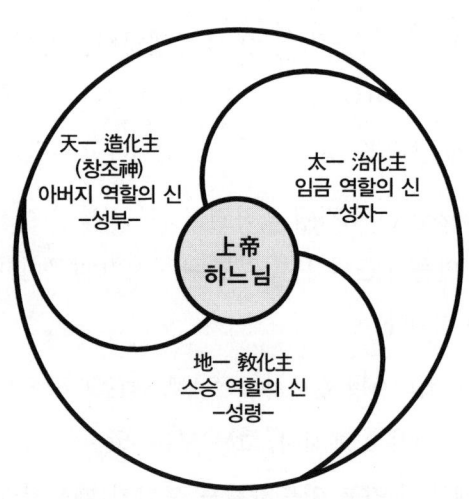

이렇게 한국인은 아득한 옛날부터 성경에 계시된 삼위일체 하느님과 동일한 '유일신' 하느님을 알았고, 그 삼일신(三一神)을 숭배했던 것이다. 이 얼마나 놀라운 사실인가? 현존하는 세계 최고의 찬송가인 우리 겨레의 민요 '아리랑'의 가사 첫 소절은 '알'(하느님)이라는 말이 세 번 반복되고 있다.

"**알**이랑 **알**이랑 **알** 알이요"

이는 우리 겨레가 섬긴 한알님(한울님→하눌님→하늘님→하느님)이 삼신(三神) 하느님이셨기 때문이다. 우리나라 사람에게 숫자 3이 오랜 옛적부터 성수(聖數)로 취급되어 왔던 이유도 바로 여기에 있는 것이다. 숫자 3은 한국인에게 길수(吉數)·신성수(神聖數)라 하여 언제나 최상의 수로 여겨져 왔다. 그리하여 일상생활에서 격언·속담·관용어 등으로 가장 많이 친근하게 사용되고 있는 숫자가 3이다. 몇 가지 예를 들면 다음과 같다:

- 수염이 석 자라도 먹어야 양반.
- 3살 버릇 여든까지 간다.
- 중매는 잘 하면 술 석 잔, 못하면 뺨 세 대.
- 삼 세 번.
- 삼척동자.
- 겉보리 석 되만 있으면 처가살이는 않는다.
- 코가 석 자.
- 장님을 셋 보면 그 날 재수가 좋다.

이와 같이 우리의 선조는 좋은 일, 궂은 일에도 3이라는 수를 널리 사용하여 좋은 일은 더욱 좋게, 궂은 일은 원만히 풀어갈 수 있기를 소망하는 그들의 마음을 담았던 것이다. 이렇게 한국인은 아득한 옛날부터 3이라는 숫자를 최상의 수, 수중의 수로 여겼다. 심지어 한국인은 박자도 3박음을 좋아하여, 우리나라의 민요는 3박자로 되어 있다. 세계에서 3박음을 주로 사용하는 나라는 매우 드물다.

이처럼 특별히 3이라는 수를 좋아하는 우리 민족의 수 개념은 어디에서 기인한 것인가? 그것은 우리 한민족은 '삼신 한올님'을 숭배하는 '올이랑 민족'이기 때문이었다. '삼위일체 하느님'에 대한 신앙이 한국인으로 하여금 3이라는 수를 오랜 옛적부터 성수(聖數)로 인식하게 했던 것이다.

실로 '셋'은 우리 의식 구조의 기본이다. 그러나 이웃 나라 지나(支那)인은 우리와 사고방식(思考方式)이 다르다. 지나인의 사유 방법 가운데 대표적인 것이 이원론(二元論)인 음양론(陰陽論), 또는 오행사상(五行思想)이다. 하지만 우리의 사고의 기초는 이원론도, 오행사상도 아니다. 우리 민족은 원래 삼원론적인 사고를 했다.

단군신화는 하늘, 땅, 인간이라는 세 가지 요소로 구성되어 있고 환인, 환웅, 단군 3단계로 전개된다. 환웅이 지상으로 내려올 때 환인은 그에게 천부인(天符印) 3개를 주었고, 환웅은 3천명의 무리를 거느리고 지상에 내려왔으며, 그는 풍백(風伯), 운사(雲師), 우사(雨師) 셋을 거느리고 인간사를 돌보았다(성경에서 바람·구름·비는 모두 성령을 상징한다). 그리고 곰이 사람으로 되는데 삼·칠일이 걸렸다고 했다. 모두 3이라는 숫자를 바탕으로 하고 있다. 왜 우리는 이렇게 옛날부터 3이라는 숫자를 성스럽고 신비스럽게 생각했는가? 그것은 우리 겨레가 '삼위일체 하느님'을 섬겼기 때문이었다.

다신 숭배의 고대 세계에서 한국인은 독특하게 홀로 한 분이신 창조주 하느님을 숭배했다. 더욱이 그 하느님의 존재 양식을 성부·성자·성령으로 계시는 삼위일체 하느님으로 알고 섬겼다. 참으로 놀라움을 금치 못할 사실이다.

물론 우리 조상들은 오늘날의 그리스도인처럼 '천일(天一)'이 '성부 하느님'이시고, '지일(地一)'이 '성령 하느님'이시고, '태일(太一)'이 '성자 하느님(예수님)'이라고 이해하지는 못했다. 그러나 한국인은 '천일'(하늘 하느님), '지일'(땅 하느님), '태일'(사람 하느님)이라는 삼신(三神)의 이름으로 오늘날 그리스도인들이 믿고 있는 성부·성자·성령이신 삼위 하느님을 이미 숭배했던 것이다. 그렇지 않은가? 아주 놀라운 사실이다. 열방 어느 백성 가운데 이러한 민족이 또 있었는가?

한국인의 선조들이 다신 숭배가 만연한 고대 세계에서 한 분이신 하느님을 섬겼다는 것은 당연히 놀라운 것이다. 그러나 그들이 성경에 계시된 삼위일체 하느님과 동일한 신지식을 가지고, 성경이 말하는 삼위일체 하느님과 동일한 하느님을 섬겼다는 것은 더더욱 놀라운 사실이다. 하느님의 존재 양식을 '한 분이시나 삼위로 계신다'고 이해했던 백성은 열방 어느 민족에게도 없었다. 심지어 유대인조차도 삼위일체 하느님의 개념은 없었으며, 지금도 그들은 삼위일체 하느님을 알지 못한다. 한국인의 유일신 신앙은 실로 독창적인 것이었다. 그러므로 사실상 오늘날 한국의 그리스도인들은 유대인의 하느님을 섬기고 있는 것이 아니다. 한국교회 성도들은 그들의 조상이 섬기던 유일신 하느님을 섬기고 있는 것이다.

이러한 사실은 무엇을 증거하는가? 한국인은 신적 선택을 받은 천손민족(天孫民族), 즉 하느님의 백성임을 분명히 보여주는 것이다. 그 것 외에는 한국인이 아득한 옛적부터 민족 내적으로 소유하고 있는 이 놀라운 신지식의 기원을 달리 설명할 길이 없기 때문이다. 실로 한국인이 에벨로부터 셈계의 일신 신앙을 계승한 선택받은 백성, 욕단의 후손이라는 사실은 의심의 여지를 불허한다.

욕단은 삼위일체이신 유일신 하느님을 계시로 말미암아 깨닫게 되었을 것이다. 그리고 욕단은 삼신 하느님에 대한 거룩한 신지식(神知識)을 그가 세운 신시(神市·City of God), '조선'의 백성들에게 널리 가르쳤던 것이다. 따라서 고조선 때부터 섬겨온 창조주 하느님을 믿는 기독교를 외래 종교로 단정하고, 들어온 지 1700년도 안되는 불교는 전통 종교라고 내세우는 것은 어불성설이다.

표훈천사(表訓天詞)에 기록되어 있는 삼일신(三一神), 즉 '삼위일체 하느님'에 대한 교훈은 앞 항에서 살펴본 삼일신고와 마찬가지로 단군의 가르침이 문자로 보존된 것이다. 그것은 하느님에 대한 「표훈천사」의 교훈들이 단군이 백성을 교화하기 위해 씌어졌다는 삼일신고 제2장 「신훈」과 일치할 뿐만 아니라, '삼일신고'는 그 제목이 말해주듯이 삼일신, 즉 '삼위일체 하느님의 가르침'이라는 뜻이지만, 「표훈천사」는 삼일신(三一神) 자체를 설명하고 있다는 점에서 의문의 여지가 없다.

그러므로 환인(桓因), 환웅(桓雄), 단군(檀君)이 '삼신일체'라는 대종교의 주장은 대단한 난센스다. 기록에 의하면 단군 자신이 삼신의 하나가 아니라, 단군이 삼신을 향하여 천제(天祭)를 드렸다. 강화도 마리산은 단군이 삼신일체로 사람들로부터 제사를 받았던 장소가 아니라 단군이 제주(祭主)가 되어 삼위일체 하느님께 제사를 드리던 장소이다.

아마도 「표훈천사」에는 흑암 중에서 빛을 내시고 만물을 창조하신 '삼위일체 하느님'에 대한 기록뿐만 아니라 인류의 조상 아담과 하와의 타락 및 낙원에서의 추방, 그리고 홍수 심판까지의 사건들, 즉 구약성경 창세기 1~10장까지의 사건들이 어느 정도 기록되어 있었을 것으로 추정된다. 그러나 이 책은 애석하게도 오늘날 찾을 수 없고, 다만 「태백일사」라는 책에 「표훈천사」에서 수록한 '삼위일체 창조주 하느님'에 대한 기록만이 전해지고 있을 뿐이다.

「표훈천사」를 비롯한 기타 단군 조선 때부터 내려오는 이야기가 기록되어 있는 이른바 고기류(古記類) 사서(史書)들이 지금도 많이 남아 있다면 우리는 고대 한국인이 섬긴 '창조주 삼위일체 하느님'에 대해서 좀더 자세히 알 수 있을 것이다. 그러나 아쉽게도 역사의 질곡 속에서 귀중한 고기류 사서들은 모두 소실되었다. 다만 여기에서 참고하고 있는 바처럼 그 「고기」를 기초로 저술된 「태백일사」같은 사서들을 통해 '고기'에 기록되었던 단편들을 접할 수 있을 뿐이다. 그나마 다행히도 이와 같은 책들이 있으므로 우리는 한국인의 선조들이 섬긴 하느님이 성경에 계시된 하느님과 동일하신 '삼위일체 창조주 하느님'이셨다는 사실을 알 수 있는 것이다.

알이랑 민족 한국인은 처음부터 '삼위일체 창조주 하느님'을 섬기던 천손민족이었다. 이는 한국인의 직계 조상이 에벨로부터 셈계의 일신 신앙을 계승한 하느님의 사람 욕단이었기 때문이다. 그는 셈족의 진정한 장자였다. 바로 그가 홍수 후 알이랑 고개를 넘어 극동 아시아로 천동해서 백두산에 올라 유일신 하느님께 제천의식을 거행하고 고조선을 건국한 붉돌 임금, 곧 단군이셨다. 그래서 우리 한국인은 욕단계 선민인 것이다.

> **경교(景教)의 영향을 받은 것은 아닐까?**
>
> 경교는 주후 635년 당나라에 알로펜(阿羅本: Alopen)을 단장으로 한 21명의 경교 목사들이 파사, 즉 페르시아로부터 입국하므로 전파되었고 781년에 가장 흥왕하였다. 수년 전 본서의 내용으로 예수원에서 말씀을 전할 때 표훈천사에 있는 삼위일체 하느님에 관한 기록은 혹시 이 경교로부터 영향을 받은 결과가 아닐까라는 질문을 받은 적이 있다. 그럴 가능성은 전혀 없다. 왜냐하면 당시 지나에서 유행하던 경교의 기독교 용어 가운데 천일(天一), 지일(地一), 태일(太一)이라는 말은 없었기 때문이다. 그 당시 경교에서는 성부를 황부(皇父), 성령을 경풍(景風) 또는 정풍(淨風) 그리고 현풍(玄風)이라고 했고, 성자를 황자(皇子)라고 했다. 삼위(三位)는 삼신(三身)이라고 했다. 만일 경교의 영향을 받았다면 천일(天一), 지일(地一), 태일(太一)이라는 용어로 삼위 하느님을 표현했을 리 만무하다.

12. 성경 계시의 원천이며 결론인 한국인 고유의 삼태극(三太極) 사상

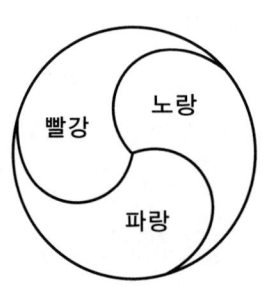

한국인 가운데 빨강·파랑·노랑 삼색으로 구성되어 있는 삼태극 문양(文樣)을 보지 못한 사람은 아무도 없을 것이다. 이 전통 문양은 한민족 고유의 '천지인 일체' 사상을 표현하고 있는 것이다.

도면에서 빨간색은 양(陽)으로 천(天)을 뜻하고, 파란색은 음(陰)으로 지(地)를 뜻하며, 노란색은 중(中)

으로서 인(人)을 뜻한다. 그리고 천·지·인(天地人) 삼색(三色)이 하나의 원 안에서 똑같은 모습으로, 똑같은 공간을 차지하고 있다. 원을 일(一)이라고 생각하면 그림 자체가 이미 '천지인 일체' 사상을 말없이 표현하고 있는 것이다.

지나인들은 음양(태극)만 알았지만, 한국인들은 아득한 옛적부터 '삼태극' 사상을 갖고 있었다. '삼태극'으로 표현되고 있는 '천지인 일체' 사상은 무엇을 뜻하는 것인가?

삼일신(삼위일체 하느님) 사상

앞에서 우리는 한국인이 아득한 옛날부터 삼위일체 하느님을 알았고, 그 삼일신(三一神)이신 성부·성자·성령 하느님을 섬겼다는 사실을 확인했다. 대한민국 고유의 문양 삼태극은 바로 이 삼일신(三一神·삼위일체 하느님)사상을 나타내고 있는 것이다.

문양의 빨간색은 양(陽)으로 천(天)을 뜻하는데, 이것은 곧 '천일'(하늘 하느님: 성부)을 뜻한다. 파랑색은 음(陰)으로 지(地)를 뜻하는데, 이것은 곧 '지일'(땅 하느님: 성령)을 뜻한다. 노란색은 중(中)으로 인(人)을 뜻하는데, 이것은 곧 '태일'(사람 하느님: 성자)을 뜻한다.

천일(성부), 지일(성령), 태일(성자)이 하나의 원 안에서, 똑같은 모양으로, 똑같은 공간을 차지하고 있다. 원은 일(一)을 의미한다. 그리하여 삼태극은 한국인 고유의 신앙인 '삼위일체 하느님' 사상을 표현하고 있는 것이다. 삼태극 사상은 만물의 근원이신 삼일신(三一神) 사상이다.

한글의 모음은 하늘(·), 땅(ㅡ), 사람(ㅣ) 삼재(三才)의 조합으로 구성된다. 하늘은 둥그니 「·」로 표현하고, 땅은 평평하니 「ㅡ」로 표시하고, 사람은 서있는 형상을 그려서 「ㅣ」로 정한 것이다. 하늘(·), 땅(ㅡ), 사람(ㅣ)이란 한국인이 고대로부터 섬겨왔던 삼일신(三一神)을 말하는데, 즉 하늘(·)은 천일(성부)을, 땅(ㅡ)은 지일(성령)을, 사람(ㅣ)은 태일(성자)을 의미하는 것이다.

천지인 일체 사상

한국의 전통 문양인 삼태극은 한민족 고유의 '천지인 일체' 사상을 표시하고 있는 것이다. 원래 하느님이 창조하신 세상은 하늘과 땅이, 땅과 사람이, 사람과 하늘이 하나였던 이상적인 세계였다. 그러나 죄로 말미암아 이 모든 질서가 깨어지고 하늘과 땅과 사람 사이에 분리와 간격이 생겼다. 그 틈 사이로 세상에 저주와 고통과 사망이 들어왔다(창세기 3장). 그런데 한국인은 하늘과 땅과 사람 사이의 분리와 간격이 없었던 그 처음 세상의 회복을 사모하며 살아왔던 것이다. 바로 그것이 삼태극이 표시하고 있는 '천지인 일체' 사상이다.

우리의 전통 문화를 보면 '천지인 일체'에서 벗어나는 것이 하나도 없다. 북을 한 번 울려도 '천지인 일체' 요(북의 가죽 중앙부에는 삼태극이 그려져 있다), 부채를 들고 바람을 일으켜도 '천지인 일체'였다(부채에도 삼태극이 그려져 있다). 이와 같은 것은 생활문화 곳곳에서 찾아볼 수 있다. '천지일 일체'를 뜻하는 무늬가 새겨져 있는 생활용품 몇 가지를 예로 들면, 지장태극문(紙粧太極文) 바가지, 지장첨화함(紙粧貼花函), 지장첨화 반짇고리, 고려시대에 만든 청자상감진사채련당초용문병(靑瓷象嵌辰砂彩蓮唐草龍文甁), 신라 미추왕(5세기)의 능에서 발견된 보검장식 무늬 등이 있다. 또한 우리의 전통의상을 보면, 화려한 빨간색, 노란색, 파란색(혹은 녹색)의 원색을 사용한 것은 곧,

'천·지·인'을 상징하는 색의 옷을 입었음을 뜻하는 것이다.

이와 같은 사실은 한국인은 '천·지·인'이 하나가 되는 세상을 이상 세계로 그리며 살아왔음을 뜻한다. 심지어 한국인은 그들의 글자까지도 '천·지·인' 삼재(三才)가 어우러져 만들어진다. 그 이유는 앞서 언급했듯이 한글의 모음은 ·(하늘), ㅡ(땅), ㅣ(사람) 삼재의 조합으로 이루어져 있기 때문이다. 하늘은 둥그니「·」로, 땅은 평평하니「ㅡ」로, 사람은 서있는 형상을 그려서「ㅣ」로 표현한 것이다.

이처럼 '천지인 일체' 사상은 우리의 문화 그 자체이며, 바로 우리 자신인 것이다. 우리 알이랑 민족은 '삼태극'으로 표현되는 '천지인 일체' 사상을 실현하면서 이제까지 살아왔고 앞으로도 그렇게 살 것이다.

천사들의 '천지인 일체' 찬송

그런데 한민족 고유의 이 '천지인 일체' 사상은 성경에 계시된 세계 구속을 향한 하느님의 궁극적 목적 및 계획과 완전히 일치하는 것이다. 2000년 전 하느님의 아들 예수 그리스도께서 이 땅에 사람의 모양으로 오셨을 때, 천군 천사들이 다음과 같은 3음절의 노래를 불렀다.

> 하늘(天)엔 영광!
> 땅(地)에는 평화!
> 사람(人)들 가운데는 기쁨!

본래 하느님께서 창조하신 세계는 '하늘·땅·사람' 사이에 간격과 분리가 없는 일치와 조화와 평화의 세계였다. 마치 성부(천일), 성령(지일), 성자(태일) 삼위 하느님께서 각각의 인격을 지니셨지만, 그들 사이에 조금도 분리와 간격이 없으신 것과 같다.

그러나 인류가 범죄 함으로 하늘과 땅 사이에 분리가 생기고, 땅과 사람 사이에도 분리가 생겼으며, 사람과 하늘(하느님) 사이에도 분리가 생긴 것이다. 죄로 말미암아 일치와 조화와 평화로 가득했던 우주의 질서가 깨어졌고, 피조 세계에 저주와 수고와 고통이 들어왔다(창 3:16~24).

그러나 하느님의 아들 예수 그리스도께서는 그의 피로 죄의 담을 허무시고, 이 모든 분리와 간격과 부조화를 없이 하여 "하늘에 있는 것이나 땅에 있는 것이 다 그리스도 안에서 통일되게 하려"(엡 1:10) 육신을 입으시고 평화의 왕으로 이 땅에 오신 것이다. 그리하여 천사들이 예수님의 탄생을 축하 찬양할 때에, "하늘(天)엔 영광, 땅(地)에는 평화, 사람(人)에겐 기쁨"이라는 3소절로 된 '천지인 일체'의 성가(聖歌)를 노래하였던 것이다.

천국은 '천·지·인'이 하나가 된 곳

앞으로 예수 그리스도께서 재림하시면 '천지인 일체'의 아름다운 세상이 온 누리에 충만하고 완전하게 이루어질 것이다. 성경은 이것을 다음과 같이 예언하고 있다.

> "여호와께서 가라사대 그 날에 내가 응하리라. 나는 하늘에 응하고, 하늘은 땅에 응하고, 땅은 곡식과 포도주와 기름에 응하고, 또 이것들은 이스라엘에 응하리라."(호 2:21~22).

호세아가 전한 이 예언은 장차 하늘은 땅에, 땅은 사람에게 응하리라는 것으로서, 이는 하늘, 땅, 사람 사이에 있는 분리와 부조화와 간격들이 모두 사라지게 될 것을 말씀하고 있는 것이다. 이것은 곧 한민족 고유의 사상인 '천지인 일체' 사상과 합치(合致)하는 말씀이다.

또한 우리는 요한계시록 21:1~5에 기록된 새 하늘과 새 땅에 대한 예언에서, 한민족 고유의 사상인 '천지인 일체'의 이상 세계가 완전히 구현된 모습을 본다.

"또 내가 새 하늘과 새 땅을 보니 처음 하늘과 처음 땅이 없어졌고 바다도 다시 있지 않더라. 또 내가 보매 거룩한 성 새 예루살렘이 하느님께로부터 하늘에서 내려오니 그 예비한 것이 신부가 남편을 위하여 단장한 것 같더라. 내가 들으니 보좌에서 큰 음성이 나서 가로되 **보라 하느님의 장막이 사람들과 함께 있으매 하느님이 저희와 함께 거하시리니** 저희는 하느님의 백성이 되고 하느님은 친히 저희와 함께 계셔서 모든 눈물을 그 눈에서 씻기시매 다시 사망이 없고 애통하는 것이나 곡하는 것이나 아픈 것이 다시 있지 아니하리니 처음 것들이 다 지나갔음이러라. 보좌에 앉으신 이가 가라사대 보라 내가 만물을 새롭게 하노라 하시고…"

"하느님의 장막이 사람들과 함께 있으매…" 이는 '천지인 일체' 사상의 완전한 구현이다. 한국인은 아득한 옛날부터 이러한 '천지인 일체'의 아름답고 평화로운 세계가 회복되기를 희구하며 살아온 것이다. '천지인 일체'는 사실상 하느님 나라의 핵심 주제이자, 성경의 결론이라고 할 수 있다.

천손민족의 증거인 삼태극 사상

이상 살펴본 바처럼 한국의 전통문양 '삼태극'은 다음 두 가지 사상을 표현하고 있는 것이다.

첫째, '삼일신(三一神)' 사상, 즉 '삼위일체 하느님' 사상이다. 우리 겨레는 옛적부터 우주만물을 창조하신 하느님은 '삼위일체 하느님' 이심을 알고 믿었다.

둘째, '천지인 일체' 사상이다. 곧 하늘과 땅과 사람이 하나가 되는 이상 세계의 회구이다. 이 '천지인 일체' 사상은 하늘과 땅과 사람 사이에 분리와 간격이 없었던 처음 세상의 회복을 대망하는 사상인데, 장차 천국에서 구현될 것이다. 즉 세계 구속의 완전한 결과가 '천지인 일체'의 세계이다.

어떻게 특별 계시인 성경이 없었는데도, 한국인은 창조주 하느님이 '삼일신'(삼위일체 하느님)이라는 사실을 알았는가? 뿐만 아니라 한민족은 하느님의 마음속에 있는 세계 구속의 완전한 결과인 '천지인 일체'의 이상 세계를 꿈꾸며 살아왔는가? 그 해답은 이것이다.

한국인은 에벨의 혈통 욕단의 직계 자손으로서 선택받은 하느님의 백성, 즉 천손민족이기 때문이라는 것이다. 그들은 하느님의 백성이기 때문에 하느님의 존재 양식이 삼일신(삼위일체 하느님)이라는 신지식을 처음부터 소유하고 있었고, 또한 세계 구속의 최종 목표를 향한 하느님의 마음과 계획을 아득한 옛날부터 갖고 있었던 것이다.

세상 민족들의 사상 가운데 한국인이 가지고 있는 이 '삼태극' 사상만큼 심오하고 아름다운 얼은 없다. 아득한 옛적부터 한국인이 가지고 있었던 한민족 고유의 '삼태극' 사상은 하느님의 말씀인 성경과 정확히 일치하는 개념으로서, 한국인이 욕단계 선민이라는 사실을 확고히 입증해 준다.

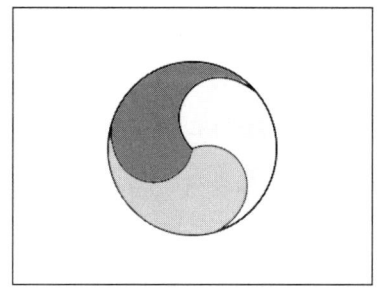

▲ 삼태극기(天符旗)

선민 통일 한국의 국기는 '삼태극'

또 하나의 선민 알이랑 민족은 하느님의 은총으로 반드시 통일의 새 날을 맞이하게 될 것이다. 그렇다면 통일 조국의 국기는 어떤 모습이어야 할까? '태극기'를 계속 사용해야 할것인가? 그것은 결코 안 될 일이다. 왜냐하면 기존의 국기인 '태극기'는 민족의 상징으로 삼기에 대단히 부적절한 것이기 때문이다.

태극기의 탄생에는 청의 입김이 깊숙이 작용했다. 청의 사신으로 조선에 와서 조선과 미국간의 조미수호통상조약(1882년) 체결을 주도한 마건충이 태극기의 도안자였다. 그는 1882년 4월 11일 김홍집과의 회담에서 조선의 국기를 흰 바탕에 태극 그림을 사용하고 주위에는 8괘를 그리는 것이 어떻겠냐고 제안했다. 이런 회담이 있은 뒤 7월에 임오군란이 일어나고, 조선은 제물포 조약에 따라 대관(大官)을 파견하여 일본에 사죄할 것을 강요받았다. 이때 사신 박영효는 일본 국적의 메이지마루(明治丸)란 배를 타고 갔는데, 이 배의 선장은 영국인 제임스였고, 조선 주재 영국 총영사 애스턴도 동승했다. 박영효는 애스턴과 조선 국기에 관해 협의하였는데, 애스턴은 선장 제임스가 세계 각국을 돌아다니느라 각 나라의 국기에 정통한 사람이므로 그의 조언을 받으라고 충고했다. 제임스는 마건충의 도안대로 8괘가 다 들어가면 복잡하고 다른 나라 사람들이 따라 그리기가 힘들다고 충고하였고, 이에 따라 태진손간(兌震巽艮) 4괘를 들어내고 건곤감리(乾坤坎離) 4괘만 남기면서 상하좌우에 있어야 할 정괘를 45도 왼쪽으로 돌려버린 것이다. 이렇게 탄생한 태극기가 처음 게양된 곳은 일본 고베의 박영효 일행 숙소였다. 태극기는 지나인의 기본 도안에 일본에 사죄하러 가는 일본 국적의 배 안에서 영국인 선장을 산파로 해서 태어나 조선 사람들에게 선보이기도 전에 일본에서 나부낀 깃발이었다.

태극기는 탄생 과정에서 외세가 깊게 개입했을 뿐만 아니라 그 내용도 지나의 「주역」에서 빌려온 것으로 이루어져 있다. 「주역」 '계사전(繫辭傳)' 의 "태극이 양의(兩儀 : 음양)를 낳고 양의가 사상(四象)을 생하고 사상이 8괘를 생한다"는 말에서 알 수 있듯이 태극기의 기본 원리인 태극과 4괘는 「주역」에서 비롯된 것이다.

이렇듯 출생 과정도 그 내용도 우리나라 사람이나 우리 고유의 것보다는 외국인과 외국적인 내용이 지배적인 태극기를 국가의 상징으로 내세우는 것은 껄끄럽고 수치스러운 것이 아닐 수 없다. 이러한 태극기를 통일조국까지 갖고 갈 수는 없는 것이다. 남과 북 모두를 아우를 수 있는 새로운 상징이 필요하다. 그것은 무엇일까? 바로 '삼태극'이다. 통일 한국의 국기는 다음과 같은 이유 때문에 '삼태극기'가 되어야 한다.

첫째, 삼태극은 우리 겨레 고유의 전통 문양이다. 따라서 이념이나 신분에 상관없이 누구에게나 친근감이 있다.

둘째, 삼태극은 문양이 상징하고 있는 가치가 아주 귀하다. 그것은 한민족 고유의 얼로서 가장 높은 차원의 '일치와 평화'(삼위일체·천지인일체)를 상징한다. 반세기 이상 분단의 아픔을 겪은 우리는 '삼태극'

사상으로 일치와 화합의 정신을 함양할 필요가 있다. 더 나아가 민족과 종족과 계층간의 갈등과 분쟁으로 고통하는 전 세계도 '삼태극'의 얼이 절실히 필요하다.

또한 '삼태극'은 단군 이전부터 우리 알이랑 민족 배달겨레가 섬겨왔던 삼일신(三一神) 신앙, 즉 천일(성부), 지일(성령), 태일(성자) '삼위일체 하느님 사상'을 표현한다. 그런데 욕단계 선민의 나라 통일 대한민국은 사상 전례 없는 복음의 나라, 하느님의 나라가 될 것이다. 따라서 '삼태극'은 선택 받은 백성인 한민족에게 '하느님 백성의 깃발'로서 가장 적합하다(그러나 제발 삼태극을 경배하는 어리석은 자들은 없기를 바란다).

셋째, '삼태극'은 '삼원색'인 빨강·파랑·노랑으로 되어 있어서 보기에도 아름다울 뿐만 아니라 단순하여 그리기도 쉽다. 어린 아이도, 외국인도 누구나 쉽게 그릴 수 있다.

삼태극은 한민족 고유의 문양이며 단순하고 아름다우면서도 함축하고 있는 사상이 지극히 심오하다. 그러므로 선택받은 백성 알이랑 민족의 국기로서 한국의 전통 문양 '삼태극'만큼 합당한 것은 더 이상 없다.

실로 우리 한국인이 욕단계 선민이라는 사실은 이상 살펴본 바처럼 특별 계시인 성경과 정확히 일치하는 사상을 표현하고 있는 한민족의 전통 문양 '삼태극'까지도 여실히 입증해 주고 있다.

13. 동이문자에 간직되어 있는 창세기 1~10장까지의 이야기

고대에 동이족이 만들었던 상형문자인 한자는 우리 배달 동이겨레가 참으로 욕단의 직계 자손이라는 사실을 웅변적으로 입증해 준다. 왜냐하면 동방에 정착한 한국인의 조상 욕단 족속은 창세기 1장부터 10장까지의 사건들을 잊어버리지 않기 위해 그 내용을 그림으로 표현해서 보존하였는데, 바로 그것이 이른바 한자라고 부르는 상형문자의 기원이 되었기 때문이다.

실제로 상형문자인 한자를 분석해 보면 약 100여자에 달하는 한자가 창세기 1장부터 10장까지의 사건들을 정확하게 묘사하고 있다. 결론적으로 지금 우리들이 사용하고 있는 한자는 욕단 시대로부터 내려온 것이다.

창세기의 이야기가 담겨져 있는 특별한 한자들

상형문자인 일부 한자들 가운데 창세기의 이야기가 고스란히 남아 있다는 사실은 우리나라 사람들도 자주 언급해 왔으나, 싱가포르에서 활동했던 지나 사람 C. H. 강 목사와 미국인 넬슨(Ethel R. Nelson) 박사는 그것을 체계적으로 함께 연구해 책으로 집필하였다.

그들은 「창세기의 발견」(The Discovery of Genesis)*이라는 제목으로 출간한 책에서 창세기 1장부터 10장까지의 사건들이 들어 있는 한자들을 자세히 분석·설명했는데, 그것은 20세기 성경 고고학적 최대의 발견이라고 호평을 받았다.

---

* C. H. Kang & E. R. Nelson, The Discovery of Genesis, USA : Concordia Publishing House, 1979(1991년, 한국어로 「도서출판 미션하우스」에 의해 번역 출간되었다).

우리는 이 책을 통해 아담부터 노아 홍수까지의 성경 이야기가 역사적 사실이 분명하다는 것을 확인할 수 있다. 독자들의 이해를 돕기 위해 먼저 그 책에서 몇 가지 중요한 상형문자들을 발췌, 소개해 보겠다.

船
배 선

'배'에 대한 한자 **船**은 아주 특징 있게 묘사되어진다. 이것은 세 가지 요소 즉 '**배**'의 舟와, '**여덟**' 八 과, 사람을 뜻하는 '**입**' 口로 구성되어 있다. "노아가 아들들(셈, 함, 야벳)과 아내와 자부들과 함께 홍수를 피하여 방주에 들어갔고"(창 7:7). 하느님께서 이 세상에 죄악이 관영함을 보시고 비록 홍수로 세상을 멸하실 것을 계획하셨지만, 그러나 한편으론 죄 가운데서 뉘우치고 돌아서서, 하느님을 순종하는 자들을 구원하시기 위하여 방주를 예비하셨다. 그리고 하느님께서는 120년을 기다리셨다. 하느님의 이러한 사랑에도 아랑곳없이, 불행하게도 성경 말씀과 같이 겨우 **여덟 사람**만 방주에 타므로 구원을 받았다.

'배'에 대한 글자 **船**은 노아가 그 당시의 사람들에게 홍수로 세상이 멸망할 것이라는 경고를 함에도 불구하고, 오직 '**여덟**' 八 '**사람**' 口 만이 '**방주**' 舟에 탄 사실을 말해주고 있다.

"그들은 전에 노아의 날 방주 예비할 동안 하느님이 오래 참고 기다리실 때에 순종치 아니하던 자들이라 방주에서 물로 말미암아 구원을 얻은 자가 몇 명뿐이니 겨우 **여덟** 명이라"(벧전 3:20)

舟	+	八	+	口	=	船
배		여덟		입·사람		배

제6장, 한국인이 육단계 선민임을 입증하는 다양한 증거들

'여덟·팔(八)' 자는 '사람·인(人)' 자를 뒤집어 놓은 모양새다. 왜 '여덟·팔(八)' 자를 그렇게 표현했을까? 그 까닭을 이해하려면 먼저 '사람·인(人)' 자가 무엇을 묘사했는지를 알아야 한다. '사람·인(人)' 자는 인류의 조상인 아담과 하와를 그린 것이다.

즉 왼쪽 획 丿 은 아담을, 그 왼쪽 획을 받치고 있는 오른쪽 획 乀 은 아담의 갈비뼈에서 나온 하와를 표현한 것이다(창 1:27; 2:21~23). 그래서 '사람·인(人)' 자는 최초의 사람이었던 한 남자와 한 여자를 묘사한 문자다. 인류는 이 두 사람으로부터 번성하였다(창 1:28).

그러나 홍수 심판 때에 노아의 여덟 식구를 제외한 전 인류는 멸절하였고, 홍수 이후의 모든 세대는 노아의 방주에 탄 그 여덟 사람으로부터 다시 번성하였다. 즉 홍수 이전에는 **두 사람(人)** 아담과 하와가 인류의 조상이었듯이, 홍수 이후에는 노아의 가족 **여덟 사람(八)**이 인류의 새로운 조상이 된 것이다. '여덟·팔(八)' 자를 '사람·인(人)' 자를 뒤집어 놓은 모양으로 그린 이유가 바로 거기에 있었다. **두 사람(人)** 아담과 하와가 인류의 조상이듯이, **여덟 사람(八)**도 역시 인류의 조상이라는 것을 기억하려고 했던 것이다.

'물 따라 내려갈·연(沿)' 자는 '내려오다, 계속하다, 이어지다, 유전하다' 의 여러 가지 의미를 갖고 있다. '여덟'(八) '사람'(口)이 그려진 이 '연(沿)' 자 는 물 위에서 방주에 탄 채로 떠다닌 노아의 여덟 식구를 나타낸 것이다.

"물이 더 많아져 땅에 창일하매 방주가 물 위에 떠 다녔으며… 물이 150일을 땅에 창일 하였더라"(창 7:18,24)

    氵   +   八   +   口   =   沿
    물   여덟   사람   내려오다, 이어지다
          (노아식구)

물론 '**연(沿)**' 자는 모든 전통과 관습, 역사, 지식이 홍수 이후 여덟 사람의 세계로부터 '**계속해서, 내려온**'(沿) 것이라는 진리를 증명해 준다.

방주에서 나온 노아의 **여덟** 식구가 첫 번째 거처로 삼은 곳은 커다란 **동굴**이었다. 왜냐하면 모든 것이 물에 오랫동안 잠겨 있었으므로 집을 지을 나무가 없었기 때문이다.

    宀   +   八   =   穴
    지붕   여덟   굴·혈
          (노아식구)

이와 같이 '**굴·혈(穴)**' 자는 노아의 **여덟**(八) 식구가 **지붕**(宀)을 삼고 임시 거처로 정한 곳이 물이 물러나간 동굴이었음을 나타낸다.

홍수로 인하여 땅의 모든 식물들이 없어졌기 때문에, 노아의 가족 여덟 사람은 생존을 위해 들에 나가 일을 해야 했다. **여덟**(八) 사람 모두가 **일하기**(工) 위해서 들에 나갈 경우 **동굴**(穴)은 **텅 비게**(空) 되었다.

제6장. 한국인이 욕단계 선민임을 입증하는 다양한 증거들

```
 宀    +    八    =    穴    +    工    =    空
지붕       여덟          굴         일하다       빌·공
         (노아식구)
```

'나누다, 분할하다'를 뜻하는 '분(分)'은 '여덟'의 八과 '칼'의 刀로 나누어진다. 노아의 여덟 식구들은 열심히 농사를 지어 모든 양식을 나누어 먹었다. 여기에서 칼(刀)은 **분할(分割)**을 상징하는 기호로 쓰여졌다.

```
 八     +     刀     =     分
여덟          칼           나눌·분
(노아식구)
```

숫자 '넷'을 나타내는 四는 두 개의 기본 글자 口와 八로 구성되어 있는데, 그 의미는 '**여덟**' 八 사람으로부터 네 방향, 즉 '**사방**' 口으로 나누어졌다는 것을 제시해 준다.

```
 八     +     口     =     四
여덟         사방           넷
(노아식구)
```

 대홍수 때에 노아의 여덟 가족을 제외하고는 모두 죽었다. 그래서 노아의 여덟 식구는 오늘날 세상 사람들의 **공동**(公同) 조상이 되었다. '**공평한, 공공의, 일반적인**' 이라는 뜻을 가진 公에서 홍수에서 살아남은 노아의 여덟 식구가 현 인류의 조상이 되었다는 역사적 사실이 보여진다. 公은 또한 일상 생활에서 '**할아버지, 노인**' 이라는 뜻으로도 사용된다. 이것은 모든 사람들의 할아버지로서 노아 자신에게 적용될 수 있다. 사람의 약자인 '**개인의**' 뜻을 가진 厶 는 '**입, 사람**' 口 의 축소된 형태에서 유래되었다. 즉 '**여덟**' 八 '**사람**' 厶 이 인류의 '**공통된 조상, 할아버지**' 公 라는 것을 나타내고 있다. "이들은 노아 자손의 족속들이요 그 세계와 나라대로라. 홍수 후에 이들에게서 땅의 열국 백성이 나뉘었더라" (창 10:32).

八   +   厶   =   公

여덟   사람   여러·공
(노아식구)

 神은 示와 申으로 나누어지는데 이것들은 모두 창조 이야기와 관계가 있다. 왼쪽의 示는 '**나타내다, 보이다, 명시하다. 알리다**' 라는 의미를 지니고 있다. 그런데 이것을 분석해 볼 것 같으면, 示의 맨 윗부분인 一 은 '**하늘**' 을 나타내고 있으며, 아랫부분 一은 '**땅**' 을 나타냄을 알 수 있다. 그리고 小는 어떤 세분의 존재가 아래로 내려오는 모습을 연상하게 해준다. 그러므로 示는 '**하느님의 신**' , 즉 '**세 분의 하느님**' 小이 '**하늘**'

一에서 **'땅'** — 아래로 내려와 **'나타내 보이고'** 示 있음을 묘사하고 있다. 그래서 示는 하느님에 대한 약어이다. 삼위일체 하느님은 본래 보이지 않는 분이시나 사람에게 나타나기를(示) 원하시는 분이시다.

오른쪽의 申은 **'펼치다, 알리다, 말하다, 명하다'** 라는 의미를 지니고 있다. 그런데 申은 **'밭'** 이나 **'동산, 정원'** 의 뜻을 가진 田과 관계된 것으로, 말씀을 명하심으로 **동산을 펼친** 함축된 의미를 알 수 있다. 우리는 示와 申을 합쳐 볼 때, 세 분의 하느님께서 하늘에서 이 땅에 내려오셔서, 말씀으로 명하시어 동산을 지으신 것을 알 수 있다.

一	+	一	+	小	=	示	+	申	=	神
하늘		땅		세 개체 (인격)		보이다 (하느님)		펼치다 (에덴동산)		하느님

하느님께서 이 땅에 내려오셔서 동산을 창조하신 모습을 사실 그대로 묘사하고 있는 神은 고대 형태의 글자에서 더욱 더 확실히 묘사되어진다. 이것 역시 「하늘」~ 과 「세 분」))) 의 「하느님」))) 과, 「동산」 ⊕ 으로 구성되어져, 삼위의 하느님께서 에덴 동산을 창조하신 것을 그대로 그리고 있다.

이 사실은 다음의 성경 기록을 통해서 더욱 더 명백하게 확실시 되어진다. "태초에 **말씀**이 계시니라. 이 **말씀**이 하느님과 함께 계셨으니 이 말씀은 곧 **하느님**이시니라. 그가 태초에 하느님과 함께 계셨고 만물이 그로 말미암아 지은바 되었으니 지은 것이 하나도 그가 없이는 된 것이 없느니라"(요 1:1~3). **"여호와 하느님**(엘로힘)이 동방의 에덴에 동산을 창설하시니"(창 2:8). "땅이 혼돈하고 공허하며 흑암이 깊음 위에 있고 **하느님의 신**은 수면에 운행하니라"(창 1:2). 창조 활동을 하신 분은 '단일신'이 아니라 '유일신', 곧 **'삼위일체 하느님'** 이셨던 것이다. 그러니까 **'신·신(神)'** 자는 원래 유일하신 참 하느님(God)을 뜻하는 자였으나, 나중에 여러 잡신(god)이나 귀신의 의미로도 같이 쓰이게 된 것이다.

福
복·복

하느님께서(示) **첫**(一) **사람**(口) 아담에게 에덴의 **동산**(田)을 주신 것, 바로 이것이 복(福)이다. 에덴동산은 보기에 아름답고 먹기에도 좋은 과실나무들이 있고 생수가 흐르며 정금과 보석도 있는 모든 것이 풍요로운 낙원이었다(창 2:8~15).

示 + 一 + 口 + 田 = 福
하느님　첫째　사람　밭·동산　복

品
물건 품·품격 품

세 개의 **입**(口)으로 구성돼 있는 **'물건·품(品)'** 자는 '만물'이 '삼위일체 하느님의 말씀'으로 창조되었다는 것을 보여 준다: "여호와의 **말씀**으로 하늘이 지음이 되었으며, 그 만상이 그 **입** 기운으로 이루었도다"

(시 33:6).

또한 **'품격·품(品)'** 자는 '행위', '품성'을 뜻하는데, 이는 삼위일체 하느님의 말씀이 품행(品行)의 법칙이자 기준이었음을 증거 해준다. 그러므로 '품(品)' 자는 **삼위일체 하느님**에 관한 문자이다.

노아가 방주에서 나와서 그의 가족들과 함께 가장 먼저 행한 일은 제단을 쌓고 그들의 생명을 보존하신 하느님께 정결한 짐승으로 감사의 제사를 드린 것이었다.

"노아가 여호와를 위하여 단을 쌓고 모든 정결한 짐승 중에서와 모든 정결한 새 중에서 취하여 번제로 단에 드렸더니."(창 8:20)

홍수로 인해 중단되었던 제사가 다시 계속해서 드려지게 된 것이다. 이러한 역사적 사실이 '**제사 지내다**' 의 뜻을 가진 祭에 묘사되어져 있다. 제사 드릴 때 꼭 필요한 짐승을 나타내기 위한 '**고기, 살**' 의 뜻을 가진 月(=肉)과 한번에 그치지 않고 계속해서 드리는 것을 상징하는 '**다시, 또**' 의 뜻을 가진 又와, 제사 드리는 대상자이신 하느님을 묘사하기 위하여 '**하느님**' 의 약어인 示가 합쳐져서 구성된 祭는 하느님께 제사 드리는 모습을 아주 분명하게 묘사해주고 있다.

月(=肉)	+	又	+	示	=	祭
고기·동물		다시·용서		하느님		제사·제

그런데 우리가 여기서 주목할 것은 祭의 구성 요소인 又에, '**용서**' 라는 뜻이 있다는 것이다. 이것은 인간이 하느님께 제사 드리는 의의

와 목적을 잘 설명해주고 있다. 하느님께서는 인간이 범죄 했을 때, 그들을 죄로부터 용서하시고 구원하시기 위하여, '**양(고기, 살)**' 月을 잡아 '**계속**' 又해서 '**하느님**' 示께 '**제사 드리는**' 祭 제사 제도를 마련하신 것이다.

'**만들다, 창조하다, 짓다**' 라는 뜻을 지닌 '**지을 조(造)**' 자는 흙으로 인간을 창조하신 하느님의 능력을 증거 해준다. 이것은 그 구성 요소가 '**흙**'의 뜻인 土와, '**입**'의 뜻을 가진 口와, 어떤 생명력을 가지고 활동할 수 있는 '**살아있는, 생기, 생명**'의 뜻을 지닌 '**삐침**'(丿)과, '**움직이다, 걸어가다**'의 뜻을 가진 辶로 되어 있다. 이렇게 작은 기호들로 구성되어 만들어진 造는 지구의 흙으로부터 첫 사람 아담을 만드는 최후의 절정의 작업을 나타내주고 있다.

> "여호와 하느님이 흙으로 사람을 지으시고 생기를 그 코에 불어넣으시니 사람이 생령이 된지라."(창 2:7)

이 말씀을 쉽게 이해할 수 있는 다른 말씀으로 옮겨 보면, "여호와 하느님이 **흙**(土)으로 사람의 모습을 만들어서 그 코에 **입**(口)으로 **생기**(丿)를 불어넣으시니 사람이 비로소 움직이게(辶) 된지라"로 할 수 있다. 그래서 아담은 생령(a living soul), 즉 산 존재가 되었다. 아담은 성인의 모습으로 **말도 하며(告), 걷기도(辶)** 했다.

土 + 口 + ノ = 告 + 辶 = 造
흙   입(으로)   생기   말하다   걷다   지을·조

　아담의 이름은 '흙'이라는 뜻으로, 우리는 造자에 의해서도 아담이 흙으로 지음 받았다는 사실을 알 수 있다. 그러므로 '만들다, 창조하다, 짓다'의 造는 하느님께서 최초의 인간 아담을 만드신 것을 기억하기 위한 글자이다.

　지구 역사의 첫 사람은 아담이었다. '먼저·선(先)' 자는 흙의 사람이 모든 것 중에서 가장 먼저라는 사실을 나타내주고 있다. 아담은 하느님께서 '흙' 土으로 빚으셔서, 그 코에 '생기' ノ를 불어 넣으시므로 만들어진 '사람' 儿으로, 이 세상에서 가장 '먼저, 처음' 先 창조된 사람으로 인정되고 있다.

土   +   ノ   +   儿   =   先
흙   생기   사람   먼저
       (살아있는)   (처음)

　'시작'을 의미하는 몇 개의 글 가운데, 창세 이야기와 태초의 역사에서 가장 중요한 시작을 기념하는 것과 일치하는 문자가 원(元)이다. 이것은 '시초, 으뜸, 첫째'라는 뜻을 가지고 있는데, '두'(二)와 '사람'의

儿 (성인)으로 구성돼 있다. 인류 가족의 시작은 오직 두 사람 뿐이었다. 그러므로 元은 시작에 대한 성경 기록과 창세기의 사실을 확증시켜 준다.

$$二 \;+\; 儿 \;=\; 元$$
둘　　　사람　　　으뜸·처음
　　　(아담·이브)

'불·화(火)' 자를 살펴보면, **사람(人)** 위에 **광채(˙ ˊ)** 가 발산되는 모습이다. 우리는 이 **火**로부터 아담이 타락하기 전에 찬란한 영광의 빛으로 **옷**을 입고 있었다는 것을 알 수 있다. 그러나 아담이 범죄했을 때 그는 나체가 되었다.

"가로되 내가 동산에서 하느님의 소리를 듣고, 내가 벗었으므로 두려워하여 숨었나이다. 가라사대 누가 너의 벗었음을 고하였느냐. 내가 너더러 먹지 말라 명한 나무 실과를 네가 먹었느냐?"(창 3:10,11)

이 개념은 더 나아가 '**빛·광(光)**' 자에 의해 입증될 수 있다. 이것은 **첫(一) 사람(儿)**에게서 발산되는 **빛(ㅛ)**을 나타내고 있다. **火**자에서의 **人**이나, **光**자에서의 儿 은 둘 다 **사람(人)**을 나타내는 것이며, 여기에서 불이나 빛은 하느님의 형상대로 지음 받은 인간의 **영광의 광채**이다. 하느님은 빛이시다(요일 1:5).

"남자는 하느님의 형상과 영광이니…"(고전 11:7)

"여호와 나의 하느님이여 주는 심히 광대하시며 존귀와 권위를 입으셨나이다. 주께서 옷을 입음같이 '빛(光)'을 입으시며 하늘을 휘장같이 치시며 물에 자기 누각의 들보를 얹으시며 구름으로 자기 수레를 삼으시고 바람 날개로 다니시며 바람으로 자기 사자를 삼으시며 '화염(火焰)'으로 자기 사역자를 삼으시며 땅의 기초를 두사 영원히 요동치 않게 하셨나이다."(시 104:1~5)

아벨은 양치는 자였고, 가인은 농사하는 자였다. 가인은 아담 가족의 양식을 공급했고, 아벨은 가족들이 입을 가죽 옷과 하느님께 드릴 제물인 양(羊)을 충당했다. 그들은 양을 잡는 것을 통해 일찍이 하느님께서 가죽옷을 지어 입히셨던 은혜를 기억했다(창 3:21). 또한 자신의 수치를 가리기 위해 어린 양이 대신 죽임을 당해야 하며, 어린 양은 자신들의 죄값을 담당할 구세주를 상징한다고 이해했다. 이러한 예배의식을 통해서 잃어버린 의로움(義)을 회복시켜 주실 약속된 구세주에 대한 믿음을 표현하였다. 이와 같은 희생제사 방식은 아담이 그의 자녀들에게 가르쳐 주었다.

手 + 戈 = 我 + 羊 = 義
손　　　창　　　나　　양　　옳을·의

이 '옳을·의(義)' 자는 죄 용서를 구하는 처음의 예배의식에서부터 만들어졌다. 즉, 하느님께 양(羊)을 제물로 드리고, 하느님께서 기뻐 받으시도록 **내(我)**가 하느님의 어린양 앞에 무릎을 꿇고 있는 모습이다. 좀더 세분해 보면, 이 하느님의 어린양은 내 **손(手)**에 의해 **창(戈)**에 찔려 죽임을 당한 것을 나타낸다. 바로 우리의 죄가 하느님의 어린양이신 예수 그리스도를 죽게 한 것이다(롬 4:25).

'**맏·형**' **兄**은 '**말**' 口하는 '**사람**' 儿 으로, 가족을 **대변하고(口)**, 동생을 잘 **타이르는(口) 사람(儿)**이라는 것을 뜻하고 있다.

口   +   儿   =   兄
입·말   사람   맏·형

가인은 자기 동생 아벨을 쳐 죽임으로 인류 최초의 흉악(凶惡)한 살인자가 되고 말았다.

凶   +   儿   =   兇
흉한   사람   흉악할·흉
                                                      (살인)

'**흉악할·흉(兇)**' 자는 '**맏·형(兄)**' 자와 발음이 비슷하나, 그 뜻은 '**잔인한, 포악한, 비인간적인**' 등의 뜻을 지니고 있으며, '살인자'를 표현할 때 쓰이고 있다. 이 모양은 하느님으로부터 잔인하게 살인을 범한 최초의 살인자인 형, 가인의 몸에 찍힌 낙인을 보여주고 있다.

학자들은 X 는 살인이나 자르는 것을 나타내기위하여 여러 글자에 사용된다고 말한다. 그러므로 '형' 의 뇌에 찍힌 그 낙인 X 는 가인을 살인자로 나타내는데 있어서는 아주 의미있게 쓰여졌다. 이제 가인은 더 이상 가족의 대변자가 아니었다. **'터진 입(ㄴ)'** 이 된 것이다.

장자(兄)는 가족과 함께 하느님께 예배를 드리는 제사장의 직분을 승계 받는 자가 되어야 했다. 바로 이것이 **맏아들(兄)**의 특권이었다.

示　　+　　兄　　=　　祝
하느님　　　　형　　　　기도할·축

장자(兄)는 가족을 대변하는(口) 사람(儿)으로서, 가족을 대표해서 하느님(示)께 기도하고, 예배를 드리는 제사장의 직분을 잘 수행해야 했다.

고대의 화가, 즉 그림문자의 발명가는 **'탐내다, 욕심내다'** 라는 글자를 어떻게 그렸을까? **'탐내다'** 라는 뜻을 가진 婪이 **'두 나무'** 林와 **'한 여자'** 女로 구성된 것은 단지 우연히 그렇게 된 것일까? 성경에 말하기를 "여자가 그 나무를 본즉 먹음직도 하고 보암직도 하고 지혜롭게 할 만큼 **탐스럽기도** 한 나무인지라 **여자**가 그 실과를 따먹고 자기 남편에게도 주매 그도 먹은지라"(창 3:6). 선악과를 맨 먼저 **탐내고**, 그것을 먹으므로 유혹에 넘어간 것은 **여자**, 즉 **이브**였지 남자가 아니었다.

林　+　女　=　婪
두 나무　　여자　　탐내다 · 욕심내다

그런데 왜 나무는 하나가 아니고 둘인가? 에덴동산 중앙에는 **두 그루**의 특별한 나무가 있었다. 하나는 '**선악과**'였고 또 하나는 '**생명나무**'였다(창 2:8~9). 바로 이 **두 나무**를 묘사한 것이다.

하느님이 인간을 창조했을 때 그분은 그들에게 '자유의지'를 주셨다. '**두 나무**' 林는 주어진 선택의 자유를 통해서 순종하므로 먹을 수 있는 영생을 상징한 **생명나무**와 불순종으로 오는 사망을 상징하는 먹을 수 없는 **선악을 알게 하는 나무**를 가리킨다.

하느님에 대한 약어는 示이다. 하느님은 처음에 '선악과'만 금하셨다(창 2:16,17). 그러나 아담과 하와가 금단의 열매를 따먹고 범죄한 후에는 '생명나무의 실과'도 먹지 못하도록 금하셨다(창 3:22~24).

林　+　示　=　禁
두 그루 나무　　하느님　　금하다
　　　　　　(명하다, 보이다, 주지시키다)

제6장. 한국인이 욕단계 선민임을 입증하는 다양한 증거들

창조주 하느님께 진실하게 예배드리는 모습이 '**예도, 예절**'의 뜻을 가진 글자 禮에서 그려진다. 그런데 이것에는 '**창조주 하느님**' 示과 함께 '**노래, 가락, 곡**'의 뜻을 가진 曲이 보이므로, 사람들이 하느님께 예배드릴 때 찬송한 사실을 증거해주고 있다.

그리고 고대에 하느님께 제사 드리는 집에서 제사를 위한 여러 가지 기구들(祭器)이 있었는데, 신기하게도 그것들을 나타내는 '**제기**(祭器)'의 뜻을 가진 豆도 보인다. 그러므로 禮는 예배드리는 집에서 ('**제기**'의 豆가 보이므로) '**찬송(노래)**' 曲을 부르며 '**하느님**' 示께 예배드리는 '**아름다운 모습(예도, 예절)**' 禮을 나타낸다.

<table>
<tr><td>示</td><td>+</td><td>曲</td><td>+</td><td>豆</td><td>=</td><td>禮</td></tr>
<tr><td>하느님</td><td></td><td>노래
(찬송)</td><td></td><td>예제기
(禮祭器)</td><td></td><td>예배
(예도)</td></tr>
</table>

이상에서 살펴본 것처럼 실제로 창세기 1장부터 10장까지의 사건들이 약 100여자 정도의 한자 가운데 정확하게 묘사가 되어 있다. 이러한 발견은 고고학적 발굴에 비견되는 것으로, 아담부터 대홍수 직후까지의 성경 이야기가 역사적 사실이었다는 것을 분명히 확증시켜 주는 것이다.

원시 한자의 창안자는 동이족(한국인)이었다

누가 이와 같은 문자를 만들었는가? 지나(支那)의 한족이었는가? 아니다! 한국인의 선조인 욕단 족속이다. 대홍수 이후 동양으로 가장 먼저 천동(遷動)해서 정착한 사람들은 한국인의 선조인 욕단 족속이었다. 한 분이신 하느님만을 섬기는 일신교도들이었던 그들은 창세기 1

장부터 10장까지의 사건들을 잊어버리지 않기 위해 그 내용을 그림으로 표현해서 보존하려고 했다. 바로 그것이 상형문자인 이른바 한자의 유래가 된 것이다.

원시 한자의 창안자가 동이족(한국인)이라는 것은 이미 잘 알려진 사실이다. 한자의 기원을 지금까지의 연구로는 갑골문자에서 찾는데, 갑골문자가 나온 곳은 은허라고 하는 곳으로 하남성 안양현의 소둔이라는 지방이다. 이곳은 동이족의 땅이었다. 이것은 한자의 기원문제와 주인 문제를 풀게 하는 중요한 단서이다. 한자의 모체인 갑골문자가 동이겨레의 땅에서 출토되었다는 것은 원시 한자의 창안자가 지나의 한족이 아니라 한국인이었음을 입증하는 것이다. 동이 문화를 대표하는 것이 갑골(甲骨) 문화였다. 갑골은 거북의 등껍질이나 소의 주걱뼈에 글자를 새긴 것으로, 기원전 2,500년 무렵 발해 연안 북쪽에서 시작되어 중원지방으로 들어가 은나라에서 꽃을 피우게 되었다. 은(殷)나라는 동이족이 중원 땅으로 들어가 세운 나라였다(B.C. 18세기).

우리는 한자의 역사에 대해서 커다란 오해를 하나 하고 있다. 그것은 한자를 지나인의 것으로만 생각하고 있다는 것이다. 그러한 생각은 지나를 아시아 문화의 패권국으로 만들고 싶어 하는 지나인들의 오래된 희망사항일 뿐이다. 오늘날 알파벳을 사용하는 영어가 세계의 공용어가 되었다고 해서 알파벳을 '앵글로색슨 문자'라고 해도 될까? 이는 천부당만부당한 소리다. 원시 알파벳의 창안자는 페니키아인들이었기 때문이다. 마찬가지로 한자를 '한자'로 부르는 것 역시 역사 왜곡이 아닐 수 없다. 원시 한자의 창안자는 지나의 한족이 아니라 한국인의 선조였던 동이족이었기 때문이다.

한자는 수천 년에 걸쳐 중원과 한반도에 살았던 우리 한국인의 선조인 동이족이 만들었던 것을 지나의 한족이 자기들의 글로 삼은 것이다. 따라서 엄격히 말하자면 한자는 '한자'가 아니라 '동이문자' 내지는 '아시아 사인(Asia Sign)'이라고 해야 타당한 것이다. 한자는 지나의 한족만이 소유하고 발전시켜 온 글자가 아니다. 이 기호를 만드는데 우리의 선조가 깊이 관여했고, 또 긴 시간을 사용하면서 우리의 생각과 숨결을 불어 넣었다. 바로 그 대표적인 문자들이 앞서 소개한 창세기 1장부터 10장까지의 사건들을 정확하게 묘사하고 있는 약 100여개의 한자들이다.

아시아에서 상형문자인 한자를 처음으로 만들었고 사용했던 사람이 동이겨레이기 때문에, 현존하는 한자 5만 3천 5백 25자의 발음 부호인 반절음(反切音)이 모두 우리말 기준으로 옥편(자전)에 기록되어 있는 것이다. 그런데 지나인은 1918년 11월에 주음자모(注音字母)라는 표음문자(表音文字) 40자(현재 37자)를 제정하여 옥편 상의 전통 깊은 저 '반절음'과 전혀 다르게 한자 발음을 표기하고 있다. 이것은 하나의 불가사의(不可思議)한 현상이 아닐 수 없으니, 한자가 본래 그들로부터 나온 것이 아니기 때문이다.

한자는 그 모체인 갑골문자 전후 때부터 동이족의 소산인 것이다. 이것이 갑골문자 이래 한자에 이르는 인류 최대의 표의문자로서의 한자가 모두 우리말 이두문(吏讀文)으로 발음기호~반절음이 표기되어 온 이유이다.

C. H. Kang과 Nelson은 "누가 언어를 기록할 수 있는 문자를 발명하였는가에 대해 확실하지 않으나 이 발명가에 대한 영광은 일반적으

로 창힐(蒼頡)에게 돌려졌다"고 말하고 있다. 창힐은 은나라 사람이었다. 그러나 은나라에 대해 오늘날 지나 학자들은 지나인의 조상인 화하족으로 이루어진 나라가 아니라 한국인의 조상인 동이족의 나라라고 말하고 있다. 지나의 현대 학자인 대만 대학의 임혜상 교수는 은나라가 우리 배달 동이겨레임을 다음과 같이 밝히고 있다:

> "옛 책들에서 말하기를, 순임금이 동이 사람이요, 제나라 환공을 도와 이적(夷狄)을 물리친 관중(管仲)이 또한 동이겨레의 한 갈래인 내이 사람(萊夷人)이요, 또 근래에는 여러 학자들이 은나라가 동이겨레임을 고증하고 있다. 그런데 진시황이 산동 6제후들을 통일한 뒤에, 동이가 모두 흩어져 일반 백성이 되었다"(임혜상, 중국 민족사, 상권, 제1강, 중국 민족의 분류, 제3절, 各系族略設(二), 東夷系漢族來源之二)

또한 지나 학자 강량부(姜亮夫)는 그의 책 「하·은 민족교」에서 말하기를, "은나라는 옛 동방 민족의 겨레 이름인데, 이 은(殷)자가 곧 이(夷)자와 같은 것이다"라고 하고, 또 이에 대한 증거로서 설문(設文)에서 "이(夷)는 동방 사람이다"라고 한 말과, 서전(書傳)의 태서(泰誓)에서 은나라 "주임금(紂王)이 비록 억조(億兆)의 동이 사람들을 가졌으나, 그는 이미 마음과 덕을 잃어버렸다"는 말과, 또 묵자의 비명편(墨子, 非命篇)에서 "주이(紂夷)가 하느님 섬기기를 즐겨하지 않는다"는 말을 들어서, 은나라가 동이의 나라임을 고증하였다.

그리고 강량부는 은나라와 조선(朝鮮)과의 관계를 밝히기 위하여, 조선 사람의 전설과 은나라의 시조 설(殷契)의 탄생의 전설이 서로 같음과 또 옛날에는 요동(遼東)과 조선 반도 사이가 아직 깊은 바다로 변하지 아니하였다는 사실을 들고 있다. 은나라는 지나인의 조상인 화하족의 나라가 아니었던 것이다.

한자의 시작은 어떤 특별한 사람들을 통하여 대체적으로 동아시아 역사의 아주 초창기에 이루어졌을 것이다. 그런데 대홍수 이후 동양으로 가장 먼저 천동(遷動)해서 중원 및 한반도를 개척, 지배한 사람들은 한국인의 선조인 욕단 족속이었다.* 따라서 아시아에서 그림문자를 고안하려는 최초의 노력이 동이족으로부터 시작되었다는 것은 자명한 사실이다.

단재 신채호는 한자가 우리 한민족 선조들의 소산이었음을 그의 책 「조선상고사」에서 이렇게 언급하고 있다. "한자의 수입도 기록 이전의 일임이 명백하다. 왕검이 아들 부루를 보내어 도산(塗山)에서 우(禹)를 보고 금간옥첩(金簡玉牒)의 문자를 가르쳐 주었은즉, 이 문자가 곧 '한자' 일지니 조선이 한자를 연습함이 기구(己久)함을 볼 것이니라"고 하였다.

우리가 문자(文字)라고 하는 것은, 문(文)은 그림을 자(字)는 글자를 의미하는데 글의 유래가 그림으로부터 왔기 때문이다. 그런데 한자로 '文' 과 '字' 를 나누어 하나로 붙여 쓰지만 우리말의 '글' 은 '그림' 에서 글이 나왔음을 이미 함축하고 있다. 이것으로 보아 문자의 기원이 지나인보다 한국인이 앞서 있었을 것이라고 최남선은 촌평하고 있다.

그밖에 문정창, 천관우, 임승국 등 많은 역사학자들이 한문은 한족

---

* 지나(支那)는 최초의 국가라고 기록된 하(夏) 나라가 B.C. 2205년에 개국되어 우리 단군조선 (고조선)보다 128년 늦게 창건되었다.

(漢族)의 글자가 아니라 우리의 문화유산임을 주장하고 있다. 또한 북한의 대표적인 역사학자인 김석형 박사 역시 한문은 '한문'(漢文)이라는 터무니없는 논리와는 무관하게 고조선의 문자임을 주장하고 있다. 그리고 최근에는 한국인으로서는 최초로 대만 중국문화대학 중문연구소에서 갑골문자와 갑골학을 연구하고 갑골학으로 박사학위를 받은 상명대학교의 중어중문학과 교수인 김경일 박사 역시 한자는 동이족의 글이라고 말하고 있다.

우리 한민족의 선조인 욕단 족속은 홍수 후 하느님을 대적하는 자 니므롯의 위협으로부터 셈계의 일신 신앙을 지키기 위해, 니므롯과 함께 서부 바벨론으로 가는 홍수 생존자들로부터 갈라섰다. 그들은 동양의 산악지대(파미르 고원 → 천산 산맥 → 알타이 산맥)를 넘어, 마침내 '스발'(시베리아~만주)에 이르렀다.

동방의 새 땅으로 이동해 와서 삶의 터전을 잡은 일신교도들이었던 그들은 창세기 1장부터 10장까지의 사건들을 잊지 않기 위해 그 내용을 '그림'으로 표현해서 보존하고자 했다. 바로 이것이 '글'의 유래인 것이다. 즉 최남선의 지적과 같이 우리말의 '글'은 '그림'에서 글이 나왔음을 이미 함축하고 있으므로, 그림 문자인 한자는 바로 우리 겨레의 소산임을 알 수 있는 것이다.

앞에서 몇 가지 '글'을 살펴본 것처럼 창세기 1장부터 10장까지의 사건들이 약 100여개의 문자 가운데 정확하게 묘사되어져 있다. 동아시아 대륙의 선주민이요, 처음 개척자였던 고대 한국인은 그들의 시대로부터 약 7~10세기 후에 모세가 기록한 성경 가운데 나타난 홍수 이전의 사건들에 대해 너무도 잘 알고 있었던 것이다.

고대 한국인은 성경 첫 장도 기록되기 전에 창세기 1장부터 10장까지의 사건들을 그림으로 표현하여 보존했던 것이니, 이는 우리 한국인이 동양의 '스발'(시베리아~만주)로 갔다고 성경에 기록된 셈족의 현저한 가지(branch) 욕단의 직계 자손임을 명백히 입증해 주는 것이다.

C. H. Kang과 Nelson의 커다란 실수

그러나 C. H. Kang과 Nelson은 그들의 책에서 아주 커다란 오류를 범하고 있다. 그들은 오늘날의 많은 사람들처럼 한자는 처음부터 오직 지나의 한족에 의해서만 만들어졌고 발전되어 왔다고 잘못 알고 있기 때문에, 한국인에게 해당되는 사실을 엉뚱하게 지나인에게 적용시켜 아주 그릇된 결론을 내리고 있다는 것이다. 그것은 다음과 같다.

첫째, 그림문자나 표의문자를 고안해 내려는 최초의 노력이 전설에 의하면 약 B.C. 2,500년경에 시작되었다고 하므로, 고대 지나인들은 그들의 시대로부터 약 700년에서 1,000년 후에 모세가 기록한 성경 가운데 나타난 노아 홍수 이전의 사실에 대해 잘 알고 있었다.

둘째, 공자가 편찬한 역사책인 서경(書經)에, B.C. 2,230년 순(舜) 황제의 사적 가운데 "그가 하느님(上帝)께 제사 드렸다"는 기록이 있으며, 그 후에 지나인들이 '봉선제'(진한〈秦漢〉때부터 행해진 하늘과 땅에 드리는 제사)를 행하였음을 보아, 창세기 1장부터 10장까지의 사건들을 그림으로 표현해서 보존할 수 있었던 고대 지나인들은 '하늘의 최고 통치자'를 상제(上帝), 천(天) 혹은 신(神)이라고 부르며 숭배했던 하나의 신을 절대자로 믿는 일신교도들이었다.

셋째, 이 모든 것은 지나 사람의 조상은 그들이 '상제(上帝)'라고 부르는, 이 땅을 창조하신 하느님에 관한 지식과 신앙을 가지고 바벨 분산 시 서쪽에서 동쪽으로 이동해왔음을 보여준다.

무지(無知)도 하나의 죄다. 왜? 거짓을 진실처럼 선전하기 때문이다. 그들은 고대 동아시아 역사에 대해 올바른 지식이 없기 때문에 역사적 사실을 왜곡하는 그릇된 주장을 하고 있는 것이다. 물론 지나인의 조상은 바벨 분산 시 서쪽에서 동양으로 이동해 왔다. 그러나 바벨탑 건설에 가담했던 그들은 하느님을 숭배하던 일신교도들이 아니었으며, 원시 한자의 창안자도 결코 아니었다. 순황제는 '동이족'의 사람이었으며, 이른바 '봉선제'라는 것도 동이족의 '제천의식'을 답습한 것이었다.

원시 한자의 창안자가 지나인이 아닌 분명한 증거

C. H. Kang은 남의 것을 제 것으로 착각을 하고 있기 때문에 가련하게도 사실과 전혀 다른 결론을 내리고 있다. 그러나 남의 자식을 내 자식이라고 오인하고 있는 사람이 아무리 내 자식이라고 주장을 해도, 내 자식이 아닐 때에는 양자간에 무엇인가 안 맞는 구석이 있기 마련이다. 바로 그것이 진실과 거짓을 밝혀줄 것이다. C. H. Kang의 주장이 사실이 아니라는 것은 다음 두 가지 사실로 인해 명백히 입증된다.

첫째, 지나인은 아득한 옛날부터 용(龍)을 숭배하는 민족이다. 지나인의 한결같고 현저한 문화적 특성은 '뱀의 형상'을 한 용을 지극히 숭상한다는 것이다. 고대에 지나에서 용은 황제를 상징했다. 고대로부터 현대까지 지구상에서 용에 대한 애정과 숭배심이 가장 지고한 민족이 지나인들이다.

그들은 스스로 용의 후손이라고 생각한다. 고래(古來)로 지나 문화 가운데 빼놓을 수 없는 위치를 차지하고 있는 짐승이 용이다. 이러한 사실은 그들이 1990년 북경 아시안 게임 개막식 때에 큰 풍선으로 만든 용 네 마리를 하늘로 띄워 올려, 네 마리의 용이 하늘로 승천하는 광경을 연출시켰던 사례를 보아서도 충분히 알 수 있다. 실로 용은 지나라는 국가의 상징이며, 지나는 무엇보다 용으로 대표되는 나라이다.

용이란 무엇인가? 성경은 용을 '옛 뱀'이라고 말한다(계 12:9, 20:2). 즉 신비감을 자극하는 뱀의 형상을 하고 있는 용은 다름 아닌 뱀이 하와를 꾀어 선악과를 먹게 하기 이전에 있던 뱀의 형상이다. 창세기 3장은 하와를 꾀어 금단의 열매를 먹도록 한 뱀을 하느님께서 다음과 같이 저주하셨다고 말씀하고 있다.

"여호와 하느님이 뱀에게 이르시되 네가 이렇게 하였으니 네가 모든 육축과 들의 모든 짐승보다 더욱 저주를 받아 배로 다니고 종신토록 흙을 먹을지니라."(창 3:14)

▲ 지구상에서 용을 가장 열심히 숭배하는 지나인

즉, 하와를 꾀어 선악과를 먹게 하기 이전의 뱀은 지금의 뱀처럼 배로 기어 다니는 혐오스러운 형상이 아니었다. 창세기 3장 1절에 뱀을 '들짐승'이라고 했고, 14절에 뱀을 저주하실 때는 "네가 모든 육축과 들의 모든 짐승보다 더욱 저주를 받아"라고 하셨으니(하느님은 뱀에게 '네가 공중의 모든 새보다 저주를 받아'라고 하시지 않았다), 저주받기 이전의 뱀은 모든 육축과 들의 모든 짐승들처럼 네 발이 달린 형상으로서 걸어 다녔음에 틀림없다. 이것은 아직도 어떤 비단구렁이는 몸에 다리의 흔적이 있다는 사실이 입증해 주고 있다.

뿐만 아니라 그 때의 뱀은 여자가 유혹될 만큼 매혹적인 형상을 지닌 들짐승이었을 것이다. 창세기 3장 1절은 "여호와 하느님이 지으신 들짐승 중에 뱀이 가장 간교하더라"고 말한다. 이 말씀 가운데 '간교'라는 말은 뱀의 속성을 알려주고 있는데, 히브리어로 '아룸(עָרוּם)'이라는 것으로 '지혜로운' '멋있는' 등의 뜻이 내포되어 있다. 여자를 유혹했던 옛 뱀은 지혜로웠고 또한 신비감을 자극하는 멋있는 들짐승이었던 것이다. 그래서 만약 옛 뱀이 오늘날에도 존재한다면 여성들이 가장 좋아하는 애완동물은 단연 뱀일 것이다.

그 옛 뱀의 형상이 바로 지나인들이 고대로부터 조상대대로 숭배해 온 네 발이 달린 뱀의 형상을 하고 있는 용(龍)인 것이다. 용은 상상의 동물이 아니다. 이 용을 성경은 옛 뱀이라고 가르쳐 줄 뿐만 아니라 마귀, 사단과 동일시하고 있는데, 왜냐하면 그 용이 사단의 도구가 되어 하와를 꾀었기 때문이다.

만일 고대 지나인들이 참으로 창세기 1장부터 10장까지의 사건들을 잘 알고 있었고, 그리하여 그 사건들을 잊어버리지 않기 위해 그 내용을 그림으로 표현해서 보존할 수 있었던 한 분이신 하느님을 믿는 일신교도들이었다면, 그들이 어떻게 하와를 꾀어 범죄케 한 옛 뱀인 용을 그렇게 숭배할 수 있다는 말인가?

창세기 3장은 하와를 유혹하여 금단의 열매를 먹도록 한 짐승이 뱀이라고 말한다. 그 옛 뱀이 바로 용(龍)이었으니, 흉측한 뱀의 형상을 하고 있는 그 용에 대한 숭배심을 전파시킨 고대 지나인들이 과연 창세기 3장의 내용을 잘 알고 있었던 일신교도들이었다는 말인가? 이는 터무니없는 주장이다.

참으로 지나인의 조상이 창세기 1장부터 10장까지의 사건들을 알고 있던 일신교도들로서 그 내용을 잊지 않기 위하여 그림으로 표현해서 보존할 수 있었던 원시 한자의 창안자였다면, 그들은 뱀의 형상을 하고 있는 용(龍)을 절대로 숭배하지 않았으리라! 지구상의 다른 모든 종족은 용을 숭상할지라도 지나인들만은 결코 용을 숭배하지 않았으리라! 오히려 지나인들에게 뱀의 모양을 하고 있는 용은 극한 혐오감과 적개심을 일으키는 흉측한 짐승이 되었어야 마땅한 것이다. 그렇지 않은가? 그러나 지나인은 고대로부터 지금까지 용을 지구상에서 으뜸으로 숭배해 온 민족이다.

▲ 바벨론의 용

따라서 지나인의 이 전통적인 용신숭배 사상은 그들이 서쪽으로부터 하느님에 대한 신앙을 가지고 동방으로 이동해 온 일신교도들이 결코 아니었다는 아주 분명한 증거이다. 고대 지나인들이 서쪽에서 동양으로 이동할 때 갖고 왔던 개념은 일신신앙이 아니라 바로 '용신 숭배'였다. 이 용은 바벨론의 성수(聖獸)였는데 고대에 지나인들이 동양으로 가지고 왔으며, 그들은 그때부터 지금까지 변함없이 조상대대로 사단을 상징하는 뱀의 형상을 한 이 용을 지극히 사랑하며 숭상하고 있는 것이다. 용을 세상에 널리 퍼뜨린 민족은 지나인이다.

이와 같은 사실은 창세기 1장부터 10장까지의 사건들을 잊지 않기 위해 그 내용을 그림으로 표현하여 보존하였던 원시 한자의 창안자가 지나인이 아니라, 한 분이신 하느님만을 숭배했던 알이랑 민족 동이겨레였음을 명백히 입증하는 것이다.

둘째, 원시 한자의 창안자가 지나인이 아니었다는 또 하나의 결정적인 증거로, '하느님'이나 '하느님께 대한 종교적 행위'를 뜻하는 한자들 안에서 발견되는 삼일신(三一神) 개념을 들 수 있다. '하느님'이나 '하느님께 대한 종교적 행위'를 뜻하는 모든 한자들의 공통점을 주목해 보라. 모두 示가 있다.

* 神 : 一 + 一 + 小 = 示 + 申 = 神
       하늘   땅   세 개체 보이다 펼치다 하느님
                      (인격) (하느님) (에덴동산)

* 禁 : 林 + 示 = 禁
      두·나무 하느님 금하다

* 祝 :   示   +   兄   =   祝
       하느님   형   기도할·축

* 祭 :   月(=肉) +   又   +   示   =   祭
       고기·동물   다시·용서   하느님   제사·제

* 禮 :   示   +   曲   +   豆   =   禮
       하느님   노래   예제기   예배

  한결같이 示가 들어있다. 示가 하느님에 대한 사인(Sign)임을 기억하는가? 앞에서 우리는 示가 하느님의 약어라는 것을 확인했다. 왜 示가 하느님의 약어인가? 示는 '하느님의 신', 즉 '세 분의 하느님' 小이 '하늘' 一에서 '땅' 一 아래로 내려와 '나타내 보이고' 示 있음을 묘사하고 있는 기호이다. 그래서 示는 하느님에 대한 약어인 것이다. 示의 맨 윗부분의 一은 '하늘'을 나타내고 있으며, 아랫부분의 一은 '땅'을 나타내는 것이며, 小는 어떤 세 분의 개체, 즉 '삼신(三神) 하느님' 께서 아래로 내려오는 모습(창 11:6~7; 3:22; 사 6:8)을 묘사하고 있는 것이다.

  이것은 상형문자인 한자를 처음 만들었으며 발전시켰던 원시 한자의 창안자들이 동이족(한국인)이었음을 입증하는 결정적인 증거이다. '삼신 하느님' 사상, 즉 '삼일신(三一神)' 개념은 앞에서 우리가 아주 자세히 확인한 것처럼 한국인 고유의 독창적 사상이기 때문이다. 실로 이것은 한자가 지나의 한족의 소산이 아니라 우리 겨레의 생각과 숨결이 들어간 동이족의 산물이라는 사실을 명백히 증명해 주는 것이다.

그러므로 원시 한자의 창안자가 지나인이 아니라 한국인이라는 것은 의심의 여지가 없다. C. H. Kang과 Nelson은 역사적 진실을 모르고 있기 때문에 한국인에게 적용되어야 할 사실을 전혀 관계가 없는 지나인에게 돌리는 큰 오류를 범하고 있는 것이다. 우리는 이러한 왜곡과 오류를 바로 잡아야 한다.

순임금과 지나의 봉선제(封禪祭)

C. H. Kang과 Nelson은 공자가 편찬한 책인 서경(書經)에 순황제(B.C. 2,230년)가 하느님께 제사를 드렸다는 기록이 있다는 것과, 그 후에 지나인들이 '봉선제'를 행하였다는 사실을 들어 고대 지나인들이 하느님을 숭배하던 일신교도들이었다고 단정하고 있다(「창세기의 발견」, 이강국 역, 서울: 미션하우스, p. 37).

이 역시 잘못된 상식이 낳은 터무니없는 주장이다. 순임금은 지나의 화하족이 아니라 한국인인 동이족의 사람이었다. 맹자는 말하기를 "순(舜)은 제풍에서 태어나서 부하에서 살다가 명조에서 돌아가시니 곧 동이인이었다"(孟子曰舜生於諸馮遷於負荷卒於鳴條東夷地人也. 孟子卷八)고 했다(제풍, 부하, 명조 등은 동이족이 살던 곳의 지명임). 그러므로 순임금의 제천 행적을 근거로 고대 지나인들이 일신교도들이었다고 단정하는 것은 어불성설이다. 더욱이 순(舜)은 '무궁화 순'자 이다. 이는 순임금이 화하족이 아니라 동이겨레였음을 보여주는 것이다. 무궁화는 동이의 꽃이었기 때문이다.

'봉선제'라는 것도 마찬가지다. 왜냐하면 '봉선제'는 지나인이 동이족의 '제천의식'을 답습한 것이었기 때문이다. 최남선은 '봉선제'

는 지나인 고유의 것이 아니라 태산을 중심하여 예로부터 그 주위에 분포되어 있던 동이족의 유풍을 계승 삽입한 것에 불과하다고 했다(최남선, 「不咸文化論」, p. 51).

'봉선제'란 앞서 간략히 언급한 바와 같이 지나에서 진한(秦漢) 시대부터 황제가 행했던 '하늘과 땅에 드리는 제사'를 말한다. 하늘에 드리는 제사를 '봉(封)'이라 하고, 땅에 바치는 제사를 '선(禪)'이라 했다. 이 두 제사는 각각 따로 행하여졌는데 '봉제'는 동지 때에 황제가 남쪽 태산 위에 토단을 쌓고 하늘에 제사를 드렸고, '선제'는 하지 때에 황제가 북쪽 태산 아래의 양산(梁山) 작은 동산에 땅을 파고 땅을 향해 제사를 드렸다. 지나인의 이 '봉선제'는 바로 우리 배달 동이겨레의 '제천의식'을 답습한 것이었다. 그러나 고대 한국인의 제천의식에서 배워간 지나인의 '봉선제'라는 것은 상당히 변질된 것으로, 한 분이신 하늘의 하느님만을 온전히 섬기는 것이 아니었다.

최남선은 제천의 풍속이 지나인들의 '봉선제'와 같은 줄로 아나 그 근본에 있어서는 다르다고 하면서 '제천의식'과 '봉선제'의 다른 점을 다음과 같이 지적한다(불함문화론, p. 51).

① 제 일은 오직 하늘에 시배(是拜)하고 제신(諸神)을 배(配)치 아니함이요
② 지나에서처럼 왕이 독행(獨行)하는 것이 아니라 나라 전체가 같이 함이요…

최남선의 지적과 같이 첫째, '제천의식'은 오직 하늘의 하느님께만 경배하는 것이요, 여러 다른 신들을 함께 섬기는 것이 아니었다. 그러

나 지나인들의 '봉선제'라는 것은 홀로 한 분이신 하느님께만 드리는 제사가 아니라 땅에게까지 경배하는 의식이었다. 즉 지신(地神)을 비롯한 잡신들이 함께 제사의 대상이었다.

둘째, '제천의식'은 나라 전체 온 백성이 함께 하는 거국적인 행사였던 반면, 지나인의 '봉선제'는 황제가 홀로 행하는 것이었다. 즉 황제 개인의 의식이었다. 동이족의 제천의식은 천군(제사장)과 함께 온 백성이 같이 거행하는 나라 전체의 일이었으나, 지나인의 '봉선제'는 일반 백성들은 관계없는 황제 개인만의 행사였던 것이다. 그러니까 '제천의식'과 '봉선제'는 근본이 다르다.

왜 지나에서는 황제만이 홀로 천제(봉제)를 행했는가? 그것은 지나(화하족)와 한국(동이족)이 근본적으로 문화가 다르기 때문이다. 동이족은 모든 백성이 하느님의 백성이었다. 그러므로 백성 모두가 당연히 하느님께 제사하고 하느님을 섬겼다. 그것은 동이족의 삶 자체였다. 채옹(한나라 학자)의 독단(獨斷)에서는 '천자(天子)란 동이족을 일컬어 하는 말이다'라고 하였다. 고래로 제천행사의 진원지가 바로 우리 동이 땅이라는 말인 것이다.

그러나 지나인(화하족)은 한국인(동이족)처럼 처음부터 하늘에 제사하는 종족이 아니었다. 그래서 진한(秦漢) 때에 이르러 동이족의 '제천의식'을 답습해 '봉선제'라는 것을 행하기는 했지만 나라 전체의 일이 되지는 못했고, 홀로 천자(天子)임을 자처했던 황제 개인의 의식만으로 행해졌던 것이다. 당시 지나의 황제는 자신만이 천자라고 주장했다―이 천자사상은 원래 동이족의 것이었다―그리하여 '봉선제'는 천자인 황제만이 독점적으로 행할 수 있었다. 만약 일반 백성이 하늘에 제사를 드리면 그것은 황제의 권위에 대한 도전으로 간주되어 죽음을 면할 수 없었다.

그러나 선택된 종족인 욕단의 직계 자손 우리 알이랑 민족, 배달 동이겨레는 모든 백성이 하느님의 자녀였고 백성 모두가 당연히 하늘에 제사할 수 있었다. 3백년 전 북애자(北崖子)가 전한 「규원사화」에는 단군의 8조 교칙(八條敎勅)이 있는데, 그 제1조는 "너희는 지극히 거룩하신 하느님의 자녀임을 알라"라는 것이다. 그리하여 동이족은 모든 백성이 천제를 드렸으며, '제천의식'은 나라 전체의 행사였다.

우리는 아득한 옛날의 단군 성조 때부터 임금에서 온 백성에 이르기까지 함께 하느님께 제사하는 민족이었다. 비록 삼국시대에 외래 종교인 불교가 이 땅에 들어왔어도, 제천의 풍속이 완전히 사라진 것은 아니었다. 이전보다는 미약해졌지만 그것은 삼국시대를 거쳐 고려 때까지도 유지되어 왔던 풍속이었다. 그런데 조선시대에 이르러 지나를 천자의 나라로 받들면서 단절되었던 것이다. 조선의 임금은 제후 정도의 통치자로 여겨 '황제'나 '천자'라는 호칭을 쓰지 못하고 '왕'(君)이라고만 했다. 하늘에 제사하던 '제천행사'도 천자가 아니면 할 수 없다하여 그 행사를 그치게 된 것이다. 그러다가 조선조말 고종 임금이 스스로 황제라고 하고 빼앗겼던 '제천권리'를 되찾아 다시 하느님께 제사하려고 가까운 곳에 제천단을 마련하였다. 그곳이 서울 시청 앞 조선호텔 뒷뜰에 있는 '원구단(園丘壇)'이다. 이렇게 하느님은 언제나 한국인의 마음과 영성 깊은 곳에 살아있는 신(神)이었다.

우리 알이랑 민족, 배달 동이겨레는 지나인에게는 없는 천신관(天神觀)을 가지고 민족사를 시작하였다. 고대 한국인은 이 천신 신앙(하

◀ **원구단** 고려 때부터 하느님께 제사를 드리던 제천단의 이름이다

느님 신앙)을 바탕으로 인간 사상을 각성하면서 경천애인(敬天愛人)을 문화적 전통으로 삼아 겨레의 역사를 전개하여 왔던 것이다. 우리 민족은 아득한 상고(上古)의 선사(先史) 시대부터 하늘을 받들고 우러르며, 늘 인간은 하늘의 이치를 따라야 인간다운 삶이 이루어진다고 믿었고, 또한 하늘에는 겉으로는 드러나 보이지 않으나 우주를 창조하고 운행(運行)하는 절대자인 주재자(主宰者)가 있다고 믿었으며, 그 천지만물의 주재자이신 하느님을 공경하여 하늘에 제사를 드리는 것(제천의식)이 생활 속에 깊숙이 배어 있던 민족이었다.

우리 한민족의 선조들은 이러한 제천의식을 통하여 하늘의 주재자와 영적으로 교통하고 그 뜻을 좇아 삶을 영위했던 것이다. 한국인이 세상 어느 민족보다 평화를 사랑하는 '평화애호민족' 인 까닭은, 한국인은 처음부터 하늘의 하느님을 공경하여 그 하느님께 제사하며 삶을 영위하던 하느님의 백성, 곧 천손민족이기 때문이다. 한국인이 '평화애호민족' 이라는 사실은 한국의 건국이념 속에 담겨진 경천애인(敬天愛人), 홍익인간(弘益人間), 재세이화(在世理化)의 정신이 입증하고 있다.

그러나 이민족(異民族)을 편견과 오만으로 대한 것이 한족(漢族)의 일관된 역사이다. 한족의 중화의식(中華意識)이 이웃 민족을 보는 기본적인 눈이 오랑캐 관(觀)이라는 것은 잘 알려진 사실이다. 그들은 자기들 주변에 살고 있는 민족들은 모두가 야만이라 하여 동이(東夷), 서융(西戎), 남만(南蠻), 북적(北狄)이라고 하였다. 실로 지구상에 있는 모든 민족 가운데 한족(漢族)만큼 이웃 민족을 무시, 경멸하는 민족도 드물다.

지나의 한족은 그들만이 제일가는 존재이고 그 이웃은 무조건 오랑캐라는 독선적 민족주의에 바탕을 두고 살아온 존재들이다. 그들의 중화사상(中華思想)은 대한민국의 건국이념인 홍익인간(弘益人間)과는 달리 결코 자랑할 만한 것이 못되는 일방적 이족천시(異族賤視) 사상이요, 국수주의적 '침략적 민족주의' 사상이다. 그러므로 한족이 강한 힘을 갖고 있을 때 이웃을 침략하지 않은 사례가 드물다.

실로 지나가 '중화'라는 악한 사상을 버리지 않는 한, 그들은 언제나 패권주의를 추구할 것이다. 지금도 지나는 약소국 티베트를 총칼로 지배하고 있고 우리나라 영토인 만주 땅을 강점하고 있다. 뿐만 아니라 대한민국 땅 간도를 완전히 가로채기 위해 고구려를 지나의 지방정권이었다고 역사를 왜곡하고 있다. 이렇게 편협한 민족성과 반평화적 침략전쟁을 끊임없이 자행해 왔던 지나인의 선조들이 참으로 한 분이신 하느님을 섬기던 일신교도들이었단 말인가? 열매로 나무를 알 것이다.

'중화주의'는 아주 옹졸한 이념이다. 왜냐하면 남은 다 오랑캐라고 깎아내리고 나만 으뜸이라는 사상이기 때문이다. 그래서 지나는 결코 대국이 아닌 것이다. 인구가 많고 영토만 넓다고 대국이 되는 것은 아니다. 국가적 이념이 커야 진정한 대국인 것이다(신 4:6). 우리나라가 '대한민국'인 것은 바로 그것 때문이다. 홍익인간! 이 얼마나 큰 이념인가! 이 얼마나 위대한 세계 비전인가! 이러한 사실을 알지 못하는 지나인들은 우리나라 국호에 '큰 대'(大)자가 있는 것이 자못 불쾌하다. 자기들이 대국인데 바로 옆에 있는 작은 나라가 맞장을 선언하듯 국호에 '큰 대'(大)자를 버젓이 쓰고 있기 때문이다. '대한민국'이라는 우리나라 이름이 그들의 '자존심'과 '대국의식'에 상처를 주고 있는 것이다.

우리나라의 국호에 대한 지나인들의 보편적 감정이 이와 같은데, 2002년 월드컵 대회 때에는 '큰 대'(大)자에다가 악센트까지 넣어서 '대~한민국'이라고 전 국민이 함성을 지르며 응원을 했다. 게다가 4강까지 올랐다. 이 꼴을 볼 수 없는 지나인들이다. 그래서 그들은 한국이 심판을 매수해서 4강까지 갔다고 악선전을 하고, '대한민국'을 '대견민국'(大犬民國)이라고 바꾸어 불렀다. 아주 치졸하기 짝이 없는 행태다. 왜 지나인들은 이웃 나라의 잔치에 그렇게 반응했을까? 대한민국에 대한 열등감과 시기심, 그리고 무엇보다 그들을 지배하고 있는 그 못된 중화사상 때문이었다. 지나는 결코 큰 나라가 아닌 것이다.

지나의 '봉선제'라는 것은 지나 고유의 것이 아니었다. 그것은 동이족의 '제천의식'을 답습한 것에 불과한 것이었으며, 그것도 여러 잡신에게 함께 절하는 변질된 것이었다. 따라서 지나의 황제가 행했던 '봉선제' 역시 고대 지나인들이 일신교도들이었음을 입증하는 근거가 절대로 될 수 없다. C. H. Kang과 Nelson은 동양 고대사에 대한 바른 지식이 없기 때문에 전혀 사실이 아닌 주장을 하고 있는 것이다.

지나인의 성경상의 기원

고대 지나인이 한 분이신 하느님을 섬기던 일신교도들이 아니었다는 것은 지나 사람의 성경상의 기원을 확인해 볼 때 더욱 분명해 진다. 지나인의 조상은 한국인과 달리 '셈' 이 아니라 '함' 이다. 지나인을 부를 때 '시노(Sino)' 족이라고 하는데(영어 사전에서 'Sino'를 찾아보라), 이 '시노'는 함의 후손 '신(Sin)' 족속에 해당된다(창 10:17). '신' 은 가나안의 아들이요, 가나안은 함의 넷째 아들이다(창 10:6,15). 지나의 기원은 함의 가계, 그 중에서도 가나안의 아들 '신' 이 지나 민족의 고대 선조이다(창 10:17하).

이 세상의 역사가 종말을 맞기 전에 온 세계에 흩어져 있던 유대인들이 이스라엘 땅으로 귀환하게 될 것이라고 예언하는 수많은 예언들이 거의 모든 구약의 예언서에 있다. 이사야 49장 12절도 그런 구절 중의 하나인데, "혹자는 원방에서, 혹자는 북방과 서방에서, 혹자는 시님 땅에서 오리라"고 예언하고 있다. 북방은 러시아의 유대인을 말하며, 서방은 주로 북남미 특히 유대인들이 가장 많이 살고 있는 미국을 가리킨다. 그리고 '시님(Sinim)' 땅이 나오는데, '시님' 이란 바로 '신' (시노)족이 살고 있는 지나(China)를 말하는 것이다.

지나인이 함의 후손이라는 사실은 과학적 증거도 있다. 윈난(雲南)성 쿤밍(昆明) 소재 동물연구소 유전생물학 실험실의 장야핑(張亞平) 원사는 2005년 1월 현재의 지나인들은 아프리카인과 조상이 같다는 연구 결과를 발표한 바 있다. 그 근거는 지나인의 유전자본체(DNA)에서 Y염색체를 추출해본 결과 아프리카 흑인들의 선조에서 나타나는 특징이 대체로 나타나고 있기 때문에 지나인의 조상이 아프리카인과 같다는 결론을 내렸다는 것이다.

▲ 용조각으로 장식한 지나인의 담

지나족은 함의 후손이다. 함의 넷째 아들 가나안의 아들 '신'이 지나인의 고대 선조이다. 이와 같은 사실은 용을 숭배하는 지나인들의 독특한 문화에 의하여 입증 된다. 지나는 무엇보다 용으로 대표되는 나라다. 이것은 지나인이 함셰의 후손임을 보여주는 확고한 증거이다. 앞서 말했듯이 용의 원고향이 함의 손자 니므롯이 세운 바벨론이기 때문이다. 용은 바벨론의 성수(聖獸)였다. 이 용을 고대에 지나인들이 동양으로 갖고 왔던 것이다. 용 숭배 민족인 지나인은 셈의 후손이 아니다. 그들은 함계의 민족으로 가나안의 아들 '신' 족의 후손이다. 이렇게 지나 민족도 성경상의 기원을 찾을 수 있다.

승천하던 용은 떨어지리라!
용은 '옛 뱀'이요 '마귀'요 '사단'이다(계 12:9). 함의 후손 지나인들은 고대에 마귀를 상징하는 '용이랑' 즉 마귀 숭배 사상을 갖고서 동양으로 왔다. 반면, 셈족의 욕단계 천손민족 우리 겨레는 '알이랑' 즉 '하느님과 함께'라는 유일신 신앙을 갖고 동방으로 왔다. 악한 마귀가 이 거룩한 백성을 그냥 놓아둘 리가 없다. 그리하여 용의 나라 지나를 통해 무수히 우리 겨레를 공격했던 것이다. 실로 하느님의 가호가 없었다면 우리나라는 오래 전에 지나의 침략을 당해 멸망했을 것이다.

그런데 지나가 다시 우리나라를 삼키려는 야욕을 드러내기 시작했다. 지나는 한반도를 그들의 잠재적 영토로 간주하고 있다. '동북공정'의 최종목표는 한반도를 티베트처럼 중공의 영토로 귀속시키는데 있다. 지나는 한반도에 영토적 야심으로 부풀어 있는 나라다. 그들은 지금 고구려사에 이어 발해사도 중공의 역사에 편입했다. 이렇게 되면 고조선사는 자연스럽게 공중에 뜨게 되어 고조선사 역시 지나사에 편입되는 것과 마찬가지가 된다. 한민족의 고대사가 지나에 편입되면 한반도 역시 지나의 영토라는 말이 자연스럽게 나오게 될 것이다. 즉 '동북공정'은 영토를 한반도까지 확장하기 위해 논리적 근거를 마련하려고 착수한 프로젝트인 것이다. 물론 우선 그들은 북한 영토부터 삼키려 할 것이다.

그런데 패권추구에 골몰하는 이 악의 제국 지나가 초강대국으로 급부상하고 있다. 그래서 미래는 미국이 아니라 중공이라고 생각하는 사람들이 점차 늘어나고 있다. 지금 세상은 잠자던 용이 깨어 일어나 욱일승천(旭日昇天)하고 있다고 난리다. 과연 지나가 미국을 능가하는 초강대국이 되어 장차 세계는 '팍스 시니카(Pax Sinica)'의 시대를 맞게 될 것인가?

성경은 그것이 불가능한 일이라고 말한다. 왜? 지나 민족은 함의 후손이요, 함족은 축복을 상실했기 때문이다! 창세기 9장 25절부터 27

에 기록된 '노아의 노래'를 보라. 그때 노아는 함족 전체를 저주하지는 않았다. 그러나 축복하지도 않았다! 축복을 상실한 족속은 절대로 그렇게 될 수 없다. 그러면 장차 지나는 어떻게 될 것인가? 승천하다가 떨어질 것이다.

샹다이(Shangdai)와 샤다이(Shaddai)

C. H. Kang과 Nelson은 「창세기의 발견」이라는 책에서 또 한 가지 비상식적인 이론을 근거로 더욱 어처구니없는 주장을 하고 있다. 그들은 '샹다이(Shangdai)'로 발음되는 상제(上帝)라는 말과 하느님에 대한 히브리어의 명칭 중 하나인 '샤다이(Shaddai)'라는 말이 유사한 발음이라면서, 이러한 사실은 그들의 조상이 한 때는 같은 혈통으로서, 같은 절대자이신 한 분의 하느님을 섬겼다는 증거가 된다고 단정하고 있다(The Discovery of Genesis, p. 20).

이는 궤변에 가까운 논리다. 한자는 소리글자가 아니고 뜻글자이다. 하느님은 '높은 하늘에 계시는 최고의 주재자'이시기 때문에 '높음'을 뜻하는 '윗 상'(上)자를 '임금 제'(帝)자 앞에 놓아 상제(上帝)라고 했다. 그런데 이 두 글자를 합해서 읽어보니 '샹다이'로 발음이 된 것이다. 즉 상제(上帝)에 대한 지나어 발음인 '샹다이'는 음성학적으로 히브리어의 하느님에 대한 명칭 '샤다이'와 직접적인 관련이 전혀 없는 것이다. 따라서 이들 각자의 신에 대한 발음의 유사성은 단지 우연의 일치일 뿐이지 절대로 특별한 사실이 아니다.

그럼에도 불구하고 C. H. Kang과 Nelson은 히브리어 '샤다이'와 상제(上帝)에 대한 지나어 발음인 '샹다이'가 유사하다는 것에 큰 의미를 부여하면서, 이것은 유대인의 조상과 지나인의 조상이 한 때는 같은 하느님을 섬겼던 같은 혈통이었다는 증거라고 당치도 않은 결론을 도출하고 있는 것이다.

어떻게 아득한 옛날부터 용을 숭배하는 민족인 지나인의 조상이 히브리인의 조상과 같은 혈통이란 말인가? 히브리인은 용을 숭배한 일이 없다. 유대인과 지나인은 같은 조상에서 분리된 종족이 아니다. 유대인의 조상은 '셈' 이지만, 지나인의 조상은 '함' 이기 때문이다.

히브리어로 흔히 쓰여 지는 하느님에 대한 명칭은 '엘(EL)' 이다. 엘 샤다이(전능자)는 50번 나타나는 데 비하여, 엘(강하신 하느님)은 창세기 31:13, 35:1,3을 위시하여 230회나 나온다. 이 '엘' 에 상당하는 한국어가 '알' 이다. '알' 은 홍수 이전 사람들이 사용했던 하느님의 명칭으로 노아에 의해 전해졌다. '엘' 은 바로 '알' 에서 유래된 것이다. '하느님' 도 원래는 '한알님' 에서 전음된 것이다(한울님 → 하눌님 → 하늘님 → 하느님). '메아리' 라는 말도 원래는 산신을 뜻하는 '뫼알이' 였다.

한국어 '얼' 이라는 말도 '알' 에서 가지 쳐 나온 말인데, '신' (神) '혼' '영' 이라는 뜻을 지니고 있다. 그래서 정신 나간 사람을 가리켜 '얼간이' '얼빠진 사람' 이라고 한다. 그리고 사람 내면의 '영적 상태' 가 바깥으로 표출되는 곳이 '얼골' 인데, 얼골(얼굴)을 보면 그 사람의 마음 상태, 즉, '얼' 을 알 수 있기 때문이다. 이 '얼' 도 '알' 에서 파생된 말이다.

하느님에 대한 히브리어의 대표적인 이름 '엘' 과 매우 유사한 발음인 한국어 '알' 과 '얼' 은 음성학적으로 분명히 연결되어 있는 말이다. 이와 같은 사례야말로 한국인과 유대인의 조상이 한 때는 같은 혈통이었음을 보여주는 근거가 될 수 있다.

또 하나의 더 좋은 사례가 있다. 언어에 있어서 가장 기본적인 말이 엄마(어머니)와 아빠(아버지)이다. 따라서 이 말은 쉽게 변화되지 않으며 가장 오래 지속된다. 그런데 히브리어의 아버지와 어머니는 우리말과 동일한 어간을 가지고 있다. 곧 아버지는 '압' (Ab)이요, 호칭의 접미사가 붙게 되면 '아비' (Abi)가 된다. 어머니는 '엠' (Em)인데 호칭의 접미사를 붙이면 '에미' (Emi)가 된다. 우리도 아버지, 어머니를 흔히 '아비', '에미' 로 부른다. 이는 매우 주목할만한 사실로서 인간의 가장 기본적인 언어인 부모를 호칭하는 발음이 유대민족과 한민족이 서로 동일하다는 것은, 그들이 한때는 같은 혈통으로서 동일한 조상 에벨로부터 분리된 형제종족임을 입증하여 주는 것이다.

또한 유대인들은 '동의' 를 표시하는 말로 '아멘(Amen)' 이라는 말을 사용한다. 그런데 한국인도 '동의' 를 표시하는 말로 '암(Am)' 이라는 말을 사용한다. 즉 유대인들은 '옳습니다' '그렇습니다' '마땅합니다' 라는 뜻으로 타인의 말을 옳다고 긍정할 때 '아멘' 이라는 용어를 사용하는데, 우리 한국인의 언어 가운데에도 동의를 표시하는데 그와 유사한 발음으로 '암' 이라는 용어가 사용되고 있다. 경상도 지방에서는 '하먼' 으로 발음하고 있다. 예컨데 '암(하먼), 그렇고 말고, 동감이다' 라는 말 가운데 '암' (하먼)이라는 말은 틀림없이 동의한다는 것을 강조할 때 쓰이는 말인 것이다. 이와 같은 동감을 표시하는 한국어 '암' '하먼' '아무렴' 등의 말은 히브리어 '아멘' 과 그 어원과 뜻이 같은 말이다.

이러한 사례들이야말로 한국인과 유대인이 한 때는 같은 혈통으로서 하나의 조상으로부터 나뉘인 민족이라는 증거가 된다. 한국인과 유대인은 동일한 조상 '에벨'로부터 분리된 '욕단의 후손'이요, '벨렉의 후손'인 것이다. 그들은 셈족의 현저한 가지로서 세상에 존재하고 있는 두 계열의 천손민족이다.

지나(china) 고대사의 진실

줄거리에서 조금 벗어나지만, 상형문자인 원시 한자의 창안자가 동이족이었다는 사실을 보다 확실히 이해하기 위해 고대 지나의 성립 과정에 대하여 간략히 짚어보고 이 단원을 마치도록 하자.

앞에서 우리는 하느님께 제사를 드린 행적이 서경(書經)에 기록되어 있는 순임금은 동이족임을 확인했다. 우리가 주목해야 할 사실은 순임금뿐만 아니라 고대 지나의 제왕들은 거의 동방족(동이)이었다는 것이다.

동방족(동이)인 고대 지나의 제왕들

지나에서는 맨 처음 복희씨를 자기들의 전설적인 시조 임금이라고 치켜세웠는데 그가 동이족(한민족)임이 판단되자 재빨리 황제 때부터 역사를 가르쳐 왔다. 그러다 보니 황제 헌원(皇帝軒願)도 동이족임이 밝혀졌다. 지나 고전(古典)인 초사(楚詞)에 보면 황제는 생어백민(生於白民)이라 하였고, 또 그는 동이족에 속했다고(白屬東夷)고 했다. 또한 갈홍이 쓴 포박자(包朴子)에서 황제가 백두산에 있는 자부선인(紫府仙人)으로부터 사사 받았다고 되어 있다. 이와 같은 문헌으로 인해 황제가 동이족임이 밝혀졌고, 뿐만 아니라 그의 사상 역시 우리 동이족의 사상인 것이 드러난 것이다.

그러자 지나인은 다시 요(堯)임금부터 역사를 가르치게 하였다. 그러나 요·순도 동이족임이 드러났다. 사마천의 사기(史記卷十三)에서는 요(堯)가 황제의 직계 5세손(帝堯起黃帝至佶子五世號曰唐堯)이라고 하였고, 또 고사변(古史辨)에서는 요(堯)는 황제의 5세손이고, 순은 황제의 8세손이라고 하였다(古史辨七冊上編 쪽 208, 쪽 191 ; 舜爲黃帝之八世子系). 이렇듯 요와 순임금의 선대(先代)를 황제라고 분명히 밝혔으니 황제가 동이족인 이상 그의 직손인 요·순이 동이족이 안 될 수 없는 것이다. 그리고 앞서 말한 바와 같이 맹자도 순(舜) 임금이 동이족이라고 하였다(孟子卷八). 그래서 이제는 주나라부터 역사를 가르치고 있는 것이다.

사기(史記)에는 황제, 전욱, 곡, 요, 순의 오제(五帝)가 모두 성이 같았다고 하였고 맹자는 순임금이 동이(東夷)라고 했으므로 오제(五帝)는 본래 동이였는데 지나에 들어가서 왕이 된 것이다. 그러므로 최근 대만의 학계는 지나 고대사를 놓고 "이는 조선 사람들의 상고사이며, 그 기록에 나오는 삼황오제와 진씨 시황제까지의 모든 지나 고대사가 다 동이족, 즉 고조선의 것이었음을 안다. 당신들의 역사를 지나사라고 우기지 말고, 당신들의 문자를 한문(漢文)이라고 하여 지나글이라고 하지 말라"고 하고 있다. 얼마전 삼황오제(三皇五帝)의 유적이 고조선의 강역구내인 요녕성(遼寧省) 지역에서 나왔다는 것은 그들의 정직한 주장이 사필귀정의 사실(史實)임을 입증해 주는 것이다.

고대 중원의 개척·선주민인 동이족

본시 중원(中原) 대륙의 선주민이요 개척자가 배달·동이족이다. 지나 학자인 왕동령(王桐齡)은 「중국사」(中國史)에서, "한족이 중국에 들어오기 이전에 현재 호북(湖北)·호남·강서(江西) 등의 지방은 본래 묘족(苗族: 동이)의 영속지였다"고 말하고 있다. 그에 따르면, '이 민족의 나라 이름은 구이(九夷)이고 임금은 치우(蚩尤)였다'는 것이다. 러시아의 인류학자인 시로코고로프도 「중국사」에서, "기원전 3천년 경 동이족은 이미 황하 · 양자강 · 서강의 중류 이동(以東)의 중간 지역에 살았으며, 지나족은 이보다 1천5백 내지 2천년 후에 동방 천자, 치우가 다스리는 동이족의 나라인 강회(江淮)지방에 진출하였다"고 주장하고 있다.

지나 학자 서량지(徐亮之)는 그의 책 「중국사전사화」(中國史前史話)에서, "세석기 문화부족(細石器文化部族)이 맨 처음 시베리아 바이칼호수 부근에서 점점 동녘으로 옮겨 왔는데 그들이 곧 동이족이었다"

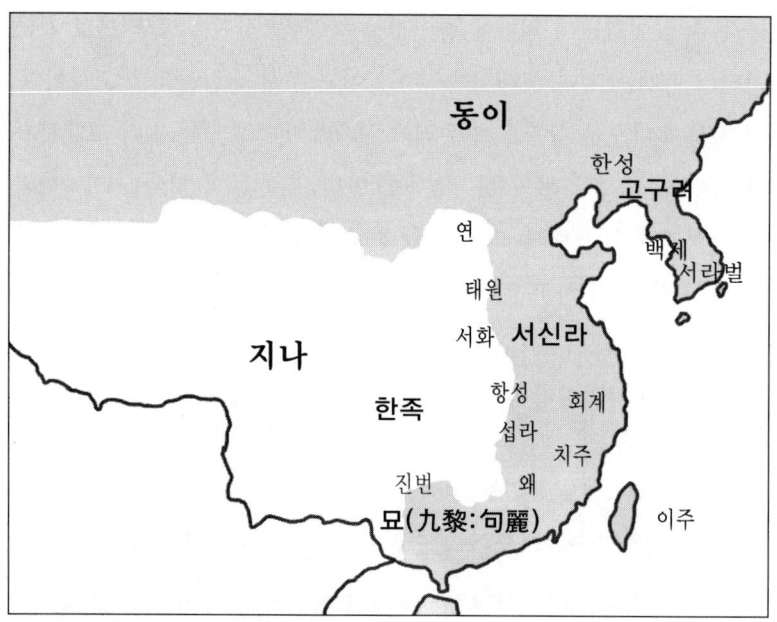

▲ 지도로 보는 동이강역도(東夷彊域圖) 「삼국유사」, 「삼국사기」, 「동이전」 모두 서화 항성(하남성)에서 경주까지를 기록하고 있다.

고 말하고 있다. 그리고 또 말하기를 "은·주(殷·周) 앞·뒤 시대에 동이족의 활동 무대가 사실 현재의 산동성 전체, 하북성 발해 연안, 하남성 동남, 강소성 서북, 안휘성 중북. 호북성 동쪽 모퉁이와 요동반도, 조선반도에 이르는 광대한 지역이었다"고 말하고 있다. 그는 동이족이 춘추시대까지도 지나의 하북성에서 강소성, 안휘성, 호북성 등지를 모두 차지했었다고 밝히고 있다(서량지,「중국사전사화」, p.229). 일본 학자 도리이류쇼(鳥居龍藏)는 "한(漢)족이 지나 땅에 들어오기 전에, 지나의 중부와 남부는 본래 동이족의 갈래인 묘족이 살던 땅인데, 한(漢)족이 들어온 뒤로부터 점점 접촉하게 되었다"고 말한다.

또한 현대의 지나 사학자 대만대학의 임혜상(林惠祥) 교수도 그의 책 「중국 민족사」에서 "중국의 춘추 시대까지만 하더라도 지금 중국의 하남성 전체를 동이족이 차지하고 살았으며, 또 여기에서는 동이의 예절과 풍속까지 쓰고 있었다"고 말하고 있다. 그 동이의 예절과 풍속이란, 예컨대 상투를 하는 풍습이나 '봉'(鳳·봉황새)을 상서로운 동물로 생각하는 풍속은 지나 대륙에 있었던 동이족(東夷族)과 한반도에 살고 있던 동이족에게만 찾아볼 수 있는 것이다.

이러한 사실은 지나에 자리 잡았던 동이족과 만주·한반도로 이주한 동이족 사이의 근친성을 보여주는 것인데, 이는 동이족이 원래 지나 서북 지역에서 동북 지역으로 이동할 때 일부는 지나의 동쪽 해안 지방으로, 다른 일부는 요서·만주·한반도로 이동하였기 때문에 그런 근친성을 갖게 된 것이다.

지나와 만주·한반도에 있던 동이족의 근친성은 지나의 내지에서는 잘 보이지 않는 고인돌이 지나의 동해안 지대에서 산동반도·발해

만을 거쳐 한반도까지 연결된다는 점에서도 입증이 되는 것이다.

임혜상 교수는 같은 책에서 동이족의 영역에 대해 이렇게 말하고 있다. "주나라의 무임금, 성임금 및 주공 때(B.C. 12C)는 중국 땅이 가장 좁았었다. 중국 하남성 낙양을 동경(東京)이라고 하였는데, 이 동경만 하더라도 동이족이 차지하였고, 또 기도(杞都), 옹구(擁丘) 및 변주(汴洲) 땅(지금 하남성 개봉)에 예속된 읍(邑)들이 또한 동이의 예법을 썼으며, 또 노나라에 예속된 주(邾)를 동이라 하였다. 이러한 까닭에, 그 중국이라는 곳은 홀로 진(晋), 위, 제, 노, 송, 정(鄭), 진(陣), 허 등의 지방만으로 전부 몇 10주들에 지나지 못하여 중원(中原) 전체의 1/5밖에 되지 못하였다"고 밝히고 있다.

오늘날의 지나는 그 나라의 이름에 '중화(中華)'라는 이름을 쓰면서 지나가 세계의 중심이라고 말한다. 그러나 문자의 뜻대로라면 중국(화하족)은 동이 세력에 밀려 산서성 한 가운데 있던 가운데 나라란 의미인 것이다. 그것이 '중화' 라는 이름의 본래의 뜻이다. 동이족에게 둘러 싸여 바다를 볼 수 없었던 사람들이 고대 지나인들이었다.

화(華)족과 동이(東夷)족 명칭의 유래

동아시아 대륙의 선주민이요, 첫 개척자는 한국인의 선조인 동이족이었다. 지나인의 조상은 동이족이 시베리아와 만주에서 중원으로 들어온 지 수세기 뒤늦게 서쪽으로부터 곤륜산을 넘어 동하해온 언어와 풍속이 전혀 다른 당시의 이민족이었다. 곤륜산은 일명 화토(花土)라고도 한다. 화토를 지나왔다는 뜻에서 그 종족을 화(華)족이라 하게 된 것이다. 지금도 자국밖에 거주하는 지나인을 '화교(華僑)' 라고 부른다.

▲ 고구려 벽화 수렵도

동이(東夷)라는 칭호는 이(夷)가 화(華)족의 동쪽에 살았다는 이유로 동이(東夷)라 한 것이다. 이(夷)는 고대 중원의 강자였던 동방족의 칭호로서 '대궁(大弓)' 또는 '대인(大人)이 활(弓)을 가졌다'는 뜻의 문자이다. 허신(許愼)의 '설문해자(設文解字)'에 보면, 이(夷)자가 '크다'(大)와 '활'(弓)의 조합으로 설명되어 있어, 예로부터 동이족은 활을 잘 쏘는 민족으로 알려져 있었다.

그럴 수 밖에 없는 것이, 대홍수 이후 최초로 동양으로 이동했던 한국인의 선조들은 동방 산악지대들을 통과하면서 생명을 위협하는 야생 동물들과 큰 활을 들고서 수없이 싸워야 했을 것이기 때문이다. 그러니 활 잘 쏘기로는 동이족이 다른 어느 종족보다 뛰어났었다. 오늘날 한국의 젊은 궁사들이 국제양궁대회에서 세계신기록을 앞을 다투어 내고 세계 정상에 군림하는 것은, 한국인은 활 잘 쏘는 동이의 후손이기에 그들 속에 유전되어 잠재된 전통적 가능성이 어떻게든지 작용했다고 본다. 예로부터 일본이나 지나에서 '조선은 활, 지나는 창, 일본은 조총'으로 장기를 꼽은 것도 우연이 아니었던 것이다.

그러나 고대 한국인인 동이족이 주변 다른 종족들보다 특별히 '활'과 관련이 있었던 것은 창세기 9:13에 기록된 노아의 언약과 깊은 연관이 있다. 홍수 후 아라랏 산정에서 노아의 제사를 받으신 하느님께서는 노아에게 다시는 물로 모든 육체를 멸하시지 않겠다고 약속하셨다. 그리고 그 언약의 증거로 하느님은 '무지개'를 구름 속에 두셨다.

13. 나는 나의 활(무지개)을 구름 안에 두어 나와 세상 사이에 세우는 계약의 표징으로 삼겠다.
14. 내가 세상 위에 구름을 나타나게 할 것이고, 사람들이 구름 안에서 활을 보게 될 때
15. 나는 나와 너희 사이 모든 산 생명 사이에 세운 나의 계약을 기억하고 다시는 물의 홍수로 모든 육 있는 생명을 멸절시키지 않을 것이다.
16. 활은 구름 속에 머물 것이고 하느님이 모든 생명과 곧 세상의 모든 육 있는 산 것과 영원한 계약을 기억하기 위해서 그 활을 쳐다볼 것이다. - 원전직역

우리가 주목해야 할 사실은 이 구절에 기록된 무지개라는 말이 히브리어로는 '활'을 의미하는 케쉐트(קשת)라는 단어가 사용되었다는 것이다. 히브리어로는 무지개에 해당하는 특별한 단어가 없다. 그래서 보통 "활"을 뜻하는 '케쉐트'라는 일반적인 단어가 사용되고 있다(겔 1:28). 그 이유는 곡선으로 된 활의 모양이 무지개의 모습과 일치하기 때문일 것이다. 땅에서 볼 때 무지개는 활모양으로 보인다.

고대 한국인인 동이족이 활과 친근했다는 사실은 의미심장한 것이다. 앞서 말했듯이 대홍수 후에 한국인의 직계 선조인 욕단은 노아를 비롯한 홍수 후 족장들—셈, 아르박삿, 셀라, 에벨—과 함께 동양으로 이동

했다. 그러므로 욕단 족속은 아라랏 산정에서 드린 노아의 제사와 무지개 언약에 대해서 아주 잘 알고 있었다. 무지개는 활 모양과 일치한다. 따라서 고대 한국인에게 있어서 활이라는 것은 단순히 전쟁하는 무기나 짐승을 잡는 사냥 도구가 아니었다. 그것은 '무지개' 였다. 무지개는 은혜와 자비, 그리고 평화를 상징한다. 한국인의 선조들이 '활' (케쉐트)을 선호했던 까닭이 바로 여기에 있었던 것이다.

동이족에게 '활' 은 무지개였다. 알이랑 민족 한국인의 선조들은 하느님께서 '케쉐트', 즉 활로 언약하셨던 것을 누구보다 잘 기억하고 있었기 때문이다. 고대 한국인들은 무지개의 언약을 믿고 기리던 거룩한 백성이었다. 그리하여 한국인은 명절이 되면 사랑하는 자녀들에게 무지개 색깔의 아름다운 색동옷을 입혔다. 그러나 동양으로 이동한 욕단과 반대 방향인 서부 바벨론으로 향했던 홍수 생존자들이, 시날 평지에서 하늘 높이 바벨탑을 쌓았던 것은 무엇보다 하느님을 대적하는 자 니므롯의 말을 듣고 "무지개 언약" 을 불신했기 때문이었다.

한국인의 선조들이 무지개의 언약을 기억하고 있었다는 사실은 '무지개' 라는 말이 증명하고 있다. '무지개' 는 '물지게' 라는 말에서 'ㄹ' 이 탈락한 것이다. '물지게' 란 '물을 지는 지게' 라는 뜻으로, 인류를 멸하는 '궁창 위의 물' (창 1:7)이 다시는 쏟아지지 않도록 지게로 지고 있음을 뜻한다. 즉 '무지개' 라는 말은 다시는 홍수로 세상을 멸하시지 않겠다는 노아의 언약을 말 자체가 함축하고 있는 것이다. 몽골인들은 한국을 예로부터 '솔롱고스의 나라' 라고 부른다. '솔롱고스' 는 몽골어로 '무지개' 를 뜻한다. 이는 한국인이 노아의 일신 신앙을 계승한 셈족의 현저한 가지 욕단의 후손으로서, 고대로부터 무지개를 은총의 증표로 기억하고 있었던 천손민족이기 때문이었다.

그러나 지나인들은 무지개를 홍예(虹蜺)라고 하는데, 놀랍게도 그것은 '용(龍)'을 의미한다. 홍(虹)은 '숫용'을 뜻하고 예(蜺)는 '암용'을 의미한다. 고대 지나인들은 무지개를 '용'으로 인식했던 것이다. 지나인들에게 무지개는 '용'이 하늘에 나타난 것이다. 성경은 '용'이 옛 뱀이요, 마귀요, 사단이라고 말한다(계 20:2). 하느님께서 인류에게 베푸신 사랑의 증거가 무지개이거늘, 지나인은 무지개를 보면서 하느님이 아니라 정반대로 마귀를 연상하는 것이다. 이 얼마나 황당하기 짝이 없는 사상인가? 이것 한 가지만으로도 어느 민족이 하느님의 백성인지가 극명하게 드러나는 것이다.

중국 민족 구성의 근간이 된 동이족

화(華)족이 중원대륙으로 이동해 들어옴에 따라 동아시아 대륙의 선주민인 동방족(동이족)과 서장족(화하족)의 접촉과 교섭이 이루어졌다. 그리하여 동이족의 현저한 유풍인 '제천사상'이 중국인에게 전달되었고, 이른바 한자를 비롯한 동이족의 많은 문화유산(음력, 책력법, 한의학, 신선사상, 천자사상 등)이 그들에게 전수되었다.

그러나 무엇보다 중요한 사실은 서장족(화하족)이 중원에 동하 해 들어옴에 따라, 지나 본토 내의 선주민이었던 동방족(동이족)과의 혼혈이 이루어지게 됨으로, 동이족은 지나 민족 형성과 문화탄생의 근간이 되었다는 것이다. 이는 마치 한반도에서 건너간 이른바 도래인(渡來人)이 일본민족 형성과 문화 탄생의 근간이 된 것과 같다. 오늘날 일본인의 약 80%는 우리나라에서 건너간 한국인의 후손이다(최재석,「백제의 대화왜와 일본화 과정」, 일지사, 1990, p.78~81; 김홍길,「일본인의 한민족에 대한 콤플렉스 2000년」, 집문당, 2000, p.174).

　오늘날 만주를 포함한 지나 대륙의 13억 인구를 통칭 한(漢)족이라고 하는데, 그들은 우리처럼 단일 종족이 아니다. 백인종의 합중국이 미합중국(USA)인 것같이, 황인종의 합중국이 한(漢)족의 지나합중국(USC)이다. 한(漢)족은 15, 6종족들의 혼혈로 이루어졌다는 것이 그들의 통설이다. 그러한 중에서 지나족의 근간은 ① 양자강 이북의 선주민이었던 선퉁구스 즉 동이(東夷)인과 ② 선사 이래 10세기 말엽까지 만주에서 이름을 날렸던 부여인과 고구려인 즉 조선족이었다.

　현대 지나 학자들 가운데 대만대학의 임혜상 같은 이는 한(漢)족을 구성한 종족들이 15, 6족이나 되는데, 그 가운데서도 제일 큰 줄거리 종족을 ① 화하계(華夏系) ② 동이계(東夷系) ③ 형오계(荊吳系) ④ 백월계(百越系) 등의 네 가지로 잡고 있다(임혜상, 「중국민족사」, 중국 민족의 분류).

　그런데 그는 화하계를 맨 앞에 놓음으로써 화하족을 한(漢)족 구성 줄거리의 첫째 종족으로 나타내고 있으나, 사실은 동이계(한국인)가 맨 처음에 놓여야 되는 것이다. 왜냐하면, 이들 4종족 가운데 인구면으로나 슬기면으로 보아 동아시아 땅의 선주민이었던 동이계가 다른 종족들보다 단연 뛰어났었기 때문이다.

　그러므로 15, 6개가 넘는 여러 종족들이 모여 이루어진 지나합중국(USC)에서 차지하는 우리 동이겨레의 비중은, 마치 미합중국(USA)에서 앵글로색슨(Anglo-Saxon)이 차지하는 비중과 맞먹는 것이다. 지나 민족 형성과 문화가 탄생하는 데 있어서 다른 어느 종족보다 큰 기초가 되었던 종족이 배달 동이겨레였기 때문이다. 이와 같은 역사적 사실을

지나 학자 서량지는 다음과 같이 설명한다:

"중국 신석기 말년에 동서연맹('동'은 동방의 동이족을 말하고, '서'는 서장족인 화하족을 말함)이 성립된 것은 가장 아름다운 일이다. 그러한 바탕은 동서 양측 '용(龍) 봉(鳳) 이원(二元) 연맹'이었으니, 이것은 후일 이·하일가(夷·夏一家)의 중국 민족 구성과 정통 문화가 탄생하는 시원적 기초가 된 것이다"(서량지, 「중국사전사화」, p.29).

지나 민족의 근간이 동이족이라는 것이다. 실로 동이(東夷)는 비유컨데 USC를 형성한 원료나 재료 그 자체인 것이다.

봉(鳳)의 나라 한국과 용(龍)의 나라 지나(支那)

여기서 한 가지 주목해야 할 사실이 있다. 왜 서량지는 동방족(동이족)과 서장족(화하족)의 혼혈이 성립된 것을 "용봉 이원 연맹"이라고 설명했는가? 앞서 말한 것처럼 고대 지나인(화하족)은 '용'을 길하게 여겨 숭배했던 종족이었고, 한국인의 선조인 동이족은 '봉'을 상서(祥瑞)로운 새로 받들었기 때문이다. 오늘에 살아남은 유일한 동이족의 일원인 한민족은 지금도 대통령의 문장(紋章)에서 무궁화 좌우에 각 한 마리씩의 아름다운 봉황새가 그려져 있는 것을 볼 수 있다.

봉(鳳)은 새 조(鳥) 자가 안에 있음을 보아도 알 수 있듯이 '새중의 새'를 뜻한다. 황(凰)은 임금 황(皇)이 안에 들어가 있음을 보면 알 수 있듯이 '임금(皇)의 새'를 뜻한다. 그런데 '황(皇)'은 '白王' 즉 '배달나라의 왕'을 뜻한다. 지나에 황제가 나타난 것은 '진시황' 때부터 이다('진시황'의 '시황'은 시작하는 황제, 첫 황제라는 말이다). 진시황 이전에는 배달민족의 나라(배달한국·고조선)의 임금이 황제였고 그래서 황(皇) 자는 '배달나라의 왕'을 뜻하는 '白王'을 쓴 것이다. 지나의 옛날 역사책에는 배달민족은 백민(白民)으로 나온다(붉돌→박달→백달→배달). 그러므로 '봉황(鳳凰)'은 '새중의 새, 배달나라 임금의 새'를 뜻하는 것이고, 왕이 있는 시대는 아니지만 지금도 청와대의 대통령 상징문양으로 쓰이는 것이다.

그런데 우리 겨레가 예로부터 '봉'을 귀히 여겼던 이유는 무엇일까? 동이족은 '새'를 좋아했다. 그리하여 새의 깃털이나 날개로 머리를 장식하는 것을 특별히 선호하였다. 왜냐하면 동이족은 한알님(한울님→하눌님→하늘님→하느님)을 숭배했는데, 새는 날개가 있어 한알님 계시는 한알(한울→ 하눌→ 하늘)을 누구보다 가까이 할 수 있기 때문이었다. 실제로 하느님은 날개 달린 '그룹' 또는 '스랍', 즉 천사들 사이에 계신다(출 25:18~20; 사 6:1~3). 날개를 가진 천사들이 하느님과 가장 가까이에 존재하고 있는 것이다. 동이족이 '봉'이라는 새를 종족을 대표하는 상징으로 삼았던 것은 한알(하늘)을 숭배하고 가까이 하려 했던 그들의 유일신 신앙에서 기인하였던 것이다.

한알(하늘)을 사모하고 숭배했던 동이족은 죽음이라는 것이 한알(하늘)로 돌아가는 것이었다. 동이족의 무덤은 봉분의 형태이다. 그것은 바로 커다란 알, 즉 한알을 뜻하는 것으로 한알(하늘)백성이 한알(하늘)로 돌아감을 나타낸 것이다.

고구려와 신라 그리고 가야의 지도자들이 모두 '새의 알'에서 탄생했다는 우리 겨레의 난생설화(卵生說話)는 새를 귀하게 여기는 사상에서 나온 것인데, 그것은 한알(하늘)에 계신 한알님(하느님)을 숭배하며, 한알(하늘)을 공경했던 선조들의 유일신 신앙에 그 뿌리가 있는 것이다. 새는 한알(하늘)을 자유롭게 왕래하며 언제나 한알(하늘)을 가까이 할 수 있는 존재이기 때문이다. 그러므로 주몽이 알에서 태어났다는 것은, 김알지가 알에서 깨어났다는 것은, 김수로 왕이 알에서 뛰쳐나왔다는 것은 모두 그들이 한올님(하느님)의 자손, 곧 천손(天孫)이라는 말이다. 기독교 신앙의 핵심이 바로 천손 사상이다.

동이족의 '봉'은 아름답고 신비스러운 새인데, 다름 아닌 하늘을 왕래하는 천사를 상징하는 것이다. 지나인의 '용'은 악한 마귀를 상징한다. 이 얼마나 극적인 대립 개념인가? 시베리아를 건너와 만주에 정착했던 동방족, 즉 한국인의 선조들은 처음부터 봉황새를 국가의 상징으로 삼았다. 그 깃발을 봉도등(鳳圖騰)이라고 하였고, 지나에서는 진시황이 고대로부터 지나인들이 숭배해 왔던 용을 황제의 상징으로 삼으면서 용도등(龍圖騰)으로 그 깃발을 삼았다(문정창,「고조선사 연구」). 두 민족 사이에서 발견되는 이 현격한 사상과 문화의 차이에서도 우리는 하늘에 속한 백성, 즉 욕단계 선민이 누구인지를 익히 알 수 있는 것이다.

서쪽(바벨론)에서부터 용을 숭배하던 화하족이 곤륜산을 넘어 중원으로 동진해 들어옴에 따라, 지나 본토 내의 선주민이었던 동방족(동이족)과 한동안 중원 대륙의 패권을 장악하기 위한 전쟁이 불가피했다. 예로부터 전쟁을 할 때는 깃발을 들고 나간다. 이때부터 '봉'을 종족을 대표하는 상징으로 삼고 있었던 동방족(동이족)은 봉황새가 그려진 '봉도등' 깃발을 들고 나갔고, '용'을 종족을 대표하는 상징으로 삼았던 서방족(화하족)은 '용'이 그려진 '용도등' 깃발을 앞세우고 나가 싸움을 했다. 바로 이때 생겨난 동이족의 유명한 말이 "용(龍), 용

(龍), 죽겠지!' 라는 말이다. 동이족의 후손인 우리 한국인은 오늘날에도 다투거나 장난을 칠 때 상대방을 향하여 '용용 죽겠지!' 라고 한다. 이 말의 기원은 고대에 지나 본토 내에 있었던 '봉'을 종족의 상징으로 삼은 동이족(한국인)과 '용'을 종족의 상징으로 삼았던 화하족(지나인) 사이의 전쟁에서 유래한 것이다. 동양의 고대 역사는 '봉'의 동이족과 '용'의 화하족 간의 대패권 다툼의 역사라고 볼 수 있다. 이러한 패권 다툼을 겪으면서 동이족과 화하족 사이의 접촉과 혼혈이 이루어졌고, 동이족은 지나 민족을 구성하는 근간이 되었다.

'용'은 옛 뱀이요, 마귀요 사단이다(계 20:2). 그런데 우리 한국인은 수천 년 이상 '용(龍), 용(龍), 죽겠지!' 라고 입으로 시인하고 선포해 온 민족이다. 그 고백대로 한국인은 말세에 성령의 큰 권능으로 악한 마귀, 용의 나라에 치명타를 가하게 될 것이다. 말세에 한국에서 늦은 비 성령의 역사로 큰 부흥이 있을 것이다. 하느님께서 감추어 두신 자기 백성을 찾아 당신의 거처인 셈의 장막으로 기필코 오실 것이기 때문이다. 실로 그것은 아주 강력한 방문이 될 것이다.

그 결과 동방 한국으로부터 사도적 권능이 충만한 종들이 마지막 대추수를 위해 세계 열방으로 나아가게 될 것이다. 그들의 전 세계적 능력전도 사역으로 인해 이 땅에 하느님의 나라가 크게 확장될 것이다. 특히 한국 교회는 '사단의 견고한 진'이 있는 아시아 서쪽의 공산주의 문화권(지나), 힌두 및 불교 문화권(인도 · 동남아), 이슬람 문화권(중동)을 선교적 과제로 삼아 복음의 깃발을 들고 서쪽으로 진군해 들어갈 것이다. 그리고 마침내 아시아 서쪽의 땅 끝인 '예루살렘'까지 진격해 들어가 복음의 깃발을 세우게 될 것이다! 그리하여 이스라엘 백성이 예수 그리스도를 영접하고 구원을 받으면 주님께서 이 땅에 다시 오신다.

실로 마지막 때에 사단의 왕국은 알이랑 민족 한국백성으로 인해 회복불능의 치명상을 입게 되는 것이다! 그러므로 만약 사단이 '악몽'을 꾼다면, 그것은 뜨겁게 찬양하고 열심히 기도하는 우리 한국사람 꿈일 것이다. 알이랑 민족 한국백성은 이 땅 위에 존재하는 또 하나의 선민으로서 마지막 대추수를 위해 쓰임 받을 백성이요, 종말에 예수 그리스도의 재림을 예비할 민족이기 때문이다. 할렐루야!

봉황의 원형 '하늘 새'

성경에서 까마귀는 하느님의 명령을 사람에게 전달하고 또 사람이 어려웠을 때 도와주며 사람의 나그네 길을 인도해주는 안내자로 나타난다(창 8:6~7; 왕상 17:6). 그리하여 예수님은 이 까마귀를 하느님이 친히 기르시는 귀한 새로 언급하신 바 있다:

"까마귀를 생각하라 심지도 아니하고 거두지도 아니하며 골방도 없고 창고도 없으되 하느님이 기르시나니…"(눅 12:24).

동이족은 하늘의 자손이라는 믿음 아래 하늘과 땅의 매개체인 새를 신성하게 여겼다. 그런데 집안(集安) 5호분 4호묘의 고구려 벽화에는 태양 속에 들어 있는 세발 달린 까마귀 즉 삼족오(三足烏)가 그려져 있다. 우리 선조들이 광명의 본원지를 찾아서 아침에 떠오르는 태양을 좇아 동쪽으로 올 때 언제나 그 앞에 안내자인 까마귀가 있었다는 뜻이다.

삼족오는 '三(석 삼), 足(발 족), 烏(까마귀 오)' 라는 글자처럼 세 발 달린 까마귀를 가리키는 말이다. 세발 까마귀는 동이족이 길조(吉鳥)로 여기던 신성한 새이다. 그 발을 세 개로 그린 것은 까마귀를 삼신 하느님(우리 조상들이 섬긴 하느님은 '삼일신' 곧 삼위일체 하느님이셨다)의 새, 곧 '하늘 새'를 표시하기 위함이었다. 바로 이 '하늘 새'가 길조(吉鳥)인 봉황의 기원이다. 봉황은 '하늘 새'가 점차 더 멋진 모습으로 표현된 것이다.

봉황이란 말은 지나인들이 하늘 새의 개념을 받아들이면서 만든 말이다. 지나인들은 하늘 새를 바람의 화신이라 생각하여 '風(바람 풍)'자와 '鳥(새 조)'자를 합해 '鳳(봉새 봉)'자를 만들었다. 다시 말하면 동이족의 삼족오는 곧 하늘 새이고 이 하늘 새가 지나로 건너가 봉황이 된 것이다. 그러므로 '봉황'은 정확히 말하자면 '하늘 새'라고 해야 한다.

그런데 안타깝게도 봉황은 용에게 눌리고 말았다. 무슨 말인가 하면 동이족이 지나의 한족에게 밀리면서, 마치 용보다 낮은 단계의 영물인 것처럼 여겨진 것이다. 한족은 오랜 세월 맞싸워 온 동이족의 상징 동물을 의도적으로 깎아 내리고자 용을 황제, 봉황을 황후의 상징 문양으로 썼다. 용맹하기로 소문난 동이족의 느낌을 약하게 하기 위해 일부러 여성화 시킨 것이다. 일부 사람들이 봉황을 용의 아랫단계로 생각하는 오해는 여기서 출발한다.

그러나 생각해 보자. 만약 암수의 개념으로 본다면 어떻게 용과 봉황이 짝을 이룰 수 있을까? 생김새도 다르고 태어난 환경도 다른데 말이다. 더구나 지나인들은 '봉'을 수컷, '황'을 암컷이라고 구분하기도 했으니, '용=남성=황제, 봉황=여성=황후'라는 등식은 말이 되지 않는다. 그러므로 봉황을 용보다 못한 존재로 여기는 것은 큰 잘못임을 깨달아야 한다(박영수,「유물 속의 동물상징 이야기」, 내일아침, 2005, p.34~35).

지나 안에서 동이족이 소멸한 까닭

조선족은 본래 기마민족으로 기동성이 뛰어나 발해 연안으로 황해 안을 선점하여, 화하족을 내륙 쪽으로 몰아붙여 봉쇄했으며, 화하족은 화산(華山)을 중심으로 내륙 산악지역에 갇혀 바다를 볼 수가 없었다.

우리 동이족은 백두산을 중심으로 한 만주 벌판이 주 활동무대였던 관계로 철광과 양질의 유연탄을 손쉽게 얻을 수 있었다. 인류 역사상 최초로 철의 제련법을 개발하여 철제무기로 무장한 동이족은 기병을 주력으로 하여, 석제와 목제 무기로 무장한 화하족을 어렵지 않게 제압할 수 있었다.

이것은 철(鐵)의 고자(古字)가 쇠금변(金)에 동이족의 이(夷)자를 쓴 철(銕)이라는 글자였던 것을 보더라고 용이하게 알 수 있다(현재도 옥편에 銕은 鐵의 옛글자 라고 기술되어 있다). 즉 銕(철)이라는 글자는 동이족인 한국인이 세계에서 최초로 금속을 사용하기 시작한 것을 의미한다. 이후 고구려가 당에 패망한 후에 화하족이 銕자를 鐵자로 바꾸었던 것이다.

화하족은 조선족을 보고 동이족이라고 불렀다. 이(夷)자는 옥편에 '오랑캐이'라고 적혀 있는데 이것은 그릇된 설명이다. 다시 말해서 이(夷)자는 크다는 뜻의 큰대(大) 자를 활궁(弓) 자에 덮어씌워 만든 글자로서 큰 활을 잘 쏜다는 뜻이다. 화하족이 보기에는 조선족이 상고 때 동쪽에 살면서 말 잘 타고 큰 활로 맹수사냥을 잘 하는 민족이었으므로 동이족이라고 칭한 것이다.

그러나 농경을 주업으로 하던 화하족은 왕래가 없고 이동이 적었다. 그리하여 인구가 빠른 속도로 증가하여 연나라 때 이르러 그 숫자가 동이족의 10배 정도로 팽창하여 동이족은 서서히 중원(中原)에서 밀려나기 시작했던 것이다. 그렇게 지나에 있던 동이족의 세력이 위축된 것은 전국시대(B.C. 5~3)무렵이다. 그리고 전국시대를 통일한 진(B.C. 221~206년) 시황제 때에 와서 거의 소멸되고 말았다.

대륙을 통일한 시황제는 지나 안에 있는 이질적인 소수 민족을 지나 민족으로 동화시키는 정책을 강력하게 추진했다. 그 결과 대부분의 지나 안에 있던 동이족은 지나 민족에 분산·편입되어 주체성을 상실하게 되었고, 만주·한반도 지역의 동이족만 그 명맥을 유지하게 된 것이다.

그러나 지나 안에 있던 동이족의 일부는 지나 민족에게 정복·동화되는 것을 거부하고 요서·요동 지역으로 망명하였는데, 그 중의 한 사람이 위씨조선(위만조선)의 설립자인 위만이다. 위만은 오늘날의 지나 북경 지역의 연나라에서 망명한 사람이다. 그가 망명할 때 머리에는 상투를 하고 동이(東夷) 사람들의 옷을 입고 있었다. 그가 상투에 동이 옷을 입고 조선으로 들어오자 준왕은 그를 일종의 국경수비대장에 임명했다. 그만큼 준왕이 그를 신임했기 때문인데, 위만이 준왕의 신임을 받게 된 데에는 같은 민족(동이족)이라는 점이 크게 작용했던 것이다.

동이족으로부터 시작된 지나 역사 및 문화와 문자

지금의 지나 천지는 한 옛적부터 진시황(B.C. 3세기) 때에 이르기까지 배달·동이겨레가 온통 차지하고 살았었다. 그러나 진시황이 대륙을 통일하고, 그 속에 있는 외민족을 정복·동화시키거나 또는 지금의 이산가족처럼 분산편호(分散編戶)를 시켰는데, 그 당시 동이족도 그냥 두지 않고 지나 민족 속으로 그 세력을 흩어버렸다. 그 후에 지나 본토 내에 있던 동이족은 점차 소멸되고 만 것이다.

지나의 한(漢)족이 원래부터 중원 대륙을 지배했던 것이 아니다. 즉 B.C. 221년 이전까지만 해도 고대 중원은 상고시대부터 우리 동이족(한민족)의 활동 무대였으며, 중원 문화 또한 동이족의 소산이었던 것이다. 한족 문화는 알려진 바와 같이 뛰어나게 독창적인 것이 아니다. 많은 자료를 주위의 민족에게서 힘입었으며, 특히 그들이 말하는 동이족에게서 가장 큰 영향을 받았다(고대아시아문제연구소, 「육당 최남선 전집」 제2권, 현암사, 1974, p.51). 그러나 지나인이 중원 대륙의 일반 통치자로 점차 등장하면서 동이족의 문화유산들을 자기의 것들로 삼았으므로, 한족이 그 모든 중원 문화들을 창달한 주인처럼 역사의 진실이 굴절·왜곡된 것이다.

그렇기 때문에 지금까지의 지나 역사는 지나치게 과장되었다고 하여 정직하게 새로 정리한 지나 측의 사서(史書)인 고사변(古史辨)에서 지나의 진실한 석학들은 "옛적의 중국의 제왕들의 종적을 보니 거의 동방족이었다(古代帝王踪蹟多在東方)"라고 기록하였고, "종래에는 '중국 역사는 중국인 시조로부터' 라는 중국적 우상이 지배적이었다. 그러나 이제는 그 우상이 타파되어야 하고 중국사는 저 동이족의 선조로부터 시작된 것이다"라고 말하고 있는 것이다. 이렇듯 현대 지나 석학들은 지나 고전을 두루 인용하면서 저들의 선조가 동이임을 역설하고 있는데 이곳 동이의 본고장 대한민국에서는 그것에 대한 관심조차 없다. 아직 사대모화(事大慕華) 사상에서 깨어나지 못해서인가?

지나 역사는 동이족이 시베리아와 만주에서 지나에 들어가 시작 되었고, 그 후에도 계속 지나에 들어가서 많은 왕조를 세워서 지나 역사가 발전되어 온 것이다. 바로 이것이 지나인이 현대 인류학에서는 몽골 인종으로 분류되면서 언어학에서는 몽골 인종이 사용하는 알타이 어족과는 다른 어족, 즉 지나 어족으로 분류되는 이유이다. 지나뿐만 아니라 동양에 있는 민족이나 국가의 지배적인 기원이 되는 가계는 욕단을 통해 이어지는 동부 히브리인들, 즉 알이랑 민족 우리 배달 동이 겨레(한국인)인 것을 우리는 꼭 기억해야 한다.

오늘날 지나의 13억 인구를 통칭 한(漢)족이라 부르지만, 사실상 이 한(漢)족이란, 그 이름뿐만 아니라 그 종족 자체의 생김이 오래되지 못한 것이다. 한족이라는 명칭은 문헌적으로 A.D. 220년의 문헌 속에서 겨우 발견되는 것이다. 한족은 15, 6개의 종족이 모여 이루어졌기 때문에, 엄밀히 말하자면 '한족'이라는 명칭은 어떤 특수한 종족이나 민족을 표시하는 고유명사가 아니라, 그저 '한나라 사람'(漢人)이라는 말이다. 백색인종의 합중국이 미국이라면 황색인종의 합중국이 곧 지나인 것이다. 그런데 이와 같은 지나 민족 구성의 시원적 기초와 근간을 이룬 가장 큰 줄거리 종족이 중원 대륙의 선주민이요, 개척자였던 우리 동이 겨레라는 사실을 우리는 잊어서는 아니 될 것이다. 황하 문명의 주인공은 한족이 아니라 동이족인 것이다.

엄격히 말하자면 독립된 종족으로서의 한(漢)족은 없다. 이미 밝힌 바처럼 그 말은 독립된 민족을 표시하는 고유명사가 아니라, 단지 "한나라 사람"(漢人)이라는 말이요, '한 나라 백성'(漢民)이라는 말이다. 이른바 '한문(漢文)'과 '한자(漢字)'라는 것이 또한 그렇다. 과거에 없었던 글자를 15, 6 종족들이 모여서 성립된 한인(漢人)들이 비로소 '창제'했다는 의미에서가 아니라, 도리어 동아시아 대륙의 선주민이요,

중원 문화의 개척자였던 동이족이 만든 원시한자(초기 상형문자)들이 발전해 온 것을, '한 나라 사람'(漢人)이 또한 자기의 글과 글자를 삼았다는 의미에서 한문(漢文) 혹은 한자(漢字)인 것이다. 그러므로 한족은 '옥편'이니 '자전'이니 라는 말을 써도 자기들은 한자(漢字)라는 말을 쓰지 않았다. 지나인이 오늘날 전적으로 한자를 사용한다는 것이 곧 그들이 한자를 창제했다는 의미는 결코 아닌 것이다.

그러므로 한자는 '한자'가 아니라 '동이문자' 또는 '아시아 사인'이라 해야 옳은 말이다. 고대에 동이족이 만들었던 원시 한자들이 오늘날 아시아 많은 나라에서 사용되고 있는데, 이것은 마치 고대 페니키아인이 고안해 내었던 원시 알파벳이 오늘날 서양 모든 나라에서 사용되고 있는 것과 같은 것이다. 그런데 알파벳을 '알파벳'이라고 부를 수밖에 없는 이유는, 그것이 영국 문자도 아니고 독일 문자도 아니며 러시아 문자도 아니기 때문이다. 이른바 한자도 사실은 '한자'로 부를 수는 없는 것이며, 원시 한자를 만들었던 동이족을 존중해서 '동이문자'라고 하든지 아니면 '아시아 사인'이라고 해야 타당한 것이다.

대홍수 후 동방의 산악지대를 넘고 넘어 시발(시베리아~만주)에 이르는 영웅적인 대장정(大長征) 끝에 극동의 새 땅에 삶의 터전을 잡은 한국인의 선조인 욕단 족속은, 창세기 1장부터 10장까지의 사건들을 잊지 않기 위하여 그 내용을 그림으로 표현해서 보존하였다. 상형문자인 한자는 바로 여기로부터 유래한 것이다. 셈의 가계 욕단의 후손인 한국인의 선조들은 구전을 통해 익히 알고 있던 최초의 인류 역사에 대한 내용을 기초로 하여 표의문자(表意文字)를 만들었던 것이다.

실제로 앞에서 몇 가지 글을 확인한 바처럼, 약 100여 자에 달하는 한자(韓子)들 가운데 창세기 1장부터 10장까지의 사건들이 정확하게 간직되어 있다. 따라서 한국인이 에벨로부터 셈계의 일신신앙을 계승한 셈족의 현저한 가지 욕단의 후손이라는 것은 의심의 여지가 없다. 한국인은 그 사실을 입증해 주는 아주 강력한 고고학적 증거―동이문자에 간직되어 있는 창세기 1장에서 10장까지의 역사―를 갖고 있기 때문이다.

14. 바벨탑 이전의 언어, 한국어

학자들의 연구 결과에 의하면, 한국어는 좀처럼 그 기원의 형체를 드러내지 않는다고 한다. 한국어는 알타이 어족(Altaic)에 속한 것이라는 가설(hypothesis)은 세웠지만 이를 증명(proof) 할만한 자료가 불충분하며, 따라서 한국어가 알타이 어족에 속한다고 확정(establishment)지을 단계도 아니라는 것이다.

한국어의 계통을 밝히기 위해 한민족이 어떻게 형성되었는지 살펴보아야 하는데, 이는 한민족의 기원이 밝혀지면 한국어의 기원과 계통이 어느 정도 밝혀질 수도 있기 때문이다.

한국어의 계통과 한민족의 기원

종래에는 한민족을 퉁구스족에 속하는 것으로 인식하고 그 중에서도 만주 지방의 남방 퉁구스족의 한 지파로 보는 것이 일반적인 견해이다. 그러나 김정학은 다음과 같이 설명한다:

> "한국 민족은 체질, 언어, 문화 등에 있어서 북방 민족의 요소가 압도적임을 알 수 있다. 그리하여 북방 민족 중에도 알타이어족에 가장 가까운 것을 보여 준다. 과거에 한국 민족을 막연히 퉁구스 족이라고 일컫는 학자들이 있었다. 한국 민족이 퉁구스 족과 가장 밀접한 관계

가 있음은 사실이다. 또 언어에 있어서도 한국어는 만주·퉁구스어에 가장 가깝다. 그러나 역사적으로 한국 민족과 퉁구스 족은 오랫동안 독립된 생활을 하여 왔으므로 한국 민족은 알타이어족 중에서 터키 족, 몽골 족, 퉁구스 족 등과 병립하여 하나의 민족 단위를 이루는 것을 볼 것이다"(김정학, 1964, '한국민족형성사', 「한국문화사대계 1」, 고대민족문화연구소, p.354~355).

그리고 김원룡은 다음과 같이 한국 민족을 설명하고 있다:

"한국 민족은 몽골, 퉁구스 종(種)에 속하면서 두골장경(頭骨長徑)이 짧은데서 오는 단안(短顔) 그리고 이공(耳孔) 두정(頭頂), 즉 안고(顔高)가 높은 고안(高顔) 등의 특색을 갖추고 있어서 문자 그대로 민족의 개성을 잘 보여주고 있는데 이것은 말을 바꾸면 인종적 고립, 또는 퉁구스 전통으로부터의 이탈이라고 할 수 있는 것이다"(김원룡, 1976, 「한국문화의 기원」, 탐구신서, p.9~10).

한국 민족은 인종적 고립이 아주 일찍 이루어진 독립된 하나의 종족이라는 설명에 주목하라. 이러한 견해는 김정배도 거의 일치하고 있다:

"가장 보편적으로 통용되는 퉁구스 족은 한국 민족의 형성과 동시에 구분된 별개의 존재이며, 상호간에 가장 접촉이 활발하였다 하여도 양자를 동일 선상 에 올려놓을 만큼 역사적으로 분리할 수 있으므로 퉁구스 족과 대등의 위치에 한국 민족의 단위를 설정해야 할 것이다"(김정배. 1973, 「한국민족문화의 기원」, 고대출판부, p.43).

한국 민족은 인종적 독립이 매우 일찍 형성된 종족이기 때문에 하나의 민족 단위를 별도로 설정해야 한다는 것에 학자들의 견해가 일치하고 있다. 따라서 한국어는 그 기원이 독립적이면서도 아주 오래된 언어라는 결론에 이르게 된다. 바로 이것이 한국어가 알타이 어족의 계통으로 분류되면서도 알타이제어와의 친족관계가 명확하지 않고 좀처럼 그 기원의 형체가 분명치 않은 이유인 것이다.

에덴에서 시작된 지상 최초의 언어, 한국어

한국인의 기원과 언어에 대한 학자들의 이와 같은 견해는, 성경에 근거한 한국인의 선조가 욕단이라는 사실을 강력히 뒷받침 해주는 것이다. 앞서 설명한 바와 같이 대홍수 이후 홍수 생존자들은 아라랏 산지에서 출발하여 곧바로 바벨론으로 갔던 것이 아니다. 그들은 먼저 동쪽(중앙아시아 인접 지역)으로 이동했었다. 그들은 그 동쪽에서부터 서쪽으로 옮겨가다가 시날 평지를 만났던 것이다. 그러나 욕단의 가계는 당시 서부 바벨론으로 가지 않았다.

그들은 서부로 가는 무리들과 일찍 분리되어 '스발'을 향하여 더 동쪽으로 이동했었다. 즉, 욕단 족속은 바벨론의 언어 혼란으로 인한 대규모의 인구 분산이 발생하기 전에 먼저 극동으로 이주했던 것이다. 따라서 한국 민족은 당연히 인종적 고립이 일찍 형성되었고, 한국어 또한 그 기원이 독립적이면서도 가장 오래된 언어일 수밖에 없는 것이다. 바로 여기에 학자들이 토로하고 있는 것처럼, 한국어가 좀처럼 그 기원의 형체가 드러나지 않는 근본적인 이유가 있다. 한국어는 바벨탑 이전의 언어로서 지구상에서 사용되고 있는 언어 가운데 가장 오래된 언어이기 때문이다.

학자들은 알타이제어, 즉 몽골어, 터키어, 만주·퉁구스어는 매우 밀접한 친족관계에 있으며, 이들은 알타이 공통 조어(proto-language)에서 거의 같은 시기에 분화되었다고 추정하는 반면, 한국어는 알타이 조어에서 제일 먼저 분리된 언어로 보고 있다. 즉, 학자들이 내린 결론은 한국어는 다른 어떤 언어보다 더 오래된 기원을 가진 언어라는 것인데, 한국인의 성경상의 기원으로 볼 때 이는 당연한 것이다.

한국어의 독특성, 즉 다른 언어와의 친족관계가 분명치 않고 다른 어떤 언어보다 더 오래된 기원을 가진 언어라는 것은 한국인의 성경상의 기원에 대한 해답을 찾는데 가치가 있는 주목할 만한 사실이 아닐 수 없다. 성경은 처음에는 모든 인류가 한 가지 언어를 사용하였다고 말하고 있다. "온 땅의 구음이 하나요 언어가 하나이었더라"(창 11:1). 이 언어는 분명히 홍수 이전에 쓰던 언어로 노아에 의해 홍수 이후 세계로 전해졌으며, 바벨론에서 언어가 혼잡하게 되기까지 최소한 300년 동안 이 세상에서 계속 사용되었음이 분명하다(창 11장).

이 언어에 어떤 일이 일어났는지는 언급되어 있지 않지만, 하느님께서 우리에게 말씀하고 있는 언어를 혼잡시킨 단 하나의 이유는 바벨론에 살던 사람들을 그곳에서 흩으시기 위한 것이었다(창 11:8~9). 따라서 우리는 하느님께서 결코 바벨론과 분리되어 살던 사람들의 언어를 혼잡하게 하지 않았다고 결론지을 수 있다. 이들은 바벨론에서 일어났던 문제의 일부가 아니었기 때문이다. 이미 바벨론 집단에서 분리되어 동양으로의 이주 경로를 선택했던 사람들은 노아가 가르친 언어를 계속 사용했을 것이다. 그러므로 욕단, 그리고 그와 함께 한 다른 족장들은 바벨론 소요에 영향을 받지 않았고, 에덴과 최초 인류 가계로부터 내려온 이 지상 최초의 언어를 존속시켰다!

이것이 바로 한국어가 다른 어떤 언어와도 친족 관계가 분명치 않은 역사적 원인이며, 그 기원의 형체도 명확하지 않은 근본적 이유인 것이다. 한국인은 욕단의 후손이기 때문이다. 성경에 근거한 한국인의 기원으로 볼 때 한국어는 어떤 조어(proto-language)에서 분리된 것이 아니다. 지상 최초의 언어이기 때문이다. 다만 이 언어가 후일 알타이제어들에게 워낙 막대한 영향을 끼쳤으므로 오늘날 한국어가 알타이 어족 계통의 언어로 추정되고 있는 것이다. 즉 알타이제어가 한국어에서 너무나 큰 영향을 받아 만주·퉁구스어, 몽골어, 터키어 등이 한국어와 공통 특질을 갖게 되었고, 그 결과 오늘날 한국어까지도 알타이 조어에서 분리된 언어처럼 오해받고 있다는 것이다. 한국어는 알타이어 단일체(Altaic Unity)에서 분화된 것이 아니다. 성경에 근거해 볼 때 한국어의 기원은 바벨론이 아니라 에덴에 있기 때문이다.

그리고 바로 여기에 한국인의 선조(욕단)와 유대인의 선조(벨렉)가 같은 혈통 에벨로부터 갈라진 형제지간이었음에도 불구하고, 오늘날 두 민족의 언어가 전혀 같지 않은 이유에 대한 해답이 있다. 앞서 말했듯이 바벨론 소요 당시 벨렉은 바벨론에 있었다. 따라서 하느님의 심판으로 언어가 혼잡하게 될 때에 그의 언어도 바뀌었으며, 그 결과 한국인의 선조와 유대인의 선조는 친족이었지만, 오늘날 전혀 다른 언어를 사용하고 있는 것이다.

한국어가 바벨탑 이전 지상 최초의 언어인 증거들

우리 알이랑 민족의 언어가 홍수 이전 최초의 인류 가계로부터 내려온 지상 최초의 언어라는 사실은 아래와 같은 다양한 증거들이 입증해 준다.

풍부한 말소리

하느님이 에덴에서 인류에게 주셨던 최초의 언어는 모든 소리를 흉내 내기에 가장 우수한 말이었을 것이라는 것은 의심할 여지가 없다. 그렇지 않겠는가? 그렇다면 한국어는 에덴에서 시작된 말임이 분명하다. 한국어는 말소리가 풍부하고 음성학적으로 뛰어나서 세계 어느 나라 말이든, 또 어떤 사물의 소리든 자유자재로 정확하게 구사할 수 있기 때문이다.

가령 일본어는 발음할 수 있는 음(音)의 수가 빈약해서, 일본인들은 외국어 음들을 모호한 소리로 때워 버리는데 이를테면 화장실 'toilet'이 '도레'로 밖에 발음되지 않는다. 그러나 한국인은 원어민을 능가할 정도로 아주 능숙하게 '토일릿'이라고 말한다. 그 뿐인가? '검다'를 영어로는 'black'이라고 말한다. 그러나 한국어로는 '검다', '까맣다', '시커멓다', '거무스레하다', '까무잡잡하다', '새까맣다' 등 대단히 풍부한 말소리를 가지고 있다.

이것은 한국어가 바벨탑 이전의 언어로서 원래 풍부한 음운(音韻)을 가진 언어이고, 음성학적으로 뛰어난 말이기 때문이다. 그리하여 뉴욕주립대학교수(음성학/한국학)인 김석연 박사는 1446년 세종대왕이 반포한 훈민정음을 토대로 전 세계의 말(방언)을 하나의 표기체계로 음역할 수 있는 '누리글'(Global Writing System)을 만들었다. 모든 말을 간단히 표기할 수 있는 이 누리글은 문맹퇴치는 물론 복음의 도구로 대단한 활용가치가 있다.

현재 문자를 가지고 있지 않은 무문자종족과 문자가 있어도 너무 어려워 사용하지 못하는 난문자종족은 전 세계 4,600여 종족에 이른다. 이와 같은 종족들에게 바로 누리글로 그들의 방언을 음역해주고, 그들의 방언으로 음역된 누리글 성경을 전달해주면 그들은 쉽게 성경을 읽고 배울 수 있게 된다. 결국 세계복음화를 크게 앞당길 수 있는 것이다. 그리하여 국제예수전도단과 열방대학에서는 2003년 7월 11일 "지상명령 수행을 위한 읽기 쓰기 프로젝트—The great commission literacy with Nurigeul(Global Writing System)—"로 누리글을 채택했다. 김석연 박사는 이미 '국제누리글선교센타'를 설립해 '성경음역' 사역을 진행하고 있다.

하느님은 욕단계 선민 한국 백성이 마지막 대추수의 사명을 능히 감당할 수 있도록 500여년 전에 세종대왕을 통해 아주 놀라운 글을 은사로 주신 것이다. 실제로 제자해(製字解) 결구(結句)에는 다음과 같이 기록되어 있다:

> "아아, 정음(正音)이 지어지매 천지와 만물의 이치가 모두 갖추어졌으니, 참 신기롭기도 하구나! 이는 아마도 하늘이 성심을 열어서(天啓聖心, 성심: 성왕 세종의 마음) 하늘의 손을 빌려주심인저!"

정음(正音)은 천지만물의 이치가 다 갖추어진 신기한 글인바, 그 까닭은 하느님이 성왕(聖王)의 마음을 열고 그의 손을 빌려주셔서 만들어졌기 때문이라는 것이다. 그렇다면 우리 한글은 신적 기원을 갖고 있는 세계 유일의 문자다.

세종의 정음(正音)이 세상의 모든 소리를 다 표기할 수 있는 '누리글'인 이유가 바로 여기에 있을 것이다. 소리를 만드신 창조주 하느님께서 사람의 마음을 여시고 그의 손을 빌려주서서 탄생한 글이기 때문이다. 이러한 문자는 한글 외에 어디에도 없다.

천부(天符)의 음(音)

음(音)은 초성(初聲)에서 시작하여 종성(終聲)으로 끝난다. 한국어는 종성이 가장 발달된 언어이다. 일본어나 지나어는 원칙적으로 종성이 없는 언어이다. 그래서 일본인은 트럭을 '도라꾸', 택시를 '다꾸시'라고 발음한다. 지나인은 '국'(國)을 '꾸어', '칠'(七)을 '치', '답'(쏨)을 '다'라고 한다. '국'에서 'ㄱ'을 '칠'에서 'ㄹ'을, '답'에서 'ㅂ'을 혀로 돌리지 못하는 것이 지나인이다. 그러다 보니 한국을 '한꾸어', '출발'을 '추바', '답변'을 '다비엔'이라고 발음한다. 종성이 발달되지 못한 언어들이기 때문이다. 서양 제어(諸語)의 종성은 몇 개 되지 않는다.

한국어는 초성이 19자, 중성이 21자, 종성이 28자로 이처럼 종성이 발달된 언어는 일찍이 인류가 가져본 적이 없다. 한국어는 초성과 중성과 종성이 합하여 11,172개의 문자를 만들 수 있으며, 이것들이 결합하여 20만 개 이상이나 되는 어휘를 가지고 있다. 단순한 것에서 복잡한 것으로 발전한다는 문화발달이론에 비추어 볼 때에도, 이와 같이 월등하게 종성이 발달되어 있는 한국어는 그 기원이 가장 깊은 언어임을 알 수가 있다.

한국어는 초성과 중성의 조직적인 음(音)의 배합(配合) 만으로도 충분히 성음(成音)하여, 언어생활을 능히 영위할 수 있었을 것으로 여겨지는 언어임에도 불구하고, 거기에 다시 종성의 결합을 가져왔고, 그 종성이 초성이나 중성보다 더 발달된 지극히 과학적인 질서와 조직력을 가지고 있는 언어이다. 한국어의 이러한 특성은 언어발달사적인 측면에서 보더라도 그 기원이 가장 오래된 언어라는 사실이 입증되는 것이다. 이는 우리 겨레가 인종적 독립과 민족 형성이 그만큼 오래된 종족이라는 사실을 객관적으로 보여주는 증거이다. 일본어는 종성이 전혀 발달되지 못하여 '김치'를 '기무치', '게임'(game)을 '께이무'라고 빈약하게 발음할 수밖에 없는데, 그것은 일본인의 민족 형성과 그 언어의 기원이 장구하지 못하기 때문이다.

고상하고 격조 높은 한국어

한국어는 높임말이 세계 최고로 발달된 격조 높은 언어이다. "나에게 말해라."는 말을 예로 든다면, 영어로는 아이에게나, 어른에게나, 왕에게나 모두 "Tell me."일 뿐이다. 말이라는 것에 애나 어른에게나 위아래의 구분이 없다. 그러나 한국어는 외국인에게는 배우기 복잡하고 이해하기 어렵겠지만, 아이에게는 "말해라", 어른에게는 "말씀하세요", 왕에게는 "말씀하시옵소서"라고 한다. 이것은 한국어가 굉장히 고상한 언어임을 보여주는 것이다. 열방 방언들 가운데 이렇게 한국어처럼 격조 높은 말은 어디에서도 찾을 수 없다.

하느님께서 에덴에 있던 인류에게 처음으로 주셨던 언어는, 바벨론에서의 언어 혼란 이후에 생긴 수많은 새로운 언어들보다 월등히 고상한 언어이었을 것임에 틀림없다. 하느님 당신께서 도덕적인 분이시고 다른 어떤 당신의 피조물보다 고상한 분이시기 때문이다. 그러므로 높임말이 최고로 발달해 있는 한국어는 에덴에서부터 내려온 바벨탑 이전의 원형적 언어임이 명백하다.

이러한 사실은 말씀 언(言)자가 입증해 준다. 성경 창세기에 기록된 대로 천지만물은 하느님의 '言'(말씀)으로 창조되었다. 그러므로 최초의 말은 하느님으로부터 시작되었다. 그런데 이 말씀 언(言)자는 신비한 말이다. 우리나라 말에는 '말씀'이라는 말이 있으나 다른 나라에는 없다. '말씀'이라는 말은 '말'의 존칭어이다. 영어에는 단지 'word'라는 말이 있어 아이에게나 어른에게나 왕에게나 모두 구별 없이 같은 말을 쓴다.

왜 '말 언'(言)이라고 하지 않고 '말씀 언'(言)이라고 하는가? 말씀 언(言)은 삼일구(三一口)로 되어 있으니, 삼일(三一)은 앞서 살펴 본대로 '삼위일체 하느님'을 뜻하는 것이요, 구(口)는 '말' '말하다'는 뜻이니, 곧 '말씀'이다. 따라서 한국어 '말씀'의 기본적인 의미는 '하느님의 말씀'을 뜻하는 것이다. 그러므로 한국인은 애초 시작할 때부터 '삼위일체 하느님'을 알았고 그의 말을 '말씀'이라고 하였다. 즉 한국인은 처음부터 격조 높은 존칭어를 사용했던 것이다. 이러한 사례는 한국어가 참으로 에덴과 최초 인류 가계로부터 내려온 지상 최초의 언어라는 사실을 뒷받침해준다.

그리하여 한국인은 성경을 번역할 때 "태초에 말씀이 계시니라 이 말씀이 하느님과 함께 계셨으니 이 말씀은 곧 하느님이시니라"(요 1:1)고 해야지, "태초에 말이 있었느니라 이 말이 하느님과 함께 있었으니 이 말은 곧 하느님이니라"고 할 수는 없다. 존칭어로 번역된 것은 성경 원문에 없는 말이지만, 한국인에게 하느님이신 예수 그리스도는 어디까지나 '말씀'이시지 결코 '말'이 아니기 때문이다. 이 격조 높은 천손민족 한국인의 언어를 외국인이 어찌 이해할 수 있겠는가?

한국인은 아이의 말도 'word', 어른의 말도 'word', 심지어 하느님의 '말씀'도 'word'인 영어가 부자연스럽게 느껴진다. 자녀에게도 'you', 부모에게도 'you', 심지어 하느님께도 'You'라고 구분 없이 말해야 하는 외국어가 이해하기 어렵다. 이렇게 애나, 어른이나, 하느님께나 위아래 구별 없이 같은 말을 사용하는 세계 각국의 언어들은 모두 하느님께서 언어를 혼란하게 하신 바벨탑 이후의 말인 것이다. 그러나 격조 높은 한국어의 기원은 바벨론이 아니라 에덴이다.

회복이 약속된 순수한 언어

실로 열방 모든 족속 방언의 고향이 '바벨론'이라면, 선민(選民)의 언어인 한국어의 고향은 '에덴'이다. 한국인의 직계 조상인 욕단은 바벨론 소요 당시 그곳에 없었고 동양에 있었기 때문이다. 우리 한국어는 바벨탑 사건 이전까지 세계어(世界語)였다. 한국어는 에덴과 최초 인류 가계로부터 내려온 지상 최초의 언어이기 때문이다. 이렇게 알이랑 민족 한국인은 언어까지 구별된 천손민족이다.

언어 문제는 스바냐 3:9에 하느님께서 자신의 왕국을 세우실 때 세상에 순수한 언어를 되살리겠다고 예언하셨기 때문에 성경 연구가에게 중요하다.

"그때에 내가 백성에게 순수한 언어를 돌려주리니, 그들이 모두 주의 이름을 부르며 한마음으로 그를 섬길 것임이라"(습 3:9, KJV).

"For then will I turn to the people a pure language, that they may all call upon the name of the Lord, to serve him with one consent."(습 3:9, KJV).

순수한 언어는 하느님께서 에덴에서 인류에게 주셨던 언어임이 분명하다. 근대 한국어에 이르면서 많은 변화가 있었지만, 언어의 기원으로 말미암아 한국어는 큰 존귀함이 있는 언어이다.

말뿐만 아니라, '글' 도 그렇다. 한글의 모음은 하늘(·), 땅(ㅡ), 사람(ㅣ) 삼재(三才)의 조합으로 구성되는데, 그것은 성부·성령·성자 '삼신 하느님' 및 세계 구속의 완전한 결과로 이루어진 이상 세계, 즉 새 하늘과 새 땅에서 구현될 '천지인 일체'의 세상을 의미하기 때문이다. 아주 놀라운 사실이다.

실로 한국어는 그 뿌리가 하늘에 있는 지상 최초의 언어로서 세상에 둘도 없는 존귀한 언어이다. 이와 같은 사실은 한국인이 욕단계 선민이라는 확고한 증거이다.

15. '욕단'의 이름 '작다'라는 뜻과 일치하는 동양의 나라

성경을 살펴보면 고대로부터 인명(人名)은 대단히 중요한 의미를 담고 있다. 어떤 사람의 이름은 그 사람의 특성을 나타내기도 하며, 어떤 이름은 예언적 사실을 담고 있기도 하다.

예를 들면, 이삭의 큰 아들 '에서'는 '붉다'는 뜻으로 살빛이 붉은 그의 신체적 특성을 나타낸다. 그러나 가인에게 무참히 살해당한 '아벨'은 '허무하다'는 뜻으로 그의 이름은 그 자신의 장래 운명에 대한 예언적 사실을 담고 있었던 것이다. 또한 산 채로 승천한 '에녹'은 '봉헌되었다'라는 뜻으로 역시 이름에서 그의 장래가 예언적으로 계시되었음을 알 수 있다. '아브라함'은 '열국의 아비'라는 뜻으로, 그의 이름은 개인뿐만 아니라 인류 전체의 운명까지를 시사한다.

이렇게 사람의 이름은 하나의 예언적 계시로서 중요한 의미를 담고 있는 것이다. 그렇다면 '작다'라는 뜻을 지닌 '욕단'이라는 이름은 욕단계 선민을 찾는데 아주 중요한 단서를 제공한다. '욕단'은 '작아지다' (קטן, 카톤)라는 어근에서 온 것이다. 그러므로 '욕단'은 '작다' 또는 '작은 자'라는 뜻으로 이해해야 바르다.

동양 민족 중에서 또 하나의 선민 욕단의 후손이 어느 나라 사람인가 하는 것은 '큰 나라'가 아니라 '작은 나라' 백성이어야 할 것이다. 인명(人名)은 하나의 예언적 계시이기 때문이다.

동양에서 욕단의 후손을 찾으려면 '작다'라는 뜻을 지닌 '욕단'의 이름과 일치하는 '작은 나라'를 지목하라! 그 나라는 어느 나라인가? 그 작은 나라는 아시아 동쪽 땅 끝에 있는 한국이다! 지도를 펴놓고 확인해 보라. 한국이 가장 작은 나라가 아닌가? 한국은 국토의 크기가 세계 109위인 나라로서 '작다'라는 의미를 지닌 '욕단'의 이름과 가장 정확히 일치하는 나라이다. 따라서 극동의 한국이 욕단계 선민의 나라인 것은 자명한 사실이다.

뿐만 아니라 하느님은 약한 것을 택하사 강한 것을 부끄럽게 하시는 분이라는 성경 말씀에 근거해 볼 때, 선택된 민족 욕단의 후손이 그 이름이 뜻하는 바대로 '작은 나라' 한국 백성이라는 것은 더욱 확실하다. 동양 제국 가운데 한국만큼 약소민족의 아픔을 크게 당했던 나라는 있지 않다.

"그러나 하느님께서 세상의 미련한 것들을 택하사 지혜 있는 자들을 부끄럽게 하려 하시고 세상의 약한 것들을 택하사 강한 것들을 부끄럽게 하려 하시며, 하느님께서 세상의 천한 것들과 멸시 받는 것들과 없는 것들을 택하사 있는 것들을 폐하려 하시나니…."(고전 1:27~28)

우리 하느님은 작고 약한 것을 택하셔서 크고 강한 것을 부끄럽게 하시는 분이시다. 그리하여 기드온이 미디안, 아말렉을 비롯한 여러 이방족속의 연합 공격에 대비하려고 32,000명의 군사를 모집했을 때, 하느님은 31,700명을 집으로 돌려보내셨다. 그분은 단 300명으로 승리를 주시고자 했다(삿 6:33; 7:1~8). 약한 것을 택하사 강한 것을 부끄럽게 하시려는 것이 하느님의 성품이시기 때문이다.

따라서 동방의 작은 나라 한국 백성이야말로 '마지막 세기의 마지막 주자'로 쓰임 받을 선택 받은 백성 욕단의 후손이 분명하다. 한국은 '작은 나라'임으로 오히려 큰 소망이 있는 것이다. 이러한 사실은 하느님께서 벨렉의 후손 이스라엘을 선택하신 이유도 작기 때문이라고 말씀하신 신명기 7:6~7 말씀에 의해서도 보증된다.

"너는 여호와 네 하느님의 성민이라. 네 하느님 여호와께서 지상 만민 중에서 너를 기업의 백성으로 택하셨으니 여호와께서 너희를 기뻐하시고 너희를 택하심은 너희가 다른 민족보다 수효가 많은 연고가 아니라 너희는 모든 민족 중에 가장 작으니라"(신 7:6~7).

실로 하느님은 언제나 '작은 것'을 택하셔서 '큰 것'을 부끄럽게 하신다는 그의 원칙에 충실하시다. 우리 하느님은 사대주의(事大主義)자가 아니다! 그러므로 수효가 13억이 넘는 지나(支那)와 같은 인구 대국은 '마지막 주자'로 쓰임 받을 욕단계 선민이 결코 아니라고 단정할 수 있다.

게오르규(1919~1992년)는 소설 「25시」로 세상에 알려진 루마니아의 작가이자 정교회의 사제이다. 그는 1949년에 「25시」를 간행하여 세계적인 명성을 얻었다. 「25시」에서 그는 서구 물질문명의 붕괴와 동방에서 빛을 발할 영적 부흥의 도래를 예언했었다. 그가 말하는 「25시」란 서구 물질문명이 초래한 인간성 부재의 상황과 폐허의 시간, 절망의 시간을 의미한다. 그런데 게오르규는 「25시」가 출간된 지 25년 후인 1974년, 그 절망에서 인간을 구원할 동방은 한국이라고 선언했다. 그는 1974년 3월 「문학사상」지의 초청으로 한국을 방문했을 때, 「25시」에서 자신이 예언한 동방은 동양의 '작은 나라'인 한국이 분명하다고 했다.

"…나는 25시에서 직감적으로 '빛은 동방에서 온다'는 말을 한 일이 있습니다. 빛은 아시아에서 온다고 말했습니다. 그런데 오늘날 「25시」를 읽은 젊은 사람들은 그 '동방'이 모택동의 중공을 의미하는 줄 생각하는 사람이 많습니다. 그러나 나는 오늘의 중공은 빛과 반대되는 암흑의 세계인 것을 압니다. 내가 작품 속에서 빛이 온다고 말한 그 동방은 당신네들의 작은 나라, 한국에 잘 적용되는 말입니다. 이것은 인사치레로 하는 말이 아니며 당신네들의 마음에 들려고 과장해서 하는 말도 아닙니다.
　내가 그걸 알 수 있는 것은 구주이신 예수님이 작은 나라에서 태어나신 걸 알기 때문입니다. 팔레스타인의 작은 마을 베들레헴, 지도에조차 제대로 나오지 않는 보잘 것 없는 작은 마을 베들레헴에서 그리스도는 태어났습니다. 광명의 상징인 예수님이 베들레헴이라 불리는 그 소촌(小村)에서 태어나리라는 것을 안 사람은 아무도 없었습니다. 빛은 결코 뉴욕이나 모스크바나 북경과 같은 큰 도시에선 오지 않습니다. 그리스도의 빛이 무명의 아주 작은 마을에서 온 것처럼 지금 인류의 빛도 작은 곳에서부터 비쳐올 것입니다.

　내일의 빛이 당신네 나라인 한국에서 비쳐온다 해서 놀랄 것은 조금도 없습니다. 왜냐하면 당신네들은 수없는 고난을 당해온 민족이며, 그 고통을 번번이 이겨낸 민족이기 때문입니다. 당신들은 고난의 수렁 속에 강제로 고개를 처박힌 민족이지만 스스로의 힘으로 고개를 쳐든 사람들입니다. 당신네 한국 사람들은 내게 있어서 젊은 시절에 읽은 성서의 '욥'과 같은 존재입니다…"(제1·2차 강연-이화여대·대구 계명대, 1974년).*

　게오르규의 이 말은 성경에 부합하는 예언적인 말이다. 「25시」의 작가 게오르규는 그가 모르고 있던 동방의 '작은 나라' 한국을 발견함으로서 25시라는 흑암의 시간을 향해 치닫고 있는 이 지구상에 아직 소망의 빛이 남아있음을 인지했던 것이다.

　그리하여 그는 한국을 '열쇠의 나라'라고 정의하였다. 25시의 절망에서 인간을 구원할 열쇠가 한국이라는 것이다. 그의 말에 의하면 지도를 펴놓고 유심히 살펴보면 한국은 열쇠처럼 생겼는데, 한국은 동아시아와 러시아(유럽)가 시작되는 '태평양의 열쇠'라는 것이다. 실제로 지도상에서 한국은 아시아와 유럽 그리고 아프리카가 연륙된 이 세상에서 가장 큰 대륙이 시작되는 위치에 열쇠처럼 걸려있다. 그는 세계의 모든 난제들이 '열쇠의 나라' 한국에서 풀릴 것이라고 예언했던 것이다. 실로 뛰어난 영적 직관이 아닐 수 없다.

　'태평양의 열쇠'가 한국이라면 '태평양의 칼'이 일본이다. 지도를

---

* 「문학사상」, 1974년 5월호, p. 60~61, 게오르규 「25시를 넘어 아침의 나라로」 (서울: 문학사상사, 1987), p.76~77

퍼놓고 유심히 살펴보면 일본 열도는 장도(長刀)처럼 생겼다. 그리하여 칼잡이 사무라이를 연상시킨다. 실제로 칼처럼 생긴 나라 일본의 왜구는 2천년 동안 지나와 한국의 해안 일대를 칼을 들고 출몰해 살육과 노략질을 끊임없이 자행하여 왔다. 20세기에 이르러서는 총검으로써 조선을 강점했을 뿐만 아니라 침략 전쟁인 태평양전쟁을 일으켜 아시아의 수천만 인명을 총검으로 살상하였다.

특히 구한말 한국을 강점했던 일본이 한국백성을 향해 휘두른 칼은 너무도 잔혹했다. 일본의 한국 식민통치의 잔학상은 세계에서 그 유례를 찾아볼 수 없는 것이었다. 한국의 쌀을 강제로 공출·징용(供出·徵用)하여 한국 민중은 초근목피로 연명하여야 했고, 우리의 젊은이를 강제로 징병(徵兵)하여 전쟁터에 내보내고, 우리의 말과 글을 없애고, 일본어를 국어(國語)라고 하여 강제로 상용(常用)시키고, 정신대(挺身隊)라는 이름 아래 한국 처녀 약 20만 명을 일본군의 성노예로 삼기 위해 종군위안부로 끌고 나아가고—특히 이것은 세계 어느 나라도 그 전례가 없는 파렴치한 행위로서, 정신적으로 왜소(矮小)하고 도덕적·문화적으로 빈약한 일본인만이 할 수 있는 범죄였다—내선일체(內鮮一體)의 이름 아래 황민화정책(皇民化政策)을 강요하고, 한국인의 이름을 일본식 이름으로 바꾸는 창씨개명(創氏改名, 1941)을 단행하고, 동경에 있는 일본 궁성(宮城)을 향하여 날마다 동방요배(東方遙拜)을 강요하고, 기독교인들에게는 신사참배를 거절한다는 이유로 고문·학살을 일삼았고, 많은 애국지사와 독립운동가를 투옥·처형하였다.

1875년 느닷없이 강화도와 영종도에 나타나 이른바 '수교'를 요구하며 시작된 학살과 침탈은 1945년 패망 때까지 70년 동안에 걸쳐 끊이지 않고 자행되었다. 이 기간 동안에 무고하게 희생되거나 침략 전쟁에 동원된 조선인은 8백만 명에 이른다. 참으로 엄청나게 많은 동포가 일제에 의해 살상되고 약탈당했다(김상웅, 「일제는 조선을 얼마나 망쳤을까」, 사람과 사람, 1998, p.13).

한국 기독교의 초대 선교사로서 연희전문의 교장을 역임했던 언더우드 목사님(1859~1916년)은 그가 목격했던 일제의 잔혹성에 대해 이렇게 증언했다:

> "부인의 다리를 양편으로 벌려 생식기를 검으로 찔러 일신을 사분오열로 가르며, 여자는 이렇게 죽이는 것이 묘미가 있다고 웃으면서 담화하였다. 조선 사람을 전차궤교(電車軌橋) 아래 목을 매달고 양다리를 끈으로 묶어 좌우에서 다수인이 끈을 잡고 신호하며 호응하면서 '그네'와 같이 흔들어 죽인 일도 있다. 신체는 전신주에 묶고 처음 눈알을 도려내고 코를 찔러 그 애통한 광경을 충분히 구경한 후에 배를 찔러 죽인 일도 있다. 각 기차 중에서는 다수의 왜노 등이 사지(四肢)를 잡고 창밖으로 던져 역살(轢殺)하였고, 남녀 수십 인을 발가벗겨 보행시키고 또 춤을 추게 하여 수 시간 동물적 희롱을 감흥시킨 후 찔러 죽인 일도 있었다. 이런 괴악한 수단은 우리의 상식으로는 도저히 상상할 수 없는 바이다."(김상웅, 「일제는 조선을 얼마나 망쳤을까」, p.14)

일제강점기 동안 일제가 자행한 수많은 잔학 행위 가운데 1923년 9월의 관동대진재 조선인 학살 사건을 망각할 수 없다. 그때에 일본인 이재민들은 조선인을 사냥하는 폭도로 돌변하여 죽창·일본도·곤봉·철봉·총칼로 무려 7,000여 명을 학살하였다. 다음은 당시의 조선인 대살육을 목격했던 나환산(羅丸山)이란 일본인의 목격담이다.

"나는 86명의 조선 사람을 총과 칼로 마구 쏘고 베어 죽이는 것을 직접 보았다. 9월 2일 밤부터 3일 오전까지 구정호 경찰서 연무장에 수용된 조선인은 300여명이었는데, 그날 오후 1시경 기병 1개 중대가 도착, 경찰서를 감시하고 있었다. 그때부터 다무라란 자가 조선인 3명을 불러내 총살하기 시작하였다. 다무라는 총소리를 듣고 일본인이 놀랄지 모르니 칼로 죽이라고 명령, 군인들이 일제히 칼을 뽑아 83명을 한꺼번에 죽였다. 이때 임신부도 한 명이 있었는데, 그 부인의 배를 가를 때 뱃속에서 영아가 나왔는데, 군인들은 우는 아이까지 칼로 찔러 죽였다. 시체들은 다음날 새벽 화물자동차에 싣고 어디론가 운반해 갔다."(앞의 책, p.86)

참으로 일본이 한국을 향해 휘두른 칼은 잔인하기 짝이 없었다. 그런데 저들은 지금도 이웃 나라인 한국을 향해 여전히 칼을 휘두르고 있다. 역사적으로나 국제법상으로나 100% 한국 고유의 영토로서, 한국이 실효적으로 점유하여 행정권을 행사하고 있는 '독도'를 자기들의 땅이라고 생떼를 쓰고 있는 것이다. 이것은 제국주의적 영토 침략 과정의 일환으로써 사실상 선전포고 행위와 같은 것이다. 오만한 그들은 이웃 나라를 향해 오늘도 칼을 휘두르고 있다. "…네 검을 도로 집에 꽂으라 검을 가지는 자는 다 검으로 망하느니라"(마 26:52). 만약 일본 열도가 '성령의 검'으로 변화되지 않고 21세기에도 다시 '살육의 칼'이 되고자 한다면, 흉악하기 짝이 없는 그 칼은 금이 가고 갈라져서 창졸간에 동해에 가라앉게 될 것이다.

게오르규는 25시의 어두움 속에서 영적 등불이 될 한국이 존귀한 나라임을 분명히 알았다. 그리하여 그는 또한 한국을 '아시아의 보석'이라고 했다:

"한국은 내가 학교에서 배운 것처럼 중국과 일본 사이에 놓인 극동 아시아의 하나의 반도이다. 그러나 평면구형도(平面球形圖)를 놓고 볼 때 그것은 반도가 아니다. 한국은 아시아 대륙의 귀고리다.

아시아를 아름답게 만들기 위하여, 이 세상을 아름답게 만들기 위하여 하느님은 그 자리에 한국이라는 귀고리를 달아 놓은 것이다. 한국은 보석처럼 정교하게 깎여지고 만들어지고 가꾸어진 것이다. 그 해안은 레이스로 되어 있다. 칠보로 되어 있다. 그것은 정말로 자수이다. 오직 보석만이 그런 식으로 재단된다. 한국은 반도가 아니고 하나의 장식품이다. 하나의 보석, 하나의 귀고리이다. 레이스로 수놓은 1천 8백km의 해안에 3천 4백 개의 섬이 있다. 세공된 크고 작은 섬, 온갖 형태의 섬들이 해안을 장식하고 있다.

이 해안에서 등을 돌려 한국의 내부로 시선을 돌린다면 한국이 보석이라는 것에 대한 확신을 갖게 된다. 지리학자는 이 반도는 3/4이 산악지대라고 말할 것이다. 구름 위까지 뻗치는 산이 있고 거기에 다른 산들이 연결되어 있다. 토지의 기복을 제하면 그것은 해안과 마찬가지인 레이스이다. 산들은 구름에 걸린 레이스와도 같다. 레이스를 이루는 산꼭대기인지, 하늘과 구름인지를 때로는 분간할 수가 없다. 아시아의 귀고리는 부조(浮彫)로 된 작품이다. 그 산은 칠보의 레이스이다.

지도상의 한국은 매우 작다. 모든 보석이 그런 것처럼 하나의 귀고리는 제아무리 커도 역시 작은 것이다."(게오르규, 「25시를 넘어서 아침의 나라로」, 문학사상사, 1987, p.15~16)

지도를 펴놓고 유심히 살펴보면 한국 영토의 모양은 열쇠처럼도 생겼고 귀고리처럼도 생겼다. 여기에서도 게오르규는 한국이 '작은 나라'라는 사실에 주목한다. 하느님께서 이 세상을 아름답게 만들기 위하여 아시아 대륙에 한국이라는 귀고리를 달아 놓으셨는데, 모든 보석이 그런 것처럼 귀고리는 제아무리 커도 작다는 것이다. 한국이 아시아 대륙에서 '귀고리'에 비유될 만큼 작은 나라라는 것! 이것은 알이랑 고개를 넘어 동양으로 간 욕단 족속이 한국인이라는 사실을 거듭 보여주는 객관적 증거이다. 왜냐하면 욕단의 이름은 '작다'는 뜻이며, 인명

(人名)은 하나의 예언적 계시이기 때문이다. 따라서 욕단계 선민을 찾으려면 지나(支那)와 같은 인구 대국이 아닌 작은 나라에서 추적해야 할 것이다. 그렇다면 그 귀한 백성은 우리 한민족이 분명하다. 한국은 아시아 대륙에 귀고리처럼 달려 있는 작은 나라이기 때문이다. 즉 욕단의 이름과 정확히 일치하는 나라다. 그러므로 욕단계 선민은 한국인이 틀림없다. 바로 이것이 우리나라가 작지만 보석같이 귀한 진짜 이유다.

이상과 같이 한국인이 욕단의 후손임을 입증해 주는 여러 가지 증거들을 살펴보았다. 실로 우리 한국인이 욕단계 선민이라는 것은 그 증거가 너무도 많고 압도적이어서 의심의 여지를 불허한다. 따라서 기독교가 전해지기 이전의 한국문화를 온통 악마적인 것으로 또는 이교도적인 것으로 매몰차게 심판했던 지난 날의 왜곡된 회개의 잘못을 바로잡는 토착화 신학 지향적인 회개운동이 요청된다. 한민족의 기원은 셈의 가계, 그 중에서도 약 4300년 전에 동양에 이주하여 한국인의 고대 선조가 된 욕단의 후손이다. 그러므로 동방의 한민족은 열방 중에 존재하는 또 하나의 선민이다. 에벨의 혈통 욕단의 후손은 선택받은 백성이기 때문이다. 한국인, 우리는 누구인가? 우리는 하느님이 감추어 두신 또 하나의 선민이다! 바로 이것이 한민족 본연의 모습이다.

그러나 천손민족 한국인은 고조선의 제천신앙을 계승·발전시키지 못하고 외래 사상을 수용하여 신봉하기 시작했다. 그것은 '알이랑 민족'인 우리 겨레가 '본연의 모습'을 상실했음을 뜻한다. 그 결과는 무엇인가? 수난과 질곡의 민족사였다! 겨레 고유의 '유일신 신앙'을 버리고 사신(邪神) 우상을 섬기는 타락한 천손민족이 결코 잘 살 수는 없었다. 민족의 뿌리와 나의 나됨이 무엇인지를 모르는 우리 겨레는 끊임없이 이민족의 침략을 당하며 셀 수 없는 고난을 겪어야 했다

제7장

잃어버린 신앙, 수난의 민족사

대륙에 웅거하던 고구려는 수나라 114만 대군을 물리쳤던 동아시아의 강자였다. 을지문덕의 살수대첩에서는 30만 수나라 군대 중 살아서 돌아간 사람은 2천7백 명뿐이었다. 그러나 그 강대했던 고구려도 A.D. 688년 당나라와의 전쟁에서 패망하고 말았다.

한국사는 고구려의 멸망으로 활동 영역이 한반도로 좁혀진 이래 약소국으로 전락하여 계속해서 위축일로를 걸었으니, 약 1천 번에 달하는 이민족의 침략을 받으면서 끊임없이 수난을 당하던 우리 겨레는 마침내 20세기 초에 이르러 일제에 나라를 완전히 강탈당하고 말았다. 그리고 민족의 혼인 말과 글을 빼앗기고 부모, 형제, 자매가 징병, 징용, 정신대로 끌려 나가고 공출(供出) 요구로 놋그릇이고 뭐고 다 긁어 바치면서 35년 동안이나 질곡의 역사를 경험해야 했다.

고구려 멸망 이전까지는 약소민족이 아니었던 천손민족 우리 겨레가 왜 그렇게 약소국이 되어 외세에 눌려 기를 펴지 못한 채 위축되고 시든 역사를 이어 와야 했을까? 우리 한민족은 어떤 민족보다 슬기가 뛰어난 백성인데도 말이다.

외래 종교의 수용과 제천신앙의 상실

그 근본적 원인은 민족의 고향인 고조선의 '제천신앙'이 민족적으로 승화·계승되지 못하고 일찍이 외래 사상에 치우쳤기 때문이다. 즉 선조들이 물려준 창조주 하느님을 섬기는 유일신 신앙을 배척하고 외래 종교를 신봉하면서 우리 겨레는 쇠락의 길로 들어섰다는 것이다. 왜일까? 우리 겨레는 욕단의 직계 후손으로서 민족사를 '올이랑' 곧 "한올님과 함께"라는 유일신 신앙으로 시작한 '천손민족'이기 때문이다. 무릇 신적 선택을 받은 천손민족이 하느님을 잊으면 '복' 대신 '화'를 당하는 법이다.

우리는 이것을 벨렉 계열의 천손민족 이스라엘 백성의 역사를 통해서도 분명히 확인할 수 있다. 주전 586년 유대 나라는 바벨론의 침공을 받고 멸망했다. 이유는 우상을 숭배하여 하느님의 진노를 격발했기 때문이다. 그리하여 예루살렘 성은 훼파되어 폐허가 되었고 성전은 무너져 터만 남았으며 재산은 바벨론으로 반출되고 백성들은 포로로 끌려갔던 것이다.

앞서 살펴보았듯이 고조선의 국법인 8조금법 제1조는 "오직 한 분이신 하느님을 정성을 다해 순수하게 섬기라"는 것이었다. 그것은 구약성경 출애굽기 20장에 기록된 십계명의 제1계명 "나 외에 다른 신들을 섬기지 말라"는 계명과 본질상 똑같은 것으로서, 욕단 계열의 천손민족 붉돌겨레가 반드시 지켜야 할 법이었다.

그러나 고조선 붕괴 후 북부여시대로부터 삼국시대에 들어오면서 외래 종교인 불교를 받아들였다. 가장 먼저 고구려가 소수림왕 2년(A.D. 372)에, 다음에 백제가 침류왕 원년(384년)에 불교를 수용했다. 신라는 눌지왕(417~457) 때에 불교가 전래되었다가 이차돈의 순교를 계기로 법흥왕 14년(527년)에 공인되었다. 8조금법의 제1조가 깨진 것이다! 그것은 십계명의 제1계명을 거역한 것과 같았다.

그 후 이 땅에는 우리 겨레 고유의 종교인 '제천신앙'을 버리고 불교의 부처를 신봉하는 우상 숭배자들이 득세하게 되었다. 아마도 원래 여덟 개였던 고조선의 8조금법이 세 개만 남게 된 역사적 사연이 여기에 있을 것이다. 왜냐하면 8조금법은 모두 제천신앙, 즉 하느님과 관련이 있는 법이기 때문이다. 특히 없어진 다섯 가지는 하느님과 더욱 밀접한 관련이 있으며, 무엇보다 제1조인 "오직 한 분이신 하느님만 섬기라"는 법은 십계명의 제1계명 바로 그것이었다. 따라서 외래 종교인 불교를 신봉하는 자들이 득세하면서, 그들에 의해 제1조는 지켜지지 못하도록 강요당했고, 또한 다섯 개의 금법은 고의적으로 제거된 것이다. 이것은 자명한 사실이다.

잘 알려져 있듯이 삼국유사를 쓴 승려 일연은 불교라는 것이 생기지도 않았던 B.C. 2333년의 일을 기록하면서 하느님(桓因)을 불교의 신이라는 제석(帝釋)으로 주석해 놓았다.* 하느님을 반대했던 자인 그는 고대 한국인의 경건한 유일신 신앙의 역사를 불교식으로 각색해버렸던 것이다.

역사는 반복된다던가? 하느님을 반대하는 자들은 하느님이라는 유일신의 이름 자체를 제거하기를 원한다. 얼마 전 이 나라 불교계에서는 정부 당국에 '애국가' 가사를 바꾸자는 청원서를 제출한 적이 있다. 왜? 애국가 가사 가운데 '하느님이 보우하사 우리나라 만세'가 있기 때문에 그것이 싫다는 것이다. 창조주 하느님을 불신하는 그들은 애국가에서 '하느님'이라는 성호를 또 제거하고 싶은 것이다.

삼국시대에 한국인이 불교를 수용한 것은 8조금법 제1조를 거역한 것이었다. 그것은 성민 한국인이 알이랑 민족 본연의 모습을 망각한 것이다! 바로 이것이 우리 배달민족이 고구려 멸망과 함께 지속적으로 쇠망하게 된 결정적 원인인 것이다.

---

* [『三國遺事』券第一 古朝鮮(王儉朝鮮)]
   魏書云 乃往二千載有檀君王儉 立都阿斯達(經云無葉山 赤云白岳 在白州地 或云在開城東 今白岳宮是) 開國號朝鮮 與高同時 古記云 昔有桓因 (謂帝釋也)

아래는 「규원사화」 '단군기'에 기록된 강대했던 발해의 멸망 원인에 대한 설명으로서, 우리 한민족이 쇠퇴한 이유가 무엇인지를 잘 알려준다.

"나라 이름은 진(震)이라 하고 건원을 천통(天統)이라 하여 항상 하늘에 제사를 지냈는데, 자손들이 교만해져서 점차 이것을 폐지하고 유교와 불교를 함께 일삼아 드디어 나라가 시들어졌다."

우리 알이랑 민족 배달겨레는 단군 이래로 '제천의식'을 성대히 거행하여 하늘에 계신 창조주 하느님을 섬기는 백성이었는데, 그 거룩한 제천신앙을 잃어버리고 외래 수입 종교인 유교와 불교를 신봉하면서 나라가 약해졌다는 것이다. 이것은 역사적 사실이다. 우리 민족사를 국력과 비교하여 종교사적으로 정리하면 다음과 같다.

	고조선	삼국	고려	조선	대한민국
종교	제천신앙	불교	불교	유교	기독교
그 종교의 신관	창조주 하느님	신이 없음	신이 없음	신이 없음	창조주 하느님
국력	아주 강대함	약해짐	더욱 약해짐	나라가 망함	부강해짐

도표에서 보듯이 하느님을 버리고 우상 및 귀신을 섬길수록 나라가 약해졌다. 특히 불교가 가장 왕성했던 고려 시대는 137년간이나 몽골의 지배를 받았던 민족사 최대의 수난기였다. 온 겨레가 '불상' 앞에 열심히 절을 했는데 왜 그렇게 고난을 당했는가? 그것은 '우상'을 숭배한 죄에 대한 징벌이었다. "다른 신에게 예물을 드리는 자는 괴로움

이 더할 것이라…"(시 16:4). 우리 겨레는 "알이랑 민족"으로서 오직 유일신 하느님만 섬겨야 할 천손민족이거늘, 외래 종교의 우상인 '불상'에 절하다가 '화'를 자초한 것이다. 그리고 불교와 더불어 죽은 조상에게 제사하는 지나(支那)산 수입품 유교가 이 나라 사람들의 마음을 지배하던 조선시대에 와서는 급기야 나라가 망하고 말았다.

조상에게 제사하는 풍습은 우리나라 고유의 미풍양속이 아니다. 그것은 용을 숭배하는 나라 지나의 풍습이 수입된 것이다. 우리나라 반만 년 역사 가운데 조상에 대한 제사가 들어온 것은 조선시대 이후이며 겨우 500년 밖에 안 된 것이다. 지나에서 유래한 것이니 그것은 지나의 풍습이지 우리 겨레의 풍습은 아닌 것이다. 다만 조선 왕조의 사대주의자들에 의해 지나의 풍습이 우리나라에 수입된 것에 지나지 않는다. 그것도 정종 때까지는 백성들에게 별로 호응을 받지 못하다가 왕가에서 덕행 교육의 일환으로 적극 장려하는 바람에 수많은 폐단을 안고 있으면서도 민간에 퍼지게 된 것이다.

사람들은 흔히 기독교는 서양적이고 불교·유교는 한국적인 것처럼 말하지만 실상은 불교는 인도적이요, 유교는 지나적인 것이며, 기독교가 한국적인 것이다. 왜냐하면 기독교는 서양이 아닌 동양에서 발생했을 뿐만 아니라, 우리 겨레는 단군의 고조선 시대부터 기독교의 하느님을 섬겼기 때문이다.

죽은 조상에게 제사하는 풍습은 지나적인 것이다. 그것은 어디까지나 지나에서 유교와 함께 수입된 것이기 때문이다. 따라서 "제사 안 지내는 놈은 상놈이다"라고 말하는 것은 "제사를 지내는 양반은 되놈(지나놈)이다"라는 말과 같은 것이다.

죽은 조상에게 제사하는 자들은 그것이 효도라고 생각하는데 실로 대단한 착각이 아닐 수 없다. 그것은 무효다! 자기기만이다! 이미 돌아가신 분께 무슨 효도를 한단 말인가? 죽은 조상에게는 더 이상 어떤 방식으로도 효도를 할 수 없다. 효도는 부모 살아 계실 때에만 할 수 있는 것이다.

욕단계 천손민족인 우리 겨레는 단군 이래로 오직 하느님께만 제사하는 백성이었다. 그런데 조선 후기에 와서는 '하느님께 드리던 제사'(祭天)를 모든 죽은 조상에게 드리게 된 것이다. 그리하여 우리 민족사에서 조선 왕조 500년은 천손민족 본연의 모습이 가장 심하게 훼손된 최악의 시대였다.

'불상'은 사람의 수공물로서 귀가 있어도 듣지 못하고 코가 있어도 냄새 맡지 못하는 우상이다(시 115:6). 조선의 백성들은 그 조각한 '우상' 앞에 절하는 것도 모자라 더 이상 보지도 듣지도 냄새 맡지도 못하는 죽은 조상에게까지 엎드려 절을 하기 시작 했다.

절이란 절을 받는 대상 앞에 엎드려서 코를 땅에 박고 머리를 조아리는 것이다. 천손민족이 그와 같은 자세로 헛된 것을 향해 절을 하면 하느님의 질투를 격발시킨다. 그리하여 마침내 조선 백성에게 아주 혹독한 징벌이 임했다.

일본의 도요토미 히데요시(豊信秀吉)가 말했다. "조선을 정벌해야지!" 1592년 4월 13일(선조 25년) 왜병 25만 대군이 칼과 조총으로 무장하고 조선을 침략했다. 임진왜란 7년 환난이 시작된 것이다. 이 기간동안 왜군이 저지른 만행은 참혹하기 그지없었다.

◀ 이씨단지(李氏斷肢)
경상도 창원에 살던 손기후씨의 아내 이씨는 왜군의 강제 추행에 저항하자 왜군이 사지를 자르고 귀와 코를 베어 가져갔다(출처: 동국신속삼강행실도).

조선을 침략한 왜군들은 병사 1명당 코 한 되씩의 책임량을 할당받았다. 그리하여 남녀노유를 불문하고 코를 베었다. 심지어 금줄이 걸려있는 해산한 산모의 집에도 들어가 산모의 코도, 갓난아기의 코도 베어간 왜군이었다. 갓난아이들은 죽은 엄마의 젖꼭지를 빨며, 어린 아이들은 거리를 방황했다. 유성룡(柳成龍)의 『징비록(懲毖錄)』은 당시의 재난을 이렇게 기록했다:

"이 때에 적이 3도(道)를 짓밟아 지나가는 곳마다 여사(廬舍)를 모두 불태우고 백성을 살육하였으니 무릇 우리나라 사람을 보기만 하면 모조리 그 코를 베어서 공(功)으로 삼고 겸하여 시위하였다."

당시 왜병의 용맹성은 조선인의 귀와 코를 많이 벤 것으로 증명 되었다. 특히 이순신 장군으로부터 당한 패전에 대한 분풀이로 호남 지역에서 많이 베어 갔는데, 남원에서만 6천여 명의 코가 잘려졌다고 한다. 조선인의 잘린 귀와 코는 소금에 절여 일본으로 보내졌다. 히데요시는 그것의 수량으로 부하들의 전공을 가늠하였다. 일본의 도처에는 아직까지 조선인의 귀무덤과 코무덤이 남아 있다. 오카야마현(岡山縣) 비젠시(備前市)에는 천비총(千鼻塚)이 있다. 정유재란 때 주로 전라도 지방에서 베어간 우리나라 사람들의 코 6만 명분이 묻힌 곳이다. 히데요시가 코 베기를 명령한 것은 인간의 기(氣)가 코에 머문다는 것 때문에 기를 꺾자는 의도였다. 히데요시는 단군 자손의 기를 짜른다는 의도로 이 잔혹 행위를 명했던 것이다.

성경은 '우상'은 코가 있어도 냄새 맡지 못하며, 그것을 의지하는 자들도 다 "그와 같을 것"이라고 말한다(시 115:6~8). 코가 잘리고 겨우 목숨을 건진 가련한 조선 백성들은 그들이 코를 땅에 쳐 박고 절하던 그 '불상'들처럼, 그리고 무덤에 있는 죽은 조상들처럼 평생을 냄새 맡지 못하고 살아야 했다.

하느님은 자기 백성, 곧 천손민족이 다른 것에 절하면 질투하신다 (출 20:5). 조선 백성들이 그렇게 이민족에게 침략을 당하여 처참하게 귀와 코를 잘린 것은 질투하시는 하느님께서 내리신 징벌이었다.

"또 내가 네게 대하여 내 질투를 두리니 그들이 광포하게 너를 다룰 것이며 그들이 네 코와 귀를 잘라 갈 것이요 네 남은 자들은 칼에 쓰러지리라. 그들은 네 아들들과 딸들을 데려갈 것이요 네 잔류물은 불에 삼켜지게되리라."(겔 23:25, KJV)

"… 그들이 네 코와 귀를 잘라 갈 것이요!"

이 두려운 예언의 말씀은 유다 백성이 이방 열국들을 의뢰하고 우상을 숭배하다가 하느님의 심판으로 바벨론의 침공을 받고 멸망할 때에 성취된 바 있다.

그런데 놀랍게도 사대사상으로 명나라를 의뢰하고 그 나라의 풍습을 좇아 죽은 조상에게 제사하며, 외래 종교의 우상인 '불상' 앞에 열심히 절하던 조선 사람(chosen people)에게도 이 예언이 문자 그대로 정확히 이루어진 것이다.

"… 그들이 네 코와 귀를 잘라 갈 것이요"라는 구절만 성취된 것이 아니다. "네 아들들과 딸들을 데려갈 것이요"라는 말씀도 이루어졌다. 왜병들은 조선인을 납치해 노예시장에 내다 팔 인간상품으로 끌고 갔었다. 일본군은 군자금 확보를 위해 이재(理財)의 수단으로 조선인 포로들을 노예시장에 내다 팔았다. 당시의 화폐가치로 5원에 팔려 필리핀, 마카오, 인도 등지로 갔다. 노예시장엔 조선인 노예들로 들끓었다. 구주 등지에 포루투갈 상인들의 총포와 백사(白絲)에 교환되어 갔다. "네 남은 자들은 칼에 쓰러지리라"는 예언도 성취되었다. 임진왜란 7년 전쟁동안 조선 인구의 1/3이 왜군의 칼과 조총에 살육을 당했다. 또한 왜병들은 일제 시대에 조선 처녀 20만 명을 정신대로 끌고 간 황군(皇軍)의 조상들답게 여자를 보기만 하면 길거리든 대낮이든 사람들이 보든 말든 닥치는 대로 강간을 했다. '욕봤다'는 말은 이때에 생긴 것이다.

▲ 김씨단두(金氏斷頭)
아이에게 젖을 먹이고 있는 산모의 목을 베는 왜군(출처: 동국신속삼강행실도)

외래 사상인 유교를 수입해 조상님께 열심히 제사한 결과가 고작 이것이란 말인가? 그렇다! 조선 백성은 외래 종교의 우상인 '불상'에 절하고, 거기에 더하여 죽은 조상에게 정성을 다해 제사하다가 이렇게 참혹한 재앙과 저주를 받은 것이다!

부처나 조상은 아무리 절을 많이 해도 복을 주지 못한다. 복은 고사하고 저주를 초래할 뿐이다. 임진왜란 7년 대환난을 겪은 후에도 조선 사람들은 여전히 조각한 '불상' 앞에 절하고, 무덤에 계신 조상님께 열심히 제사했다. 햅쌀 나오면 젯밥부터 드렸다. 그러나 구한말에 이르러서는 일본의 침략을 다시 받고 아예 나라가 완전히 망하고 말았다. 이래도 계속 '불상'에 절을 하고 조상에게 제사를 해야 할 것인가? 우리나라가 일제에서 해방된 후 동족끼리 피 비린내 나는 전쟁을 하고 국토가 분단되어 아직까지도 반세기 이상 민족적 고난이 그치지 않고 있는 이유가 바로 거기에 있는 것이다.

"대저 주를 멀리하는 자는 망하리니 음녀같이 주를 떠난 자를 주께서 다 멸하셨나이다"(시 73:27). 천손민족이 하느님을 버리고 다른 신을 섬기거나 헛된 것에 분향하는 것은 남편 있는 여인이 외간 남자와 연애하는 것과 같다. 그래서 하느님은 당신을 떠난 천손민족을 '음녀'로 비유하신다. 음녀처럼 하느님을 떠난 "알이랑 민족" 한국인은 징계를 받아야 했다.

사대사상에 찌들어 죽은 조상에게 제사하는 지나의 퇴폐 풍습을 수입한 조선 왕조는 종국엔 일제에 국권을 강탈당하고 완전히 망했다. 그리고 35년간 또 다시 왜놈들에게 식민지 백성으로 강압통치를 받으며 온갖 수치와 굴욕과 살육을 당해야 했다. 실로 그것은 반만년 역사에 단 한 번도 없었던 오욕의 역사였다.

이처럼 우리 민족사가 이민족에 의한 침략과 지배라는 어두운 역사로 점철되었던 것은 한마디로 오직 하느님만 섬겨야 할 천손민족 우리 겨레가 선조들이 섬겼던 유일신 하느님을 버리고 헛된 것을 섬겼기 때문이다. 성경은 선택 받은 백성이 하느님을 잊고 헛된 신을 섬기면 그들의 땅이 치소(嗤笑)가 된다고 말한다:

"레바논의 눈이 어찌 들의 반석을 떠나겠으며 원방에서 흘러내리는 찬물이 어찌 마르겠느냐 대저 내 백성은 나를 잊고 허무한 것에 분향하거니와 이러한 것들은 그들로 그 길 곧 그 옛길에서 넘어지게 하며 곁길 곧 닦지 아니한 길로 행케 하여 그들의 땅으로 놀랍고 영영한 치소가 되게 하리니 그리로 지나는 자마다 놀라서 그 머리를 흔들리라"
(렘 18:14~16)

우리 배달겨레는 단군 이래 천손민족으로 태어났다는 긍지를 지니고 살아온 하느님의 백성이다. 그러나 삼국시대 이후 외래 사상이 유입되면서 주체성은 사라지고 사대의 병독에 걸리기 시작했으며, 고려와 조선시대에 불교와 유학이 성행하고 천민사상(天民思想)과 경천사상(敬天思想)에 관한 기록들이 진멸되어 가면서 천손민족 고유의 얼이 급격히 파괴되어 갔던 것이다. 바로 이것이 우리 겨레가 약소국이 되어 이민족으로부터 멸시 천대를 당하며 살아온 근본적 원인이다. 자기의 얼을 잃어버리고 정체성을 상실한 얼 빠진 백성이 어떻게 강한 민족이 될 수 있겠는가.

▲ 귀무덤에 참배하는 조선통신사(繪本太閤記)

알이랑 민족 본연의 모습을 회복하라

그러나 고조선의 제천신앙을 잃어버리고 불교·유교가 공급하지 못했던 신지식(神知識)을 애타하던 한국 백성은 19세기에 이르러 기독교를 통해 조상이 섬겼던 창조주 하느님을 다시 발견했다. 그러자 마치 연어가 귀소본능(歸巢本能)으로 태어난 곳을 찾아 되돌아가듯이 1000만 명 이상의 사람들이 단기간에 하느님 앞으로 돌아왔다! 2천년 교회사에서 유례가 없는 대부흥이 알이랑 민족 한국 백성 가운데에서 일어난 것이다.

그리고 생사화복과 흥망성쇠를 좌우하시는 하느님을 열심히 섬기면서 대한민국은 다시 부강해지기 시작했다! 오늘날 대한민국은 세계 180여 나라 중에서 경제력이 10위권을 넘보는 작은 거인이 되었다. 또한 올림픽도 개최했고 월드컵도 치렀다. 실로 한민족은 에벨의 혈통 욕단의 후손으로서 이 땅 위에 존재하는 또 하나의 선민이기 때문에 오직 하느님만 온전히 섬겨야 복을 받을 것이다!

장차 통일 한국이 '복음의 나라'가 되면 우리나라는 하느님의 은총으로 마침내 단군 조선 때와 같이 세계적 강대국으로 다시 부상할 것이다. 그러나 이 민족이 하느님 섬기기를 싫어하면 한반도는 여전히 바람 잘 날이 없을 것이다. 민족적 수난이 계속 될 것이다. 왜냐하면 우리 한국인은 민족사를 유일신 신앙으로 시작한 천손민족, 즉 욕단계 선민이기 때문이다.

그것은 증거들이 아주 많이 있지만 무엇보다 오래 전부터 불러온 겨레의 노래 '알이랑'이 명백히 입증해 주고 있다. '알이랑'은 '하느님과 함께'(With God)라는 의미를 지닌 종교적인 말이기 때문이다. 즉, '알이랑'은 우리 겨레가 셈족의 유일신 신앙으로 민족사를 시작한 욕단 계열의 선민이라는 사실을 가장 뚜렷이 보여주는 '물증'인 것이다.

그러므로 이제 우리는 스스로를 자각하고 민족의 주로 예수를 믿고 민족의 하느님으로 여호와를 섬기는 복음의 나라를 기어이 이루어야 한다! 알이랑 민족 본연의 모습을 반드시 되찾아야 한다! 천손민족으로 태어난 자긍심을 회복해야 한다! 성경은 여호와를 자기 하느님으로 삼는 백성의 복을 다음과 같이 말씀하고 있다:

> 우리의 아들들은 어리다가 장성한 나무 같으며
> 우리의 딸들은 궁전의 식양대로
> 아름답게 다듬은 모퉁이 돌과 같으며
> 우리의 곳간에는 백곡이 가득하며
> 우리의 양들은 들에서 천천과 만만으로 번성하며
> 우리의 수소는 무겁게 실었으며
> 또 우리를 침로하는 일이나
> 우리가 나아가 막는 일이 없으며
> 우리의 거리에는 슬피 부르짖음이 없을진대
> 이러한 백성은 복이 있나니
> 여호와를 자기 하느님으로 삼는 백성은 복이 있도다
> (시 144:12~15)

제8장

우리가 마지막 주자이다

욕단의 후손은 처음 세대 이후에 언급이 없다. 그들은 천손민족이지만 멀리 아시아 동쪽으로 자취를 감추었기 때문이다. 그리하여 욕단의 후손은 잃어버린 한 마리 양처럼 되었다. 그러나 신실하신 하느님은 그들을 잊지 아니하시고 말세가 되면 복음의 마지막 주자로 쓰시기 위해 반드시 동방에서 그들을 부르실 것이다. 이는 욕단계 선민 알이랑 민족을 예수님의 재림을 준비하는 민족으로 사용하신다는 뜻이다. 이제 성경을 펼쳐놓고 우리 한국교회가 취하고 주장하며 순종해야 될 그 놀라운 계시들을 살펴보자.

재림의 두 가지 전제조건

예수님의 재림을 위해서는 두 가지 커다란 전제조건이 있다. 그 첫째 조건은 세계선교와 관련된 것이다. 곧 땅 끝까지 복음이 전파되어(마 24:14) 하느님께서 구원하시기로 예정하신 이방인의 충족수가 주께로 돌아와야 한다(롬 11:25; 행 13:48). 예수님의 재림을 위한 두 번째 전제조건은 이스라엘의 구원과 관련이 있다. 예수님은 그를 거절하는 유대인에 대한 무시무시한 탄핵을 종결지으시며, 유대인들이 다음과 같이 말하게 될 때까지 주님을 볼 수 없을 것이라고 예언하신 바 있다: "찬송하리로다 주의 이름으로 오시는 이여"(마 23:39).

'찬송하리로다 주의 이름으로 오시는 이여'는 유대인들이 그들의 메시아를 영접하는 찬송인 것이다(마 21:9). 그러므로 "너희는 찬송하리로다, 주의 이름으로 오시는 이여 할 때까지 나를 보지 못하리라"는 말씀은, 예수님께서는 유대인들이 한 때 배척했던 그를 메시아로 인정하고 그에게 응답할 때까지 다시 오시지 않겠다는 뜻이다. 그는 선지자 호세아를 통해 이렇게 말씀하셨다: "내가 내 곳으로 돌아가서 저희가 그 죄를 뉘우치고 내 얼굴을 구하기까지 기다리리라"(호 5:15). 예수님께서 '내 곳' 즉 하늘로 올라가셔서 이스라엘이 '그 죄' 곧 예수님을 메시아로 영접하지 아니한 그 죄를 그들이 뉘우치고 예수님을 다시 찾기까지 기다리시겠다는 말씀인 것이다.

사도 바울은 로마서 11장에서 이스라엘의 타락이 이방인들에게 구원의 문을 열어주는 계기가 되었다면, 이스라엘 백성이 예수 안에서 충만히 하느님 앞으로 돌아올 때, 그것은 더 좋은 세계적 복을 가져다 주는 계기가 될 것이라고 확언 한다: "저희의 넘어짐이 세상의 부요함이 되며 저희의 실패가 이방인의 부요함이 되거든 하물며 저희의 충만함 이리요"(롬 11:12). 그러면 그 더 좋은 세계적 복이란 무엇일까? 예수님의 재림이다. 이것은 15절 말씀이 가르쳐 준다: "저희를 버리는 것이 세상의 화목이 되거든 그 받아들이는 것이 죽은 자 가운데서 사는 것이 아니면 무엇이리요"(롬 11:15).

'죽은 자 가운데서 사는 것' 이란 의미는 이스라엘의 회심이 '부활'의 직접적인 전조가 될 것이라는 뜻이다. '부활' 은 그리스도의 재림과 일치할 것이다(F. F. 브루스, 틴델주석 로마서). 즉 후일에 이스라엘 백성이 회개하여 하느님께 받아들여짐이 될 때에는 예수님의 재림의 시기가 임할 것이라는 뜻이다.

따라서 오늘날 유대인들이 여전히 그들의 불신앙으로부터 회심하지도 않았고, 불신앙과 결별하지 않았음에도 불구하고 예수님이 곧 재림하실 것이라고 주장하는 자가 있다면 그것은 거짓말이다. 이스라엘의 회심이 있기 전에는 메시아 예수는 재림하시지 않는다.

압살롬의 반역사건 실패 후 이스라엘의 여론은 다윗의 복귀를 원했다(삼하 19:9~10). 그러나 유다 족속 중 하나로서 12지파의 왕 노릇을 했던 다윗은 그의 자연적 골육인 유다지파가 '돌아오소서' 라고 할 때까지 환도(還都)하지 않고 기다렸다(삼하 19:11~15). 이것은 예수께서 그의 육신을 좇아 형제된 유대인들이(롬 9:5), 그를 자기들의 메시아로 영접하고 환영할 때까지 재림하시지 않을 것임을 예표로 보여준 것이다. 예수님은 이스라엘의 회개와 영접을 요구하고 계신다. 왜 아직까지 재림이 지연되고 있는가? 예수께서 이스라엘의 회심을 기다리고 계시기 때문이다.

재림의 두 가지 전제조건들, 곧 세계선교와 이스라엘의 회심은 우리의 가슴에 깊은 부담이 되어야 한다. 그것이 우리를 예수의 재림으로 이끌 것이기 때문이다. 이방인의 충만한 수가 주께 돌아오고, 최후로 유대민족이 구원을 받아야 한다. 그래야 예수님이 재림하신다.

이스라엘의 회심과 복음

그러나 유대인들의 회심이 재림 전에 있는 것이 아니라, 재림을 보고 회심한다는 이론이 있다. 즉 예수님이 오시는 것을 보고 즉각 회심이 이루어진다는 것이다. 그렇다면 하느님이 세상을 구원하는 그 구원의 길이 '복음' 인데, 복음의 권세로 안하고 반 물리적으로 하는 것이다. 공평하신 하느님은 유대민족에게만 그런 특혜를 주시지 않는다. 재림을 보고가 아니라 '복음의 능력' 으로 회심을 해야 한다. 이게 바른 것이다.

지금이 은혜의 때요 구원의 날이다. 유대인의 회심은 이 '은혜의 시대' 가 종결된 이후에 오는 어떤 특별한 국가적(민족적) 구원의 형식을 띠는 것이 아니다. 성경은 오로지 하나의 공통된 구원에 대해서만 말하며(롬 1:16), 바로 이 하나의 구원이 모든 인종과 지역으로 확장되는 것이다. 유대인들도 그들의 짝이 되게 된 이방인들과 똑같은 발걸음으로 '은혜에 의한 택함 받은 자들'(롬 11:5) 속에 걸어들어 와야 하는 것이다. 현재 효력을 발휘하고 있는 그 '은혜의 수단'을 도외시하고는 유대인에게는 과거든 현재든 미래든 다른 아무 소망이 없다. "예수 그리스도를 믿음으로 말미암아 모든 믿는 자에게 미치는 하나님의 의"를 떠나서는 제2의 기회란 전혀 없는 것이다. 그러므로 거기에는 '차별' (곧 아무런 차이점)이 없다(롬 3:22).

유대인도 오직 복음으로만 구원을 받는다. 따라서 이스라엘의 회심을 위해 그들에게도 복음을 전할 전도자가 꼭 필요하다. 왜냐하면 믿음은 들음에서 나며, 들음은 그리스도의 말씀으로 말미암기 때문이다(롬 10:17). 이것은 유대인이나 이방인이나 '차별'이 없는 구원의 과정이다. "성경에 이르되 누구든지 저를 믿는 자는 부끄러움을 당하지 아니하리라 하니 유대인이나 헬라인이나 차별이 없음이라…"(롬 10:11~12). 그리하여 바울은 유대인도 구원을 받으려면 복음전도자가 보냄을 받아야 한다면서 다음과 같이 말한다:

> "이런즉 저희가 믿지 아니하는 이를 어찌 부르리요. 듣지도 못한 이를 어찌 믿으리요. 전파하는 자가 없이 어찌 들으리요. 보내심을 받지 아니하였으면 어찌 전파하리요. 기록된바 아름답도다 좋은 소식을 전하는 자들의 발이여 함과 같으니라"(롬 10:14~15).

복음 들고 산을 넘는 자들의 발길

여기에서 "아름답도다 좋은 소식을 전하는 자들의 발이여"(15절 하)라는 말씀은 바울이 구약성경 이사야 52:7절에서 인용한 것이다. 그런데 바로 이 구절로 인하여 하느님이 말세에 이스라엘의 구원을 위해 예루살렘으로 보내실 백성, 곧 '복음의 마지막 주자'가 한국교회라는 사실을 익히 알 수 있는 것이다! 구약성경 이사야 52:7을 자세히 해석해 보자.

> 7. 좋은 소식을 가져오며 평화를 공포하며 복된 좋은 소식을 가져오며 구원을 공포하며 시온을 향하여 이르기를 네 하느님이 통치하신다 하는 자의 산을 넘는 발이 어찌 그리 아름다운고

여기 7절에 기록된 '좋은 소식' '평화' '복된 좋은 소식' '구원' 이라는 말들은 같은 의미를 가지는데 모두 '예수 그리스도의 복음'을 가리킨다. 그러나 이 구절을 서구 주석가들은 바사의 고레스 왕 때에 성취된 예언이라고 설명해 왔는데 절대로 그렇지 않다.

성경을 해석할 때 기본적인 원칙이 있다. 그것은 "어느 하나의 성경 구절은 반드시 전후 문맥 속에서 해석 되어야 한다."는 것이다. 이러한 원칙에 따라 7절 말씀을 문맥의 흐름 속에서 해석하면, 이 구절은 과거에 성취된 예언이 아니라는 사실을 분명히 알 수 있다. 이제 10절을 살펴보자.

> 10. 여호와께서 열방의 목전에서 그 거룩한 팔을 나타내셨으므로 모든 땅 끝까지도 우리 하느님의 구원을 보았도다.

박윤선 박사는 이 구절에 있는 "땅 끝까지도 우리 하느님의 구원을 보았도다"는 말씀을 "이는 신약시대의 만민 구원운동을 예언 한다"라고 설명한다(박윤선·성경주석 이사야서). 그렇다! 모든 땅 끝까지 구원을 받는 것은 신약시대의 일이다. 물론 여기 10절에 언급된 '땅 끝'은 문맥의 흐름으로 볼 때 우선적으로 7절에 있는 '시온', 즉 '예루살렘'을 뜻한다.

이것은 문맥상으로도 그렇지만 복음 전도의 마지막 과제로서의 땅 끝이 지리적으로는 예루살렘이요, 민족적으로는 유대민족이기 때문에 더욱 그렇다(롬 11:25-26). 예루살렘에 다시 복음이 들어가고 이스라엘의 남은 자가 구원을 받을 때, 비로소 "모든 땅의 끝들이 우리 하느님의 구원을 보리라"는 10절의 예언은 완전히 이루어질 것이다.

그러니까 이사야 52:7~10은 신약시대에 성취될 예언인데, 그것은 말세에 이스라엘 백성에게 복음을 전하기 위해 예루살렘으로 달려가는 전도자들의 아름다운 발길에 대한 회화적 표현방식인 것이다. 그렇다면 그 복음전도자들은 어디로부터 시온을 향해 가는 자들인가?

동방에서 독수리를 부르며

성경은 성경으로 해석한다. 이사야 46:10~13은 52:7~10과 병행구절로서 그들이 '동방의 먼 나라'에서 보냄을 받을 자들이라고 예언하고 있다.

> 10. 내가 종말을 처음부터 고하며 아직 이루지 아니한 일을 옛적부터 보이고 이르기를 나의 모략이 설 것이니 내가 나의 모든 기뻐하는 것을 이루리라 하였노라

11. 내가 동방에서 독수리를 부르며 먼 나라에서 나의 모략을 이룰 사람을 부를 것이라 내가 말하였은즉 정녕 이룰 것이요 경영하였은즉 정녕 행하리라
12. 마음이 완악하여 의에서 멀리 떠난 너희여 나를 들으라
13. 내가 나의 의를 가깝게 할 것인즉 상거가 멀지 아니하니 나의 구원이 지체치 아니할 것이라 내가 나의 영광인 이스라엘을 위하여 구원을 시온에 베풀리라

먼저 12절 말씀을 살펴보자. "마음이 완악하여 의에서 멀리 떠난 너희여 나를 들으라." 여기에서 '의'란 예수 그리스도를 뜻 한다: "곧 예수 그리스도를 믿음으로 말미암아 모든 믿는 자에게 미치는 하느님의 의니 차별이 없느니라"(롬 3:22; 참조 10:2~4). 또한 "마음이 완악하여"란 말씀은 유대인들이 완고하게 복음을 거부하고 있는 상태를 가리킨다: "…이 비밀은 이방인의 충만한 수가 들어오기까지 이스라엘의 더러는 완악하게 된 것이라"(롬 11:25하). "…그 남은 자들은 완악하여 졌느니라"(롬 11:7). 즉 12절 말씀이 의미하는 것은 "마음이 완악하여 예수 그리스도에게서 멀리 떠나 있는 유대인들아 나에게 청종하라"는 뜻이다.

왜 하느님은 여기에서 이스라엘 백성을 향해 '내게 청종하라'고 말씀하시는가? 그 이유는 13절에 있는데, 그들에게 구원을 베풀려고 하신다는 것이다. "내가 나의 의를 가깝게 할 것인즉… 나의 구원이 지체치 아니할 것이라…내가 이스라엘을 위하여 구원을 시온에 베풀리라." 여기에서 '나의 의'란 '하느님의 의'로서 '복음'을 뜻 한다: "복음에는 하느님의 의가 나타나서 믿음으로 믿음에 이르게 하나니 기록된바 의인은 믿음으로 말미암아 살리라…"(롬 1:17). 즉 12~13절 전체의

뜻은 하느님께서 마음이 완악하여 예수 그리스도를 '멀리' 하고 있는 이스라엘 백성들에게 복음을 '가까이' 가져가시어 그들을 구원 하시겠다는 말씀이다. 12절에 있는 "의에서 멀리(far) 떠난 너희여"라는 구절과 13절에 있는 "나의 의를 가까이(near) 할 것인즉"이란 구절은 '대구' 를 이루는 말씀이다.

그러면 하느님은 어떻게 유대인들이 복음을 듣고 구원받게 하실 것인가? 그 구체적인 하느님의 계획이 11절 말씀이다: "내가 동방에서 독수리를 부르며 먼 나라에서 나의 모략을 이룰 사람을 부를 것이라." 여기에서 '동방(the east)' 이란 말과 '먼 나라(a far-off land)' 라는 말, 두 곳에 밑줄을 치라. 하느님은 '동방의 먼 나라' 에서 그분의 계획을 집행할 사람을 부르시겠다고 말씀하신다. 그냥 '동방' 이 아니고 '먼 나라' 동방이다! 즉 이스라엘을 중심으로 해가 뜨는 '동방' 에 있는 나라로서 그 나라는 '먼 땅(a far-off land)' 에 있는 동방의 나라다. 그곳은 어디인가? 극동(the Far East)의 한반도이다!

하느님이 '동방의 먼 나라' 라고 말씀하셨다면 우리는 당연히 이스라엘을 중심해서 '정동쪽' 에 위치하고 있는 나라들 가운데 '가장 먼 땅' 에 있는 나라를 찾아야 할 것이다. 그게 해석상의 우선순위이기 때문이다. 난해하게 생각할 것 전혀 없다. 그런데 성경은 가장 먼 땅을 '땅 끝' 이라는 말로 표현한다(행 1:8; 사 41:9). 세계지도를 펴놓고 이스라엘을 중심으로 '정동쪽' 에 있는 땅 가운데 가장 먼 땅, 즉 '땅 끝' 이 어디인지 찾아보라. 바로 극동의 한반도이다! 즉 서쪽 땅 끝의 벨렉계 선민(유대인)의 짝인 동쪽 땅 끝의 욕단계 선민(한국인)의 나라이다. 그러니까 11절이 의도하는 '동방의 먼 나라' 는 대한민국을 지목한 것이다!

지나는 본문이 의도하는 '동방의 먼 나라'가 절대로 될 수 없다. 왜냐하면 지나는 영토가 광활하여 서쪽 국경이 이란과 국경을 같이 하고 있는 아프가니스탄 동부 국경과 맞닿아 있기 때문이다. 그 정도의 거리라면 이스라엘에서 결코 '먼 땅(a far-off land)'이 아니다. 인도 역시 '동방의 먼 나라'로 해석될 수 없다. 왜냐하면 인도는 국토의 대부분이 동방보다는 남방으로 위치해 있을 뿐만 아니라, 지나처럼 이스라엘에서 먼 땅도 아니기 때문이다.

이제까지 주석가들은 이 구절이 바사의 고레스 왕 때에 성취되었다고 해석해 왔다. 절대로 그렇지 않다. 왜냐하면 10절을 보라. "내가 종말을 처음부터 고하며…"라고 말씀하고 있다. 즉 10절 이하의 예언은 문맥 속에서 해석할 때 '종말'에 성취될 예언인 것이다! 바로 알이랑 민족 우리 한국인을 통해서! 어떻게 그렇게 단정할 수 있는가? 본문 11절이 의도하고 있는 '동방의 먼 나라'는 당연히 욕단계 선민이 살고 있는 땅 극동의 한반도이기 때문이다.

그런데 왜 하느님은 그들을 일컬어 '독수리'를 부른다고 말씀 하시는가? 어떤 하나의 성경 구절은 반드시 문맥 속에서 해석 되어져야 한다. 그 해답은 13절에 있다: "…나의 구원이 지체치 아니할 것이라." 구원이 지체하지 아니할 것이라는 것은 '빨리' 구원 하시겠다는 뜻이다. 그래서 하느님은 때가 되면 이스라엘 백성을 '빨리' 구원하시기 위해 시온에 복음을 전할 자들을 '빨리' 가게 하실 것이다. 그래서 그들을 '독수리'로 비유하고 있는 것이다. 큰 날개를 가지고 높은 하늘을 나는 독수리는 누구보다 빨리 이동하기 때문이다(애 4:19).

하느님은 '합당한 때'를 지키신다. 그러므로 때가 차면 '서둘러서'

이스라엘 백성을 구원하실 것이다. 그때에 하느님은 예루살렘에 복음을 전할 자들을 독수리처럼 빠르게 동방의 먼 나라, 즉 한반도에서 시온을 향해 달려가게 하실 것이다! 구약성경 이사야 52:7~10은 바로 이것을 예언한 것이다.

그러므로 이제부터 한국교회 성도들은 "복음 들고 산을 넘는 자들의 발길 아름답고도 아름답도다"라는 복음성가를 부를 때 그 가사에 등장하는 '복음 들고 산을 넘는 자들'이란, 말세에 이스라엘의 구원을 위해 시온으로 달려가는 우리 한국인 전도자라는 사실을 자각하며 노래해야 할 것이다. 그렇다! 마지막 때에 예루살렘 땅 끝까지 열방 모든 족속에게 복음을 전해 다시 오실 주님의 길을 수축해야 할 구원사적 사명이 우리 겨레에게 부여되어 있다. 깨어라, 알이랑 민족! 일어나라, 한국교회!

그는 해 돋는 곳에서 오리라

말세에 예루살렘에 복음을 전할 자들이 '동방'으로부터 오리라는 예언은 이사야 41:25~27에도 기록되어 있다.

> 25. 내가 북방에서 일으키며 그는 해 돋는 곳에서 오리라 그는 내 이름을 부를 것이며 그가 이르러 방백들을 회삼물같이 토기장이의 진흙을 밟음같이 밟을 것이라
>
> 26. 누가 처음부터 이 일을 우리에게 고하여 알게 하였느뇨 누가 이전부터 우리에게 고하여 이가 옳다고 말하게 하였느뇨 능히 고하는 자도 없고 보이는 자도 없고 너희 말을 듣는 자도 없도다
>
> 27. 내가 비로소 시온에 이르기를 너희는 보라 그들을 보라 하였노라 내가 기쁜 소식 전할 자를 예루살렘에 주리라

먼저 27절 말씀을 살펴보자. 여기에서 하느님은 "기쁜 소식 전할 자를 예루살렘에 주리라"고 말씀하신다. '기쁜 소식'은 앞서 설명한 이사야 52:7의 "좋은 소식을 가져오며"라는 말씀 가운데 있는 '좋은 소식'과 같은 히브리 원어 'basar'를 사용하고 있다. '바사르'는 현대 히브리어로도 '복음'이라는 뜻이다. 이사야 52:7은 사도 바울이 로마서 10:10~15에서 이스라엘 백성이 구원을 받으려면 그들에게도 복음을 전할 전도자가 가야 한다는 것을 교훈할 때 인용한 말씀이다.

예루살렘에 복음을 전하며, 이스라엘의 구원을 공포하며 "네 하느님이 통치하신다." 즉 예수 그리스도의 인격과 사역 속에 이미 도래한 '하느님의 나라'를 전하기 위하여 산을 넘는 그 아름다운 발길은 바로 '동방의 먼 나라' 사람들의 발길인 것이다(사 46:10~13). 그 '동방의 먼 나라'는 물론 욕단계 선민의 나라인 극동의 대한민국이다.

그런데 본문 25절에서도 역시 예루살렘에 복음을 전할 자들은 '해 돋는 곳' 즉 '동방'에서 갈 것이라고 말씀하고 있다: "내가 북방에서 일으키며 그는 해 돋는 곳에서 오리라. 그는 내 이름을 부를 것이며…" 한글 개역성경은 25절 첫 부분이 "내가 한 사람을 일으켜 북방에서 오게 하며 내 이름을 부르는 자를 해 돋는 곳에서 오게 하였나니"로 번역되어 있지만, 히브리어 원문에는 북방에서 오게 하는 것이 아니라 북방에서 '일으키며'라고 되어 있으며, '한 사람'이라는 말은 없고 단지 해 돋는 곳에서 '온다'는 동사를 3인칭 단수 남성을 받도록 사용하였을 뿐이므로 그를 반드시 사람으로 볼 필요는 없다. 그래서 영어 성경은 '한 사람'이 아니라 '하나(one)'로 번역하였다: "I have raised one from the north, and he shall come from the rising of the sun"(KJV). 따라서 이 '하나(one)'는 '사람'이 아니라 '나라'로 해석될 수도 있다.

'나라'라는 뜻의 '고이(goi)'도 히브리어에서 3인칭 단수 남성을 받기 때문이다.

그러면 25절이 말하는 '북방'이란 어디인가? 하느님께서 일으키시는 자는 '동방'으로부터 온다. 그러나 주님은 북방으로부터 그를 일으킬 것이라고 선언하신다. 그는 분명히 '동방'에서 예루살렘으로 '기쁜 소식' 곧 복음을 가져갈 자이다. 그런데 그가 북방에서 일으킴을 받는다. 북방과 동방의 두 곳이 엇갈린다. 이것을 어떻게 해석해야 할까? 주석가 흑기(黑崎)는 이 난점을 다음과 같이 설명한다: "정확히 그가 온 것은 '동북'인데 이를 시적으로 분리하여 두 방향을 든 것이다." 우리는 이 해석을 취한다. 우리나라는 예루살렘으로부터 정동쪽에 위치해 있으면서 이스라엘보다는 약간 북쪽에 자리 잡고 있다. 그러나 장차 동방의 코리아는 예루살렘에서 더더욱 동북이 될 것이다. 어떻게? 우리 겨레가 빼앗긴 북방 영토, 즉 만주와 시베리아가 수복될 것이기 때문이다. 벨렉계 선민 유대민족은 약 2천년 만에 고토를 되찾았다. 다음은 욕단계 선민 한민족 차례이다. 두고 보라. 그리하여 동방의 코리아는 이스라엘에서 동방이자 북방이 된다. 그래서 우리는 "그들을 보라"(27절)고 한 말씀에 있어서 '그들'이라는 것이 누구를 의미함인지 알 수 있다. 그들은 바로 알이랑 민족 한국인 전도자들이다.

그런데 여기에서 '해 돋는 곳에서 오는 자'를 바사의 고레스로 보는 주석가들이 많다. 이러한 견해는 심각한 문제를 낳는다. 왜냐하면 고레스는 여호와의 이름을 부르는 사람이 아닌데, 25절의 "해 돋는 곳에서 오는 자"는 여호와의 이름을 부르는 자라는 점이다. 고레스는 조로아스터교의 신자로서 여호와의 이름을 부르는 사람이 아니다. "내 이름을 부르는 자"는 신·구약 전체를 통하여 언제나 믿음을 가지고 여호와 하느님을 찾고 따르며 예배하는 자를 말한다(창 4:26; 사 64:7; 행 2:21). 따라서 "해 돋는 곳에서 오는 자"는 고레스가 될 수 없다. 본문이 의도하는 "해 돋는 곳에서 오는 자"는 하느님께서 말세에 예루살렘에 복음을 전하도록 "동방의 먼 나라"에서 보내시는 하느님의 백성인 것이다.

그리고 그는 "통치자를 마치 회반죽을 이김같이, 토기장이가 진흙을 밟음같이 하리라"(25절 하)고 하였으므로, 그는 강하여 군사적으로도 이스라엘을 도울 수 있는 자이다. 사탄의 한결같은 목표는 유대인을 이 땅에서 전멸시키고 이스라엘 나라를 없애버리는 것이다(시 83:3~4). 만약 어떤 나라가 사탄의 도구가 되어 하느님이 구원코자 하시는 이스라엘을 히틀러의 독일이나 후세인의 이라크처럼 멸절시키려고 애쓴다면 그 나라는 신적인 징벌이 불가피하다.

바로 그 악한 나라들을 하느님은 알이랑 민족 대한민국의 군대를 동방에서 보내셔서 철저히 심판하실 것이다. 우리는 이 계시를 통해 장차 통일 대한민국이 세계적 강대국으로 부상할 것이라는 사실을 알 수 있다. 마지막 때에 욕단계 선민의 나라 대한민국은 주님의 은총으로 열방에 정의를 펴며 복음을 전하는 부국강민(富國强民)의 제사장 나라가 될 것이다.

> "그 작은 자가 천을 이루겠고 그 약한 자가 강국을 이룰 것이라 때가 되면 나 여호와가 속히 이루리라"(사 60:22)

한 민족(a nation)이 네게 달려올 것이니
하느님께서 말세에 이스라엘 백성을 구원하시기 위해 예루살렘에 복음을 전하도록 동방(the east)에서 보내실 백성은 여러 민족이 아니라 '한 민족(a nation)'이라는 사실이 이사야 55:1~9에 예언되어 있다.

하느님은 먼저 1~2절에서 이스라엘 백성을 향해 하느님 앞으로 나아와 청종하라(listen to me /NIV)고 말씀하신다. 그것은 예수님께서 이미 죄 값을 치르셨으니 돈 없이 값없이 와서 거저 구원을 받으라는 것으로서(1절), 이사야 46:12의 "마음이 완악하여 의에서 멀리 떠난 자들아 내게 청종하라(listen to me /NIV)"는 말씀과 같은 것이다.

그리고 3절에서는 이스라엘 백성이 하느님의 말씀을 청종하여 하느님께로 돌아오면 그들의 혼이 살 것이며, 다윗에게 약속하시고 맺으신 영원한 언약의 혜택을 얻게 될 것이라고 말씀하신다. 다윗에게 허락한 확실한 은혜와 영원한 언약이란 무엇인가? 그것은 예수 그리스도를 말하며(삼하 7:14상; 히 1:5하), 예수님께서 그의 피로 이루신 새 언약이다(렘 31:31; 겔 36:24~27).

따라서 그것은 예수님의 초림과 그의 속죄 사역으로써 이미 성취가 된 것이다. 다만 현재 유대인들이 마음이 완악하여 메시아 예수님을 배척하고 있음으로 새 언약의 효과 밖에 놓여 있으나, 그들도 장차 예수님 앞으로 돌아와 구원을 받으면(롬 11:25~27) 그 영원한 언약의 자비를 얻게 될 것이다.

4절에서 말하는 '그'는 세상의 명령자와 인도자가 되시는 메시아를 뜻한다. 그런데 5절에는 굉장히 중요한 말씀이 예언되어 있다. 그것은 이스라엘을 다윗의 언약의 성취자이신 예수 그리스도의 은혜 안으로 들어오게 만드는 하느님의 구체적인 계획이다.

"네가 알지 못하는 한 나라(a nation)를 부를 것이며 너를 알지 못하는(원문은 '못하던' 이다) 한 나라(a nation)가 네게 달려올 것은 나 여호와 네 하느님 곧 이스라엘의 거룩한 자를 인함이니라 내가 너를 영화롭게 하였느니라"(사 55:5)

이 구절은 이사야 41:25~27, 46:10~13, 52:7~10과 병행구절로서, 하느님께서는 이스라엘 백성을 구원하시기 위해 '한 민족(a nation)'을 사용하신다는 것이다! 즉 이스라엘은 그 이방의 나라를 부를 것이며 그 '한 나라'가 이스라엘의 구원을 위해 예루살렘으로 달려가 복음을 전할 것이라는 말씀인 것이다.

이 구절 가운데 있는 '나라'라는 말은 한글 개역 성경에 그냥 '나라'로 번역되어 있어 단수, 복수의 개념이 애매하나 히브리 원문에서는 복수형인 '고임(goim)'이 아니라 단수형의 단어 '고이(goi)'로 되어 단수의 '한 나라(a nation)'로 번역해야 정확한 의미가 된다. 영어 성경 NASB는 단수로 번역해 원문의 뜻을 정확히 전달하고 있다: "Behold, you will call a nation you do not know, And a nation which knows you not will run to you." 히브리어나 헬라어나 영어에서는 단수와 복수를 언제나 명확히 구별하기 때문에 성경 해석에 큰 도움이 된다. 따라서 하느님께서 마지막 때에 땅 끝 예루살렘에 능히 복음을 전하도록 '동방'에서 보내실 백성은 '여러 나라'가 아니고 '한 나라(a nation)'가 분명하다.

그러면 그 '한 나라'는 어느 나라를 말함인가? 그 나라는 '동방의 먼 나라' (사 46:11)라고 했으므로 당연히 육단계 선민의 나라인 극동의 대한민국이다. 이스라엘의 구원은 여러 나라가 함께 몰려가서 전도하는 이른바 '글로벌 프로젝트'에 의해 성취되지 않을 것이다. 이사야 55장 5절은 분명히 '한 나라(a nation)'가 이스라엘의 구원을 위해 예루살렘으로 달려가 복음을 전할 것이라고 예언하고 있기 때문이다. 그 거룩한 복음의 나라는 의심의 여지없이 우리나라다. 바로 그때가 벨렉계 선민 이스라엘이 구원을 받을 때이다. 그래서 하느님은 6~7절에서는 다음과 같이 말씀 하신다:

> "너희는 여호와를 만날 만한 때에 찾으라 가까이 계실 때에 그를 부르라 악인은 그 길을, 불의한 자는 그 생각을 버리고 여호와께로 돌아오라 그리하면 그가 긍휼이 여기시리라 우리 하느님께 나아오라 그가 널리 용서하시리라"(사 55:6,7)

동방의 '한 나라(a nation)'에서 전도자들이 예루살렘으로 달려와서 복음을 전할 때, 바로 그때가 이스라엘이 '여호와를 만날 만한 때'라는 것이다. 그때에 이스라엘 백성은 하느님께 나아와 용서함을 받고 구원을 얻으라는 말씀이다.

그러나 '멀리서도 나의 생각을 통촉하시는 하느님'(시 139:2)은 유대인들이 이방의 한 나라를 통해 자기들을 구원하시는데 대하여 못마땅하게 생각하리라는 사실을 잘 아신다. 그리하여 다음과 같은 말씀으로 그들의 잘못된 생각을 교정하신다:

> "여호와의 말씀에 내 생각은 너희 생각과 다르며 내 길을 너희 길과 달라서 하늘이 땅보다 높음같이 내 길은 너희보다 높으며 내 생각은 너희 생각보다 높으니라"(사 55:8,9)

유대인들은 하느님이 감추어 놓으신 천손민족, 곧 욕단계 선민이 동방에 존재하고 있다는 사실을 모른다. 그리하여 언약 백성인 자기들만 하느님께 택함 받은 선민이라는 강한 자부심을 지니고 있다. 그러한 유대인들로서는 이스라엘이 이방의 한 나라(a nation)로부터 복음을 전해 듣고 구원을 받는다는 것이 가당치 않는 일로 생각될 것이다.

그러므로 하느님은 유대민족을 향해 당신의 생각은 그들의 생각과 다르며 그의 길은 유대인의 길과 다르다면서, 하느님의 길과 생각은 하늘이 땅보다 높음같이 유대인의 생각과 길보다 높다고 말씀하신다. 그러니까 말세에 동방의 먼 나라 한국백성을 보내어 이스라엘을 구원하시는 것이 하느님의 높은 생각이요 길이라는 것이다. 그것은 왜인가?

천손민족의 구원은 천손민족을 통하여

성경상의 기원으로 볼 때 한국인과 유대인은 뗄 수 없는 유대관계가 성립되어 있다. 왜냐하면 그들은 한 조상 '에벨'로부터 분리된 형제 족속이기 때문이다. 에벨의 혈통인 그들은 이 땅 위에 존재하는 두 계열의 천손민족으로서 결코 갈라질 수 없는 유대관계 아래 있는 형제 족속이다.

그러므로 말세에 이스라엘의 시기심을 일으켜(롬 11:14) 그들에게 능히 복음을 전해(롬 10:10~15) 이스라엘의 남은 자를 구원 할 단 하나의 민족은 오직 동방의 한국인뿐이다. 왜냐하면 한민족은 하느님께서 동방에 감추어 두신 또 하나의 선민이기 때문이다. 한국인이 선민이라는 계시 자체가 유대인의 시기심을 자극할 것이다. 그래서 선민은 선민이 가서 복음을 전해야 효과가 있고, 그래야만 온 이스라엘이 구원을 받을 것이다.

뿐만 아니라 한국인과 유대인은 한 조상 에벨로부터 나뉘인 형제 족속이기 때문에, 하느님은 벨렉계 선민 유대인을 구원하시는 도구로 욕단계 선민 한국인을 사용하실 것이다. 성경은 "형제는 위급한 때까지 위하여 났느니라"(잠 17:17)고 말씀한다. 바로 이것이 이스라엘의 회복과 구원에 대해 예언한 구약성경 이사야서가 말세에 '먼 동방의 나라'에서 예루살렘으로 복음을 전할 자들이 갈 것이라고 말씀하고 있는 근본적 이유인 것이다. 이 얼마나 깊은 하느님의 지혜인가! 실로 성령께서 가르쳐 주시지 않는다면 아무도 그의 길을 찾지 못할 것이다.

> "깊도다 하느님의 지혜와 지식의 부요함이여, 그의 판단은 측량치 못할 것이며 그의 길은 찾지 못할 것이로다"(롬 11:33)

그러므로 말세에 이스라엘 나라가 회복되기 전에(행 1:6), 먼저 또 하나의 선민 알이랑 민족이 회복된다. 즉 하느님이 동방에 은밀히 감추어 두신 욕단계 선민이 마침내 드러난다는 것이다. 그것은 당연하다. 예수님은 이렇게 말씀하셨다: "… 감추인 것이 드러나지 않을 것이 없고 숨은 것이 알려지지 않을 것이 없느니라"(마 10:26).

모형과 원형

여호와 하느님은 과거에도 이스라엘을 구원하시기 위해 동방에서 '한 나라'를 택하여 사용하신 적이 있다. 바로 고레스 치세 아래 있던 '페르시아'이다. 이 또한 이사야서에 예언되어 있었다.

> "나 여호와는 나의 기름 받은 고레스의 오른손을 잡고 열국으로 그 앞에 항복하게 하며 열왕의 허리를 풀며 성문을 그 앞에 열어서 닫지

못하게 하리라 내가 고레스에게 이르기를 네게 흑암중의 보화와 은
밀한 곳에 숨은 재물을 주어서 너로 너를 지명하여 부른 자가 나 여호
와 이스라엘의 하느님인줄 알게 하리라 내가 나의 종 야곱, 나의 택
한 이스라엘을 위하여 너를 지명하여 불렀나니…"(사 45:1-4).

여기에서 하느님은 '이스라엘을 위하여' (4절) 그의 기름 부음 받은 자 고레스를 불렀다고 말씀하신다. 고대에 왕은 나라(왕국)와 동일시 되는 개념이었다. 즉 하느님은 '이스라엘을 위하여' 고레스 왕이 다스 리는 '페르시아' 라는 '한 나라' 에 국가적으로 기름 부어 주셨으며, 그 나라를 지명하여 부르신 것이다. 그 목적은 무엇인가? 바벨론에서 포 로생활을 하고 있는 유대인들을 해방시키는 도구로 페르시아를 쓰시 기 위해서이다.

그것은 이사야 45:13에 다음과 같이 예언되어 있다: "내가 의로 그 를 일으킨지라 그의 길을 곧게 하리니 그가 나의 성읍을 건축할 것이 며 나의 사로잡힌 자들을 값이나 갚음 없이 놓으리라…." 역대하 36:22~23에 보면 과연 페르시아의 고레스는 일찍이 이사야가 예언했 던 대로 이스라엘을 바벨론으로부터 구출하였다. 그때에 비로소 유대 인들은 긴 포로생활을 마치고 고국으로 귀환할 수 있었다(시 126:1~3).

하느님은 고레스로 하여금 이스라엘 백성을 바벨론의 노예생활로 부터 능히 구원할 수 있도록 그의 띠를 동이셨다: "…너는 나를 알지 못하였을지라도 나는 네 띠를 동일 것이요"(사 45:5). 허리에 띠를 띤다 는 것은 힘을 돋우는 것을 상징한다(시 18:32; 잠 31:17). 여기에서 "네 띠 를 동일 것이요"라는 말은 하느님께서 고레스로 하여금 전쟁에 승리하 도록 힘을 주시리라는 뜻이다. 즉 조그만 나라 유다를 위하여 제국의

역사까지 미리 섭리하셔서, 고레스에게 해방자로서의 능력을 갖게 해 주겠다는 것이다.

또한 하느님은 이스라엘 백성을 바벨론에서 해방시킬 고레스에게 큰 재물도 주셨다: "네게 흑암중의 보화와 은밀한 곳에 숨은 재물을 주어…"(사 45:3). 이것은 고레스가 그가 정복한 열국 중에서 막대한 재물을 전리품으로 얻은 것을 뜻한다. 유명한 역사가들은 말하기를, 고레스 왕처럼 전쟁에 의하여 많은 보물을 가져온 자는 없다고 하였다 (Alexander).

과연 주께서 기름 부어 주신 나라 페르시아는 역사의 무대에 강대국으로 등장하여 열국을 항복시키고 엄청난 재물을 소유한 나라가 되었으며 마침내 이스라엘 백성을 포로생활에서 구출해냈던 것이다. 이렇게 하느님은 옛날에도 이스라엘을 구원하시기 위해 동방에서 '한 나라'를 선택하여 사용하신 사례가 있다.

그런데 이것은 하느님께서 말세에 이스라엘의 보다 크고 완전한 구원을 위해 동방에서 다시 지명하여 부르실 또 하나의 나라에 대한 모형이며 그림자이다. 그것은 이사야 45장 17절 말씀으로 인해 분명히 알 수 있다: "이스라엘은 여호와께 구원을 입어 영원한 구원을 얻으리니 영세에 부끄러움을 당하거나 욕을 받지 아니하리로다." 17절은 페르시아에 의해 귀환한 이스라엘은 '영원한 구원'을 얻을 것이며, 영세에 부끄러움을 당하거나 욕을 받지 아니할 것이라고 말한다. 그러나 페르시아 왕 고레스에 의해 해방된 이스라엘은 귀환 자체도 충분하지 않았고 다시 헬라, 시리아, 애굽, 로마 등 이루 말할 수 없는 나라들로부터 핍박과 수치와 모욕을 당하였다. 17절이 말하는 '영원한 구원'이란 종말론적 구원, 곧 예수 그리스도로 말미암는 구원인 것이다.

따라서 고레스의 페르시아는 '예표의 나라' 이다. 즉 이스라엘을 바벨론의 속박에서 구출했던 페르시아는 말세에 등장할 나라로서 이스라엘의 보다 크고 완전한 구원, 곧 예수 그리스도를 믿음으로서 얻는 영원한 구원을 위해 하느님께서 동방에서 일으키실 또 하나의 나라에 대한 '그림자' 인 것이다. 그 '동방의 한 나라' 는 마지막 때에 땅 끝 예루살렘까지 달려가서 이스라엘 백성들에게 능히 복음을 전할 것이며(사 41:25~27, 46:10~13, 52:7, 55:5; 계 7:1~8), 이로 말미암아 마침내 이스라엘이 '영원한 구원' 을 얻게 되는 것이다(롬 11:25~26). 바로 그 '동방의 한 나라' 가 이스라엘의 시기심을 일으킬 욕단계 선민의 나라 극동의 대한민국이다. 즉 페르시아는 모형이요, 대한민국은 원형인 것이다.

감람산 강화에서 예수님은 예루살렘 파멸과 종말론적 세계 멸망을 같이 보셨다(마 24:15~28). 그러나 그 두 사건 사이에는 엄청난 시간적 격차가 있다. 앞의 것을 '근접 성취' 라고 하고, 뒤의 것은 '원접 성취' 라고 한다. 그와 같이 선지자 이사야도 페르시아에 의한 이스라엘의 구출과 대한민국에 의한 이스라엘의 구원을 동시에 보고 있는 것이다.

다른 많은 성경 기자들처럼 이사야는 고레스 시대와 종말(End-time)이 함께 섞이는 것으로 보았다. 시간의 전후관계는 중요하지 않았다. 사실 선지자는 그것을 파악하지 못했을 것이다. 그는 단지 이런 일들이 일어나리라는 것을 안다. 그는 이런 일들이 어떤 순서로 일어날 것인지, 아니면 한 사건이 일어난 후 얼마만큼의 시간이 경과한 후에 다른 사건이 일어날는지에 관해 알지 못했던 것처럼 보인다. 그것들의 도래는 확실하지만, 그 전후 관계는 분명하게 나타나지 아니하였다(반즈 성경주석 이사야서 하, 760쪽).

예루살렘 심판은 종말론적 세계 심판의 예표였다. 그것과 똑같이 하느님께서 과거에 이스라엘을 바벨론의 속박에서 구출하기 위해 특별하게 사용하신 동방의 한 나라(a nation) 페르시아는, 말세에 이스라엘의 보다 크고 완전한 구원을 위해 기름 부어 쓰실 또 하나의 동방의 나라에 대한 예표였던 것이다. 바로 그 나라가 육단계 선민의 나라인 우리 대한민국이다. 페르시아는 '그림자'이고, 대한민국은 '실체'이다.

그러므로 하느님께서 이스라엘을 바벨론에서 해방시키기 위해 고레스(페르시아)에게 주셨던 기름부음 및 힘과 부는 마지막 때에 대한민국에서 더욱 위대하게 다시 성취가 될 것이다. 페르시아는 동방 한국을 예시하는 나라였기 때문이다. 그렇다! 여호와 하느님은 우리나라가 마지막 때에 예루살렘 땅 끝까지 열방 모든 족속들에게 능히 복음을 전하여 그들을 구원하는 나라가 될 수 있도록 장차 국가적인 기름을 부어 주실 것이다. 그 결과 동방 한국에서 역사상 일어났던 과거의 모든 부흥을 능가하는 아주 강력한 부흥이 민족적 차원으로 일어날 것이며, 필연 그 위대한 하느님의 부흥은 이 땅 가운데 부(경제력)와 힘(군사력)을 수반할 것이다. 영적 부흥은 하늘의 보고를 여는 열쇠이기 때문이다.

전능하신 하느님은 마지막 대추수를 위해 쓰시려고 우리나라를 세계적 강대국으로 반드시 일으켜 세우실 것이다. 아무리 강대국이라고 할지라도 하느님 앞에는 '통 속의 물 한 방울'이나 '저울의 적은 티끌'에 비유될 정도로 아무 것도 아니다(사 40:15~17). 모든 나라는 하느님에 의해 운명과 미래가 결정돼 간다(렘 18:1~10). 바로 그분이 우리나라에 국가적으로 기름 부어 주시어 대한민국을 부국강민(富國强民)의 나라가 되게 하실 것이다. 동방 한국은 페르시아의 원형이기 때문이다. 그리하여 마지막 때에 알이랑 민족은 세계에 정의를 펴며 복음을 전하는 홍익인간(弘益人間)의 거룩한 백성이 될 것이다.

이를 위해 하느님은 우리나라도 "흑암 중의 보화와 은밀한 곳에 숨을 재물"을 반드시 주실 것이다. "흑암 중의 보화"란 "바다 속의 석유"를 말하며, "은밀한 곳에 숨은 재물"이란 "땅 속 및 해저 깊은 곳의 천연 자원"을 뜻한다. 실로 그것은 과거에 고레스가 전쟁을 통해 얻은 전리품과는 비교가 안 되는 엄청난 재물이다. 그 막대한 재물을 하느님이 말세에 동방 한국에 주실 것이다. 이것은 당연하다. 페르시아는 '그림자'요, 대한민국은 '실체'이기 때문이다.

예루살렘은 사단의 견고한 진으로 포위되어 있다. 맨 안쪽으로 아랍의 회교 문화권이 둘러싸고 있고, 그 다음엔 인도와 동남아시아의 힌두교 및 불교문화권이 울타리를 치고 있으며, 가장 바깥쪽으로는 지나의 공산주의 문화권이 포위하고 있다. 그런데 우리 한국교회가 말세에 땅 끝 예루살렘까지 가서 복음을 전하여 이스라엘의 남은 자를 구원한다는 것은, 이 모든 사단의 진을 쳐부수며 서쪽으로 진격하여 예루살렘까지 간다는 것을 함축하고 있다. 이것은 곧 동방의 성민 한민족이 마지막 대추수의 도구로 쓰임 받는 "복음의 마지막 주자"라는 사실을 분명히 계시하는 것이다.

이로 보건대 알이랑 민족 한국인은 실로 "동방의 독수리"가 아닐 수 없다. 왜냐하면 독수리는 공중의 제왕인데, 한민족은 말세에 예루살렘 땅 끝까지 온 세계에 복음을 전함으로써 공중 권세 잡은 사단의 나라에 치명타를 가할 백성이기 때문이다. 그렇다! 욕단계 선민 한민

▲ 천연기념물 243호인 독수리의 멋진 비행모습

족은 하늘의 제왕 독수리와 같은 존재이다! 동방의 독수리 코리아여! 복음의 나래를 활짝 펴고 마지막 대추수를 위해 열방을 향해 비상하라! 다시 오실 왕의 대로를 수축하라! 그분의 첩경을 평탄케 하라!

---

* 성경에 계시된 한민족의 사명에 관해 보다 상세히 탐구하기를 원하시는 독자 제위께서는 본 서의 후편 「알이랑 고개를 넘어 예루살렘으로」를 참조하십시오.

한국교회, 이렇게 응답하라

사람이 눈에 보이는 겉사람(육)과 눈에 안 보이는 속사람(영)이 있듯이, 선택받은 백성도 겉으로 드러난 선민이 있고 속으로 감추인 선민이 있다. 전자는 아시아 서쪽의 벨렉계 선민 유대민족이요, 후자는 아시아 동쪽의 욕단계 선민 한민족이다.

이 두 계열의 천손민족은 셈족의 종통(宗統)인 에벨의 자손(창 10:21)으로서, 각각 구원사에서 중요한 위치를 점하게 된다. 유대민족은 복음의 첫 번째 주자요, 한민족은 복음의 마지막 주자이기 때문이다.

즉 언약 백성 이스라엘을 통해 구원의 길을 여신 하느님은, 장차 알이랑 민족 한국인을 통해 그 구원의 길을 완성하신다. 신실하신 하느님은 이렇게 에벨의 혈통인 두 계열의 천손민족을 구원사에서 가장 귀하게 사용하시는 것이다. 우리는 한국 백성을 향한 이 놀라운 계시에 어떻게 반응해야 하는가?

1. 동의하고 감사하고 선포하라

신앙에 대한 신학적 정의는 "하느님의 계시에 대한 인간의 응답"이다. 우리 기독교의 3대 원리는 '하느님' ~ '계시' ~ '신앙' 으로 그 기본 원칙을 갖게 된다.

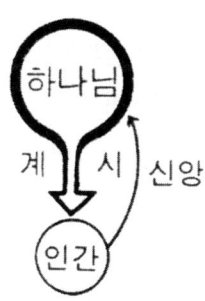

도표에서와 같이 하느님이 자신이나 자신의 계획을 계시하시고, 인간은 그 계시를 경외하고 응답함이 곧 신앙인 것이다. 하느님은 왜 당신의 생각을 인생에게 계시하시는가? 그것은 우리가 그 계시에 응답하고 순종할 것을 기대하시기 때문이다. 하느님께로부터 계시가 왔음에도 불구하고 전혀 반응하지 않는다면, 그것은 하느님께 대한 거역이요, 영적 태만이며, 고의적 불신앙이다. 불신앙은 하느님을 기쁘시게 하지 못한다(히 11:6).

특별계시인 성경은 한민족이 에벨의 혈통 욕단의 후손으로서 하느님이 감추어 두신 또 하나의 선민이라는 것을 분명히 말씀하고 있다. 하느님은 한민족이 이 땅 위에 존재하는 또 하나의 선민이라는 사실을 그분의 말씀인 성경에 명백히 계시하셨다.

한국교회 성도들은 이 계시에 반응해야 한다. 이 계시를 경외하며 반드시 응답해야 한다. 즉, "하느님, 그렇습니다! 아멘! 우리 한민족은 선택받은 백성입니다!"라고 큰 소리로 시인하고 감사하고 선포하라! 온 땅을 향해 "우리는 또 하나의 선민이다!"라고 담대하게 외쳐라! 바로 이것이 하느님께서 말일에 한국 백성에게서 찾으시는 믿음이다.

성경의 모든 약속들은 믿음을 통해서만 나의 것이 된다. 하느님의 약속은 오직 믿는 자들의 것이다. 한국교회는 성경에 기록된 한민족을 향한 특별계시를 믿어야 한다. 그 계시를 취해야 한다. 나아가 그 계시를 주장하며 담대하게 선포해야 한다. 그렇게 반응하지 않는 것은 교만이며 심각한 불신앙이다. 한민족이 또 하나의 선민이라는 것은 어디까지나 특별 계시인 성경에 근거한 객관적 사실이기 때문이다.

영적 침체 가운데 있는 한국교회는 지금 '부흥'을 갈망하고 있다.

1907년의 평양 대부흥과 같은 큰 부흥의 역사가 다시 한번 일어나기를 고대하고 있다. 그런데 하느님은 이 땅 가운데 우리가 기대하고 있는 것보다 더 큰 부흥을 주시기 원한다. 평양 부흥 정도가 아니라 민족의 본질이 변하는 국가적 대부흥을 주시고자 하신다. 알이랑 민족 우리 겨레는 하느님께서 나중에 쓰시려고 감추어 두신 욕단계 선민이기 때문이다. 그렇다면 그러한 부흥은 어떻게 올까?

그것은 한국교회가 이 계시에 반응할 때, 즉 한국교회 성도들이 성경에 계시된 우리나라를 향한 진리의 말씀을 재발견하고, 취하며, 그 말씀에 순종하고자 겸손히 주님 앞에 나아가 "이 민족을 향하신 하느님의 계획이 하늘에서와 같이 이 땅에서 이루어지이다!"라고 부르짖으며 기도할 때 올 것이다. 진정한 부흥은 언제나 '말씀'으로부터 시작된다.

요시야 왕 시대에 성전에서 율법책을 발견하고 백성들에게 낭독할 때 유대 종교 가운데 부흥과 갱신의 역사가 일어났다. 루터가 성경에서 "의인은 믿음으로 말미암아 살리라"(롬 1:17)는 말씀을 재발견하고 '이신칭의(以信稱義)'의 진리를 담대히 선포했을 때, 비로소 중세 1000년 동안 타락한 기독교에 회복과 부흥의 역사가 시작되었다.

이 땅에 도래할 국가적 부흥도 마찬가지다. 우리나라에 장차 임할 민족적 부흥은 성경에 계시된 우리 겨레를 향한 하느님의 말씀을 재발견하고, 그 계시에 겸손히 응답하는 성도와 교회들을 통하여 일어날 것이다. 하느님은 그들로 하여금 이 땅에 도래할 국가적 대부흥을 예비하게 하실 것이다. 한국교회 안에서 나라를 위한 새로운 차원의 기도운동이 그들로부터 시작될 것이며, 바로 그것이 알이랑 민족이 회복되고 국가적 부흥으로 가는 다리가 될 것이다. 하느님은 이 위대한 회복운동에 당신을 부르신다.

2. 부르심에 합당한 열매를 맺어라

욕단의 후손 한민족은 이 땅 위에 존재하고 있는 또 하나의 선민이다. 그러므로 한국인은 마땅히 자기들이 특별한 백성이라고 생각해야 한다. 한국인에게 그것은 절대로 편협한 인종주의가 아니다. 기록된 계시인 성경말씀에 근거한 건실한 신앙인 것이다.

그러나 자만하지는 말라! 하느님의 선택을 받아 부르심을 입었다는 것은 단순히 하느님께 특별한 복을 받았다는 수동적 사건만이 아니다. 선민이 되었다는 것은 어떤 과업을 수행하도록 부름을 받았다는 것이다. 이러한 사실은 예수께서 제자들에게 직접 하신 말씀 속에 함축되어 있다.

"내가 너희를 택하여 세웠나니 이는 너희로 가서 과실을 맺게 하려 함이라"(요 15:6).

그러므로 선택은 '사명'이지 '특권'이 아니다. 선택이 사명이 아니라 특권이라고 믿는 것은 큰 시험(Temptation)이다. 선택은 근본적으로 특권이 아니요 하나의 책임이며 충격과 소명(召命)이다. 그러므로 욕단계 선민 한민족은 겸비해야 할 것이다. 조금도 자만할 수 없다. 하느님께서 한국인을 천손민족으로 택정하사 오랜 세월동안 고난으로 연단하시며 이 동방의 땅 끝에 감추어 놓으신 섭리와 목적은 마지막 때에 감당해야 할 특별한 사명이 있기 때문이다.

그것은 마지막 세기의 마지막 주자가 되어 예루살렘 땅 끝까지 열방 모든 족속들에게 구원의 복음을 전하는 것이다(계 7:1~8; 사 41:25~27, 52:7, 46:11~13, 55:1~9). 즉 말일에 신랑(예수 그리스도)을 위해 신부(교회)를 예비하고, 다시 오실 주님의 길을 수축해야 할 사명이 육단계 선민 한민족에게 있는 것이다. 이 얼마나 큰 과업인가?

하느님께서 한민족을 수천 년 동안 고난으로 단련하시고(사 48:10), 그 많은 수난 가운데서도 보우해 주신 까닭이 여기에 있다. 그러므로 자만할 수 없다. 오히려 한국 백성은 더욱 근신하여 선민의 지위에 합당한 열매를 맺어야 한다.

무엇보다 민족의 주로 예수를 믿고 민족의 하느님으로 여호와를 섬기는 복음의 나라를 이루어야 한다. 그리하여 신명기 28장에 약속하신 복을 민족적으로 받아 열방에 정의를 펴며 복음을 전하는 부하고 강한 제사장 나라가 되어야 한다. 의로우신 하느님의 백성으로서 의와 구원의 하느님을 온 땅에 전하되, 공법(公法)이 물같이 정의(正義)가 큰 시내같이 흐르는(암 5:24) 살아있는 성민의 나라를 이루어야 한다. 실로 선민 한국은 '동방의 등불'이 되어야 한다.

지난 2천년 교회시대 동안 공법(Judgment)을 물같이, 정의(Righteousness)를 하수같이 흘리라는 하느님의 말씀에 순종했던 기독교 국가는 단 하나도 없었다.

첫 번째 천 년과 두 번째 천 년 동안 나타났던 서구 기독교 국가들은 한결같이 약하고 가난한 나라를 침략해 식민지를 삼고, 식민지 경영을 통해 치부했던 국제적 악당들이었다. 그것은 분명히 하느님의 말씀에 역행하는 죄악이었다. 그리하여 간디는 이와 같은 말을 했다 :

"나는 예수를 사랑한다. 그러나 크리스챤은 싫어한다. 왜냐하면 그들이 예수를 닮지 않았기 때문이다."

그의 말은 당연한 것이었다. 간디는 식민지 쟁탈전의 선두 주자였던 영국의 인도 통치에 맞서, 백인에 의한 인도인의 차별 대우에 비폭력적 방식으로 민족적 저항운동을 전개했던 인도 독립의 영웅이었다.

어느 때에 예수 그리스도께서 약자와 빈자를 힘으로 굴종시키고 압제 수탈을 하라고 교훈한 적이 있었는가? 예수 그리스도는 상한 갈대도 꺾지 않으시고 꺼져가는 등불도 끄지 않으시는 사랑의 왕이셨다. 그러나 서구 기독교 국가들은 그들의 탐욕을 채우기 위해 약자와 빈자의 땅을 식민지 쟁탈장으로 삼고 강점·수탈을 자행했다. 그것은 상한 갈대에 더 큰 상처를 주는 것이었고 꺼져가는 심지의 작은 불꽃마저 죽이는 비열한 짓이었다.

미국도 예외가 아니다. 평화롭게 살던 북미 인디언들은 청교도 이주민들로부터 적어도 수천만 명이 학살을 당했다. 콜럼버스가 오기 전에 북미 원주민 인구는 1,500~1,800만 명이었다. 그런데 그가 들어온 후부터 유럽의 침략자들이 약 300년 동안 원주민을 살해하여, 1890년도 북미 인구통계에 의하면 원주민 인구는 25만 명뿐이었다(Stannard, D. E, American Holocaust, Oxford University Press, 1992, p.151, p.317).

그들이 300년 동안에 증가하는 인구를 총 합산해 보면 희생당한 원주민의 수가 얼마나 많았을까를 짐작할 수 있다. 청교도들은 토착 인디언을 거의 멸종시켰다. 히틀러가 유대인 600만 명을 학살했던 것은 이에 비하면 작은 죄악이었다.

17세기 북미 대륙으로 이주한 청교도들은 정복자가 아니라 가난하고 초라한 피난민 차림으로 왔다. 순박하고 사랑에 넘치고 정직했던 원주민들은 그 가련한 사람들을 선의로 도와주었다. 그러나 그들은 일단 교두보를 확보하자 정복자가 되었다. 황금을 좇아 서부로 달려가면서 인디언들의 기름진 땅을 무력으로 빼앗고 원주민을 소탕 멸족시켰다.

그 비열한 과오를 미국인들은 '개척 정신' 이라는 미명으로 은폐한다. 게다가 아프리카에서 납치되어 온 흑인 노예가 생산의 토대였다. 미국인들이 받았다고 믿는 신적 축복이란 미 대륙의 토착 원주민인 인디언 족속들을 멸족시키면서 빼앗은 그 풍요한 땅과 자원이 아니었던가?

또한 미국은 1905년 7월 27일 태프트—가쓰라 협정을 맺어 일본의 한국 합병에 일조를 했다. 이 협정은 미 대통령의 특사인 육군 장군 태프트(W. H. Taft)와 일본 수상 가쓰라 사이의 밀약으로, 필리핀에 대한 미국의 종주권을 인정받는 대가로 한국에 대한 일본의 독점적 지배권을 승인하는 서약이다. 한일합병은 그 후 5년 뒤의 일이다.

이렇게 추악한 것들이 서양 기독교 국가들의 정의(正義)요, 서구 기독교인들의 도덕적 수준이었다. 그뿐만이 아니다. 야만적인 1, 2차 세계대전은 기독교 국가들이 모여 있는 유럽에서 발발하지 않았는가? 따라서 또 하나의 선민 한국 백성을 향하신 하느님의 뜻과 섭리는 말할 수 없이 크시다. 그들은 말일에 세계 인류를 구원할 사명을 부여받았기 때문이다.

욕단계 선민 알이랑 민족은 공법이 물같이, 정의가 하수같이 흐르는 복음의 나라가 되어야 한다. 열방에 정의를 펴며 복음을 전하는 거룩한 제사장의 나라가 되어야 한다. 민족의 복음화를 이루어 하느님의 영광을 인정하는 것이 물이 바다를 덮음같이 나라 전체에 가득한 천년왕국의 모델과 같은 국가를 세워야 한다.

그리하여 주님의 도를 배우고 주님의 길로 행하기 원하는 자들이 동방의 성지를 찾아 열방에서 몰려오는 살아있는 성민의 나라가 되어야 한다. 바로 이것이 또 하나의 선민 한민족이 맺어야 할 열매이다.

"세계가 다 내게 속하였나니 너희가 내 말을 잘 듣고 내 언약을 지키면 너희는 열국 중에서 내 소유가 되겠고 너희가 내게 대하여 제사장 나라가 되며 거룩한 백성이 되리라 너는 이 말을 이스라엘 자손에게 고할찌니라"(출 19:5~6)

그러나 만일 우리 겨레가 스스로를 자각하지 못하고 선민의 지위에 합당한 열매를 맺는 대신, 불순종과 부패와 타락의 길로 나아간다면 어떻게 될까? 촛대를 옮기실까? 그럴 수는 없다! 왜냐하면 한국인은 욕단계 선민이며, 하느님의 은사와 부르심에는 후회하심이 없기 때문이다(롬 11:29). 그러면 하느님은 한민족을 어떻게 하실 것인가? 만들어 쓰신다!

하느님은 요나가 불순종 할 때를 대비해서 요나의 '대타'를 준비하시지 않았다. 하느님은 후보 선수가 없었다. 니느웨는 꼭 한 사람 요나가 가서 사역을 해야 했다. 그래서 하느님은 요나를 순종하는 종으로 '만들어' 쓰셨다. '스올의 뱃속'(욘 2:2)에서!

'스올'이란 '음부'를 뜻한다. 즉, 하느님은 불순종하는 요나를 '죽음의 문턱'까지 내려 보내셨던 것이다. 만들어 쓰시려고! 요나는 그 극심한 고통 속에서 회개하고 결국 부르심에 순종하여 하느님이 계획하신 일에 쓰임을 받았다.

여호와 하느님은 한국 백성도 순종하지 아니한다면 요나에게 행하셨던 것처럼 '스올의 뱃속'에서 부르짖게 만드실 것이다. 우리 겨레를 향해 애절단장(哀切斷腸)의 고난을 다시 허락하실 것이다. 아주 처절한 국가적 고통이 우리나라에 임하여 남녀노소를 막론하고 무너진 벽돌 위에서 부르짖게 하실 것이다.

그리고 결국 우리를 시대적, 역사적 사명에 순복하는 백성으로 만드시어, 성경에 예언된 바대로 마지막 주자로 쓰실 것이다. 왜냐하면 한민족은 하느님께서 나중에 쓰시기 위해 감추어 두신 육단계 선민이기 때문이다. 그러므로 한국 백성은 스스로를 자각하고 선민의 지위에 합당한 열매를 힘써 맺어야 한다.

3. 중보기도 하라

하느님은 계획을 세우실 뿐만 아니라 그 계획을 실현하는 방법까지도 정하신다. 그것은 우리의 순종과 중보기도(Intercession Prayer)이다. 언제나 하느님의 일은 믿고 따르는 성도들의 기도로 성취된다. 위대한 청교도 주석가인 매튜 헨리는 "하느님께서는 어떤 위대한 일을 시작하시기 전에 먼저 그분의 백성들로 하여금 기도하게 만드신다."라고 말했다. 요한 웨슬레는 이렇게 말했다: "하느님께서는 우리의 기도를 응답하시는 일 이외에는 아무 것도 하지 않으신다." 지당한 말이다. 하느님께서는 그분의 비밀을 당신의 종들에게 먼저 보여 주신다(암 3:7). 주님의 종들이 그것을 가지고 중보기도하기 시작하면, 하느님이 그 기도를 들으시고 응답하시는 것이다.

하느님께서는 이와 같은 영적 원리를 에스겔서에서 분명하게 교훈하셨다. 에스겔 36:33~36에서 하느님은 에스겔을 통하여 바벨론에 포로로 잡혀 있는 이스라엘 백성들이 앞으로 어떻게 될 것이라는 사실을 미리 말씀하신다. 말씀하시기를, 죄악에서 정결케 하고, 성읍들에는 사람이 거하게 하고, 무너진 곳이 건축되고, 황무하던 곳이 기경이 되며 이스라엘 백성들을 회복시키겠다고 하신다. 그리고 "나 여호와가 말하였으니 이루리라"고 하시면서, 당신이 말씀하신 것을 꼭 이루시겠다고 확정하셨다. 그런데 37절을 보면, "나 주 여호와가 말하노라. 그래도 이스라엘 족속이 이와 같이 자기들에게 이루어주기를 내게 구하여야 할지라…"라고 하신다.

여기에서 중요한 단어는 '그래도' 라는 것이다. 왜 '그래도' 라고 말씀하시는가? 하느님이 약속하시고 당신의 말씀을 꼭 이루시겠다고 확정까지 하셨지만, '그래도' 하느님은 이스라엘 백성이 하느님 앞에 그 말씀을 이루어 달라고 기도해야 한다는 것이다. 하느님의 약속이 이루어지는 바로 그 시점은 이스라엘 족속이 약속을 지켜달라고 하느님이 주신 비전을 좇아 기도하는 그 순간이라는 것이다. 굉장히 중요한 말씀이다. 하느님은 당신의 계획을 그의 백성들에게 보여 주셔서 우리가 기도할 때에 주님이 우리의 기도를 들으시고 역사하시는 것이다.

그러므로 이제 한국교회 성도들은 하느님께서 우리 겨레를 향해 주신 계시, 곧 '비전' 을 좇아 새롭게 중보기도를 드려야 한다. 나라와 민족을 위한 새로운 차원의 중보기도운동이 한국교회에서 일어나야 한다. 중보기도의 기본적인 원칙은 하느님께서 주신 '비전' 을 따라 간구해야 한다는 것이다. 하느님은 기록된 계시인 성경을 통해 대한민국 백성들에게 꿈과 환상을 주셨다. 그것은 요셉의 꿈처럼 아주 큰 계시이다. 우리 겨레는 이 꿈과 환상을 놓치지 말아야 한다. 비전이 없는 백성은 망한다(잠 29:18). 그 꿈을 언제나 가슴에 품고서 전심으로 그 환상을 이루어달라고 구하라.

이렇게 기도하자: "우리 알이랑 민족을 향한 하느님의 뜻이 하늘에서와 같이 이 땅에서도 이루어지이다!" "우리 겨레로 하여금 스스로를 재발견하고 알이랑 민족 본연의 모습을 회복하게 하소서!" "여호와 하느님, 셈의 장막으로 오소서. 셈의 장막은 당신의 거처입니다. 그리하여 이 땅 가운데 위대한 영적 부흥의 역사가 일어나, 또 하나의 선민 알이랑 민족으로 하여금 셈의 장막에 거하시는 당신의 영광을 온 누리에 선포하게 하소서!" 지금 하느님은 종일종야에 이렇게 부르짖을 기도의 파수꾼을 부르고 계신다. 중보의 용사들아, 일어나라!

> 오소서 진리의 성령님 이 땅 흔들며 임하소서
> 거짓과 탐욕 죄악에 무너진 우리 가슴 정케 하소서
> 오소서 은혜의 성령님 하늘 가르고 임하소서
> 거룩한 불꽃 하늘로서 임하사 타오르게 하소서 주 영광 위해
> 부흥의 불길 타오르게 하소서 진리의 말씀 이 땅 새롭게 하소서
> 은혜의 강물 흐르게 하소서 성령의 바람 이 땅 가득 불어와
> 흰옷 입은 주의 순결한 백성 주의 영광 위해 이제 일어나
> 열방을 치유하며 행진하는 영광의 그날을 주소서
> (부흥 2000, 고형원 사 · 곡)

알이랑 민족 한국인은 그들을 천손민족으로 택정하신 하느님의 섭리와 소명 앞에 이상과 같이 화답해야 한다. 첫째, 우리나라를 향한 계시에 적극적으로 응답하자. 둘째, 부르심에 합당한 열매를 맺자! 셋째, 중보기도 하자!

그러면 신실하신 하느님은 이 땅에 통일의 새날을 앞당겨 주시고, 자기의 성민을 위해 신명기 28장에 약속하신 복을 우리 알이랑 민족 위에 속히 쏟아 부어 주실 것이다.

맺는 말

성민(聖民) 한국이여, 깨어나라!

셈의 셋째 아들 아르박삿의 손자 '에벨의 온 자손'은 하느님의 선택받은 종족이다. '에벨의 온 자손'이란 그의 두 아들 '벨렉 자손'과 '욕단 자손'을 말한다. 따라서 천손민족은 '벨렉계 선민'과 '욕단계 선민' 두 계열의 백성이 존재한다. '벨렉계 선민'이 아시아 서쪽의 '언약 백성' 이스라엘이요, '욕단계 선민'이 아시아 동쪽의 '알이랑 민족' 한국인이다.

"알이랑 민족"의 '알이랑'이라는 말은 "하느님과 함께"(with god)라는 뜻으로서, "알이랑 민족"은 말 자체가 그들이 '천손민족'이라는 사실을 보여준다. 그래서 이 "알이랑 민족"이라는 말은 개념상 이스라엘의 "언약 백성"과 상응하는 말로서, 천손민족인 우리 한국인의 정체성을 한마디로 알려주는 아주 소중한 말이다. 즉 "언약 백성"에 버금가는 말이 "알이랑 민족"이다. 아시아 서쪽에 "언약 백성"이 있다면, 아시아 동쪽엔 "알이랑 민족"이 있다.

"언약 백성"은 하느님이 이스라엘 국가와 언약을 맺으셨던 시내산에서 시작되지만, "알이랑 민족"은 노아와 언약을 맺으신 알아랏 산까지 소급되는 원초적인 것이다. 왜냐하면 노아의 유일신 신앙을 홍수 후에 끝까지 계승한 족속이 알이랑 고개를 넘어 백두산까지 천동(遷動)했던 한국인의 조상 욕단의 가계이기 때문이다.

우리 배달겨레는 처음부터 '알이랑' 즉, '하느님과 함께' 라는 유일신 신앙으로 민족사를 시작한 하느님의 백성이다. 그리하여 나라꽃도 무궁화, 즉 '샤론의 장미(The Rose of Sharon)' 이다. 샤론의 장미는 예수 그리스도를 상징하는 꽃이다. '무궁화의 나라' 라는 말 그대로 대한민국은 예수 그리스도의 나라인 것이다.

대한민국은 세계와 하느님 앞에서 특별한 사명과 위치를 지닌 선택된 나라이다. 한국인은 욕단계 선민이기 때문이다. 또 하나의 선민 우리 겨레의 시대적·역사적 사명은 무엇인가? 그것은 마지막 세기의 마지막 주자이다. 여호와 하느님은 벨렉계 선민 유대민족을 복음의 첫 번째 주자로 사용하셨다. 그러나 욕단계 선민 한민족은 복음의 마지막 주자로 쓰실 것이다. 즉, 나중에 쓰시려고 은닉해둔 백성이 욕단계 선민 한민족인 것이다. 그래서 이 땅에는 하늘나라의 모형이 있고, 백의민족으로 살아 온 우리에게는 하느님의 모습이 남아 있다.

하지만 한국인은 이 영예로운 사실을 알지 못한다. 자기들이 마지막 대추수를 위해 쓰임 받아야 할 천손민족이라는 사실을 모른다. 즉, 한국인은 정체성을 상실했다는 것이다. 우리 겨레가 천손민족임에도 불구하고 수천 년 동안 이민족으로부터 수난 당하며 살았던 근본적 원인이 여기에 있다. 무릇 스스로를 자각하지 못하는 자는 수난을 겪기 마련이다.

어느 날 모험을 좋아하는 소년이 집 근처 높은 산에서 발견한 독수리 알 한 개를 자기 집에서 사육하는 오리 암컷의 둥지 속에 집어넣었다. 드디어 오리도 독수리도 깨어났다. 오리 새끼들은 연못에서 마음대로 헤엄을 치고 다니는데, 독수리의 새끼는 헤엄을 치지 못했다. 많은 오리 새끼들이 헤엄을 칠 줄도 모르게 못생긴(자기들의 모습과 다르기 때문에) 독수리 새끼를 말할 수 없이 구박을 했다. 그래서 이 독수리의 새끼는 늘 슬픔을 당하며 살아가고 있었다.

그러던 어느 날 연못가에 앉아서 하늘을 쳐다보고 있을 때 큰 독수리 한 마리가 하늘을 날아가고 있었다. 그때 이 독수리의 새끼는 '나도 저렇게 날아보았으면 얼마나 좋을까' 하고 생각을 했다. 그는 계속 오리 새끼들 틈에서 자랐기 때문에 자기가 독수리라는 것을 알지 못하므로 날아볼 생각조차 하지 못하고 또한 오리 새끼들처럼 헤엄도 치지 못하는 것을 슬프게만 생각하고 있었던 것이다. 바로 나의 나됨이 무엇인지 알지 못하는 괴로움이었다.

어느 날 다시 큰 독수리 한 마리가 연못 상공을 멋지게 맴돌고 지나갔다. 그때 갑자기 독수리 새끼는 자기를 발견했다. "난 저 새를 닮았어! 난 오리가 아니야. 이 연못은 나에게 어울리질 않아. 난 높은 하늘을 날고 바위산에도 오르고 싶어." 그가 스스로를 자각하고 이제까지의 생각을 청산하자 날개에 힘이 생기기 시작했다. 날개를 펼치고 움직여 보았다. 그의 몸이 허공으로 치솟았다.

마침내 그는 나래를 활짝 펴고 높은 하늘로 비상하며 이렇게 소리쳤다. "그래! 나는 오리가 아니었어. 나는 독수리였어! 난 독수리였다구!" 비로소 그는 자신을 속여 왔던 자기비하의 거짓된 자화상에서 완전히 벗어난 것이다. 그리고 독수리인 그의 본연의 모습을 온전히 되찾았다. 그는 높은 곳에 거하는 하늘의 제왕이 되었다. 그의 수난과 슬픔은 종식되었다. 그는 처음부터 하늘의 제왕인 독수리였지만 자신의 정체성을 상실했기 때문에 땅 위에서 오랫동안 오리들에게 구박 받으며 살았던 것이다.

이 독수리처럼 한민족은 스스로를 자각하고 자신의 참모습을 찾아야 한다. 우리 민족사가 수난의 역사로 점철되었던 것은 우리 겨레가 천손민족인 자신의 정체성을 상실했기 때문이다. 이 독수리 이야기는 바로 우리 한국 백성을 비유한 것이다. 한민족은 욕단계 선민으로서 마지막 대추수를 위해 구원의 복음을 예루살렘 땅 끝까지 열방에 전할 "동방의 독수리"이다(사 46:10~13, 41:25~27, 52:7, 55:1~9; 계 7:1~8).

한국인은 이제 스스로를 자각하고 "우리는 욕단계 선민·알이랑 민족이다!"라고 열방을 향해 당당히 선포해야 한다. 대한민국은 하느님의 특별한 계획 아래 세워진 국가이다. 지구상에 많은 민족, 많은 나라가 있지만 그들 가운데는 하느님께서 그의 주권적 목적을 위해 자

▲ 동방의 독수리 코리아

기의 성민으로 선택하신 특별한 백성이 있다. 바로 셈족 에벨의 혈통인 "벨렉의 후손"과 "욕단의 후손"이다. "벨렉의 후손"이 아시아 서쪽의 언약 백성 이스라엘이요, "욕단의 후손"이 아시아 동쪽의 알이랑 민족 한국인인 것이다. 알이랑 민족 한국인은 이러한 계시를 명확히 깨닫고 천손민족으로 태어난 자긍심을 이제 회복해야 한다. 그리고 우리를 향하신 주님의 특별한 섭리와 소명에 순복해야 한다. 그렇게 하지 아니하면 우리 겨레는 앞으로도 민족적 수난이 계속 될 것이다.

한 사회나 나라가 저력을 지니고 발전하려면 그 민족의 정체성이 확립되어 국민이 자부심을 가지는 강한 민족긍지가 반드시 필요하다. 정체성이나 자존심이 모자라고, 긍지 없는 민족은 부강하지 못하다.

지상에서 가장 강력한 정체성을 지닌 것은 유대인이고, 그들 유대인을 유대인 되게 하는 것은 그들의 정체성인 선민의식이다.

민족의 정체성을 확립하지 않고서는 강한 민족이 될 수 없다. 한 민족이 번성할 수 있는 기본적 요소 중 하나는 그 민족이 민족적 자부심과 긍지를 갖고 민족을 사랑하는 데서부터 시작된다. 즉, 정체성의 확립과 자긍심의 확보이다.

그러기 위해서는 스스로를 보다 분명히 알아야만 한다. 그러나 지금까지 우리는 우리 스스로가 공감할만하고 강한 자부심을 가지며, 세계 어디에 내놓아도 "우리는 바로 이것이다."라고 할 만한 정체성을 정립하지 못했다. 우리 민족의 정체성을 한마디로 확립하지 못했을 뿐만 아니라, 우리는 겨레의 하나 되고 통일된 이름조차 없다. 러시아에 가면 '고려인'이고, 지나에 가면 '조선족'이다. 북녘은 '조선인민공화국'이고 우리는 '대한민국'이다. 일본에는 '민단계'와 '조총련'이 있다.

우리 민족을 대표하고 하나로 통일성을 이룰 우리 겨레의 이름은 무엇인가? 또한 우리의 정체성은 무엇인가? 이것은 어디까지나 하느님의 말씀인 성경을 근거로 찾아야 할 것이다. 전자는 "우리는 알이랑 민족이다."라는 것이요, 후자는 "우리는 욕단계 선민이다."라는 것이다. 그렇다! 우리는 누구이며 우리의 하나 될 대표적 이름은 무엇인가? 그것은 "우리는 욕단계 선민 · 알이랑 민족이다."라는 것이다!

바로 이것이 우리 배달겨레의 정신적 지주이다. 유대인들은 자신들이 '하느님의 택함 받은 선민'이라는 선민의식에서 오는 강한 자부심을 지니고 있다. 그러한 자부심은 사실 우리 한국인의 것이기도 하다. 왜냐하면 한민족 역시 에벨의 후손으로 선택받은 백성이기 때문이다.

이제 한국인은 한국의 역사를 신앙적으로 해석해야 하며, 한국사의 토양에 뿌리박은 한국 기독교를 발견·육성해야 한다. 우리 민족의 하느님에 대한 개념도 유일신 신앙으로 회복시켜야 한다. 한민족은 선택된 백성이므로 한국 정신과 기독교 정신과의 일체화(一體化)에서만 살 길을 찾을 수 있기 때문이다. 그러나 만약 한국교회가 우리를 향하신 하느님의 특별한 계시와 소명에 응답하지 아니한다면, 한민족은 과거에도 그랬듯이 미래에도 바람 잘 날이 없을 것이다. 우리 겨레는 계속 고난을 겪을 것이다. 하느님께서 한민족이 스스로를 자각하고 주님의 뜻에 순복할 때까지 이 나라를 흔드실 것이기 때문이다.

알이랑 민족 한국 백성들아! 이제 오랜 세월동안 상실했던 자신의 정체성을 되찾으라. 스스로를 재발견하고 민족 본연의 모습을 회복하라. 오랜 시간동안 그대를 속여 온 자기비하의 거짓된 자화상을 이제는 말끔히 지워버려라. 그리고 열방을 향해 당당히 선포하라. "우리는 하느님의 선택받은 민족이다!"라고. 여호와 하느님은 자신의 성민(聖民) 한국 백성이 스스로를 자각하고 그렇게 선포하기를 원하신다.

다시 오실 목자장이신 주님께서 잃어버린 한 마리 양을 찾으시려고 반드시 동방으로 오실 것이다. 그는 동방에 감추어 두신 자기 백성을 일으켜 세우시고, 말일에 마지막 대추수를 위해 그들을 귀하게 쓰실 것이다. 세 번째 천년에 하느님께서 열방 중에서 행하실 가장 큰 일이 바로 이것이다. 새 천년 벽두에 알이랑 민족 회복 운동은 시작되었다.

역사는 하느님의 경륜과 섭리 안에서 엮어지고 있는 것이다. 한국인은 그들을 위한 이 놀라운 계시를 깨닫고 민족적으로 받아야 할 말일의 복을 공손하게 받아들이도록 마음의 그릇을 준비해야 한다. 셈에게 주어진 축복은 한국 백성을 위한 존귀한 유산이며, 장차 올 새로운 세계에서 한반도는 아주 귀중한 장소가 될 것이다.

알이랑 민족 배달겨레여! 그대는 셈족의 현저한 가지인 욕단의 후손으로서, 이 땅 위에 존재하고 있는 또 하나의 선민이다! 말세에 예수님의 재림을 준비하는 민족으로 쓰시려고 동방에 감추어 두신 흰 옷 입고 살아온 천손민족이다!

깨어라, 알이랑 민족!

일어나라, 한국 교회!

일찍이 아시아의 황금 시기에
빛나던 등불의 하나였던 코리아.
그 등불 다시 한번 켜지는 날에
너는 동방의 밝은 빛이 되리라.
마음에 두려움이 없고
머리는 높이 쳐들린 곳.
지식은 자유스럽고
좁다란 담 벽으로 세계가 조각조각 갈라지지 않은 곳.
진실의 깊은 곳에서 말씀이 솟아나는 곳.
끊임없는 노력이 완성을 향하여 팔을 벌리는 곳.
지성의 맑은 흐름이
굳어진 습관의 모래벌판에 길 잃지 않는 곳.
무한히 퍼져 나가는 생각과 행동으로
우리들의 마음이 인도되는 곳.
그러한 자유의 천국으로
내 마음의 조국 코리아여 깨어나소서.

— 동방의 등불 · 타고르

부록

환단고기는 후세의 위작인가?
찬사와 비판의 공존

이 자료는,
「우리 역사의 수수께끼 I」(저자: 이덕일·이희근 공저, 출판사: 김영사, 출간연도: 1999년), 45~55쪽에서 발췌한 것입니다.

《환단고기》라는 경계

한국 고대사 분야는 역사 전공자는 아니지만 웬만한 역사 전공자 뺨치는 수준에 도달해 있는 일단의 연구자들이 있다. 역사 전공자들이 이들을 '재야 사학자'라고 지칭하며 자신들과 차별화하자, 이들은 학계에 있는 역사 전공 교수들을 '강단 사학자'라고 맞서고 있다. 유독 고대사 분야에 이런 연구자들이 집중되어 있는 것은 이 분야의 사료가 그만큼 적은 것이 일차적인 원인일 것이다.

그러나 보다 근본적으로는 한국 고대사를 보는 시각에 문제의 핵심이 있다. 재야 사학자로 불리는 연구자들은 일반적으로 한국사의 시기를 되도록 멀리 잡고 그 강역을 넓게 설정하려는 경향이 있는데 이런 연구 경향이 사료와 유물을 치밀하게 고증하려는 역사 전공자들과 대립하는 것으로 나타나는 경우가 종종 있는 것이다.

이 양 세력의 견해가 맞서고 있는 사료의 하나가《환단고기(桓檀古

記)》라는 책이다. 이 책은 역사 전공자는 거의 예외 없이 후세의 위작이라며 그 가치를 인정하지 않는 데 비해, 이른바 재야의 연구자들은 이 책의 내용을 사실로 받아들이고 있다. 실제로《환단고기》는 역사 전공자가 무시하든 말든 한국사 관계 책들 가운데 스테디셀러의 하나이며 고대사 관련 책 중에서는 부동의 베스트셀러 자리를 차지하고 있다.

《환단고기》는 우리의 고대사를 찬란하게 기술해 놓아 이를 사실로 받아들이는 사람들에게 찬탄을 금치 못하게 하고 있는데, 그 기본 내용은 우리 민족이 고대 환웅(桓雄)의 신시(神市) 시대에는 국력과 문화가 중국을 능가하였으며, 단군왕검시대에는 중국 동북의 대부분 지역과 한반도에 걸치는 방대한 영역을 다스렸다고 기록하고 있다.

이런 사실은 지금껏 학교에서 배워온 내용과는 너무 다른 것이어서 기존 학계에서는 이 책을 조작된 책이라는 뜻의 위서(僞書)로 규정하며 무시해 왔다. 반면 상당수의 재야 사학자들은 이 책의 내용을 근거 있는 것으로 믿으면서, 이런 영광스런 고대사를 부인하는 기존 학계와 국정교과서를 식민주의 사관의 잔재라고 공격하였다.

과연「환단고기」는 위서인가? 아니면 그 내용을 부인하는 기존 학계가 식민주의 사관의 잔재를 벗어나지 못한 것인가?

일본에서 역수입된 수수께끼 같은 우리 고대사 책

《환단고기》는 서문에 의하면 평안북도 선천 출신의 대종교도(大倧教道) 계연수(桂宴壽)가 1911년《삼성기(三聖記)》상·하,《단군세기(檀君世記)》《북부여기(北夫餘記)》《태백일사(太白逸史)》라는 각기 다른 네 종류의 책을 묶어 하나로 만든 다음, 해학 이기(李沂)의 감수를 받아 묘향산 단굴암에서 필사한 후 인쇄한 것으로 전하고 있다.

그런데 편저자인 계연수가 만주에서 독립운동을 하다가 1920년에 사망하면서 혼란이 발생했다. 이때 계연수는 한 간지(干支) 후인 다음 경신년(1980)에 발표하라고 제자 이유립(李裕岦: 1907~1986)에게 유언했다는데 이런 이유 때문인지 《환단고기》는 1979년에 수십 부가 영인되었다. 이때만 해도 국내에서는 별다른 반응이 없다가, 일본인 가지마 노보루(鹿島昇)가 이 영인본을 일본으로 가져가서 1982년에 일역(日譯)과 원문을 함께 실어 출판했는데, 이 책이 다시 국내에 역수입되면서 커다란 반향이 일어난 것이다.

지금 전하는 《환단고기》는 1982년판 발문에 의하면, 이유립(李裕岦)의 부탁에 따라, 1949년 오형기(吳炯基)가 강화도 마리산에서 정서(正書)한 것을 가지마가 출판한 것으로 전하고 있다. 이처럼 국내에서 쓴 책이 일본에서 먼저 출판된 후 다시 국내로 역수입되어 반향을 일으킨 것은 대단히 이례적인 일이라 할 것이다.

문제는 이런 출판 경로의 이례성보다 《환단고기》에 담긴 내용인데 이 책은 현재 학계에서는 위서로 규정하여 많은 비판을 하고 있다. 그러나 그 비판의 상당 부분이 내용에 대한 충분한 검토 끝내 나온 본질적인 부분이라기보다는 자구(字句)의 사용례에 매달리는 지엽적인 부분에 얽매인 감이 없지 않다. 고대에는 사용하지 않았던 용어들이나 옛날에는 알 수 없던 사실들이 기록되어 있다는 것이다.

예를 들면 《환단고기》에는 청나라 시조 전설과 관련하여 청나라 때에야 사용된 '영고탑(寧古塔)'이란 용어가 사용되었음을 들어 후세의 위작이라고 단정 짓는 식이다. 이런 예는 적지 않은데 연개소문의 조부의 이름인 '자유(子游)'를 적고 있는 것도 그중 하나이다. '자유'가 연개소문의 조부라는 사실은 1923년 중국 낙양에서 연개소문의 아들 남생 묘비인 '천남생묘지(泉男生墓地)'가 발견된 이후에 알려진 사실인데 《환단고기》에 이런 내용이 실린 것은 후세의 위작임을 뜻한다는 것이다. 그리고 영혼, 각혼, 생혼의 성삼품설(聖三品說)이란 용어는 명나라에 파견된 예수회 선교사였던 마테오 리치(Matteo Ricci)가 기독교 교리를 중국어로 번역한 《천주실의》에서 사용한 것인데 《환단고기》에서도 사용되고 있는 것 등이 지적되고 있다.

사실 《환단고기》는 20세기 이후에야 사용하기 시작한 용어들을 때때로 사용하고 있는데 〈단군세기〉에서 '문화'라는 용어를 사용하고 있는 것도 그중 하나이다. 문화는 서구의 'culture'라는 개념이 20세기 초 일본을 통해 우리에게 전해진 것으로서 고대에는 사용하지 않았던 용어이며, 'nation'에 해당하는 '국가(國家)'라는 용어와, '인류(人類)' '전세계(全世界)' '세계만방(世界萬邦)' '남녀평권(男女平權)' '부권(父權)' 등의 용어도 마찬가지다.

그리고 《환단고기》에서는 1915년에 출판된 박은식(朴殷植)의 《한국통사(韓國通史)》 기사를 인용한 것으로 생각되는 "나라가 형(形)이라면 역사는 혼(魂)이다. 형(形)이 혼(魂)을 잃고 보존될 수 있는가"라는 구절이 있는데 이런 점들이 《환단고기》를 후세의 위작으로 비판하는 근거가 되고 있다.

위작과 가필은 같은 것인가?

그러나 후세의 용어들이 사용되었다는 이유만으로《환단고기》의 내용 전부를 후세의 위작(僞作)으로 단정할 수는 없다. 이런 용어들이 사용되었다는 것은 후세에 가필(加筆)되었다는 '한정적' 증거는 될지언정 이 책의 모든 내용이 후세에 창작되었다는 '보편적' 증거는 될 수 없기 때문이다. 따라서《환단고기》의 위서 여부를 판정하기 위해서는 그 내용에 대한 본격적인 검토가 필요하다.

《환단고기》의 각 권의 내용을 검토해 보자. 〈삼성기〉는 원래 안함로(安含老)가 지은 것과 원동중(元董仲)이 지은 두 종류가 있었다고 하는데 계연수 집안에서 소장하고 있던 것은 안함로의 저작이었다. 이 가운데 안함로 저작의 책을 〈삼성기전(三聖記全)〉 상편, 태천의 진사 백관묵(白寬默)에게 얻어 원동중이 저술한 것을 하편으로 엮어 〈삼성기전〉을 구성한 것이다. 삼성(三聖)이란 환인(桓因)·환웅(桓雄)·단군(檀君)을 말하는데 〈삼성기〉는《세조실록》3년(1457) 5월에 기록되어 있으므로 최소한 1457년 이전에 작성된 책이거나 이 책을 보고 지은 책이란 답이 나온다.

〈단군세기〉도 고려말 이암(李嵒)이 공민왕 12년(1363)에 지은 것으로 알려져 있는데, 이 책에는 47대 2096년에 이르는 단군조선의 임금 이름과 재위기간 및 치적 등이 기록되어 있다. 〈북부여기〉는 이암과 같은 시대를 산 범장(范樟)이 지은 것으로, 해모수부터 고주몽까지의 북부여 역사를 다룬 것인데, 여기에는 동부여의 역사를 쓴 〈가섭원부여기(迦葉原夫餘杞)〉가 붙어 있다.

〈태백일사〉는 이맥(李陌: 조선 단종~중종)이 지은 것으로, 이 책은 〈삼신오제본기(三神五帝本紀)〉〈환국본기(桓國本紀)〉〈신시본기(神市本紀)〉〈삼한관경본기(三韓管境本紀)〉〈소도경전본훈(蘇塗經典本訓)〉〈고구려국본기(高句麗國本紀)〉〈대진국본기(大震槲本紀)〉〈고려국본기(高麗國本紀)〉로 구성되어 있다. 〈삼신오제본기〉는 주로 우주 생성, 〈환국본기〉는 환인이 다스렸다는 환국의 역사, 〈신시본기〉는 환웅이 다스렸다는 신시시대의 역사를 기록하고 있으며, 〈삼한관경본기〉는 진한(진조선), 마한(막조선), 번한(번조선) 가운데 마한과 번한의 역사가 실려 있다. 〈고구려국본기〉는 고구려, 〈대진국본기〉는 발해, 〈고려국본기〉는 고려의 역사를 다룬 것이다. 〈소도경전본훈〉은 단군 신앙과 관련된 경전, 교리를 다루고 있다.

〈태백일사〉는 고기류(古記類)를 자주 인용하고 있는데, 이중에는 세조가 8도 관찰사에 명하여 거두어들이게 한 20여 종의 비기(秘記)·참서(讖書) 중 〈표훈천사(表訓天詞)〉〈대변경(大辨經)〉〈조대기(朝代記)〉〈삼성밀기(三聖密記)〉 등이 들어 있는데, 이는 《환단고기》가 조선 초기까지 전했던 여러 서적들을 참고한 책이라는 점과 선교(仙敎) 계통의 서적이라는 것을 말해 주고 있다.

《환단고기》의 성립 배경을 알기 위해서는 이 선교에 대한 인식이 필요한데 선교는 최치원이 '현묘지도(玄妙之道)' 라고 한 풍류도(風流徒)의 계승이라고 할 만하다. 최치원은 풍류도가 유불도(儒佛道)의 3교와 결합하여 작용하였다고 할 정도로 유불도보다 상위에 둔 우리 민족 고유의 사상이다. 즉 외래 사상인 유교, 불교, 도교보다 먼저 존재했던 우리 민족 고유의 전통 사상인 것이다.

선교는 유고 및 불교가 우리 역사의 주류 사상으로 등장하면서 점차 그 세력이 약화되는데, 고려시대에는 도교와 결합하여 새로운 역사 인식 체계를 수립하기도 한다. 이는 기존의 유교적 역사 인식에 대한 불만과 침체된 민족사에 동력을 불러 넣기 위한 목적에서 비롯되는데 이런 경향의 대표적인 역사책이 《신지비사(神誌秘詞)》로서, 현재 전하지는 않지만 《삼국유사》와 《고려사》등에 단편적으로 인용된 것으로 미루어 단군조선을 다룬 것으로 여겨져 왔다.

《신비지사》나 세조가 수압령(收押令)을 내린 20여 종의 책이름을 보면 도참서(圖讖書)적인 색채가 강하게 풍기는데 단순한 예언서라기 보다는 우리 문화에 대한 강한 자부심과 사대주의에 대한 배척의식이 그 저류를 형성하고 있는 것으로 보여 지고 있다.

또 다른 문제서 《규원사화》

조선시대에도 이 선교계열에서는 역사서를 저술하는데, 주목해야 할 책은 북애노인(北崖老人)이 숙종 원년(1675)에 지었다는 《규원사화(揆園史話)》이다. 이 책도 사학계에서는 당시 사용하지 않았던 '문화의 계발'이나 '한글·한자 병용론' 등의 용어와 사상이 기록되어 있어 20세기에 저술된 것으로 비판하고 있는데 이 역시 그 내용을 살펴보면 단순히 후세의 창작품으로 단정 짓기에는 무리가 있다.

《규원사화》는 자신의 저술 동기를 밝힌 〈서문(序文)〉과 내용으로는 〈조판기(肇判記)〉〈태시기(太始記)〉〈단군기(檀君記)〉와 저자의 인생관, 역사·문화의식, 그리고 조선이 부강한 나라가 되기 위한 방략을 서술한 〈만설(漫說)〉등 다섯 부문으로 구성되어 있다. 중요한 점은 이 책에 인용된 서적들이 단순하지 않다는 것이다. 〈고조선비기(古

朝鮮秘記)〉〈조대기(朝坮記)〉〈삼성밀기(三聖密記)〉〈진역유기(震域遺記)〉〈삼한습유기(三韓拾遺記)〉〈사문록(四聞錄)〉 등 고기류와 《삼국사기》《고려사》《산해경(山海經)》《사기》등 40여 종류에 이른다. 이런 책들은 세조가 수압을 명령한 책 이름에 나오거나 17세기에 저술된 〈청학집(靑鶴集)〉에 나오는 것으로 보아 숙종 때까지는 존재했던 것이 분명하다.

〈조판기〉는 환웅이 천지를 창조하여 내려오는 과정을 그린 신화이지만 〈태시기〉와 〈단군기〉는 다양한 문헌을 근거로 고증한 역사적 사실을 저술하고 있다. 그 단적인 예가 〈단군기〉 가운데 〈진역유기(震域遺記)〉를 인용하여 "발해 왕자 태광현(太光顯)을 비롯하여 고려에 망명한 자가 많았는데, 그중에도 공후(公侯)·경상(卿相)과 강개읍혈(慷慨泣血)한 선비가 많았다"는 기사인데, 이는 발해가 멸망하자 고려에 망명한 발해 유민이 상당수 있었던 역사적 사실을 반영하는 기록이다.

선교의 역사서는 한말 국수주의적 민족주의 형성의 근거가 되기도 하는데 나라의 운명이 누란의 위기에 처해 있던 때의 국수주의적 민족주의를 현재의 잣대로 비판하는 것은 무리가 있다. 우리 민족의 유구성과 문화에 대한 강렬한 자부심을 담고 있는 선교의 역사서들은 유교와 불교 사상이 지배하고 있던 민족의 장래에 심각한 우려를 반영하였는데, 이러한 선교의 국사 인식은 1909년 나철(羅喆)이 창설한 대종교로 계승된다.

조직적인 한국사 서술 운동을 벌였던 대종교와 《환단고기》

사실상 1910년대에 한국사 서술을 주도한 것은 만주와 중국에서 활발한 활동을 벌였던 대종교였다. 대종교는 우리 고유 종교를 다시 일으켜 세움으로써 민족을 보존하고 독립시키려던 종교 단체였는데, 역사 교육을 통한 애국심의 함양과 고취가 가장 효과적인 독립 운동의 한 방편이라고 믿고 많은 역사서를 서술했다.

대종교도 계연수가 저술한 《환단고기》도 이런 독립 운동의 일환으로 편찬된 책이다. 《환단고기》는 앞서 말했듯이 서문에서 1911년에 《삼성기》등 네 권의 책을 하나로 묶었음을 밝히고 있다. 이런 점에서 《환단고기》에 대한 그간 학계의 비판은 과도한 것이란 비난을 받을 소지가 많다. 20세기에 편집했음을 서문에서 스스로 밝힌 책에 '20세기 용어들이 사용되었다' 고 위서라고 비판하는 것은 설득력이 약하기 때문이다.

1910년대 이후 국사서 저술을 주도한 이상룡(李相龍), 박은식(朴殷植), 김교헌(金敎獻) 등이 모두 대종교도였다는 사실을 고려해 본다면 후대의 용어가 사용되었다는 사실만 가지고 《환단고기》를 후세에 조작된 책으로 규정할 수는 없는 것이다.

이상룡의 《서사록(西徙錄)》과 박은식의 《동명성왕실기》가 1911년에 저술되었다고 해서 후세의 '위작' 이라고 비판받지는 않는 것이 정당하다면 《환단고기》가 위서라고 받은 비판은 부당한 것이다. 이상룡, 박은식, 신채호가 그랬던 것처럼 계연수도 우리 역사와 문화에 대한 자부심을 가지고 독립운동 사상을 고취시킬 목적의 하나로 선교 계열의 고서류를 참고해 《환단고기》를 저술한 것이다.

계연수는 당시까지 전해 내려온 고서류 가운데 〈삼성기〉, 〈단군세기〉, 〈북부여기〉, 〈태백일사〉등을 수집하여 《환단고기》를 편찬했을 것이다. 이런 고서류들이 그때까지 완전한 상태로 전해졌으리라고 추정하는 것은 무리이다.

예를 들어 1363년에 편찬된 〈단군세기〉는 〈환단고기〉가 편집되는 1911년까지 550여 년이 흐르는 동안, 전란 등의 국난을 겪으면서 불탔거나 없어져 일부만 전해진 것을 여러 구전 등을 참고하여 재편집 되었을 것이다. 이 과정에서 1911년 당시에 사용했던 용어들이 첨삭된 것이지 계연수가 의도적으로 소설을 쓴 것은 아니다.

또한 계연수는 이상룡이나 박은식, 김교헌이 그랬던 것처럼 《환단고기》를 의도적으로 조작할 필요는 없었다. 당시 이상룡, 김교헌 등이 그랬던 것처럼 자신의 사관에 따라 고서류를 참고하여 고대사를 서술한 것처럼 하면 되지, 굳이 전해진 책을 조작할 필요성은 존재하지 않았기 때문이다. 김교헌 등이 지은 고대사는 《환단고기》와 그 기본 논지가 일치하고 있음에도 위서란 비난을 받지 않고 있다는 사실이 그간 《환단고기》에 가해진 비난이 과도한 것임을 말해 주고 있다.

《환단고기》의 위서 여부를 비난하는 데 쓸 역량을 그 내용의 검토와 분석에 사용하는 것이 우리 역사학의 발전이나 고대사의 실체를 밝히는 데 필요할 것이다. 그것이 《환단고기》의 신봉, 비판 여부가 마치 전문 연구가와 재야 사학자를 가르는 기준으로 적용되는 듯한 현재의 폐쇄적·배타적이며 자기중심적인 학계의 연구 풍토를 개방적인 것으로 바꾸는 한 방법이기도 하다.